U0516643

中国社会科学院近代史研究所
民国文献丛刊

中国社会科学院近代史研究所 译

顾维钧回忆录

第三分册

中华书局

目　录

第三分册

第四卷

出　使　法　国

（1932.10—1941.6）

中

第六章　欧战爆发前的外交活动

1937 年 11 月末—1939 年 8 月中

第一节　布鲁塞尔会议的余波

1937 年 11 月末—1938 年 5 月中

一、谋求停战和列强间的协同行动

1937 年 11 月末—1938 年 1 月

我打算就布鲁塞尔会议以后的一些情况再说几句。在会议结束前夕,中国的情况已经十分严重。中国政府一方面迫切希望和日本达成停战,另一方面它又迫切希望从列强(主要是美国、英国、法国和苏联)那里得到他们将采取某些实际行动的确切保证。中国政府最盼望列强采取的具体措施有两种:一种是以贷款和军火支援中国的具体计划,以及一些海上和陆上的示威行动;另一种是拒绝向日本提供任何贷款或军火的明确方案。但是我和各列强代表团首脑们举行的一系列会谈清楚地表明,这些国家中没有一个愿意单独采取行动。每个国家都声称它同情中国的抗战事业,并且愿意作出贡献,但谁也不能单独地采取任何行动。任何措施都必须由强国以协同行动的方式进行。这里所谓的强国主要指的是英国和美国。

例如关于印度支那过境运输问题,法国政府一直在作出最大的努力给予合作,并且表示只要它能从华盛顿和伦敦取得某种协同行动的保证,它就决心保持印度支那这条路线畅通无阻。但是英、美拒绝做出这种保证。伦敦方面表示,只要华盛顿同意,英国是愿意做出保证的;而在美国,尽管罗斯福总统也对中国寄予很大同情,可是由于受到中立法案明文规定的限制,美国政府还是认为不能随便行动。要求苏联进行一次陆上军事示威行动也存在同样的困难。莫斯科并不反对这一要求,它并且暗示如果由于示威而引起日本方面的报复行动时,能够获得可靠的支援,它就愿意行动。而这种保证英国和美国却又都不愿意提供。

总而言之,中国为了抗战事业而向列强寻求有效的支援这样一个严肃的问题,至此却变成了与中国和远东有密切利害关系的三大强国之间互相踢皮球的一场游戏,这三个国家就是英国、美国和苏联。在这种情况下,中国就必须坚决要求四强作出有计划的支援和合作,特别是因为布鲁塞尔会议已经以失败而告终。

在会议接近结束时,中国需要援助的情况变得越来越迫切了。由于日军在淞沪战场上大量增兵并向南京方面迅速推进,使得中国的军事危机愈益严重。这种危急的军事态势促使中国政府渴望和日本停战,并要求与会的主要强国施加影响,促成停战,以便中国军事当局可以争取时间重整防线。在此同时,中国政府仍然希望从列强那里得到源源不断提供武器和弹药的确实保证,以便继续抵抗。

关于安排停战的问题,我曾和美、英、法、苏在布鲁塞尔的主要代表们进行过多次会谈。但是诺曼·戴维斯先生在1937年11月26日和我会谈时表示,他希望我们就他所谓的"在和日本停止敌对行动的某种安排中,中国可以接受的条件"提出一份声明,供他本人使用。他解释说,虽然会议已经闭幕,但他将继续密切注视远东的局势。他认为如果美国试图出面调停而仅仅充任一个在中、日两方之间往返传递意见的中介人的话,那将是徒劳无益的。他相信唯一有效的途径是由一个第三者,意思是指美国,提出一个它认为在相当程度上能够适应于双方观点的意见。他说要调停必须有一个切合实际的基础。如果没有这样一个基础而第三者仅仅充当一个中介人，那么日本方面肯定会提出中国所不能接受的要求。同样，中国方面也会提出日本所不能接受的条件。他说例如美国，就肯定不愿为日本传达明知中国所不能接受的意见。

我问他美国是否愿意单独出面担任调解人。戴维斯先生说美国很乐于充任这一角色，只要日本方面表示愿意接受美国所设想的调解，但是直到此时并无此种迹象。不过他相信其他强国中也有愿意出面参加调停的。

我提到传闻的德国愿意出面调解一事。我告诉戴维斯，柏林表示愿意出任调解人。我的同僚郭泰祺说，他知道日本曾要求德国向中国转达其和解愿。戴维斯说，据他了解，事情刚好相反。他说是德国自告奋勇出来调停，其目的是为德国自己在欧洲捞取政治资本。很明显，德国不可能提出有利于中国的条件，因为日本只希望它作出有利于日本的调停。因此戴维斯希望中国代表团向他提交一份声明，阐述中国在不损害主权和领土完整的原则下可以接受的各项条件。我答复他说，我十分愿意照办。

我告诉他，前一天接到蒋介石将军的电报，要求中国代表团秘密地提出对日本施加经济压力的问题。我说如果列强能够暗中发挥影响不给日本商业信贷，这在当时情况下对中国将是大有裨益的。戴维斯先生说，美国官方早已停止向日本提供信贷了。至于商业贷款，美国私营银行只有在指定抵押的黄金运出日本本土以后，才肯向日本提供贷款，这就意味着仅有十天上下的通融期。

亨培克博士于离开布鲁塞尔回美国前，看望了我。他再次要求我提出一个备忘录，用以说明在当时情况下中国和日本可以达成协议的一些问题。他所要求的仅仅是由中国代表们私下提出的非正式声明，即在他们看来，为实现中、日和解，中国方面可能接受的条件。他说他之所以期望戴维斯得到这样一份备忘录，是因为考虑到一旦美国政府有可能出面调解时，从调解者的角度看最好能提出双方都可以接受的条件。他想这种做法比起向双方正式征求意见更好一些。他说另外还有一些政治性的问题，例如满洲的问题，在当时就不可能有双方都能接受的解决办法。

他说中、日问题本来是件难办的事，内容又极为广泛，要想一下子得到全面彻底解决，未免要求过高。但是据他看来，有一些日本对中国的要求丝毫无损于中国的政治主权和领土完整，中国可以同意。他想或许可能达成某种临时性协议，这种协议至少可以作为立即停火的基础而又顾全了日本的面子。亨培克的意见是希望中国代表团准备并提出这样一份秘密的和非正式的声明。他解释说，他甚至不要求中国代表团把他刚才说的话电告本国政府，这样他从中国代表团所取得的声明对中国政府就没有任何约束力，而仅仅是供他个人参考的资料而已。

亨培克博士提到我在会上发表的讲话中曾概括地提到原料问题和中、日经济合作问题。我回答他说，除了这些以外，中国在最近几年中还表示过愿意就其他一些问题和日本达成协议，例如由中国向日本纺织业供应棉花的问题就是其中之一。我告诉他，我了解到日本虽然买进了大量的美国长纤维棉花，但还需要中国短纤维棉花来进行混纺。另外，某些日本工业家为了解决日本的需要，还打算像英美烟草公司推动中国的烟叶生产那样，采取措施来提高中国的棉花产量。还有沧州—石家庄间铁路的铺设权问题，虽然中国和法国早有前约，但日本一直希望能获得这一权利。还有龙烟煤矿和铁矿以及由长芦盐田供应食盐的问题等等，都是日本方面在过去一段谈判中提出过的。

关于供应食盐问题，我指出日本人要食盐不单是为了制碱，他们的军需工业也需要食盐。为了达到这一目的，他们在山东问题谈判中就已作了不少的努力。事实上中国已就青岛盐田问题和日本达成了一项协议。至于建立一条航空线的问题，我告诉他这个拟议本身是可以接受的，但是，日本必须停止它在中国的违法飞行行为,特别是它的军用飞机仍在无视中国的抗议而闯入华北地区。此外还有要求中国降低关税税率和达成互惠关税税率的协议等问题,我说只要日本停止它在华北的走私活动,这些都可以协商。

我告诉亨培克,所有这些问题全都可以而且应该协商,但是协商要服从于一个总的条件,那就是这些协商的性质不是中、日两国间排他性的交易,而是在合作的原则下,普遍适用于其他大国的。换句话说,就是这种协商不应违背门户开放政策的精神。亨培克评论说,这正是他认为布鲁塞尔会议的最后宣言之所以重要的理由,因为其中包含着某些原则,强调了其他大国对中、日间可能达成的任何协定应予合作的必要性。他认为保护外国在华权益对中国也起着保护作用。

在这里,我想提一下我和当时法国国务会议副主席(其地位相当于副总理)莱昂·勃鲁姆的一次谈话。那时陈公博刚从罗马来到巴黎访问。他在罗马曾见到墨索里尼和齐亚诺(人们不难记起这二人和陈公博会谈时都力劝中国接受由意大利进行调停的建议)。我带陈去见勃鲁姆,谈论欧洲的形势以及法国对中日战争的政策。在我们交换了意见并听取了勃鲁姆对欧洲形势所作的分析后,我提到了布鲁塞尔会议的失败。

勃鲁姆解释说,这实际上是由于美国国内形势使得美国代表团采取消极态度而造成的。他说很明显,美国国会内外的意见都不赞成罗斯福总统在布鲁塞尔会议上采取强硬的行动路线。虽然最初美国似乎有意执行强硬的政策,但是在行动上并没有贯彻始终。他认为,1931年约翰·西蒙爵士在满洲事件问题上拒绝与美国合作,使美国政府受到了奚落,这一教训,在美国人民心目中引起了愤慨。他说,正是由于这一原因,在日内瓦举行会议讨论埃塞俄比亚问题时,美国就以牙还牙,拒绝了英国提议的石油禁运政策。那时本来也应该争取荷兰的合作。但荷兰是个小国,它怕万一事态复杂化时没有大国为它撑腰,所以不想参加禁运。

陈公博说在罗马时墨索里尼曾告诉他,独裁主义国家一贯主张积极行动,而民主国家则总是执行消极政策。我说,民主国家之所以行动迟缓,是由于它必须取得公众舆论的支持;而独裁国家则可以迅速行动,因为它可以无视公众舆论。勃鲁姆表示同意我的见解,并且补充说,民主国家即使行动起来,也是各行其是而不能协调一致,这也是不言而喻的事实。例如在1931年美国打算采取行动时,英国没能跟上,这次英、法两国准备采取一些措施来支援中国,而美国却又未能行动。

　　勃鲁姆认为唯一能使中日战争得到解决的办法,只有英国、美国和苏联携手合作,形成联合战线。这确实也是我个人的想法。因此我说,如果这三个国家联合起来警告日本,就能使日本感到压力而不敢继续进行战争玩火。勃鲁姆认为,在这种情况下,就能迫使日本接受停战而不冒任何风险。

　　这时陈公博吁请法国发挥影响,促使其他三个大国采取这种协调行动,并且提到,迄今为止中国一直在和各大国分头交涉,但发现很难促使他们行动一致。勃鲁姆说,困难在于美、苏两国间的关系虽然不坏,但还不是亲密无间。英、苏两国关系亦复如此。在远东,英、苏两国的密切合作至关重要。如果他们能够诚恳合作,美国纵然不愿起带头作用,也肯定会参加到他们的行列中来。

　　我表示希望法国能够利用它和英、苏两国都有亲密友谊的有利地位积极把两国撮合到一起。勃鲁姆说,在英、苏两国之间搭起一座桥梁,正是他所一直在努力争取的事情。

　　12月2日,我走访了住在巴黎布里斯托尔饭店的诺曼·戴维斯先生。他的代表团刚从布鲁塞尔到达巴黎。我当时交给他两份他所要求的备忘录:一份是当时中国的急需,另一份是概述了中、日经济合作的基础。

　　戴维斯对我说,他一直在认真思考中、日之间可能达成媾和的条件。他认为"满洲国"问题是主要障碍。他问我中国是否愿意明智地考虑接受现状,以十年为期,观察事态的发展。他相信日本肯定会要求承认"满洲国",这是中国所不能接受的。我说我认为解决满洲问题的切实可行的基础早已在李顿报告书中提出过了。但是戴维斯认为,日本人决不可能接受那样的基础。

于是我说如果中国的主权和地位不会受到任何损害的话,那么等待十年的建议未始不可以考虑,这和比萨拉比亚问题的解决方式同出一辙。当年苏联在和罗马尼亚建立外交关系的时候,甚至在伦敦缔结互不侵犯条约的时候,它都保留了对比萨拉比亚省的要求。戴维斯说,他刚才的建议基本上就是这种意见。

我对他说,另外还有两个主要问题,即上海问题和华北问题。关于前一个问题,把1932年中、日两国在英、美、法、意四国的赞助和参与下达成的协定恢复起来,可能获得一个暂时性的解决。戴维斯说,曾经有人向他建议,上海问题要在全面中立化的基础上加以解决,这样中国可以为它自己保留一个商业和金融的大都市。我说,那将违背中国主权独立和领土完整的原则。戴维斯说这也正是他的观点,他也认为中立化不是最好的办法。

至于恢复1932年的协定一事,戴维斯说,日本方面一直扬言是中国首先把军队派进了中立区,并且对日本进行了攻击。我说那不过是日本人的一种借口,实际情况是日本在上海大大地增强了海军陆战队力量,中国才被迫采取了自卫的预防措施。如果日本反对中国的武装宪兵和保安部队,认为这些与警察部队不同,那么它也应该把它的海军陆战队兵力严格限制到足以保护其租界内的侨民为度。然而,这样一个协定应该置于国际委员会的监督之下,这个委员会是根据1932年协定的规定建立的,协定还应该有一个固定的期限。戴维斯说,这样安排比较切合实际。

谈到华北问题,我说无论如何,日本都应该撤出它的全部军队。如果日本真诚要在华北进行经济合作,那么,由第三方面提出建议,在河北、察哈尔和满洲、热河之间建立一个非军事区,借以预防可能发生的武装冲突,应该是可行的。

戴维斯认为这个建议恐怕不能为日方所接受。他说他终于认识到日本确实是一心想要征服中国并要破坏它的独立。在当前情况下,单纯的经济合作并不能使日本满足,我所建议的非军事区设想也是如此。

我说为了劝诱日本从华北全面撤军,几个大国似可倡议废除1901年签订的《辛丑条约》中的军事条款,这样可以保全日本人的面子,因为在日本同意撤军的同时,其他大国也都要撤回各自的军队。废除那些军事条款,对列强说来实为明智之举;因为北平已不是中国的首都,少量的驻军已没有什么实际效用。事实上,从《辛丑条约》中废除军事条款这一想法,已经在一份名为《中国的迫切要求》的备忘录中提出来过,首先是在巴黎凡尔赛和会上,后来在华盛顿会议上又再次提出过。

戴维斯认为这是一个好主意,他说这将成为要求日本从华北撤出其全部军队的一个充分理由。他又考虑到华北几省在中央政府控制下成立某种形式的联盟,也许是一种可行的折衷方案,并就此征求我的意见。我回答他说,那是一个政治改组的问题。如果这是由中国自主做出的决定,日本能够保证不加干预并全部撤军的话,中国可能会愿意加以考虑。此外,这种改组必须是仅限于河北、察哈尔两省而不涉及华北其他省份。戴维斯说,这当然是不言而喻的。

戴维斯接着说,综观大势并考虑到日本在中国的行为日见猖獗,他认为只有两种方法能使日本悬崖勒马并坐下来谈判解决。一种是中国把日本打败;另一种是列强集体出面进行干预。既然第一种可能性不存在,那么第二种就是唯一能使日本就范的办法了。他说第三种可能性是日本在中国取得决定性胜利。这虽然不等于它永久征服中国,但是可以肯定在五十年到一百年之内,中国将无法恢复元气来摆脱日本的桎梏。更令人遗憾的是,到那时日本将使中国近几年来已经取得长足进展的政治和经济改革工作永远停顿下来,前功尽弃。

我对戴维斯说,日本一直在变本加厉地压迫中国,尽管中国有决心继续抵抗,但是在不能得到及时外援的情况下,形势的严重性正在与日俱增。我极力表示,进行干预肯定是列强所应采取的最有效的步骤,而这件事在很大程度上取决于美国的态度。我说,我知道最近在伦敦举行的英、法会谈得出的结论是英国和法国愿意在其他大国合作下采取任何行动,但若没有这种合作,他们则不打算有所举动。我接着说,不过英国对远东的局势感到十分焦虑,迫切希望采取一些联合行动。

戴维斯表示同意我的见解,并说,直到布鲁塞尔会议举行以前,英国对远东局势并未感到担忧,但是最近的情况使它忧心忡忡,强烈要求和其他大国采取联合行动。他还不知道美国是否能够参加集体干预,但是他已决心赶回去向华盛顿提出建议。他告诉我,从《纽约时报》的一篇社论来看,美国公众舆论正在朝着支持较为积极的政策发展。他说伦敦希望看到美国带头行动,但是美国若没有公众舆论支持便不能这样做。他又告诉我,日本曾暗示它希望美国单独出面调停。但他认为这不过是企图分化英、美两国和在两国间制造猜忌的一种伎俩。他知道伦敦也得到过同样的暗示,希望英国单独出面调停。戴维斯说,除非日本作出保证,不提出过分的和不合理的要求,美国决不会同意单独出面调停。要是没有这种保证,美国的努力必将是徒劳的。他又说日本人在巴黎曾试图见到他,和他进行谈话,但他谢绝了这一要求,因为他知道日本人不会以他们政府的名义出来说话,正如日本驻布鲁塞尔大使的言论一样并不反映东京的意愿。

戴维斯说到我所提到的伦敦会谈,他说他知道法国曾告诉人们,他们在布鲁塞尔曾建议对日本禁运石油,并说是他戴维斯拒绝了这一建议。我告诉他确实有法国政府的两个成员对我这样说过。戴维斯说,这并非事实。法国人并未向他作过这种建议。他们说些假话来掩盖自己的弱点,不够光明磊落。很明显,即使石油禁运付诸实施,法国也不可能作出多大贡献,因为它根本不是一个主要产油国家。这就意味着这副担子要落到美国、英国和荷兰的肩上。他回忆说,当时确实有人提到这样一个话题,不过肯定不是法国人。我说可能是荷兰人提出的,但那时除非有人出来保证荷属东印度群岛的安全,荷兰人也不会介入任何禁运。

戴维斯对我说,这恰恰是荷兰人当时的立场。他们想要求英国和美国出面担保,但美国是不会同意的。如果要求美国不声不响地向那里派遣一支舰队,在必要时采取行动,这倒是比较容易做到的。但是美国不能向任何外国承诺投身于这样性质的行动。

我表示希望美国在近期内即能采取一些行动,而戴维斯则希望中国能够坚持到年底。他说他即将赶回美国,等他把情况向总统汇报以后,也许能有所行动,但非到年底不行。(这是一种希望,并没有实现。)

12月14日,我访问了法国外交部秘书长莱热,和他讨论了大国对中日冲突可能有何作为的问题。我说,在他离开法国去伦敦的前夜,曾承蒙他关照我:在他回来以后,将把在伦敦会谈的结果向我介绍。我并且说,我已注意到在伦敦发表的公报中曾提到了远东问题。

莱热说远东问题仅仅是泛泛地提到一下,并未进行讨论。要讨论的问题是如此之多,以致中日冲突问题并未能仔细考虑。西班牙问题也是这样。

我又提到公报中有一段说英国和法国打算和其他大国联合行动,还说他们已充分认识到局势的严重程度。莱热解释说,当他们起草公报的时候,觉得不能不提及远东问题,所以在文件中提了一下。但是对这个问题的讨论没有超过两分钟。(纸面上的东西和幕后的实际活动相去甚远。但是我想,提上一笔不过是为了发表一个公报而已。)

我说布鲁塞尔会议使中国大失所望,人们希望伦敦会谈能够产生某种新的行动来解决远东问题。但是秘书长告诉我并没有什么称得起新行动的东西。又说英国和法国都认为需要密切观察局势。(这是一种掩饰他们对远东局势无所作为和极端不重视的陈腐外交词令。)他又说,只要一出现可以和世界其他大国合作的新机会,英、法就准备行动。但是他们目前并没有认真考虑什么新的措施。

我问莱热,他的意思是不是说对整个局势并没有什么新行动的设想。他说没有,因为第一,自从布鲁塞尔会议以后,局势并没有什么新的发展;第二,中国并没有提出采取新措施的要求;第三,对于在当前情况下,应该做些什么,诸大国间并无一致看法,特别是美国的态度更为消极。

我告诉他,意大利和德国曾多次对中国表示他们愿意出面充任中、日之间的调停者。就在两天以前,驻南京的德国大使又向中国政府表达了同一意图。不过中国迄今为止,一直没有接受德、意调解。中国政府始终坚持认为中日冲突是一件关系到所有九国公约签字国的大事,因此中国始终忠于与英、法、美以及其他国家合作的信念。但是,由于局势日益危急,中国政府迫切希望知道中国究竟能指望英、美、法等国政府做些什么来促使冲突早日解决。我说中国政府急于了解此点,以便统筹全局,并在必要时决定今后应该遵循的政策路线。

莱热说意大利和德国不会是真心实意的调停,他们只能是对中国施加压力,使其与日本直接谈判。如果他们想使日本得利,那就必然要牺牲中国,这正和中、日直接解决必然要牺牲中国一样。伦敦和巴黎从日本方面收到的情报说明,日本不愿意接受任何第三方面的斡旋,除非斡旋的目的是把中国和日本拉到一块去直接谈判。

我回答他说,我相信意大利和德国向中国提出调停建议,其着眼点并非仅仅局限于远东,在更大程度上是为了推行他们的欧洲政策。两国都表示希望中国参加反共条约组织,作为报偿,他们将说服日本降低其对中国的要求。

秘书长说,他早就知道中国决心继续抵抗直到最后把日本拖垮,以求得合理解决争端。如果中国现在为了避免政治分裂或其他原因而急于与日本和解,这当然是中国自己的事。但据他看来,通过意大利和德国居间调停去寻求解决,这无异于向日本作有条件的投降。

我告诉他,就政治统一而言,并不存在破裂的危险。相反,全国上下仍然决心对日本的侵略抵抗到底。但是既要抗战,就必须具备必要的手段。中国为了继续抗战,在很大程度上必须依靠国外提供武器和贷款。它原有的储备不可能支持很久。正是由于这个原因,中国政府已经把它当前的需要照会各大国,关于这点我在早先提交给他的备忘录中已作了说明。我问他这个备忘录(与递交英、法政府以及前几天在巴黎交给戴维斯的备忘录相同)在伦敦是否进行了讨论。莱热说,英国人没有提到它,所以也就没有讨论。我告诉他,英国政府曾经声称它将优先考虑这一问题。接着我问莱热,关于法国政府对该项备忘录所作的答复,有哪些我可以报告我国政府。他说该备忘录已经带到伦敦,并且外交部长德尔博斯已经充分了解备忘录的内容。法国政府和英国政府一样,准备对其加以研究。

莱热还说,就中国问题而言,他认为苏联的态度是极关重要的。他怀疑苏联是否在尽力帮助中国。我告诉他苏联做得并不坏,中国已经从苏联得到了大量物资援助。他相信如果苏联能更进一步采取如军事示威那种更积极的行动,那就可以迫使日本从华北抽出至少一半军队,这样就能减轻中国所承受的压力。他相信苏联方面的这种行动也将鼓励美国,使它愿意在华南采取行动。于是我告诉他苏联是打算行动的,只要其他大国保证和它合作。但是据我了解,这种保证他们不愿意承担。

莱热说,中国应该派遣代表到莫斯科和华盛顿去商讨援助的方式和手段。我告诉他立法院长孙科已经乘飞机启程前往莫斯科。胡适博士则在美国一直和罗斯福总统保持着接触。莱热认为这些举措都很重要。如果苏联的行动能更积极些,就会促使美国作出更多的支援,从而英国和法国也会照样行事。

我和法国政府领导人以及在布鲁塞尔停留期间和其他大国的代表们所进行的一系列会谈都清楚地表明,没有一个国家愿意带头行动。每个国家都试图躲在别国背后,等待其他大国先行动起来。这种局面对当时的中国来说令人十分沮丧,同时对世界和平的整个事业,不论是在欧洲或远东,确实都很不利。

　　欧洲和远东的局势都在恶化。在中国境内日本军队节节胜利,迅速推进,终于使中国政府从南京撤退。到12月14日,我和莱热谈话的那一天,日军实际已经占领了这个城市。南京的保卫战总共持续了九天。中国守城部队作出了英勇的牺牲,并迫使敌人付出了巨大的代价。日军的伤亡十分严重,双方在巷战中的死伤也很惨重。一直打到12月14日,中国当局才下令从南京全面撤退。

　　尽管国际形势不断恶化,使中国在海外的处境很不利,但是中国人民和西方友好国家都希望中国能经受住这一风暴,继续抵抗日本而不要屈服于它的愈益加强的压力。蒋委员长在12月14日及时地发布声明。他宣告,虽然中国政府已经撤离南京,但中国将继续抵抗日本的入侵。

　　当时的情况确实十分严重,这不仅是因为日军还在持续挺进,同时也是由于日本侵华陆海军将领们即使在和美、英等国打交道时,也同样肆无忌惮。人们还记得,12月12日美国炮艇巴纳号就是被在南京上空的日本飞机炸沉并造成了一些人员死伤的。在此前后,有些英国商船也在芜湖和南京附近受到了日机的袭击,还有英国军舰瓢虫号也受到了轰击,有一名水手被打死,另外几名受伤。据英国人办的《华中邮报》说,毫无疑义,这次攻击纯系出自日方的蓄谋。

　　在这些事件发生之前不久,意大利宣布承认"满洲国",中国为此对罗马提出抗议。我一听到这条消息,就立即打电报给外交部,建议中国政府提出强烈抗议,不仅仅是对罗马,同时还要向国际联盟提出,并且要求国联把抗议的副本散发给国联所有成员国的政府。理由是早在 1933 年,意大利对国联作出的不承认"满洲国"的决议曾经同意并投了赞成票。因此它现在承认"满洲国"违背了它自己当初的承诺,这一承诺曾以它在国联的决议中的赞成票记录在案。

四天以后,1937 年 12 月 3 日,外交部给我和钱泰大使发来一封对我们两人上次联名致电外交部的复电,通知我们,驻罗马的刘文岛大使已经遵照外交部的指示,向意大利外交部长提出了抗议。现在我国外交部已经发表了一个正式声明,谴责意大利的行为不仅违背了华盛顿九国公约和国联盟约,也违背了国联对于中日冲突的多次决议。声明并宣布中国政府保留它对这一问题的坚决立场。电报中还提到已向国联秘书处送去一份声明的副本,俾使存档备查并转发给各成员国政府,此外送给美国大使一份声明副本,以备向其政府报告。

12 月 21 日我和莱热谈话时,对于中国的局势和主要强国对中国局势的态度,以及中国政府对待这种局势的立场和意向等各方面都作了详尽的说明。我个人的谈话记录这样写着,我说正如我在一星期前告诉莱热的那样,现在日本人进攻广州看来已迫在眉睫,英国政府似已为此感到焦虑。我了解它有可能在华南举行一次海上示威。英国报纸建议说,万一英国不得不从地中海舰队中抽调舰只以加强远东舰队,那么法国就要用它自己的舰只来填补英国舰船所留下的空缺,以免削弱地中海方面的英、法海军联合力量。我问他英国政府在这个问题上是否已和法国政府商谈,以及法国政府在这方面是否愿意和英国合作。

莱热回答我说,由于法国现在正全神贯注于欧洲,它自己不能派军舰到远东去。德国和意大利在远东和日本合作的态势已使得欧洲不能再高枕无忧。自从凡尔赛条约签订以来,就明确英国应承担地中海所需海军力量的五分之一,法国承担五分之四。那时意大利的海军还远没有现在这样强大,德国海军则在战后已大大削弱。但是英国未同法国协商,和德国达成了一项协定,同意德国重建海军。今天德国海军力量已不容忽视,意大利的海军也已比以前强大得多了。谁也难保意大利不会利用英、法在地中海海上力量减弱的机会来给法国找麻烦。

莱热说美国舰队从大西洋调去太平洋,给德国提供了一种引诱,因为美国参加下次大战的可能性毕竟是德国不能不考虑的问题。在他看来,不仅法国无法填补英国在地中海的空缺,连英国自己也无法从地中海舰队中把其主要力量转移到远东去。日本显然充分利用了欧洲逐鹿未定的局面,不失时机地在中国采取了行动。德国和意大利也知道苏联没有条件在欧洲制造任何严重威胁,因为远东的局面对它威胁很大。

莱热怀疑传闻中的海上示威是否真能举行,至少英国政府并没有和法国政府研究过这一问题。他指出在布鲁塞尔会议上,法国政府早已提议法国、英国和美国在远东的舰队应进行合作。因为如果法属印度支那对华提供最大帮助,它必然比英、美两国更易于遭到日本的报复。因此为了保持这条通道,继续向中国转送军火和作战物资,三国就有必要团结一致,通力合作。但是法国的建议却遭到了拒绝,而且美国人拒绝得相当粗暴。鉴于法国为了中国的利益而提出的建议遭到了拒绝,莱热不相信英国政府会认为要求法国海军在远东进行合作是适宜的。法国过去曾经建议在远东采取一次共同行动,这一建议如被采纳,在当时情况下,本来是会大有好处的。他认为现在提出这一行动建议会使英国人更加为难,因为他们所真正关心的不是帮助中国而是保护香港。

我对莱热说,日本侵略行动在远东所造成的局势,其危险程度正在与日俱增,而且由于日本对长江上的英、美船舰进行了袭击,日本与美、英之间的关系也变得更为紧张了。华盛顿和伦敦都要求日本作出明确而肯定的保证,保证类似事件不再发生。我说我觉得最好的保证莫过于日本停止其在中国的敌对行动。我考虑法国和日本之间既然不存在这些类似事件,它就掌握着更大的行动自由。一旦时机成熟，不知法国是否愿意向日本提出建议，要求它停止敌对行动。我觉得这样的建议，将不仅有利于中日关系，同时也将有利于英日关系和美日关系以及世界和平事业，因为除非敌对行动及时停止，就无法逆料它是否将使局势继续恶化，直至引起战争全面爆发。

莱热说可以肯定，英国和美国现在正忙于对付长江上发生的事件，他们不可能提出一个停止敌对行动的建议。至于法国政府，他认为中国不能名正言顺地敦促它提出这个建议。不久以前，中国政府曾半推半就地接受过德国的调停，这种举动出人意料，在巴黎、伦敦和纽约都引起了猜疑。三国政府都认为德国显然是日本的一个盟国，它的调停只能意味着为日本的利益服务，其方式是劝说中国接受日本的和平条件。德国出面调停，肯定有它自己的某种目的，那就是劝说中国参加反共协定。如果它的意图得以实现，那么中国肯定会走向反共集团一边而和英、美以及法国为敌。很明显，那时蒋介石将军就要参加德、意、日阵营。鉴于蒋介石将军有这样的倾向，法、英、美三国政府曾感到有必要保持清醒而审慎的态度。他觉得法、英、美三国最好是静观德国的调停将以何种方式获得成果，而他们自己则按兵不动。

我说蒋介石将军在和德国大使谈话时曾要求以日本撤军为举行和平谈判的先决条件，这实际上是拒绝德国调停的委婉做法，因为众所周知，日本是不会接受这种条件的。

但是莱热说，这就意味着在德国的调停下，谈判已经开始了。他认为如果中国把日本撤军作为和平谈判的先决条件，那么由英、美、法集团出来调停也不会有成功的希望。

我说如果英、美、法出面调停，则是否以撤军为先决条件，当然可视谈判而定。一个月前，中国曾有一小部分舆论主张接受任何调停，因为中国的政策是和平政策。不过现在这种少数人的意见已经销声匿迹。现在政府内外绝大多数的意见是主张和欧洲民主国家及美国合作，赞成由民主国家调停，而不是由德、意调停。根本不存在中国参加任何反共协定的问题。事实上,中国政府业已明告德国大使,中国对此不能接受。

莱热说,如果德国调停成功,中国参加反共协定就将列为条件之一,和平达成之时,就是中国站到德、意行列之日。我向他保证说这是不可能的事。

莱热说除非中国提出要求,民主国家是不会采取主动的。他并问我,我所说的话是否真正代表中国政府的愿望。我说我并不是以中国政府的名义说话,仅仅是因为有鉴于日本和英、美两国之间存在着紧张关系以及中、日间的严重局势,我感到对整个局面的最好解决办法是先停止敌对行动,以免事态有进一步恶化的危险。我说我最希望知道的还是莱热先生个人对法国政府率先出面提出这一倡议的可能性有何看法。

莱热说他个人的见解是目前提出这一倡议的时机尚未成熟。在南京失陷之前,曾一度出现过似乎可以安排停止敌对行动的时机。但是现在局势已经急转直下,日本人由于他们的军事胜利,欣喜若狂,愈加固执己见,无法商量了。如果现在要从日本人那里求得和平,其条件必将是中国人所不能接受的。他自己感到不能向法国政府提出这种建议,至少在目前不行。他认为现在中国最好还是继续抵抗。他知道中国已经决定要对日本进行一场消耗战,他认为这是应该遵循的正确方针。随着日军向中国腹地进一步推进,日本的处境将变得越来越困难。到一定时期,它会发觉它背上的包袱沉重得无法忍受,到那个时候,才能谈判和平。现在日本的经济状况已经十分危险。在维持满洲的经济重担之外再加上在中国作战的费用,已经压得它透不过气来。它不可能从纽约或伦敦得到分文贷款,巴黎就更不用说了。在他看来,日本人过不了多久就要提出"暂停"了。

说到海上示威的可能性,莱热认为如果英国人派遣一支海军增援部队到远东去,那就等于在举行示威。但这种示威并非为了威胁日本,而只是为了保卫香港所采取的一种预防措施。英国人认为日本不会向英国挑起一场战争。他们相当害怕再发生更多的事变，可是他们又觉得有一股强大的力量就能够阻止事变再次发生。日本的老百姓清楚地知道他们的国家已经遭到了严重的财政经济压力，他们既不希望和英国也不希望和美国打仗。只有日本的极端军国主义者才对各种危险处境——政治的、经济的、财政的，视而不见。他相信当前日本和英国以及美国之间的纠纷，只要天皇洞悉真相并被要求作出最后决定，那时就可全部解决，除非军国主义者发动一场军事政变。他认为就中国而言，最好是继续抵抗，并团结一致，除非是为了国内统一，万不得已，决不能停止战斗。

我对他说，中国的国内形势，可以说是从来也没有像现在这样好。各阶层人民，各党、各派，一致决心继续执行抗战政策。最近实现的政治团结，毫无破裂的危险。

谈到英国的远东政策时，莱热说，一星期前，英国政府曾建议法国政府，而且据他所知，也建议美国政府撤出驻北平的外交人员，同时也撤出各国在华北的驻军，这个建议是法国政府所不能接受的，它已在两天前发出了一个否定的答复，并说明了法国反对的理由。他接着就宣读了法国的复照。复照从法律和政治等各方面阐明了法国政府的立场。复照指出，从法律上讲，在华北派驻警卫部队的权利是有国际协定为依据的。它是一项集体协定的一部分。它不仅是一种针对中国的权利，同时也是在辛丑条约上各签字国之间的共同义务。因此，法国政府认为对协定的任何变更，都必须取得签字各国的共同认可，方能成立。

莱热说，从政治上讲，撤退就等于把日本在华北既得的利益视为神圣不可侵犯。同时也造成一种印象，似乎华北各省彻底脱离中央政府统治，已为列强各国所承认。建议中的撤退，不仅丝毫不会削弱华北现存的政权，反而会使它的地位在中国和世界人民心目中巩固下来。因为事实上，等于收回了中国中央政府多年来为之奋斗力图收回而未能实现的一种主权。北平的傀儡政权会站出来说，这是它的功劳。

莱热说，照会中也指出，关于北平存在一个傀儡政权这种情况，过去也曾有过，特别是在 1924 年。他说，外交人员和警卫人员的继续留驻，并不一定就意味着承认这一政权。就此，我向他递交了一份中国政府的声明，声明中明确了中国政府对傀儡政权的立场。

莱热说，英国之所以要提出这一建议，其真正原因是，它怕万一由于保卫香港而发生冲突时，英国驻军会处于孤立无援的境地。他说当然，拟议中的撤退问题，可以在某个外交性会议上提出来研究商讨，尤其是如果日本坚持要求的话。但是，他认为，假如当时有哪一个大国出来带头撤退，那是不合时宜的。

两天以后，我陪陈公博去见法国外交部长德尔博斯。德尔博斯最近刚从东欧和巴尔干国家访问回来。我问他出访的印象如何。他认为形势有趋向缓和的迹象。他说法国与其他各国所签订的有关这一地区的协定和协议依然有效。

陈公博通过我翻译表示，鉴于欧洲的局势已经有所好转，应该说法国对远东的局势已有条件采取更积极一些的态度。德尔博斯说，非常遗憾，在地中海地区，意大利的态度还相当令人不安。意大利在这一地区最终想达到什么目的，还无法预料。因此，法国在欧洲仍然不能放松警惕。法国海军远不如英、美强大。所以法国不可能以海军提供更多的支援。此外法国要同时在三条战线上对付三个不可轻侮的敌人。具体地说：在欧洲有德国，在地中海有意大利，在它后门口还有西班牙。就远东而言，法国肯定会从精神上支持英国和美国。不过，事实上，远东问题的关键还是掌握在华盛顿手中。因为美国拥有最强大的海军，而且一无牵挂。

陈公博说，意大利承认了"满洲国"，这就表明了它对中国的不友好态度。他认为，德国的政策不见得就和意大利完全一致。他问德尔博斯是否同意他的见解。德尔博斯说，陈先生的看法也可能是对的。不过他自己总认为,德国和意大利,作为反共协定的缔约国,都希望利用远东的纷扰,来为他们自己在欧洲谋求好处。

陈公博说,前些时候,德国曾表示愿意出来调停。但他刚才接到蒋介石的电报,告诉他中国已予拒绝,并说中国宁愿和英、法、美、苏合作。这并非单纯为了解决远东问题,同时也是为了支持和平事业。中国军事当局命令焚毁日本在青岛的纺纱厂,这是对日本的一种报复行动。中国的国都先是迁到汉口,现在又从汉口迁往重庆,这些都表明中国已决心继续执行抵抗政策。陈公博希望法国与英、美合作,对中国的抗日斗争,在可能范围内提供最大限度的支援。

德尔博斯向陈公博恳切地表述了法国对中国的同情以及过去法国在日内瓦和布鲁塞尔所作的努力。他说,法国曾经提出要和英、美两国合作,但是美国不同意,而宁愿执行它自己单独行动的政策。他接着说,法国单干是起不了多大作用的。

我说,伦敦曾经考虑过和美国共同行动在远东举行一次海上示威的可能性。如果这一行动付诸实施,我希望法国能够给予合作。德尔博斯说,法国的海军不如英、美那样强大,鉴于欧洲的局势,法国只能从精神上支援这一示威行动,而不能把它的舰只派到远东去。我问,如果英国从地中海调遣部分舰只去加强它的远东舰队,法国能否加强它自己在地中海的海军力量,以支援英国。德尔博斯答道,当然可以,尽管在安排地中海海军联合巡逻的时候,意大利曾经扬言,一旦英国削减地中海的舰只时,意大利不能同意由法国来填补这一空缺。换句话说,就是意大利不能同意法国加强它的地中海舰队。这些我们都不予考虑。我说那仅仅是意大利单方面的宣言,我相信法国并不承认。德尔博斯先生对此表示同意。

陈公博说,三个星期前,他和勃鲁姆先生谈话时,勃鲁姆说,如果实在无法取得美国的合作,那么英国、法国和苏联只要密切配合,也可以迫使日本接受一项解决办法。但上星期,陈在英国见到张伯伦和艾登时,这两位政治家表示了同一见解,即:远东的局势确实需要英国和美国密切合作才能得到解决。陈公博认为这两条行动路线不妨齐头并进,最后达到英、美、法、苏四强合作。

德尔博斯说,他认为建立一条四强间的统一阵线就足以使任何问题迎刃而解。不过他指出,整个局势的关键还是掌握在美国人手里。至于苏联,无论英国或美国对它都没有像对法国那样信任。英、苏之间的关系也不如法、苏之间那样密切。尽管四强合作是非常令人向往的,但他不相信这在短期内能够实现。

12月30日,我再次拜访了德尔博斯外长,并和他进行了重要谈话。谈话的内容主要是关于解决中日冲突的条件问题。这些条件是最近由日方提出,并由德国驻华大使陶德曼转交给中国的。谈话开始时,我告诉德尔博斯,我国政府训令我把德国驻华大使最近的活动情况秘密地通知他。事情是德国大使转达了四条和平条件。这是由日本政府提出后,通过柏林转交给他的。四条条件如下:

1.中国必须放弃所谓亲共、反日和反"满洲国"政策,并且对执行反共政策中国必须给予合作;

2.在必要地区建立非军事区和特殊政权;

3.中国、"满洲国"和日本之间建立密切的经济合作;

4.对日本给予赔偿。

我对他说,中国政府认为这些条件是不能接受的,甚至是无法考虑的。但是,中国政府在草拟答复之前,还是希望听听法国政府对此有何反应。

德尔博斯对中国政府给予他的信任并把和平条件的要点通知他,表示感谢。他说,对于这样事关重大的问题,当然只有中国自己才能作出最好的决断。虽然他还不能立即代表法国政府作出什么反应,但是他个人认为这些条件确实是相当苛刻的。首先,日本完全无视外国的在华利益。日本所提出的把中国某些地区非军事化,以及建立特殊政权等问题,都意味着日本要插手干预中国的政治和军事主权,而所谓密切经济合作,也显然是旨在攫取中国的资源。赔偿的要求则实在是一出悲剧中的滑稽一幕。他不能理解,一个侵略者怎么能由于它的侵略行为而得到赔偿。

我说,德国不惮其烦地为日本传达条件,这已经是第三次了。这也说明了德国是多么渴望看到中国和日本结束敌对行动!意大利方面也已多次劝说中国和日本达成妥协。我说,从德国和意大利的这些行动来考虑问题,我不能不强调,中日战争对欧洲的局势确实是密切相关的。很明显,德国和意大利确实不希望看到日本在中国陷得太深,以免它的武装力量受到过分的削弱。我说只要日本倾注全力于中国,它就不可能对反共集团作出什么有效的支援,这就使反共集团在欧洲对抗英、法两国的力量受到相应的削弱。我问德尔博斯他对局势的看法是否和我一致。

德尔博斯说,德国和意大利肯定希望日本把它的力量保存下来,以便在远东对付苏联。因为日本军力的削弱,就等于整个反共集团的削弱。这时我就说,中国政府决心继续抗击日本的侵略,但是迫切需要外国的物资供应。这是我希望和德尔博斯先生讨论的第二件事。

关于这一点,德尔博斯说,他完全同意我的意见。他说,殖民部长莫泰告诉他,那天早晨,他(莫泰)接到印度支那总督发来的一份电报,其内容是对中国驻印支人员行动不够谨慎,有些意见。电报中说,中国人在那里公开地装配飞机,并进行试飞,毫不考虑需要保密的问题。中国人这种漫不经心的态度,使得总督深感担心和不安。他说,如我所知,日本人对法国允许武器和装备通过印支运往中国一事,一直在不断地提出抗议。现在又面临着中国人不知谨慎的问题。这就不仅使印支总督为难,连他自己也受到了日本驻巴黎代办的责难。这些责难是有许多物资通过印支的事实为证的。日本人已经暗示他们要对印支采取报复行动,并打算占领海南岛。这些行动,最终将使中国受到和印支同样大的打击。他希望中国政府在这个问题上,要和法国合作。

我发觉他非常不满,就向他保证马上给我国政府发电报,要求严令中国驻印支代表要十分警惕,因为我充分理解保密的必要性。德尔博斯说,对于这种事情,站在屋顶上大声喊叫是于事无补的,只有保密才是成功之路。

我说,中国现在最急需的是重炮。我告诉他,我刚接到孔祥熙博士发来的电报,要求我向法国政府提出,希望能获得一百二十门施奈德炮,射程为一万三千到二万一千米,另外还要射程在二万五千至二万六千米的大炮四门。德尔博斯说,法国政府也正在执行重整军备计划,不知道武器库存中有没有这些重炮。

我说,必要的话,中国政府可以向法国购买这些大炮。不管怎么说,我希望德尔博斯先生能和陆军部长达拉第先生谈谈此事,他可能对此有所帮助。德尔博斯说,他一定照办,并且还要和国务会议主席肖唐也说一下。

我问德尔博斯对中国要求援助的备忘录(这是我以前提交法国政府的)的内容研究了没有。他说,由于最近几天忙于国会的活动,他还没有来得及和莱热先生商谈此事,同时正好莱热先生也不在巴黎,可能晚上就要回来。

总而言之,1937 年 12 月的形势对中国来说是令人忧心忡忡的。我连续向我国政府发出了几份电报,报告欧洲的局势和我们自己向欧洲列强要求支援的情况。同时我也和许多从柏林、伦敦和布鲁塞尔等地来的同僚们,以及国内派来的特使们如李石曾、蒋百里和陈公博等,举行讨论,试图估量整个世界形势对中国局势的关系,并寻求如何取得友邦有效支援的切实办法。

我们在驻巴黎大使馆内讨论的结果,最后归纳成一个我们大家都赞同的电报稿,拍发给委员长、汪精卫和孔祥熙。但是电报是以陈公博的名义拍发的,因为他是中国政府的成员。

12 月 29 日电报的内容是关于中日战争问题,英国、法国和苏联都在等待着美国带头采取行动。德国和意大利正执行着他们自己的政策,他们的立场和前述的四大强国是完全不一样的。在英国和美国未能达成有效的合作以前,我们应该采取什么样的政策,这是政府必须十分慎重考虑的问题。我们说,据我们看来,在当前情况下重开"九国会议"恐怕无济于事。另一方面,如果中国再次向国联提出申诉,这就必然意味着降低美国的作用。此外,我们了解到,有半数以上的国联成员国,已经在考虑并将赞成废除盟约中有关对成员国实行制裁的全部条款。因此很难指望国联会采纳任何制裁的建议,哪怕只是有限度的禁运。考虑到局势中存在着上述这些因素,并经过仔细的斟酌权衡,我们说,我们还是倾向于首先考虑重开布鲁塞尔会议,因为美国出席该会的代表诺曼·戴维斯曾反复声明,该会并未结束,仅仅是在休会期间。而且,他将返回华盛顿向政府报告并磋商下一步的行动。

鉴于欧洲的严重局势,电报中说,据我们看来整个中日问题的关键,确实掌握在美国手中。因此,我们一致认为,首先需要认真接近美国,弄清美国的态度。为此我们要建议重开布鲁塞尔会议,以便和美国联系,探出它的真实意图。如果美国认为重开布鲁塞尔会议的时机尚不成熟,那么我们就可以提出再次向国联申诉的问题,征求他们的意见。我们建议,应由驻华盛顿的王正廷大使立即行动,去和美国政府磋商。

早些时候,12 月 17 日,我曾接到外交部的通知说,政府有意并且打算把中日冲突问题再次提到国联顾问委员会去。外交部指示我和我在伦敦的同僚郭泰祺商议一下,然后提出我们的意见。

我在 30 日和德尔博斯的谈话中,也提起了这一问题。我说中国政府正在研究,如果把中日冲突问题再次提交顾问委员会或者日内瓦国联行政院是否适宜。我问德尔博斯,他对这一步骤的前景有何看法。

德尔博斯说,他看不出从国联能够得到什么具体的结果。至于说到制裁问题,上次在日内瓦已经很明显,有一些国家希图讨好德国和意大利,他们反对制裁。有一些国家甚至好像反对中国。他说在西班牙问题上也同样存在这种缺少一致态度的情况。

我说,如果不能采取经济制裁,石油禁运可能比较容易执行,因为这仅触及很少几个国家的利益。德尔博斯同意,他说石油禁运只要求美国、英国和荷兰三个国家的合作就行了。他知道,美国向日本供应百分之四十到四十五的石油。他接着说,这种措施没有必要通过国联,如果在国联通过这种措施,恐怕反而会有使事情复杂化的危险。另一方面,他感到只要上述三个国家同意,这一措施马上就可执行。我问对日本采取武器禁运的可能性如何。德尔博斯说,在国联当前的情况下,这是不可能通过的。不管怎么说,他认为在把问题重新提向日内瓦之前,在各国首都多进行一些试探性工作是可取的。

和德尔博斯会谈后,我接待了来访的宝道先生。他曾经担任过中国政府的顾问。他在中国时是一个法律顾问,主要是跟中国法典编纂委员会打交道。而在法国时,他担任过中国驻法大使馆的顾问。他也在布鲁塞尔会议上充任过我们的顾问。由于他经验丰富,所以对中国政府和中国大使馆都很有帮助。有一段时间,他曾任法国驻泰国公使。因此他对远东的一般问题,以及法国在印支的政策都很熟悉。

我在 12 月 30 日给外交部的一份电报中报告说,宝道告诉我,他获悉中国打算把中日冲突问题重新向日内瓦的顾问委员会提出。不过,鉴于国际形势最近的发展情况,他深恐这一行动的后果,甚至会比以前更难令人满意。他告诉我说,法国外交部的看法和他一致。

我 30 日给外交部的电报,其中一部分是对部里 17 日给我的指示的答复。前面讲到过,指示曾让我和伦敦的郭大使进行商谈。在随后的一个星期中,我继续和郭进行了会商。郭曾就这一问题与安东尼·艾登举行过一次会谈。他从会谈中获得的印象是:伦敦的态度似乎比巴黎要好一些,不那么令人沮丧。

郭泰祺在 1938 年 1 月 5 日给我的信中说,他在 12 月 31 日见到了艾登,并把日本提出的和平条件告诉了他。郭说,艾登认为这些条件是严酷的,甚至是残暴的。他完全赞同中国拒绝予以考虑的态度。关于英国向中国提供援助的问题,艾登给他的印象是,经济援助可以研究,但是在供应军事装备和武器方面,英国只能在极小的范围内作出援助。郭对艾登说,远东问题如能顺利解决,就能导致欧洲的局势走向稳定。艾登同意这一看法。但他说,在寻求这样的解决时,美国的合作是绝对不可或缺的。艾登说,当然,如果日本果真要威胁并占领香港,那么大英帝国可能认为有必要单独行动,并会派一支海军舰队到远东去。

对于中国打算再次向日内瓦国联顾问委员会提出申诉的问题,艾登没有做出肯定的答复。他说他首先要和法国磋商并探明华盛顿的态度。他建议我们等到日内瓦国联行政院开会时再提,届时他将设法同中国代表以及法国和苏俄外长会晤协商。他说,不到那时他无法明确表态。

我在 1938 年 1 月 10 日和莱热举行的一次会谈也很重要。这不仅是因为会谈中清楚地反映了法国对中日冲突的政策和法国对中国的援助问题,同时也因为他透露出欧洲局势正在恶化和最近有爆发战争的可能性。我会见莱热的本意,首先是为了弄清我在要求援助的备忘录中所提各项军需物资和设备清单的落实情况。

莱热说,果然不出他所料,有关的各个部门都无法提供中国所需的物资。他接着解释,欧洲的局势十分险恶,1938 年可能是最危险的一年。他说,一年以前,他曾对我说,和平还可以维持一年。但是现在情况不同了。意大利已经走到了破产的边缘。在两三个月后,它必须偿清它在国外购买小麦的欠帐,但是没有钱。税收已经增加了一倍,但是财政困境依然如故。墨索里尼非常可能铤而走险,以发动战争来摆脱他的困境。如果失败了,他还可以说,为了国家的利益,他牺牲了自己。莱热接着说,在法国这边,由于社会不宁,延误了工厂的生产,致使重整军备的计划不能按期完成。鉴于局势如此严重,法国不得不把它的全部资源保留并集中起来,应付它自己的需要。

对此,我重提了我和德尔博斯的会谈。我又问他,法国是否能转让给中国一百二十门75毫米口径的大炮和四门155毫米口径的大炮。我说,当时德尔博斯先生曾表示愿意和肖唐先生、达拉第先生等研究这些问题。我问莱热是否能告诉我一些有关这方面的情况。莱热说,他的部长并未向他提起此事,但他注意到了我所说的一切。他说,不过,这些大炮正是法国自己也需要的,他知道法国军队也缺乏这种大炮,陆军部正在采取步骤,要求把外国订购的这种大炮延期交货。他并说,如果把法国军队自己所需要的大炮让给中国,那就需要六到八个月以后才能补充上。这样长的延搁,在当前情况下,是不妥当的。

至于贷款,莱热说,法国政府为了加速推进重整军备的计划,特别是要发展空军和海军,一直在从各个领域设法节约每一个铜板。

此外,莱热了解到英国的处境和法国几乎完全一样。对伦敦和华盛顿进行的试探说明,他们对援助中国的态度,已经变得比以往任何时候都更消极了。就英国说,它有可能节省下一些大炮,因为根据英、法两国间的一项谅解,一旦欧洲发生战事,陆上的军事任务大部要由法国承担,而英国主要是在海上和空中予以合作。莱热说,这就意味着法国必须尽快把它的陆军置于最完善的状态,以便应付任何非常事件。

我说,他所说的使我非常失望,并且也将使我国政府感到失望。我指出,中国对日本侵略的继续抵抗,对欧洲的和平事业也是有益的,因为它把日本牵制在中国,从而削弱了反共集团的整体力量。我说,德、意两国急于看到中、日间停止敌对行动,因为他们认识到,只要日本的全部力量都陷在中国,他们就不可能得到日本合作的好处。事情很明显,德国和意大利把他们的注意力集中在欧洲,是打算在欧洲对民主国家阵营摊牌。并企图要求日本在北方对苏联施加压力,在南方则对英国施加压力。但是只要日本和中国的敌对行动不停止,这些就做不到。因此我说,中国继续抵抗,对保持欧洲的和平有它的作用。在当前来说,这是肯定的。我又说,日本希望和苏联交战,这也是它和德、意间谅解的一个方面。如果这种情况真的出现,那么苏联在欧洲也将无所作为。

莱热认为,即使日本在中国的敌对行动结束,它也不能立即和苏联打仗。因为经过在中国几个月的作战,它的力量一定已被大大削弱。至于说苏联,莱热说,它目前并不把欧洲计算在内,因为它必须把注意力集中在远东,并且要监视日本。

他说,中国唯一正确的政策就是继续抵抗,并且拒绝同日本议和。他说,他认为中国谈和平已经谈得太多。其实只要继续进行游击战,中国最后是能把日本拖垮的。当然,唯一重要的问题是蒋介石将军要能把政府和国家团结起来,并要肃清主和分子。这一点蒋在最近的改组工作中,似乎已经做了。目前如果向日本求和,就等于甘心投降,因为日本不愿意接受低于投降的条件。换言之,人们不可能期望同盗匪进行顺利的谈判。日本既然被迫不得不在中国扩大它的活动范围,最后它必然得自己来寻求和平。

我回答道,要进行游击战争和继续执行抵抗政策,军需物资是必不可少的。但是莱热认为,中国很可以采取一种消极抵抗政策,这就是避免陷入阵地战而经常袭扰日本人的交通线,并攻击他们的侧翼。我表示同意他的见解。但我提醒他说,即使是消极抵抗也仍然需要武器和弹药。

我说,如果意大利在春季采取行动发动战争,那么也会促使德国参战,尽管德国人还没有作好充分准备。事实上,德国人很可能认为它有责任帮助意大利,甚至还可能会怂恿意大利去冒险。我说,除此以外,中日冲突还转移了美国对欧洲的注意力,也在一定程度上捆住了英国人的手脚。这两个因素都会鼓励德国和意大利在欧洲进行冒险。加之,德国渴望中国和日本停止冲突,以便把日本的力量解放出来。它曾三次自告奋勇,试图在远东恢复和平。

莱热认为,德国和意大利尽管都在为结束中日武装冲突而卖力,但是他们的目的不同。意大利已和日本开始谈判,旨在垄断长江的航行权,而德国则力劝中国接受日本人的苛刻条件,以便它可以取代英、美在中国的势力。

我说,英国当然可能再作一次最后努力试图和意大利达成协议。但是最后这一次是否能够成功,却仍是一个疑问。他答道,如果英国再作一次努力,也不会使他感到意外,不过他总觉得英国采取的方法是错误的。他认为欧洲问题的核心是德国,英、法应该努力使德国问题获得解决。其办法是把两国的力量结合起来,密切合作。当德国看到英、法的联合力量强大得使它无法抗衡时,自然会俯首就范。意大利看到自己已陷于孤立,也就会主动向我们靠拢。换言之,英国应该先和法国联合起来,再去和德国打交道。莱热还指出,哈里法克斯勋爵去柏林仅仅是为了摸清德国人的底细,看他们到底在想些什么,而不是去谈判的。他说今后的几个月将很紧张,和平到底是否还能挽救,最后终将揭晓。

我谈到,现在英国对此和法国一样也在全神贯注,而美国则不然。莱热说,如果香港受到威胁,英国可能派遣一些舰只到那里去,这仅仅是为了维护它的尊严。至于为了香港而卷入战争,它并没有这种意向。

莱热认为,日本如果不爆发一场军事政变,从而建立一个军人独裁政权,即使在中国的敌对行动停了下来,日本也不会和苏联打仗。他说,日本有一部分舆论认为它在中国就已经走得太远。但是人民仍旧生活在高压之下,和平分子还没有行动起来。我说,本届日本内阁实际上已经呈现出准军事独裁的面貌,因为通过最近的改组,有一个海军上将已经进入内务省,另一个将军则进入了厚生省。

关于欧洲局势的严重性及其对英、法两国远东政策的影响，我从两天以后的一般会谈中得到了证实。1月12日正在归国途中的驻莫斯科大使蒋廷黻来看望我,他告诉我,苏联外交部长李维诺夫曾告诉李石曾,法国不仅不打算帮助中国,而且由于害怕欧洲爆发战争,甚至还劝说过苏联不要在远东和日本发生冲突。

后来,宝道告诉我,法国驻日大使曾电告法国外交部说,是日本要求德国驻日大使把和平条件转达中国的。因此,贾德幹认为,在战争还在继续的情况下,英国在上海问题上还是向日本作些让步为好。贾德幹说,鉴于欧洲的局势,英国无法对日本执行一项坚定的政策。

现在,我想谈谈中国争取外国支援的另一方面的情况。卢沟桥事变发生后,中日间的战事已经不仅局限于华北,而且扩大到上海周围,变得很严重了。这时,政府决定一方面全力以赴地继续抵抗的同时,先是等待国联采取行动,继而又等待布鲁塞尔会议的结果。另一方面,又制订了一个加强国外外交活动的计划。按照这个计划,政府除了在各主要国家首都设有常驻的大使馆外,又派出一批特别使节。这些使节不担负正规的外交任务,而且他们本人也不是职业外交人员。他们是政府或国民党的首脑人物。例如,孙科是中苏友好协会会长,他被派到莫斯科去争取苏联的援助和合作。李石曾是国民党的元老之一,他认识法国、比利时、瑞士甚至西班牙和意大利的许多大政治家,其中大部分是社会主义派。他和孙科一起去到莫斯科,后来还前往法国。汪精卫的得力助手陈公博被派去伦敦,并以特使身份访问了罗马。曾经留学日本的蒋百里是中国最早的日本士官学校毕业生,他一度担任过保定军官学校的校长(中国军队的许多高级将领都是从该校毕业的),这次被派到德国和意大利。他们出访的共同目的是为中国的抗战事业争取外交上的和物资方面的援助。下面我打算就他们访问的情况,简单地回顾一下。内容将涉及他们一系列活动的成果,他们对欧洲形势以及对各国国内有关远东问题的特殊情况的观感。

我们驻法大使馆是各位特使和国内取得联系的联络枢纽。例如1月初,我接到汪精卫一份电报,要我转给陈公博。电文的内容是当时国内的形势。汪说,自从陈出国后,国内的军事政治局势虽然没有多大变化,但是中国抗战运动中的弱点却暴露得更加明显。我在那一天(1月6日)的日记中写道,汪暗示说,国内要求和平的空气正在增长。同一天,外交部有一份电报,要求我等孙科到达阿姆斯特丹时,把我已向外交部报告过的国际形势告诉他,同时也要我把在巴黎与各有关方面会谈的全面情况向他作报告。电报还提醒孙科应该了解国内外的实际情况,并不应对外援存过多幻想。

关于外交部的这份电报,需要作一些说明。因为在此以前,不仅我自己,就连我在伦敦、华盛顿甚至在罗马和柏林的同僚们所接到的指示,一直是要求我们为中国的抗战事业争取精神的和物质的外援,而这次却提出了不要存过多的幻想。当然,中国代表们在各国首都并未能获得多大的积极反应。唯一的例外,可能是法国政府。它一直在作最大的努力向我们提供印支通道而不考虑印支所冒的风险,并向我们提供包括飞机在内的各种类型的武器和装备。但是甚至法国的援助也不是那么稳定可靠,常常在由于欧洲形势发展不利而使法国感到担心时,它的援助就会中断或者遇到种种阻碍。不过,外交部提醒孙科对外援不要抱过大的希望,更可能是针对孙科相信苏联是当时中国最真诚的朋友这一点而言。因为苏联和日本之间存在着直接对抗的问题,同时它在欧洲的处境也不好。在欧洲,德国常常给它造成许多麻烦,使它感到不安。因此,孙把最大的希望寄托于莫斯科,他一定认为那是中国可以取得最大援助和支持的所在。但是,孙的观点并不代表整个中国政府。到底从哪方面可以取得更多的支援,是从英、法、美等民主国家,还是从柏林和罗马,或者是从苏联。在这个政策问题上,政府内部似乎存在着分歧。对政策抱不同观点的双方都各有理由,对于到底哪一条是应该遵循的正确政策,争执不下。

孙科自己急于出国,到苏联去争取积极的支援。他确信,面对日本,苏联和中国的利益是完全一致的。中国和苏联都同样怀疑和害怕日本对他们的蓄谋。日本反苏反共已为世所共知。它最近向中国提出的和平解决方案就表明日本认为中国的反日态度在很大程度上是受莫斯科操纵的共产主义分子所挑起的。

政府希望孙科能够探明,中国到底能从苏联得到些什么。事实上,我想对于派到欧洲去的各位要人,政府希望于他们的不仅是要争取到外援,同时还要摸清各国的真实情况,以便让他们根据所获得的最新情报,各抒己见,帮助政府对今后应该遵循的政策,作出最后决定。

孙科即将就道的莫斯科之行,是我们驻欧各国使节们和特使们能举行一次聚会的大好机会。孙博士亲自打电报告诉我,他去莫斯科要取道阿姆斯特丹,预计 1 月 13 日可以到达阿姆斯特丹,希望在那里和我会见。这样就最后决定了在阿姆斯特丹举行一次会议。

1 月 9 日,蒋百里将军来大使馆告诉我有关他在罗马访问的情况。他说在威尼斯见到了斯滕法尼先生,斯滕法尼告诉他意大利为了牵制英国,可能会从陆上进攻埃及,并对直布罗陀进行空袭。他又说,墨索里尼听到罗斯福总统 1 月 3 日在芝加哥所作的关于捍卫民主的演说以后,颇感不安。

1 月 13 日,我在阿姆斯特丹和孙科见面,并交换了国内外有关军事、财政以及其他方面的情况。我觉得他所谈的国内军事形势十分令人沮丧。他说,中国军队存在着严重的组织问题和协调问题,也缺乏调遣运用如此庞大军队的经验,而这对每一个士兵乃至整个国家都是至关重要的。不过,我曾收到的两份电报——一份是外交部次长徐谟发给我的,另一份是孔祥熙给我的复电——都说,不会和日本言和。

1月14日早晨,我第二次和孙科会谈。我到他那里时,李石曾已先我而到。他谈到他在莫斯科与李维诺夫和继蒋廷黻之后的中国新任驻苏大使杨杰将军等的会谈情况,以及他和美国代办的会见,等等。他说,蒋廷黻在和苏联当局打交道时,缺乏实际外交经验。

　　李又谈了他访问华沙的情况。他说扎莱斯基曾对他说,波兰的独裁者兼外交部长贝克上校并非想疏远法国,但是他正在玩弄一种危险的政策,他想通过讨好德国来威胁法国,以便使法国注意倾听波兰的声音。

　　我还能想起在日内瓦代表波兰出席国联行政院会议时的贝克。我觉得他是一个具有坚强意志的人。凡有企求,总是一往直前,志在必得。如果不能如愿以偿,他就使用非常强硬的语言。这使行政院的成员们深感惊诧,因为这确实有些异常。

　　孙科谈了他出使莫斯科的情况。他说1937年中日战争爆发以前,在汪精卫执政时期,苏联曾提出要求先签订一个互不侵犯条约。如果不行,就签订一个通商条约。但是中国都拒绝了。现在中国要求签订互助条约,驻南京的苏联大使鲍格莫洛夫坚持必须先得到莫斯科的训令。他说,谈判的程序应该是:第一步,太平洋沿岸诸大国间先达成一项太平洋集体安全条约;第二步,与中国达成一项互不侵犯条约;第三步才是与中国谈判互助条约。

　　孙科说,这次他得到委员长的同意和指示,打算对苏联安抚一番——指关于消除中国把苏联撇在一边,自己和日本进行和谈的可能性而言。——其办法是向莫斯科提议双方建立攻守同盟,并协助促成与英、美、法三国间的合作,如果苏联认为这是它当务之急的话。从布鲁塞尔前来参加会议的钱泰大使补充说,苏联驻布鲁塞尔公使曾告诉他,如果苏联卷入反对日本的战争,英、美是否会袖手旁观,莫斯科甚至难以断定。

　　第二天,我又去见孙科,问起他与莫斯科谈判的计划。当时李石曾也在场,他说中国义无反顾地应该继续抗战。事实上,在前天他已经提出建议,要求会议由孙科领衔签署,向蒋委员长、外交部长和孔祥熙发出电报,请他们不要再向国外拍发中国要求和平与调解的训令。他是强烈要求继续抗战的,会谈的其他参加者也是如此。但是很明显,南京的领袖们,面对着现实形势,似乎认为需要和日本达成某种解决办法,即使是暂时的也好。

我劝与会诸公不要按李的建议办事,我认为无需那样做。一方面,如果南京的领袖们认为言和是势在必行的话,那么,这个电报也不会产生什么作用。另一方面,如果要求他们不再发出训令,很可能会把我们今后获得情报之门关死,而这些情报正是我们要了解国内实际情况所必需的。

16 日早晨,孙科动身去莫斯科,我们都到车站送行。孙去之后,我们留下的人,包括李石曾和钱、郭二位大使,又共同商谈如何把宋子文请到国外来,推动实现我们拟议中的从美国、英国和法国获得财政支援的计划。当晚我动身回巴黎。1938 年 1 月 10日,在我前往阿姆斯特丹之前,法国殖民部长的私人代表曾到我处告诉我,部长的儿子有电报通知他说:已经到达印支的首批苏联物资,迄未卸货。他说部长非常抱歉,没有能把放行货物的电报拍发出去,并说外交部的症结实际上还在莱热和贺柏诺(亚洲司副司长),因为他们始终坚持要贯彻 1937 年 10 月内阁的最初决定。他告诉我,莫泰先生正在考虑把这一问题重新提交到内阁去,以便迫使内阁作出决定或摊牌。但是李石曾提出反对,因为这可能导致一个不利的决定。因此,他代表莫泰来找我,要求我在当时的情况下就殖民部长应如何处理好这个问题提出意见。我建议莫泰可以先探明内阁的意见——据我了解,肖唐主席是赞同的。如果真是这样,那么把问题在内阁会议上提出来可能是恰当的。于是,这位代表走后,又给我来电话,告诉我部长先生愿意按我的建议办,并且打算要求内阁成立一个三人委员会来处理和指导过境运输事务。

这时,法国的内阁又濒于解体,社会上流传着新内阁阵容的猜测。我特别关心的是新任殖民部长到底是谁,因为该部对中国军用物资的转运问题举足轻重。这时莫泰的代表告诉我,在讨论上述事项的同时,莫泰保证继续支援我们,不论他的后任是谁。特别是他要力争实现在印支建立几家为中国制造军用物品的工厂。

1938年1月中旬的法国内阁危机,持续了好几天,一直到1月18日午夜,肖唐先生出来组织新阁已成定局,才算解决。第二天早晨,肖唐组成了新内阁。但是社会党人拒不入阁,因此组成的是一个激进党的内阁。

这对中国很不利,因为它意味着莫泰将要离开内阁,而他却是当时法国政府中对中国最忠诚友好的朋友之一。新任殖民部长是斯蒂格,他的态度远不如莫泰那样对中国同情与友好。例如在印支过境问题上就是这样。其时我收到一份关于莫泰和斯蒂格之间会谈的报告,据说斯蒂格对他前任的政策并未提出异议。但是事情到底怎样,还须继续观察。此外,由于欧洲局势日益恶化,新内阁声言要干得比它的前届更加小心谨慎。德尔博斯继续执掌外交大权,他更坚决地倡议要执行一条欧洲第一的政策,而对中国问题则要高度地细心谨慎,因为存在着一旦法国在远东卷入中日战争却得不到英国的尤其是美国的保证支援的危险。

1月24日,在外交学会邀请的一次午餐会上,殖民事务委员会主席莱昂·阿奇博发表了讲话,概括地说明了形势。他说新内阁的萨罗先生(内政部长)是个对远东政策有影响的人物,此人行事谨慎,唯恐激怒日本人,但他对中国却是寄予同情的。至于外交部长德尔博斯先生,照他看来,对远东事务缺乏了解,因此外交部也就缺乏勇气。

当时普遍的印象是,新内阁的寿命不会太长,这对中国又意味着什么呢? 莫泰告诉我,要不了多久,社会党人肯定要回到政府中来。但是公众舆论(除开社会党人)认为,长期以来在法国政局中占支配地位的人民阵线业已死亡。不久的将来,在法国将出现更右倾的内阁,肖唐内阁不过是这一过程中的一段插曲而已。

至于远东的形势,似乎在1月下旬又将出现一个新的转折,因为日本人在外交上又在大耍花招。1月16日,日本政府发表了一个声明,扬言要撤回对中国国民政府的承认,并公开宣称要在中国建立和扶植几个傀儡政权。1月19日我见到莱热时,我对他说,从日本政府声明的内容看,很明显,现在日本既不打算和中国处于战争状态,也不打算和中国继续保持正常的外交关系,这实在是一份自相矛盾达到极点的宣言。我又说,从近来日本对待中国驻日本大使馆和领事馆以及朝鲜领事馆的行动来判断,日本显然是在迫使中国和它断绝外交关系,而它自己又不愿采取主动行动。

实际上,我那次访问莱热的直接目的是想把日本当局旨在迫使中国和它断绝外交关系而向中国驻日本和朝鲜各地领事馆所施加的一系列无理取闹和压力行动通知法国政府。我还希望摸清法国是否打算采取行动。中国由于看清了日本的这一阴谋,没有陷入它的圈套,并拒绝和它断绝外交关系。我说,所以日本的警察和宪兵一直在干扰中国驻汉城总领事馆的行政,要求该馆升五色旗并转而效忠北平的傀儡政权。(这真是一种荒谬绝伦的举动。)当中国人拒绝执行他们的要求时,当地的日本行政当局就给他们制造种种麻烦,以致中国领事馆无法继续执行它的职权。中国政府向东京日本政府提出抗议后,不得不下令关闭驻汉城领事馆。我说,中国驻釜山和朝鲜其他城市的领事馆也都处在同样恶劣的环境中。在横滨,日本特务人员曾唆使一小撮中国败类开会企图使他们宣布忠于北平政权。由于中国总领事馆出来进行干涉,这个会议才被驱散。

我接着说,虽然我们知道日本政府已经下令召回日本驻华大使川越,但是中国驻日大使仅仅是休假离任,中国政府并已命令大使馆人员尽可能地坚守岗位。我又对莱热说,中国政府希望能够知道,鉴于日本新近发表的声明,法国政府是否考虑在东京采取什么措施。

莱热说,我所提的问题涉及面太广,他甚至还没有抓到问题的中心含义,因此无法作出答复。这时我说,据我了解日本政府已经训令其驻外使节把它的新政策向各国进行解释,我又问他日本人是否和法国政府有过这类接触。

莱热立即和贺柏诺通电话核实情况后说,日本政府及其驻巴黎大使馆都没有向法国政府递交它的1月16日声明。日本驻法大使杉山也没有来访。也许杉山曾受命向法国外交部转达,但是他并没有这样做。莱热相信杉山对欧洲的反应了解得更清楚,他不时地接到东京向他下达的有关日本对华政策的训令,但是他在宣布这些政策时,总是转弯抹角地设法把它们冲淡。莱热说,在目前情况下,法国不打算采取什么外交行动。

莱热认为,一般说来,日本的新声明在欧洲所引起的反应证实,由于中国拒绝接受屈辱的和平条件并继续执行抗战政策,使日本感到进退两难。这一反应对中国是有利的,因为它说明了日本人已经不能为所欲为,而陷入了十分尴尬的境地。事情很明显,日本知道它的胜利已经达到了顶点,再往后,只要中国坚持抗战,日本就要走下坡路了。他认为,对中国来说,最关重要的事莫过于团结一致,为着一个目标而奋斗。他认为,日本人的困难,将与日俱增。

莱热接着说,来自柏林的情况表明,甚至德国也对日本的政策感到不满。德国工业界在中国有广大的市场,德国肯定不会赞同日本不断深入中国内地的政策。此外,战争的持续就意味着日本人在不断消耗和削弱自己对付苏联的力量。他说很遗憾,西方大国现在在远东无能为力,情况就是这样。

我又问他,对中国打算把日本侵略问题再次向国联顾问委员会提出申诉一事,有什么看法。他说,他从最近来自法国驻伦敦大使的一份报告中了解到,艾登已经通知中国驻英大使,尽管英国不反对中国再次向国联申诉,但是他认为这样做对中国也未必有利,中国不可能从中得到什么好处。他说,制裁是无法考虑的,举例来说,英国认为,如果采取禁运石油这一手段,就会给美国与荷兰带来麻烦,这是眼下英国所不希望出现的事。他说法国的观点也与英国一致。

我说,中国政府正在考虑把问题提交国联,我认为国联应该明确表态,哪些是它办得到的,哪些是办不到的。归根到底,建立国联的目的就在于制止侵略和维护和平。会员国除每年应向它提供相当数额的财政捐献外,还要承担其他许多义务。中国遭受侵略已有半年,但是国联迄未作出有效的支援。我想国联到底能否为和平事业作出贡献,现在已到了接受实际考验的时候。如果它根本不能为和平和正义事业作出任何贡献,那么,一次真正的考验将使事实真相大白于天下,使许多爱好和平的国家不再对国联怀抱任何幻想。

莱热的答话既富于讽刺性,又具有现实性。他说,国联的无能早已彻底暴露,并为人们所熟知,不需要再用什么考验来使它出丑了。这时,我说,尽管这几年来情况的变化不利于国联,但是国联现有的会员国,还是可以争取完成他们的义务。我说,问题的核心实际还是要看像法国和英国等大国的态度而定。

莱热同意这一见解,并说,如果英国和法国能够采取积极的态度,国联不是不可以成为一种真正的力量。可惜,欧洲的形势不允许英、法这样做。甚至在1938年内欧洲是否能幸免于战争,也还难以逆料。在未来的三四个月内,意大利的态度及其内部状况,将使人有理由感到忧心忡忡。他说,日本人总是抓住绝好的机会来实现它的侵华政策,现在它又找到好机会了。

我问他英国是否会为了避免欧洲危机而再次对意大利采取和解政策。莱热认为,这是可能的,不过,如果英国真的这样做,那将是错误的,因为向墨索里尼让步只能鼓励意大利和德国变得更加咄咄逼人。他说,欧洲局势的关键在德国,德国问题没有得到解决以前,欧洲就不可能出现缓和与和平。另一方面,如果能和德国达成一种解决办法，意大利就不得不俯首听命。最后，他总结说，在德国问题解决以前，向意大利作任何妥协和让步都只能鼓励它进一步进行讹诈和勒索。

1月19日，我向外交部发出电报，报告会谈的情况。我说关于会谈中涉及最近日本政策转变的部分，法国外交部长秘书仔细地听取了我的谈话，并记下了我所说的每一细节。他告诉我，他曾见到有关此事的新闻报道，不过，他并未接到日本政府任何照会，也没有从日本驻法大使那里听到任何口头说明。法国政府已进一步表示无意于改变他对中国的友好态度。我报告说，莱热并且告诉我，法国政界一般认为，日本的声明实际上是它已陷入困境的一个信号。由于中国坚决抵抗到底，日本已经"黔驴技穷"，希望迅速解决中国的战争，但又无计可施。他认为，日军的节节胜利，已经到了"日中则昃"的地步，再往后，只要中国内部保持团结一致，继续抗击日本侵略者，那么日本人的困难，是注定要与日俱增的。他向我保证，尽管最近日本人表明了他们的意图，但是法国政府并不考虑采取任何可能促使中日关系更为破裂的行动。他并告诉我，据他所知，美国和英国的意向也是这样。

那天，法国总统在爱丽舍宫举行的宴会和往常一样，是一次豪华的社交性活动。我利用这一机会，与出席宴会的苏联大使苏利茨就远东形势问题作了简短交谈。他很坦率地告诉我，英国人起初曾考虑要在上海问题上对日本作出让步，以和日本人达成妥协。但是现在，英国发现日本不会就此罢手，它甚至肯定要进攻香港，这就使得英国人的态度变得强硬起来，尽管在没有取得美国合作的情况下，它还没有作出决定是否能采取什么行动。虽然宴会洋溢着节日的气氛，但是随着黄昏时刻的来临，我渐渐感到心情难以舒畅，因为人们的谈话不时使我想起国内的严重局势。和我谈论这一话题的人士有土耳其大使达瓦兹、比利时大使的夫人和委内瑞拉外交部长等。

我还出席了第二天费尔伯爵夫妇举行的午宴。赴宴来宾中有许多法国的政治家,其中包括内政部长、法国驻瑞士大使、外交部秘书长等,当然还有他们的夫人。博内内政部长的观点与一般意见相反,他认为欧洲不会发生战争,尽管战争的危机时常发生。(不知他的话是由衷之言,还是出于权宜。)他说,战争总是有办法避免的。他的理由是:"没有人能经得起一场战争。"至于美国,他确信美国对欧洲比对远东更为关心。他又说,尽管罗斯福总统倾向于对远东采取积极的政策,但是国会对外部世界既无知、又短见,只知道关心小麦和开荒,国会不会和总统意见一致的。

整整一个星期坏消息连续折磨着我,1 月 21 日,李石曾来告诉我一些好消息,使我略感宽慰。李告诉我,他再次会见了莫泰先生。莫泰告诉他说,已把他在过境运输上支援中国的政策向他的后任斯蒂格先生和副国务部长莫内维尔先生作了交代,并说新部长在原则上对他前任的政策没有异议。

二、中国继续在海外谋求列强和国联的支援

(甲)1938 年 1 月末—3 月末

1 月 25 日,我离开巴黎去日内瓦参加国联行政院的第一百次会议。同一天,接到外交部关于拟向国联申诉的训令。电报内容包括两个部分:第一部分是对我早先去电的答复,略谓我所提的意见应在国联行政院会议上提出;第二部分是关于我在日内瓦和列强代表进行磋商的条件和手段。我给当时在布鲁塞尔的钱泰大使去电话,请他前来帮助代表团工作,同时还约请了在海牙的金问泗公使。

这次会议的主要议题是研究拟议中的关于删除盟约中有关制裁的第十六条的问题。正式的提法是对盟约进行修改。这种修改对于中国确属利害攸关,因为中国一直在指望列强很快能找出一条对日本实施制裁之道。盟约第十六条也属于二十八国委员会职权范围,二十八国委员会成立于 1933 年。先是国联全体大会曾有决议要求研究国联能在哪些方面支援中国抗击日本侵

略。该委员会的任务就是处理有关这一决议的实施问题。1月26日会议开幕那天，在国联秘书长按照常例为全体与会代表举行的午宴上，我首先同二十八国委员会主席、拉脱维亚的代表蒙特斯先生交谈。

蒙特斯在回答我时说，他考虑在大会上不谈改革盟约的问题，甚至也不谈什么重申盟约原则精神的问题。这一想法正是几个主要国家代表们所普遍赞同的，因为他们不希望触及修改盟约的问题，更不愿意处理有关删除第十六条的这一具体问题。蒙特斯说，他认为行政院会议不是对修改盟约问题进行充分讨论的场所，甚或对盟约中某些条款的解释进行讨论也不适宜。他还认为由盟约修订委员会着手进行任何讨论的时机尚不成熟，不管是讨论修订的建议还是讨论对任何条款的解释都不适宜。

就在这个宴会上，我和英国外交大臣安东尼·艾登也进行了谈话。我向他重提我对蒙特斯谈过的问题。我对他说，前晚我接到我国政府的训令，训令要求中国代表团在9月份所提保留意见的基础上把中日问题向行政院会议提出，尤其要坚持盟约第十七条的精神。

我对他说，自从去年10月国联大会正式通过决议以来，中日局势已经变得更为严重。我说，中国人民要求国联竭尽所能解决日本的侵略问题。鉴于去年10月的决议没有给中国带来什么好处，国联更有必要全力以赴。虽然我知道形势不利于国联按盟约规定行使全部职权，但最好应让中国知道到底能从国联得到哪些帮助。换句话说，中国希望知道国联到底能做什么，不能做什么；如果国联什么也办不了，那也应该把事情说清楚。

艾登回答我道，他很同意我的观点，但他认为在当时的情况下，制裁决办不到。在他看来，重要的是给中国实际帮助。在他离开伦敦时，还曾电询空军部，是否可以抽出一些飞机支援中国。他认为去年10月份以来，英国已经尽力不少。英国已经拨给中国50架飞机。一俟滇缅公路中国境内段建成，这些飞机就可经由缅甸送到中国。我提醒他说,这些飞机早在去年 10 月份以前就已订货了。(那就是说,在国联 10 月 6 日的决议以前。)

艾登说,迫使国联暴露其弱点对中国不会有什么好处。凡国联能做的,列强无不已经在做。我说,国联确实需要采取一些积极行动,中国十分需要国联帮助而且目前是最需要帮助的时候。中国之所以参加国联,正是因为国联能给予中国当前所最急需的那种援助。面对中日战争,如果国联能努力采取一些积极行动,就能给国联增加一些新的生气,并帮助它恢复已经失去的威信。

我说,我知道,行政院的某些成员国准备发表声明,重申盟约的原则,但是我深信,远东存在着如此严重的冲突,仅仅重申原则是不起作用的。现在需要的是行动,当前只有行动才能使人信服。我说,如果全面禁运行不通的话(我知道为什么行不通),我想国联也不妨试行采取某些局部性或有限制性的行动,譬如宣布对日本禁运石油等几种物资。

艾登说,如果没有美国和其他产油国家的合作,想禁运石油是不会有效的。荷兰已经在 10 月份的小组会上表过态,它对任何制裁都持反对态度。在布鲁塞尔会议上,荷兰曾表示,如果要它参加禁运石油的制裁活动,那么英国海军必须对它负保护之责。但是在当时欧洲的局势下,英国不能承担这种责任。行使制裁就意味着最终诉诸武力。今后,英国在必要时,有可能不得不把它的全部海军调到远东去,但它现在完全不能对荷兰作出承诺。如果英国把它的舰队从地中海调走,法国将作如何想法?(这又一次说明,远东局势与欧洲局势是何等密切相关,而且实际上对整个世界形势亦复如此。)

对此,我只能说,实行任何禁运必须采取统一行动的形式,任何国家单独行动是无济于事的。我接着说,我间接地了解到,法国曾经向英国和美国提出劝告,请他们不要贸然在远东采取激烈行动。我问外交大臣,这是否属实。(我必须到处打听,进行对证,方能弄清事实真相。只有这样,才能对形势有一个确切的估计。)艾登说,法国人并没有明确的这样说,不过他们说,如果英国从地中海撤走全部舰队,法国人将会感到不安。他让我自己去体会,得出结论。回想起来,我的问话固然相当策略,而艾登的解释也毫不逊色。

然后,我们又回到有限制裁问题上来。艾登认为,石油禁运既不现实,也不会产生多大效果。他知道,日本拥有大量的石油库存,而且在它的海军参战以前,它对石油的需求是微不足道的。但是我告诉他说,日本已在动用石油库存,而且必须进行补充,以便为对付苏俄做好准备。我建议说,如果国联不能正式采取这种制裁手段,那么,只要产油国家之间达成一项谅解,不向日本出售石油,对中国也有所裨益。对此,艾登说,英国并没有卖石油给日本,并问到底是哪些国家在向日本出售石油。我间接回答说,应该由荷兰和罗马尼亚采取禁运措施。艾登在这两个国家之外又加上美国,认为这是最重要的。

艾登说,他本人非常愿意帮助中国。不过可以理解,在当前情况下,如果没有美国的合作,英国确实无法把它的舰队派往远东。我说,我感到美国的态度日趋强硬,而且正在一步一步地朝着正确的方向前进。他同意这一看法。并说,英、美间的合作,从来没有像现在这样良好,并且这种合作还正在继续发展。他说,美国政府决定派三艘军舰去新加坡参加新加坡海军基地落成典礼,便是英、美开始合作的一个明证。他确信,尽管这一行动是美国独自作出决定而采取的,但日本人还是对英、美合作有所顾虑,而推迟了它对广州的进攻。

我说,来自华盛顿的消息说明,美国乐于赞同国联决定采取的任何行动。因此,在要求美国配合之前,首先应由国联作出决定。艾登说,在目前局势下,美国仅作出这种含糊的保证是不够的,因为,比如英国就不能贸然作出采取某种行动的决定,而须期待美国去考虑到底是否参加。这时,我觉察到,艾登一定已经知道,国联不论作出什么决定,美国是不能事先做出任何承诺的。

外交大臣又问,中国还希望国联采取些什么别的措施？我说,除了石油以外,对日本禁运武器,也很必要。日本现在库存武器虽然不少,但它必须不断地进行补充。艾登说,英国并没有和日本搞武器交易,中日战争爆发以来,英国仅向日本供应过两批武器,一批是机关枪,另一批是一些不太重要的物品。议会曾再三追问他关于这方面的情况,他小心翼翼地避开作出正面答复,只说,供应日本的武器是微不足道的。

我告诉他,据我所知,六个星期或两个月以前,法国曾签发过向日本出口武器的许可证。艾登认为法国不应这样做。英国总是千方百计地推迟签发向日本输出武器的许可证。我告诉他,据我所知,比利时正在干着和法国完全一样的勾当。关于武器,我认为生产武器的六七个国家,有必要达成一项谅解,这样就能有效地实施禁运,而不影响联盟的全体成员国。换言之,我是在建议武器生产国对日本实行武器禁运。艾登说,悄悄地干,不去声张,会更有成效。

艾登说,郭泰祺大使在伦敦曾对他讲,苏俄感到英国、法国和美国并不希望苏俄帮助中国。他说,这种看法是错误的。他知道李维诺夫转天早晨就要到达日内瓦,提议我们三人一起进行一次会谈。我说,迄今为止,俄国给予中国的援助远比其他国家为多。现在它希望先确切地知道其他国家到底能为中国做些什么,然后它才能进一步向中国提供援助。它不仅要知道其他国家是否赞成它对中国的援助,并且要知道这些国家是否打算向中国提供同样多的援助。外交大臣说,苏俄有条件向中国提供较多的援助,因为它手中有较多的东西,而且它和中国接壤,做起来也容易些。他说毫无疑问,英国希望苏俄继续援助中国,同时英国在考虑自己的需要之余,也准备向中国提供尽可能多的支援。他补充说,如果苏俄要求英国参加军事行动,那就是另外一回事了,这是英国办不到的事。接着他又问到迄今为止法国做了些什么。

我告诉他,法国近来出力不多。我最近曾向法国政府要求提供少量的 75 毫米和 155 毫米大炮,但是被拒绝了。艾登听了似乎很吃惊。艾登总结了一下情况后说,他认为更重要的是要制订出一个对华援助计划,而不是逼迫国联采取什么行动。

我觉得这一席谈话使得当时的情况一清二楚,我指的是国联的情况和要求列强协同行动支援中国的情况。问题的症结似乎在于美国的态度。其他大国,在任何支援计划中都要求把美国拉进去。很明显,这是欧洲的局势使然。

在午餐会上,我在和苏联代表苏利茨闲谈中,互相印证有关远东局势的情报要点。他告诉我,他曾和德尔博斯有过一次谈话。德尔博斯给他的印象是:如果中国向日内瓦申诉中日问题,至多也只能是由国联重申一下 1937 年 10 月决议中的有关决定。他问我,中国的意图如何。

我告诉他,我打算根据盟约第十七条,把问题提到国联行政院,并争取国联采取一些积极措施,以阻止日本的侵略。我告诉他,我即将和英国及法国的外交部长们会谈。此外,高兴的是苏联外长李维诺夫次日即将到来,这样很可能大家在一起会谈。

比利时代表斯帕克也出席了午宴,我和他也小谈片刻。我问他对于英、法外长打算就意大利退出国联问题发表声明有何看法。斯帕克说,据了解德尔博斯先生打算重申盟约的精神。至于他自己将说些什么,他还没拿定主意。不过他觉得,面对着远东中日冲突这样严重的事态,仅仅重申原则是不够的,还必须采取实际行动。

我问他,比利时政府对承认意大利征服阿比西尼亚的问题持何见解,是否与北欧国家看法一致。他的答复大意是,比利时人民绝大多数主张从务实观点出发,和意大利达成某种解决争端的临时协定,而不违背在法律上不予承认的原则。他说,他的处境十分困难,因为比利时议会中的其他党派都主张在事实上承认的基础上,和意大利达成某种协定,但他自己的政党却反对这一意见。他说,比利时对意大利的贸易从来都是出超的,自从两年前对意大利实行制裁以来,比意贸易转为比利时逆差,而且到当时为止,这方面的贸易迄未完全恢复,尽管比意贸易在比利时总贸易额中的比重并非很大。

为了说明国联的许多小国代表在中日冲突问题上都主张采取积极行动的措施,我想引证一下我和国联行政院成员新西兰代表约瑟夫·乔丹的一席谈话。1月26日,在行政院开会的前夕,他对我说,在英、法两国代表发表声明以后,他要接着发言。我对他说,我打算讲一些国联方面的事实真相。乔丹说,他要接着我发言,以便他可以引用我的话。他的观点很明确,他认为面对远东如此严重的局势,重申原则是毫无用处的,已经到了要行动而不要空谈的时刻。

1月27日,国联行政院第100次会议以公开会议的形式开幕;从五点半开始,直到八点二十分才结束。艾登首先发言,接着是德尔博斯、李维诺夫,随后是波兰的贝克。我第五个发言,其他委员的发言都在我以后。所有发言者对国联提出了至少有三种不同的观念,尽管艾登和德尔博斯竭尽全力地安抚和劝说波兰、瑞典以及罗马尼亚的代表同他们采取一致步调,也无济于事。我自己的发言对国联过去的政策进行了相当强烈的谴责,但还是重申了中国对国联的信任。

在后来同英、法和苏联外长们举行的一次会议上,我们讨论了中国向国联申诉的问题。我着重谈了我们之所以要在上次保留意见的基础上重新提出申诉,特别是以盟约第十七条为依据的意图。艾登和李维诺夫二人都很支持,但德尔博斯却显得不那么积极,并且还以需要美国合作作为借口。

第二天,行政院主席按照历次开会的惯例,举行了一次午餐会。这次的主人是伊朗的代表。我趁此机会和瑞典外交部长奥登简单地交换了一下意见。奥登是代表瑞典政府来出席行政院会议的。他说明了瑞典对盟约第十六条的态度。他说,列强很少执行制裁,他们宁愿采取审慎的态度自行处理。因此,他不禁要问,为什么小国就不能照样办理,就是说,既然人们对盟约并不信任,又不恪守,对于大会的决定是否予以执行,为什么不可以自行审慎从事呢。

在后来另一次会议上,讨论关于中国申诉的决议草案时,艾登、德尔博斯和李维诺夫都出席了,但是都表现得迟疑不定,不愿发言。我在日记中写道,会场有时鸦雀无声,显得很尴尬。最后,李维诺夫提出了一个解决方法,并建议作两处修正,都被通过。

第二天,即 1 月 29 日早晨,我们和英、法以及苏俄外交部长们又举行了一次会议,对行政院就支援中国问题的决议草案修正稿进行讨论。法国人似乎已经把草案的调子改得更加缓和,因此引起了中国代表团的尖锐争论,特别是和德尔博斯,因为他坚持在采取任何援华措施或对日约束行动的同时,必须取得美国的合作。他说,这是法国内阁的决定。结果我提出,我不能立即接受这一决议,因为我要向我国政府请示。

不久以后,我和李维诺夫作过一次谈话。他认为,决议的措词毕竟是次要的问题。其时波兰和意大利的代表也与会,他们在历次会议上都是站在日本方面的。对他们来说,确实是任何措词都是不能接受的,因为任何措词都不会使他们满意。李维诺夫认为我对实际援助问题强调得太过分了。他认为不管决议采取什么样的措词,只要有人能提供实际援助,终归要提供的。他显然是本着苏俄政府的政策来说话的。这一政策就是:在莫斯科认为适当的范围内,秘密而不公开地支援中国抵抗日本的侵略。苏俄不愿使它的行动公开化,因为它希望在表面上保持中立,并且也不愿意让德国知道莫斯科在远东有困难。

李维诺夫说:不愿意援助中国的人,不管决议怎么说,他也是不援助的。他认为中国可以多强调一下采取某些积极措施的必要性,并且可以提出经济制裁为例。他觉得这样做不至于引起行政院中小国的反对,因为这些小国没有条件提供贷款。(我觉得苏俄也没有条件提供贷款,所以他的建议对莫斯科也不会产生什么不便。)他说,这种措施影响所及,只有两三个经济大国。他认为这些国家是不会干的,但他还是认为,这种措施仍不失为朝着正确方向起步的一种积极行动。

据他所知,为了取得信贷和贷款,日本人早就和伦敦的、特别是瑞士的银行家们有过来往。他说,日本人劝瑞士的银行家们向英国(伦敦)借钱,然后再转借给日本。他说,他还知道和日本人有来往的银行家们的姓名。他的情报如果属实的话,确实可以证明国际关系以及外交界为了取得贷款而采取的迂回道路是何等地错综复杂。

李维诺夫把话题重新转到决议的措词。他说,他担心,即使如此软弱无力的第二稿,行政院也还是不能原案通过。因此,中国代表团最好还是坚持第一稿,等遇到反对时,再原封不动地接受第二稿,这就算作了让步。这个建议非常聪明而又切实可行。我问他,法国为什么如此坚决地反对第一稿。实际上第一稿除了要求和美国研究具体措施外,没有什么别的内容。李维诺夫显然对欧洲的国际形势了如指掌,因为他说,法国确实对欧洲的形势非常焦虑。他认为法国的顾虑未免有些过分。不过,法国人也确实害怕,如果美国和英国全神贯注于远东,那么法国就得单枪匹马地去对付欧洲的局势,特别是地中海的局势。

事实上,在两天以后,即 1 月 31 日举行的二十八国会议上研究修改盟约时,法国的态度似乎变得更不积极了。其中原委,苏利茨很清楚。他告诉我说,德尔博斯接到一个来自柏林的报告,报告说在即将来临的 3 月份,意大利将在西班牙发动一场猛烈的进攻。此外德国在奥地利也准备采取行动。那就是说,它计划兼并奥地利。这些都使德尔博斯感到非常忧虑。

正当我们在竭力设法先让二十八国委员会通过决议草案第一稿,然后再提交国联行政院通过的时候,忽然发生了一件十分离奇难解的事件。这显然是幕后有人牵线的活动,其目的在于阻止国联对中国的第二次申诉采取坚定立场。他们在巴黎主要通过《晨报》(一份有影响的报纸)进行宣传,其要点是:对中国代表团加以攻击。说中国代表团为了应付远东的冲突,企图把美国和法国拖入战争。这完全不符事实,但报纸的鼓噪确实是咄咄逼人。我立即让我的新闻发布官草拟了一个声明,在报纸上发表,同时把事实真相通知美国出席日内瓦会议的代表巴克内尔,指望他能立即把这些情况电告华府。

我回到巴黎细读了1月30日和2月1日《晨报》所载有关此事的文章,这一事件又重新引起了我的注意。我觉得这些文章对中国代表团以及作为团长的我本人进行了粗暴的攻击。文章说,我要求列强集体行动支援中国,必然是把法国看作一堆装饰品了。文章把我和李维诺夫称作日内瓦的两个阴谋家,说我们企图使法国卷入中日战争中去。使我更气愤的是,当我在日内瓦时,大使馆的僚属们从未把这些文章向我汇报;我回到巴黎后,他们也没有提醒我注意。只有我的武官唐将军让我看了有关的剪报。我立即口授了一封致《晨报》主编的信,并且给该报发了一份公报。

现在再回过头来说日内瓦的事。我是作为代表团的团长而去日内瓦的。代表团的任务包括两个方面:一是代表中国把中日冲突事件向国联提出申诉;二是有关修订国联盟约问题,主要是盟约第十六条。我在前面说过,这后一个问题涉及二十八国委员会的职权范围。中国的立场是明确的,例如在2月1日上午二十八国委员会召开的会议上,我作了讲话,并且反复表态说,各国一定要尽到国联会员国的义务,从而加强国联作为和平工具的效能。我强调了坚持集体安全原则的重要性。接着,李维诺夫发言。他论述这一问题时,和我站在同一立场,并且所持理由也一样。

同一天,即2月1日下午,国联行政院开会研究对中国申诉的决议草案。由于许多小国的代表们采取变相反对的态度,会议完全失败。例如厄瓜多尔和秘鲁的代表都表示,必须先请示各自的政府后,才能发表意见。他们之所以采取不合作态度,是因为决议仅由一小撮大国的代表们起草,没有请这些小国的代表参加,他们认为受到了忽视。

在那天下午的二十八国委员会会议上,当时任法国代表的保罗-彭古发表了一篇雄辩滔滔的演说,但由于两天前德尔博斯代表法国政府对决议草案所采取的态度,所以他的发言不大令人信服。事后我和保罗-彭古谈话时,我对他的演讲表示赞赏,并提起了早先德尔博斯所表现的态度。他说,他之所以要大声疾呼地强调集体行动原则,就是着眼于中国问题的。他说,他不能为法国外交部长代表法国对中日战争问题决议草案所采取的态度负任何责任。

在2月2日国联行政院召开的会议上,小国代表们又一次表示了不满,并要求把中日冲突问题和决议一起提交给行政院公开会议上去研究。至少厄瓜多尔、玻利维亚和秘鲁的代表们都强烈要求这样做。这一意见使得克兰伯恩和泰桑都感到不安。我自己也主张这一讨论在当时还是应该保密的。我提出一个折衷办法。我说,决议中不应提到参加起草各国的国名。这样,总算把公开讨论的主张压了下去。由于我对这一决议并不完全满意,我觉得作为这一决议的起草人之一,也没什么光彩,所以我特别热衷于把起草国的国名从决议中删去。

那天,1938年2月2日投票的结果,通过了下述的决议:

> 行政院审议了远东的形势,遗憾地注意到,自从行政院上届会议以来,在中国境内的敌对行动仍在继续,并且有所加剧。

> 鉴于中国国民政府正在努力从事政治和经济的复兴事业,并已取得成效,对形势的恶化,更感痛惜,

> 回顾全体大会1937年10月6日的决议,曾对中国表示了道义上的支持,并曾劝告国联各会员国避免一切可能削弱中国抗战力量从而增加中国困难的行动,此外各国还要研究

各自单独能向中国提供援助至何种程度，

  号召国联会员国要对上述决议的要求予以最高度的重视，

  深信行政院中对远东形势特别关心的各会员国，必将不失时机地与利害相同的大国进行磋商，进一步采取步骤，俾使远东冲突获得公正解决。

  我于2月3日离开日内瓦返回巴黎。2月8日唐将军把《晨报》编辑部的贝雷先生带来大使馆，因为法国报纸，特别是《晨报》曾对中国和苏联进行攻击。我和他开诚布公地交换了意见。这一来，关于中国的情况似乎得到了澄清。但是欧洲事态的发展和形势的变化，却使法国对中日战争以及日内瓦会议的讨论愈感不安。

  有人秘密报告我说，由于德国在欧洲的侵略迫在眉睫，日本又使远东局势日趋严重，英国正试图和意大利妥协。10日我和阿奇博谈话时，这一情报得到了证实。他并说，法国外交部长德尔博斯对秘书长莱热过于迁就。同时他说，实际上是肖唐总理试图指导政府外交政策。其结果是，每当国务会议开会时，共和国总统在讨论中经常不得不对问题进行裁决，例如每当总理和外交部长的意见不一致时，他就得这样做。他告诉我，彭古想当外交部长，因此，他没有接受不管部部长的职位。在内阁里，保罗·雷诺和弗朗丹在对苏政策上也不一致，弗朗丹热衷于向意大利和德国重新靠拢。

  三天以后，即2月13日，我去伦敦在一个集会上发表演讲。这个集会是国际和平运动委员会负责组织的，在皇家歌剧院举行，主席是罗伯特·塞西尔勋爵。这个国际和平运动委员会不仅积极谴责欧洲轴心国家的侵略政策，对中国人民在远东抵抗日本的侵略也非常同情。李顿爵士也参加了这次集会。

  会上发生了一点风波。事情是这样的：苏俄驻英大使迈斯基也参加了这次集会，他去那里不仅是为了听我的讲演，主要是为了表示对这一委员会的活动的支持。因为这个委员会的成员，大多数是当时英国的一些开明人士。我讲演完毕后，他突然离开了会场。事后我了解到，事先他曾向主席请求允许他讲演，但塞西尔勋爵未予同意。当然，他的突然退席，引起了听众的注意。会议结束时，主席宣布唱"主佑吾王"国歌，听众却高唱《国际歌》作为回答。

2月5日下午，有一个饶有兴趣的人物来访问我，他就是李杜将军。自从张学良将军和他的部队撤出东三省以后，有两位英雄人物留在东北，继续抗日，李杜便是其中之一。他为了呼吁苏俄援华，曾取道巴黎去莫斯科。他告诉我，他刚从莫斯科回来，没有取得多大成果。在莫斯科，孙科曾告诉他，他所要求的援助是苏俄是否站在中国一边参与中日冲突这个总问题的一部分。

李杜说，他离开莫斯科时，孙科已会见过几位苏俄领导人；并且有消息说，他已和这些苏俄当局进行了较满意的会谈。他并说，他了解到苏俄在援华政策上，既不打算也不可能再前进一步。这是因为欧洲形势恶化了，苏俄不愿意同时应付欧洲和远东两条战线。

2月初，我曾和莱热讨论过欧洲和远东两方面的形势。会谈开始时，我打算就中国军需物资通过印度支那问题再次对法国外交部施加一点压力，特别是要催促它把苏俄第一批通过印支运往中国的物资立即放行。

在这以前，中国政府已经迁都，由南京迁汉口，再迁重庆。重庆是长江沿岸内河港口，位于腹地山区的四川省。中国政府迁到重庆以后，开始制订长期抗战计划。不过，如何从海外取得物资供应，成为一大问题，而为继续使用印度支那这一运输通道，中国比以往任何时候都更需要法国的同情和支援。

我直截了当地重新提出了让中国的武器和装备通过印度支那的问题，并且提醒莱热，我在上年10月曾就这一问题交给他一份备忘录，但迄今未获答复。我说，我希望能够知道，法国新内阁成立以后的态度怎样。莱热回答说,这方面没有变化,去年10月旧内阁所持的态度继续在执行。

我告诉他,几天来我收到好几份电报,都谈到有一批俄国援华物资在一个月前就到了海防,并卸了货。由于种种原因,这批货只有一半运往云南,还有一千五百吨,中国派驻当地的代表急于将其运往中国。但是,他接到印支总督的通知,要求他把余下的俄国物资重新装运出口,拒绝发给运往中国的运输许可证。我对莱热说,事情非常紧迫,我不仅收到了外交部的训令,同时还接到了行政院长的命令,要求我和法国政府联系,希望法国政府指令总督将该批货物放行。此项许可不仅是必须的而且是迫切的。因为第一,找不到船只来把它从印支装运出去;第二,余下的物资中,有三分之二是炸弹、榴霰弹和枪弹,总重量约有一千一百吨。这些物资如果留置时间过长,有可能危及当地的公共安全。

莱热承认,确实曾向印支总督发过指示,俄国物资中留置在印支的部分,不准过境。外交部曾接到殖民部转呈的报告,报告说,驻当地的中国代表在处理运输事务时,毫不注意保密。现在海防的马路上到处都是坦克、装甲车、机关枪等等,就像法国国庆日的阅兵式一样,吸引着成群的老百姓围观。法国人和日本人都可以对这些武器摄影,外交部就掌握有这些照片。现在整个印支通道问题已经不是什么秘密,日本人已在印支和巴黎两处提出抗议。日本人甚至已经掌握了有关各种武器和军事装备的详细情况。他认为,在这种情况下不能允许这些物资过境。至于公共安全问题,他说无关大局,让地方当局去处理即可。

我说,关于谨慎从事的问题,我已再三电告驻印支和在中国的有关人员,要求他们最大限度地提高警惕。我深信,今后他们将会高度注意。而这批物资,中国确实迫切需要,我促请莱热设法允许物资过境。我并提到,我国政府要求我再次向殖民部进行交涉。

莱热说,肯定已经有命令不让这批物资过境,现在再要改变这个局面是不可能了。不过果真有什么新情况，他或可给以有利的考虑。在我一再催促之下，他同意和殖民部联系一下看看，不过他不敢说有多大希望能得到满意的答复。

我说，中国的抗日运动，确实也是符合别的大国的利益的。如果中国抗战失败，日本的侵略肯定就要越出中国，到时候，印度支那的地位就要受到威胁。莱热说，这个他能理解，也同意我的说法。不过日本方面一直在不断地提抗议。如果印支继续公开地向中国提供运输通道，恐怕日本就肯定要占领中国海的许多岛屿。日本海军已经三次在海南岛登陆，并企图占领西沙群岛和东沙群岛。他说，日本占领海南岛将危及印度支那，日本人并将利用此岛作为进攻华南的基地。这不仅威胁到华南，同时也将威胁到印支。他认为从中国和法国的利益出发，不能让日本占领这些岛屿。

他接着说，最近法国单枪匹马，在东京提出了抗议，要求日本陆战队撤出这些岛屿，英国人没有出来响应。他认为，这一问题必须用切合实际的眼光来看待，如果这些岛屿中的任何一个落入日本人手中，都将对中国不利。他说，此外，日本人还一直在威胁说要轰炸滇越铁路。法国的铁路股东们深恐日本会用空军把铁路炸毁。此外，在议会里还有一个小集团在反对政府采取任何会使法日关系复杂化的政策。如果政府处理得不谨慎，这个小集团肯定又将在议会中掀起风波。

我对莱热说，据我看来，实际上并不存在什么日本进攻印支的危机。我说，英国人一直把香港的大门敞开着，作为中国的通道，他们不担心什么对日关系复杂化的问题。但莱热说，日本人曾试图占领海南岛，这说明他们的意图是认真的。至于香港，他说，对日本并不重要。他还深信日本不会进攻香港。

这时我说，最近报纸报道日本外相广田在日本议会作了一次报告。他说，日本已开始和各国谈判，要求各国停止对中国供应武器。我说，我怀疑法国和日本间是否也已经开始了这种谈判；

法国最近在印支通道问题上的态度是不是由于法国已和日本达成谅解,要以这种态度作为代价,使日本保证不占领上述的那些岛屿。莱热说,既没有进行谈判,也没有什么谅解,而且占领岛屿的问题和向中国提供印支通道的问题根本是两回事。日本陆海军当局曾公开向法国驻日陆军武官和海军武官说过,他们有报复的意向。法国政府从来都是把关于岛屿问题的抗议与通道问题分开处理的。

我于是说,日本大使杉村初到巴黎时说过,他要致力于扩大法日间在1907年6月10日达成的关于对华政策协议的基础,以增进两国友好关系。我问他是否就这个问题开始了谈判。他说杉村有这种想法,但他得不到政府的有关指示。日本海军反对重申1907年的那个协议,因为他们要的是在华南有充分的行动自由,而不愿让自己的手脚受到束缚。倒是法国政府为了防止日本人侵占前述的那些岛屿,才反复援引了1907年的协定。

我回想起,广田最近在答复日本议会质询中曾说,中日冲突实际已经发展成一场大战。但他补充说,远东的事件不应用西方的标准来衡量。因此,我说我希望知道:日本政府是否曾就当前远东的敌对行动向法国政府表达过什么见解,东京是否曾就冲突的真实性质向法国表示过什么看法。莱热当即打电话给亚洲司的贺柏诺了解情况,然后告诉我说,他们没有接到什么消息。他和我一样也是在报纸上看到所提及的这一段;不论从日本驻法大使馆或是从法国驻东京大使馆,他们都未曾收到任何官方材料。

我再次力请法国政府对援华问题予以考虑。我说,中国奉行抵抗日本侵略的政策,实际上是在捍卫法国以及其他大国在远东的利益,因为中国的抗战如果失败,就会使日本的侵略矛头更逼近于法国在这一地区的领地和利益。莱热完全同意我的见解。他并说,中国在日本的和平诱饵前徘徊了一阵,终于横下心来继续抗战了。我说现在中国继续抗战的决心,空前高涨。不过要抗战成功就必须从海外取得足够的武器装备。所以中国要呼吁法国政府作出最大限度的支援。

莱热说,这是一个实际问题;并说,考虑到欧洲局势的现状,以及法国军工生产的落后状况,法国不可能给中国很多援助。他说,不过他深信,中国虽然正在作出牺牲,但必定会给将来带来一个光明的前途。他说,这是中国保卫主权和独立的唯一途径。法国正在尽可能作出最大支援。中国可以在法国自由地进行采购,而日本人提出要进行采购时,法国政府往往用这样或那样的借口推托。

这时我再没有什么可说的了,我就问莱热对于最近德国军队和政府中的大改组有什么看法,这是否会导致德国外交政策发生重大转变。莱热说,根据他所获得的情报,所传纳粹党方战胜军方之说,是过甚其词的。只要看国防大权仍旧操在希特勒之手,而没有交给戈林,就可想见,军方的影响决没有削弱。在外交上,转变是很重要的,其后果很可能将在德国的外交政策上反映出来。但是到底怎样,还得等希特勒最近打算发表的声明发表以后才能分晓。

由于运输通道的问题对中国抵抗日本侵略至关重要,为此,我于2月21日访问了美国驻法大使蒲立德,目的在于使他了解情况,并听取他对欧洲局势的看法。因为我感到,他对欧洲的情况一直是很熟悉的。加之他本人曾不断劝说法国人在印支过境方面向中国提供支援,我更想同他切实谈谈。

首先我告诉他我在法国政府特别是在外交部那里遇到的种种困难。法国显然害怕和日本发生纠纷。而且这一问题影响所及,已经牵涉到法国的内政。蒲立德说,从他和肖唐以及德尔博斯的谈话来判断,他认为法国在印支的防务是不足以对付日本进攻的。法国政府打算尽一切可能避免和日本发生纠纷事件。因为在当时的欧洲局势下,法国无法抽调武装力量到远东去保卫印支;而一旦事件发生,它又不能坐视不管。

我向他说明了我在日内瓦同法国、英国以及俄国外长们谈话的要点,并表示我对法方态度的失望。我说,现在印支实际上已经关闭了它对中国的运输通道;对于俄国货物的剩余待运部分,法方的态度似乎没有通融余地。我说,这一点特别使我感到失望,因为对国联行政院三星期前作出的决议,以及去年10月份国联大会的决议,法国代表团都表示过同意。

蒲立德说,美国人办事不是这个样子。由于几位参议员提出了远见卓识的主张,我们美国在战后没有加入国际联盟。他认为,有自尊心的国家最好是不要承担不能实行的义务。否则对自己、对别人都没有什么好处。

蒲立德在答复另一个问题时说,所传德尔博斯曾在电话上要求他给华盛顿打电报,向美国政府暗示:如果有谁鼓励更积极地参与远东事务,则欧洲的局势就会进一步恶化,这种说法是不真实的。就他所知,实际是法国政府深恐随着英国愈来愈深地卷入远东的纷争。一旦法国在地中海受到德国或意大利的攻击,势将陷于孤立无援的境地。法国在欧洲的处境是三面受敌,那就是:在东线、在西班牙、在地中海,所以无论如何都要依靠英国的合作。它和非洲殖民地的交通线,由于德、意在西班牙的行动,已经受到了严重的威胁。如果美国处于它的地位,恐怕早就采取措施,对付德、意了。

我问他对欧洲的现状有何看法,是否仍像一年前那样乐观。那时他曾说过,一年之内不会发生战争。他说,1938年8月将是一个危险的时期。事实上,局势已经严重到一触即发的程度。希特勒的演讲很清楚地说明了等待着欧洲的是什么。

我又提到了我和驻华盛顿的王正廷大使互通电报的事。我告诉他,王大使暗示,罗斯福总统已经决定要采取一系列行动,但是这种行动的性质他要负责保密,不能透露。蒲立德认为这种说法是靠不住的。他说,凡是总统或赫尔国务卿和王正廷所作的重要谈话,国务院都把谈话记录送达给他。他想不起有像王所说的那种暗示。他说王正廷不该传达这样的事情。

我说在日内瓦曾经议论过重新召开布鲁塞尔会议是否可行的问题。当时曾有一种主张,认为在采取这一步骤之前,首先必须摸清美国政府的意见。因此我说我想问一下,美国政府有没有考虑过采取像重开布鲁塞尔会议或旨在促进远东恢复和平等新的行动方针。

　　蒲立德说,直到上星期为止,他还没有听说有这类事情。他并且认为这一星期中也不可能有这种事情发生。他说,众议院对一项海军行动计划的讨论说明,和平主义分子仍然很得势。美国公众舆论对美国遵循一项诸如全球性和平合作这样的积极政策,则更是畏缩不前。他再次向我保证说,在远东问题上,毫无问题,中国在美国拥有广泛的同情。他又说,不是为了物质利益而产生同情,而是由于美国人民喜爱中国人和中国。不过同情和采取实际行动以援助中国的愿望不是一回事。

　　蒲立德接着说,去年12月,有个法国记者访问了他,并说要写一篇文章,谴责美国在远东不采取一种有利于中国的更有力的政策,尤其因为采取这种政策是对美国自身有利的。蒲立德向他解释说,美国在中国的全部投资额还远不及欧战对美债务一次应付款额的半数。这个记者就放弃了写文章的念头。蒲立德说,美国在中国的物质利益是微不足道的,美国人民不赞成为了中国而和日本打仗。真正能打动美国人民的还是荣誉感。正是这种荣誉感促使美国参加了上次世界大战反对德国。那时美国获得了德国帝国战时议会讨论记录的全文。根据此项记录,德国海军总参谋部负责作战行动的首脑海军上将舍尔曾向德皇发誓保证,除非德国在大西洋全面实施潜艇政策,否则美国决不会派遣一兵一卒去欧洲登陆。尽管美国政府曾反复声明,执行潜艇政策将迫使美国参加对德战争。可是最后还是由于愚蠢的德国海军总参谋部实施了这一政策,这才促使美国作出了参战的决策。蒲立德说,所以,如果不是再发生一次"巴纳号"那样的事件,就没有任何东西能打动美国人民为了对付远东的冲突,决心采取一种更积极的政策。

蒲立德同意我的说法，即最近几个星期以来，中国的防务，似乎组织得比以前好了一些，局势也不像以前那样令人沮丧了。关于西方援助的问题，他认为苏俄不会在中日冲突中参加中国一方。他说，在欧洲的现状下，人选不是决定因素。不管派谁到莫斯科去，也不能使苏俄政府改变政策。但是他认为，中国应该继续推动苏俄、英国和法国，使他们对中国作出更积极的支援。这些国家按照盟约都有应尽的义务，催促得越紧，它们多拿出一点援助的可能性就越大一些。至于美国，情况就不一样。它可以利用其影响，间接地促使这种援助实现。在这方面，美国的作用可能更大一些。

蒲立德在答复另一问题时说，如果处理得当，美国可能有条件提供更多财政上的援助。于是我对他说，宋子文有可能要来——如果有指望能达成具体结果的话，他是会来的。

蒲立德说，王正廷可能受命摸清美国提供财政援助的可能性。由于他本人现在巴黎，他无法断定中国能否指望美国采取什么财政措施。但是他知道美国联邦储备银行已经通过进出口信贷银行向中国提供了一定数量的财政援助。

提到布鲁塞尔会议时，蒲立德说，戴维斯现在欧洲，受命专责处理远东局势问题，蒲立德自己完全不过问这方面的事务。蒲立德接着说，在他的印象中，蒋介石将军似乎已经决心把抗战继续下去。现在中国所需要的，正如我已经说过的那样，是从海外得到源源不断的物资供应。他也知道，通过缅甸的新路线滇缅公路将在3月份完工。如果事情果然是这样，那么英国就可能有条件通过这条新通道向中国提供更多的物资，这条路线是不会受到日本任何干扰的。

他说，他将在三天后回美国度假，并打算在4月1日回来。不过他又说，欧洲的现状捉摸不定，如果发生什么问题，他随时都可能提前回来。

几天以后,我接到宝道的一个报告,内容也是那两个问题,即过境运输问题和影响着法国远东政策的欧洲国际局势问题。

他作为中国驻法大使馆顾问,在我的指示下,经常走访法国政府的重要人物以及法国政界的各方面人物。2月23日,他来见我,汇报他和法国参议院外交委员会主席贝朗热所进行的一次谈话。

贝朗热认为,希特勒最近的一次演讲,(2月20日,他宣称,由于人口增长,和需要原料来满足工业所需,德国需要扩张领土。)和艾登的辞职,这两件事对法国来说都是至关重要的事件。尽管围绕着这些事态发展的影响所及,外界有许多议论和不安,但是贝朗热并不认为法国的外交政策会有什么根本的改变。他说,英、法合作这个主要问题仍然是法国外交政策的基本原则。

贝朗热曾告诉宝道说,自从上次大战以来,法国的外交政策是以两个目标为基础的。那就是:促进法兰西殖民帝国的安全和繁荣以及在欧洲大陆充当宪兵。但是,由于德国拥有较法国远为庞大的人力资源,且又复兴起来,事情已很清楚,人力资源有限的法国,在这两个目标之中,必须放弃一个。正是由于要执行其雄心勃勃的政策,所以法国在欧洲缔结了一系列同盟条约。但是,现在是它该对自己说老实话的时候了,它不能再担任欧洲宪兵这一角色。法国外交部认为对希特勒应该采取强硬政策,法国军方也认为必须采取这样的政策,但议会中的意见却有分歧。法国平民对于保卫奥地利或捷克斯洛伐克以抵抗德国侵略的政策,根本很少知道,就更谈不到关心了。

关于中日冲突问题,贝朗热觉得局势似乎正在朝着有利于中国的方向转变,同时,由于中国决定长期抗战,日本好像已经开始陷入困境。宝道说,最近有一个日本的重要人物曾给贝朗热一种印象,即日本准备同中国讲和,但它反对任何第三国或大国集团出来插手或公开调停。不过,如果英国愿意出来办好事,在幕后把中、日两国拉到一块进行和谈,则东京表示欢迎。

孙科在莫斯科完成他的使命以后,3月初来到巴黎。我非常乐于接待他来巴黎访问。他来以后,我给他安排了几次访问活动。首先是到爱丽舍宫对法兰西共和国总统勒布伦进行礼节性拜访。这是在3月16日,由我陪同他前去的。

在宫中会见时,总统首先问孙科这次在莫斯科逗留中,对苏俄的印象如何,特别是对于那些所谓叛徒的没完没了的公开审讯,看法如何。勒布伦是个激进社会党成员,而他的政治见解并非十分激进。他和党内许多同事们一样,对苏俄的外交政策和苏维埃政府制度,都抱怀疑态度。而孙科与此相反,他是亲苏的。他离开苏俄时,对其国内的情况及其姿态和政策,都有非常良好的印象。孙科说,他发现苏俄是在经济和工业复兴中充满新精神的新国家。在那个国家中,人民显得心满意足,经济的发展,特别是重工业的建设,已经取得了巨大的进展。

这一介绍很可能使得勒布伦的印象起了些变化。总统显然感到谅讶。他说,对于像他自己这样的局外人来说,要想理解苏俄到底在干些什么,确实是不容易的。他感到,大批大批的苏维埃政权前领导人受到检举起诉,着实使人沮丧。这无法使人对苏俄的稳定和实力增加信心。他说,对这些苏维埃卓越领导人的指控,可能是真实的,也可能是虚构的。如果是虚构的,则不免使人对这种为了政治目的而采取起诉的手段不寒而栗。如果是实在的,那么,大批的国家高级负责领导人,竟然盲目到甘愿充当背叛祖国的卖国贼,也确实令人难以置信。他说不论是真是假,这种事都使苏俄的外国朋友们感到泄气,并且会动摇他们对这个国家的信心(这是一个诚挚的见解,但较为右倾)。孙科说,他在莫斯科时并未听说有什么新的审讯,只是在来巴黎途中经过布拉格时,在报纸上见到一些。

我安排他和殖民部长莫泰会见。那时,在前任政府执政两个月倒台之后,莫泰又担任了殖民部长。我于3月21日陪他前去。这次交换意见的范围比较广泛,也比较富有成果。但是在讲这个问题以前,我想先就欧洲情况的转变说几句。

在 1938 年 3 月初,希特勒着手占领奥地利,欧洲的局势进一步恶化。11 日我为国民议会议长爱德华·赫里欧和孙科博士举行午宴,在座的还有苏联大使苏利茨,国民议会外交委员会报告起草人阿奇博和其他几个人。谈话的内容集中在奥地利危机问题上,在座的法国客人们全都感到惶惶不安。当时德国已经封锁了德、奥边界。而且就在前一天,德军已经摆开阵势,准备进兵。并且德国已经向奥地利总理舒施尼格发出了最后通牒。

在此同时,巴黎又出现了另一次内阁危机。前一天,肖唐内阁辞职,政府也随之解体。席间,法国客人们说,普遍认为将由勃鲁姆出来组成一个全民性内阁。

那天傍晚,奥地利的局势显得更严重了,舒施尼格辞去了奥地利政府首脑职务,并有报道说,德国已经跨过德、奥边界。第二天,德军开进奥地利,未遇抵抗。

3 月 14 日,为孙科举行了另一次午宴会。这次是他和肖唐会面;在新阁未组成以前,肖唐仍是总理。有许多位政治家出席了这次宴会,其中包括法国外交部的人员,还有阿根廷驻法大使,和法国国民议会一位卓越的议员让·埃内西。席间的主要话题仍是奥地利问题。

埃内西坚持认为,奥地利的危机是由于舒施尼格总理强行要求并举行了公民投票而引起的。法国外交部的马锡里说,奥地利被德国吞并已是既成事实,无可改变了。这反映了法国的态度。他说法国和其他国家唯一可做的是从中吸取教训,把它作为对英、法两国的最后警告,两国应该认识到欧洲前途的危险程度。皮埃尔·科特先生同意马锡里的见解,并说,国际局势没有好转的迹象,这就是说,战争迫在眉睫。

宴会上普遍的印象认为,德国对奥地利的突袭,显然是在希特勒和墨索里尼之间达成谅解之后,希特勒才敢动手的。兰德侯爵夫人认为英国肯定不愿卷入欧洲的纷扰,以便在远东可以自由行动。法国报纸在第二天报道了希特勒已变奥地利为德国的一个省，行动实在是快速无比。

奥地利并入德国版图这件事，在随后好长一段时间里，一直是公众议论和人人关心的话题。3月17日，我陪孙科去访问国民议会，并听勃鲁姆的演讲。（勃鲁姆最后终于在3月14日组成了一个新政府，但是这次共产党人都没有参加。）我们听到勃鲁姆在讲话中戏剧性地掬诚吁请各方，在国际危机面前，要举国一致。但是议院的气氛清楚地表明，右翼分子对他个人缺乏同情和信心。当时正在走廊里的波兰大使和苏联大使都说，他们不满意勃鲁姆的演讲。所以，难怪勃鲁姆在不到一个月的时间内也被迫辞职，其原因和肖唐下台很相像。

同一天，3月17日，阿根廷驻法大使馆举行招待会，欢迎途经巴黎前往布宜诺斯艾利斯的阿根廷新任外交部长。阿根廷外长说，意大利人民对于德国吞并奥地利深感不满，但是墨索里尼也无计可施，只好乖乖地承认现实。外长对意大利的情况知道的很多，因为相当一部分阿根廷居民是意大利的移民。

前面说过，3月21日我曾陪同孙科去见莫泰。莫泰在新阁中仍旧是殖民部长。孙科向莫泰表示赞赏和感谢，感谢莫泰为中国的抗战事业提供的帮助，特别是他在上届政府的殖民部长任内。莫泰说，由于中国的事业是正义的，他愿意勉力而为；但是事情并非总是这样顺利。他说，关于科克伦勋爵号轮船运到印支的苏俄军需物资问题，印支总督曾向他报告并请示。总督在报告中声明说，如果到某一日期还见不到指示，他就只好允许该轮船卸货了。莫泰说，正好在那几天他得了一次感冒，在家休息，没有到部上班。这就使得总督可以让这批苏俄武器卸货了。

我当即告诉他，这批物资中有一千五百吨仍被扣留在印支；因为总督在未见巴黎的指示之前，不让物资过境运往中国。我说我曾试图说服外交部和他的前任斯蒂格，但无济于事。我告诉他说，留下的物资中，有一千一百吨火药、炸弹和枪弹，这些东西在现在的存放地点是有危险的。我催莫泰赶紧下令,把这些物资放行。

部长说,这些情况他已知道,他准备当天就命令总督让这些物资过境。他解释说,由于日本人不止一次地提出抗议,他们才扣留了这些物资。日本人不仅已经获悉这些物资到达印支,并且已经拍了许多照片。

我向莫泰表示了谢意,然后提到欧洲的局势,特别是德国吞并奥地利这件事。我问他法国政府对这件事是否打算采取什么行动,还是干脆接受既成事实。莫泰说,这几年来,德国的侵略行为残暴无比,不过,这是民主国家执行了冷漠和软弱政策的必然结果。除非民主国家和爱好和平的国家团结起来形成一个联合阵线,否则侵略国家必将继续奉行他们的侵略政策。他说,他一直相信,如果有一定数量的国家能够团结起来,力量就将强大到足以形成一种抑制因素,来对付侵略和破坏力量。但是可惜这些国家都没有远见,不愿或不能够合作。

提到张伯伦,莫泰认为这位英国首相抱着许多幻想,总有一天他会被迫认识他所执行的同意大利或德国妥协的政策是错误的。他相信,张伯伦为了挽回面子,可能和意大利达成某种协议。但是他看不出,在英国和意大利间存在龃龉的一些主要问题上,张伯伦如何能够找出根本的解决办法。英国打算作出很大的让步,特别是因为意大利有德国为它撑腰。德国由于在吞并奥地利时得到过意大利的支持,所以现在必须帮助意大利。莫泰在答复我的问题时说,反对张伯伦国际政策的力量是否会发展到足以推翻他的内阁,这很难逆料。

我问他对李维诺夫提出的召开一次国际会议来制止侵略有何看法。他说,他认为这不过是苏俄方面做出的一种姿态罢了,英国不会同意,美国则早已予以否定。他个人的意见是,用召开会议的方式来达成国际协议比较困难,不如通过正常外交渠道来达成谅解要容易得多。

我又问到,在欧洲当时的局面下,有无取得美国合作的可能,以及美国与欧洲爱好和平国家通力合作,以制止第二次世界大战的倾向的前景如何。莫泰说,既然法国工人在奥地利事件中都看不到维护国际法规和秩序的正确性的话,那又怎能希望远隔重洋的美国工人为了欧洲的利益而采取行动呢。他认为,令人浩叹的是,和平民主力量如此涣散不齐,这是世界局势混乱的主要原因。

　　我又问到法国的政局。我问,议会中对新政府的众多信任票是否已经为政府扫清道路,可以期望出现一个长期平静而稳定的政局。莫泰摇摇头说,各反对派系仍在不遗余力地设法推翻政府,他们特别着力在要求成立举国联合政府问题上做文章。他们的真实意图是想把某些人从政府中排除出去,其出发点是对人不对事的。但是他的党,作为议会中的多数派,并不打算接受这样的挑战。他不能设想,在没有得到议会中最大派别支持的情况下,能组成一个举国一致的联合政府。他暗示,最坚决的反对可能来自参议院,政局仍将继续动荡。他估计在近期内出现一次变动也不是不可能。

　　3月24日,我再次会见了莱热。我们的谈话紧紧围绕运输问题,以及印支在中国军需物资运输问题上的实际情况。这次,他对欧洲局势的看法不仅明朗化了,而且似乎预见到未来事态的发展。

　　我首先提出已向法国提出的某些武器的订货问题,以及过境运输问题。我说,以前我曾经听莱热先生说过,关于过境运输问题,应按1937年7月13日以前向法国提出的订货合同办理。只要是在上述日期以前签订的购买军火合同,在履行这些合同时,不应有什么困难。但是,最近确实产生了几起困难事件,其中之一就是云南省在1936年6月12日以前订购的一批75毫米大炮。我说,据我了解,这批订货的出口许可证没有批准,理由是印支不能让这批物资通过。另外还有向哈气开斯厂订购的一百挺自动机关枪和向布兰特厂订购的四十门臼炮,这两批武器的制造许可证也没有批准。我强调说，这两批物资的订货合同是在 1937 年 7月 1 日签订的，是在卢沟桥事变发生以前，就已经签订了。

我说，简单说来，在我脑海中，情况已经变得十分混乱。如果法国外交部对我在 1938 年 3 月 4 日递交的备忘录能够做个答复，我将十分感谢。当然，我是经常向我国政府报告情况的。但是最近以来，由于在执行中日战争爆发以前签订的合同，以及在印支提供过境便利方面产生了许多困难，使我国政府深为不解。汉口方面（当时中国政府已迁至汉口）已经表示不满。我将设法防止这种不满进一步发展，因为我不希望我国政府对法国政府在这一问题上的真正立场，有所误解。

莱热说，他想起来了，3 月 4 日确实有一份备忘录，他将设法给我一个答复，以便我向本国政府汇报情况。关于云南省政府订购的一批大炮，他说，在厂方代表向他汇报之后，他已经写信给陆军部，催促他们迅速予以批准制造。陆军部的答复是，由于法国政府发出了一项通令，将所有陆军武器全部入库，以便查明法国的国防需要在多大程度上获得了满足。这一来，就把云南的订货搁下了。而在莱热能向厂方作答之前，又成立了一个新的部。后来他又给厂方写信，但至今还未见到厂方的答复。他在信中提出了云南的订货问题，另外也提到了通过奥迪内提出来的其他一些订货。

关于和哈气开斯和布兰特订立的合同，他说还没有给陆军部写信，因为，就他所知，这些合同不是 1937 年 7 月 1 日签订的，而是在 1937 年 9 月份。我打断他说，那些合同不是通过大使馆签订的，而是由孔祥熙博士的代表和法国代表直接签订的。我还说，在我刚从大使馆出来之前，法国代表曾明确地告诉我，那些合同是在 7 月 1 日签字的。莱热说，如果是那样，为了澄清事实真相，他打算重新查阅案卷。他要求我向中国政府解释一下，以免中国在这一问题上对法国政府的立场产生误会。

这时，我把话题转到了别处。我说，中国政府接到了德国驻华大使的一份通知。通知说德国制订了一项新法律,这条法律取消了奥地利的独立,并把它并入了德国的版图。今后奥地利在中国的使馆事务,将由德国大使馆办理。我说,中国政府估计德国也向法国政府送达了同样的通知。不知法国政府将作出什么样的答复,对法国驻维也纳使馆又将采取什么样的步骤来处理。

莱热说,还没有作出答复,这一问题正在和英国协商中。法国政府希望和英国政府商议,使得两国政府的复照,在总的基调上取得一致,但是协商尚未取得结果。

我问他,复照的总方针是否已经定下来,准备援引的是国联盟约还是圣日耳曼条约和巴黎和约。莱热说,复照的基调将是一般性的,仅对德国兼并奥地利提出一个总的保留态度,而不是援引什么具体的国际性文件。至于法国驻维也纳使馆问题,复照中将不予提及,因为这是法国政府可以独自决定的问题。但是,当然在德国人举行公民投票之前,大使馆必须改为领事馆。

这时我说,把奥地利并入德国是破坏国际条约的罪恶行为,法国政府是否打算把这一问题提到日内瓦去。莱热说,法国政府并无此种意图。德国破坏国际条约,已非一次,它在重新武装时已经破坏了国际条约,因此,这次不会提出德国破坏国际条约的问题。我加上一句说,恐怕德国在重新占领莱茵区时,也是破坏了国际条约。

莱热继续说,法国对奥地利并无特殊义务。它所承担的义务是一般性的,也适用于其他许多国家。奥地利政府也没有要求法国出面为了奥地利的利益而进行干预。

我又问莱热,法国政府对国联秘书长发出的载有德国宣布兼并奥地利的照会的文件是否打算给予答复。他说,他还未见到这份文件。不过,他个人感到不见得会给予答复。

我问,自从德国对奥地利发动突袭以来,莱热先生对欧洲的形势看法如何。他说,形势依然如故,既未好转,也未恶化。说到捷克斯洛伐克,莱热说,德国将对捷克采取些什么新的侵略行动,这取决于德国自己对这种行动所引起的危机的估计。法国政府早已明确表态,不管英国怎么说,法国将单独履行对捷克的条约义务。根据最近的报道判断,他相信英国不会保证以武力捍卫捷克的独立。但是捷克是法国的盟国,因此,其地位和奥地利不同。一旦捷克受到德国的侵略,法国肯定不会袖手旁观。他相信,除非德国对于这一点作出错误的估计,它是不会对捷克发动侵略的。他相信更有可能的是,德国将把它的目标转向匈牙利和南斯拉夫,因为英、法两国对这两个国家都没有承担任何特殊的支援义务。

我说,我知道,德国还没有作好战争准备,因此,在战争危机面前,它是可能持谨慎态度的。莱热也认为德国没有长期作战的准备。但是,如果能够避开战争,或者它知道,所冒的只是一次短期战争的危险,那么它还是会干的。

3 月 23 日,我到法国外交部拜会了新任外交部长保罗-彭古。我对他的再度出任外交部长表示高兴,并祝贺他在处理捷克问题上已取得的成功。

彭古说,德国对奥地利袭击以后的形势是非常严重的。在他就职以后的一小时内,他已经向法国驻英国大使发出指示,要求英国政府在法国挺身出来应付这一局面时,给予合作。他深知,英国政府了解,法国已经决心不顾一切要履行自己对捷克的条约义务。他希望英国政府支持法国的这一立场。

我说,张伯伦在下院所作关于捷克问题的声明,应该在中欧起到一种稳定作用。彭古说,尽管这一声明不像他所希望的那样彻底,但是比起英国以往的立场,肯定已前进了一步。他还认为,由于法国采取了坚定的立场和张伯伦的声明,德国和捷克之间的紧张局势已见缓和。他说这两个因素肯定对德国起到了抑制作用。不过,这并不意味着,整个捷克问题已经得到解决。当然,两国之间还有许多政治的、经济的以及民族的问题,需要进一步协商。但是,他敢说,危机已经过去。他下一步将把注意力转移到西南欧去。他相信,南斯拉夫和罗马尼亚看到法国和英国对欧洲其他地区局势的发展并非漠不关心,将会更有信心地和西欧大国进行合作。

我还可以补充一点,那就是波兰大使卢卡塞维兹也认为,由于法国对捷克问题的表态和英国的声明,中欧的紧张局势已趋于缓和。这是我在法国外交部遇见他时,他亲自对我说的。

在答复彭古的问题时,我对他说,最近中国的军事局势正在不断改善,中国的抵抗能力已经增强。中国基本上已经能够阻止日本侵略军前进,特别在津浦铁路前线尤其如此。中国军队的士气很高,为了继续抗击日本的侵略,人民比过去任何时期都更加团结。但是中国抗战的最后胜利,在很大程度上要取决于是否有足够的武器和作战物资源源不断地从海外输入。

我提到1937年10月国联全体大会的决议,那时彭古曾发表过出色的讲话表示赞许。但是国联作出决议还不到两星期,法国政府就试图中断一切运交中国的武器和装备。只是在中国方面提出抗议之后,法方才偶尔放行一些物资。而到1月末为止,印支几乎已经完全停止中国货运。我指出,法国态度的这一转变,已经使香港转运任务的压力大大增加,因为香港已在源源不断地向中国运送大量物资。我说,法国政府的这一态度变化,使中国政府在抗战方面深感为难。同时也使中国政府对局势感到迷惘。我要求彭古运用他的影响来扭转这一局面,使之变得对中国有利。因为中国的抗战,不是单纯为了中国的领土完整和政治独立,也是为了维护国际法和国际秩序。

彭古说,如我所知,他对中国寄予深切同情,而且局势已经演变到如此严重,使他感到非常遗憾,因为他未能在冲突一开始就尽最大努力来加以帮助。我的讲话似乎给他的印象很深,他要求我写一个局势摘要,供他个人参考。他说,当然,他不能保证能做些什么,但是他将研究这一问题,尽最大努力去做。

关于香港的运输压力问题,他说法国驻华大使那齐亚已经打电报给法国政府,请求放宽印支通道。他指出,印支的防务薄弱,比香港更容易受到外来的攻击。他说,如果我送给他一份摘要,他将乐于对事态进行分析,并尽最大努力作出支援。但事实上,勃鲁姆内阁不到一个月就倒台了,一位新的外交部长乔治·博内取代了彭古。彭古没有得到充分时间来实现他的意图。

(乙)1938 年 3 月末—5 月中

我想用一句中国的成语来概括 1938 年初春的国际形势和西方列强间政策互不调和的状态,叫做"同床异梦",至少几个民主国家之间以及包括苏俄在内是这样。当时的情况是英国、法国、苏俄和美国都主张保卫和平,这就好比他们都睡在同一张卧榻上,但是却各自做着不同的美梦,各有自己的打算,所以说是"同床异梦"。因此,他们不可能共同合作采取统一有效的措施,来支援中国制止日本的侵略。甚至要求他们为了保护自己而进行合作也难以做到。

法国希望维持印支的现状,它不愿公开地做任何事,怕的是可能惹起日本对印支采取行动。它主要关心的是欧洲局势。它一贯害怕被孤立,而这种孤立,恰恰正是德国对法政策的目标。为了避免孤立,法国迫切希望和英国采取联合行动。实际上,已经在伦敦达成了一项法、英合作条约。然而,英国还必须照顾整个大英帝国。因此,它热衷于对意大利进行安抚,甚至不惜作出一些实质性的让步,以争取意大利的友谊,为的是保住通过地中海和苏伊士运河到达远东的交通线。而法国则认为,一旦伦敦和罗马接近,就会增强意大利在地中海的战略地位,从而威胁到法国通往非洲的交通线以及法国在非洲的殖民地和利益。这就是法国为什么坚决主张任何强国都不介入西班牙内战的道理。然而德国和意大利却一直在帮助佛朗哥。他们始而偷偷摸摸地干,继而明目张胆地干。他们对于不干涉协议以及正在伦敦开会的不干涉委员会,根本不予理睬。当时法国人认为,英国之所以要和意大利达成谅解,以保住地中海航线,主要是着眼于英国在亚洲的巨大利益。由此推论，一旦香港受到日本的威胁，英国将会毫不犹豫地把地中海舰队的一部分抽调到远东去。这对法国甚为不利，势将削弱法国在地中海的地位，同时使法国和非洲之间的交通线受到威胁。

法国对苏俄的看法和其他民主国家不一样。它对苏俄比较友好，不那么恐惧，甚至还很重视苏俄的潜在力量。但是苏俄对远东和欧洲的局势都很焦虑。由于要兼顾它这两条战线，所以在没有法、英、美等其他强国合作的情况下，它采取任何措施都小心翼翼。尽管法国对苏俄比较友善，但是在对苏合作以及加强法苏友好互助条约等问题上，内部也还存有分歧。法国政界领袖中，至少有一半的人，特别是那些接近右派的人物害怕共产主义，在法国公民中几乎绝大多数也是如此，他们对苏俄的意图心存怀疑。因此，法国右派就尽量贬低法苏互助条约的价值，甚至倾向于赞成某种使法国向轴心国靠拢的政策。

英国感到没有华盛顿合作的保证，就不能自由行动。伦敦公开承认，一旦远东或者欧洲发生危机，只有美国才是最强大的国家，才是有条件提供最大援助的国家。同时，伦敦还有意和德国达成某种谅解和安排，一如它和意大利搞的那样。就英国来说，似乎它在欧洲大陆的利益是有限的，而它的重大利益则是在欧洲以外的地方。换句话说，它把大英帝国看作它最大的财产，认为必须竭尽全力加以维护。这大概可以用来解释，为什么后来在捷克的苏台德区问题上，张伯伦竟至于在德国和希特勒达成了一项协议。这是以牺牲捷克为代价，使英国赢得时间。这个行动得到了达拉第内阁的支持（达拉第在 4 月接替了勃鲁姆），但使得法国左翼分子深感不满。

中国处在这样一个列强利益互相冲突的世界之中，也感到谋求支援困难无比。这时欧洲实际上已处于二次大战的前夜，许多欧洲人都认为这次大战已不可避免。这些人和他们政府的这种成见为日本和日本的军事领袖们造成了十分有利的可乘之机。

在国际政治混乱的旋涡中,在大国间利害冲突的火并中,一边是战争恐惧,另一边则是战争威胁。但也有一个国家,它似乎自信能应付任何不测事件,虽然多少也有些担心,这便是瑞士。该国新任驻法公使沃尔特·斯塔克在1938年3月29日对我作了礼节性拜访,当时他对局势表示乐观。

我问他对当时欧洲的局势有何看法。他说瑞士现在必须加强自己的防务,必须对任何外来的突然袭击倍加警惕。他说,最近在奥地利和中欧发生的事件,已经使得人们对法律的功效丧失了信心。瑞士这个国家,三面受到强邻的环伺,它现在必须做好一切准备,以便应付万一。

他说,有一桩令人欣慰的事,那就是他的国家爱好自由的传统非常强烈;瑞士国内各族人民,对国境以外的任何同族人的民族运动,都不感兴趣。例如瑞士境内的日尔曼族人,不仅与德国的日尔曼族纳粹分子没有交往,而且他们的反纳粹情绪更甚于瑞士的其他民族人民。他们酷爱自由,决不愿在纳粹统治下失去自由。日内瓦地区的瑞士籍法兰西人也是这样,他们对法国的纷扰不休和阶级斗争十分害怕,而同意像意大利和德国那种独裁统治下所保持的严格纪律和秩序。但是他说,尽管这样,瑞士还是丝毫不能放松警惕,必须准备万一。他还说,为了进一步加强瑞士人民的团结一致,哪怕像格里松斯那样仅仅拥有一万二千人的小小州郡,也还是允许使用它自己的罗曼斯语,并且把这种语言定为瑞士联邦的第四法定语言。现在我们各种法律和公文都是用四种语言发表的。使用一种新的语言当然会使印刷费大幅度提高,但是为了国家的团结一致,这是值得的。斯塔克接着说,尽管瑞士临时仓促加强国防,但对前途是充满信心的。酷爱自由的传统,国境四周多山,这些条件决定了瑞士决不可能轻易地被征服。

这位公使在答复我的问题时说,瑞士和德国在商业和经济方面,在很大程度上,是互相依赖的。两国间有大量贸易往来,就包括无形支付在内的总额说,瑞士是出超的。两国间有关贸易关系的文件已经积累数卷,这说明在每个细节问题上都已达成了协定。我问他,既然瑞士和德国都是高度工业化的国家,对两国间如此庞大的贸易额,又该如何理解呢。公使说,一个半世纪以来,两国的工业已经形成了分工关系,德国专注于重工业和大批生产,而瑞士则偏重于轻工业,如要求高度技巧的电气制品等等。他说,以德国的汽车制造业为例,德国只做车身和底盘,而车轮和全部电气装置则要靠瑞士来供应。因此,两国工业间的关系不是尖锐的竞争,而是密切的合作。

他又告诉我,他不是一个职业外交家,而是初次登上外交舞台的。他又说,鉴于最近中欧发生的事变,以及德、意两国的政治发展情况,瑞士感到最好还是和法国建立较密切的关系,因为法国和瑞士一样,具有民主的传统,并且酷爱自由。

几天前,在3月23日,我和法国前海军部长弗朗索瓦·皮埃特里曾经有过一次谈话,那是在匈牙利驻法公使馆的一次宴会上。他是法国政界比较活跃的领袖人物之一,他对国内政情发表见解时,比较爽朗。他说,法国的现政府不是一个由伟大人物领导的、摆脱了党派倾轧和阶级龃龉的强有力政府。他认为现政府应该下台。而且他深信,这在不久的将来就要实现。法国激进社会党领袖达拉第是个伟大人物,那时正担任着副总理兼国防部长之职。皮埃特里说,达拉第将成为下届政府的首脑。下届内阁对国内事务将执行一项坚定的政策,以促使社会的骚动平息下来,同时促进国家生产加速发展,以便应付严重的国际局势。他说,达拉第将号召每一个法国人对法国克尽厥职,就像英国的纳尔逊在拿破仑战争时所做的那样。他并将向全国发表明确的号召,要求法国人民给予支持。他将告诉工人阶级,法国的安全正处在极度的危机之中,如果法国工人不自动放弃每周40小时的工作日制度,而改为60小时,可能在一两年后他们将处在希特勒统治之下,被迫每周工作60小时。他将要求国民议会全面授权,在必要时,他将解散议会,以便更有效地实现他的计划。皮埃特里觉得,法国已经到了这样一种境地,它的人民将乐于接受一个强硬的政府。历史上每到严重关头,他们从来都是这样做的。

皮埃特里又把话题转到国际局势问题上。他说,情况非常严重,如果不及时采取行动加以制止,战争肯定会爆发。他觉得,在德国占领莱茵区的时候,法国本来是应该作出强烈反应的,这样它就可以使得每况愈下的势头不再发展。现在,法国人民都已看清,法国在1936年本应采取强硬手段。他深信,如果现在还不采取措施来挽救局势,那么,二年以后,人们将发现,再要挽救颓势,为时已晚。

他的见解给我的印象很深。我觉得,他对当时法国面临的局势和对欧洲的战争及和平的可能性的见解都是很有道理的。由于内部的紧张状态以及欧洲局势的日趋恶化,在法国将出现一个强有力政府的前景,正在逐渐明朗化。在法国有相当一部分人对历届人民阵线政府的处事方针感到不满,而且持这种不满意见的并不限于当时尚未控制国民议会多数的一些政界首脑。实际上,全国人民都已对人民阵线感到厌烦,企望一个坚强有力的政府。正因如此,所以皮埃特里认为,一个坚强的政府,必然会在很短的时间内出现。

受到所谓人民阵线支持的历届法国内阁,一贯主张和英国合作并签订英法互助条约。他们相信只要英国保证合作,英、法两国就能对付欧洲的局势,并足以阻止中欧大国特别是希特勒统治下的德国把侵略行动进一步推向战争的边缘。

我记得,曾经有一位法国外交部长(记得是乔治·博内)在讲演中说过,他深信欧洲的局势是严重的,不过他认为战争是可以避免。因为,只要英、法两国根据互助合作条约通力合作,就足以对付当时的局面,并将使德、意两国慑于英、法的联合力量而不敢把侵略政策推进到使战争成为现实。

我以为,这些法国领导人确实相信,只要英、法两国合作,他们的联合力量就可防止欧洲大战。当然,人民阵线行动计划中的主要一条，就是要保卫和平，并且相信只要英、法合作，便能实现这一目标。所以他们最初是得到人民支持的。也正因如此，他们夺得了国民议会的多数。法国人民和其他国家人民一样，也不喜欢战争。在一定限度内对任何一个宣称保卫和平的政府，他们都将给予支持。

扼要地说，皮埃特里的见解似乎很有道理，因为我觉得他对于法国的政情和各种或大或小的政治势力，对于各届人民阵线政府执政期间国际形势的恶化过程，似乎都很熟悉。他自己和达拉第一样，是个激进社会党人，并且是达拉第的支持者。在人民阵线内部，激进党没有形成控制力量，因为社会党人和共产党人联合一起就可以在国民议会内取得多于激进党人所能控制的票数。我知道，他自己不仅对国际形势和法国国内政情都深感不满，而且深信必须有所作为，必须及时行动。我也知道，基于他自己的见解，他将非常乐于回到政府中去帮助一个新政府执行一项新的、强硬的政策。

我又提出了一些问题和皮埃特里讨论。例如，他认为，德国和意大利无疑将会在他们认为合适的时候，挑起一场战争。他说，根据法国政府获得的可靠情报，一俟佛朗哥征服了整个西班牙，德国在西班牙建立了空军基地，而且意大利也在地中海建立了潜艇基地，他们就将在北非发动战争。到那时，法国和北非的联系即使不被全面切断，也将受到严重的损害。

皮埃特里再次表示他相信达拉第将出任下届政府的首脑，到那时他（达拉第）将奉行一项加强法国、稳定欧洲的政策，使法国振作起来。皮埃特里接着说，欧洲问题的核心是德国。德国的政策一直是想孤立法国，以便它可以轻而易举地把法国打败。德国宣传工作的全部准则和思想体系就是用一套口号，来扰乱法国和盟国的关系，阻止法国和英国间的亲密合作，并阻止其他大国和法国友好相处。因而德国的反非雅利安民族运动并不妨碍它和日本携手，现在的反犹太运动也是为了在民主国家间播下不和的种子。至于反共运动,也并不是出于对苏俄的根本矛盾或对共产主义扩散的真正恐惧,实际上是一种手段,用于离间法俄关系和英法关系。其目的在于破坏法苏条约。皮埃特里说,如果法国向反共运动屈服,而放弃法苏条约,则法国国内的社会党、共产党与其他党派之间必将产生纷争。如果法国坚定立场,不顾德国的反共宣传,而信守盟约,则英国尤其是在当前以张伯伦为首相的联合政府执政下,会对法国产生怀疑而不敢甚至拒绝和法国合作。总之,不管哪一种情况,德国最后都能达到它的目的。

皮埃特里指出,法国人士,特别是资产阶级,他们盲目相信希特勒会保卫资本和财产。他们对希特勒的反共言论,一字一句都表示欢迎。皮埃特里敢于肯定,一旦法国废弃法苏条约,德国就将毫不犹豫地和莫斯科结成联盟。这种联盟在上次世界大战后曾经出现过,现在德国人完全有可能想把苏俄再次拉过去。德国的真正目的是要在欧洲建立它的霸权。

皮埃特里接着说,只要法国表现出混乱和不稳,它的盟友就将对它丧失信心和希望,并将调过头去接近别人,这是毫无疑义的。但是他也相信,只要法国有一个决心执行坚定政策的强有力的联合政府,它的盟国就会和它联合到底,去捍卫自由和独立。因为这样法国就再没有什么事情会引起他们的疑惧,而德国政策的真正目的,他们是一清二楚的。

我想指出,在皮埃特里的最后一段谈话中包含有一些言外之意,欧洲各国的领导人确实感到,他们在欧洲采取的任何措施,只要坚持执行到底,整个世界的问题,就可迎刃而解。在当时和随后的若干年内,欧洲的领袖们,一般地说,都没有把远东形势和世界形势综合成一个有机的整体来处理。

1938年4月1日,我与比利时驻法大使克乔夫·德·登特根伯爵就当时正在朝着二次世界大战发展的欧洲形势进行了交谈。伯爵已由驻法大使调为驻意大使,不久前,他刚刚向意大利国王兼阿比西尼亚皇帝呈递了国书。这次谈话,饶有兴趣,因为谈话中反映了他对欧洲局势的见解。这次他从罗马回到巴黎来是为了结束他在法国的使命,并向一些亲近的同僚们辞行。

比利时国王在伯爵的国书中把意大利的政府首脑称作意大利国王兼阿比西尼亚(埃塞俄比亚)皇帝。比利时给意大利国王加上这样一个新头衔,到底有什么用意,我感到大惑不解,特别是在关于对阿比西尼亚的外交承认问题上,我不知道应该如何理解。这正是中国政府犹在考虑的问题。中国已经向西方大国的首脑表示,中国不愿给予这种外交承认。

伯爵答复我说,这是一个棘手的问题。墨索里尼对所有主张制裁的国家(那就是说,对所有遵照国联决议,试图对意实施制裁的国家),都没有好感。由于比利时正是属于这些国家之列,所以墨索里尼对它也是怀恨在心。他有一个意大利朋友,曾把墨索里尼对这个问题的态度告诉了他。他马上写信要求政府,不要对比利时驻意大使进行更动。但是政府一般都不大注意本国外交人员的意见,比利时驻意大使还是被召回国了。不过直到登特根作为继任驻意大使正式发表时为止,前任大使在名义上并未变动。

登特根接着说,我的问题对比利时外交部长斯帕克来说,是个难于解答的问题。斯帕克自己的党对意大利征服埃塞俄比亚是不予承认的,但是比利时其他政党都主张承认。因此,部长决定承认既成事实,换句话说,就是仅仅把意大利国王同时也称作阿比西尼亚皇帝,而在其他文件和交往中避免触及这一问题。登特根伯爵和齐亚诺伯爵谈话时,双方都没有接触到埃塞俄比亚问题,因为一旦提到这个问题,就将引起一场难于取得一致的争论。他继续解释说,不管怎样,称号并不是什么了不起的东西,距今不到一个世纪以前,英国国王不也一直拥有法国国王的称号吗?

这位比利时大使告诉我,前几天,有一个法国政界的高级人士对他说,有些事比利时已经做到,而法国还做不到。大使就问他,法国委派的驻埃塞俄比亚首都亚的斯亚贝巴的总领事是对谁委派的?法国驻罗马大使馆把这个总领事的委任又是通知给哪个政府的呢？他说事实是,总领事的任命是经罗马外交部同意的,被任命的总领事是对驻埃塞俄比亚的意大利当局派遣的。这样伯爵就解释了迫于客观形势只好事实上承认现实。假如原来的埃塞俄比亚皇帝有朝一日能回到他的国家恢复统治,这也无损于比利时驻罗马大使的地位。

我又问他,比利时是否与荷兰以及斯堪的那维亚国家协同一致采取承认现实的行动。比利时大使回答我说,荷兰在远东拥有广大的领地,它不能得罪意大利,因为意大利在红海和苏伊士运河地区占有极重要的海军战略地位。所以,荷兰建议斯堪的那维亚国家承认意大利国王为阿比西尼亚皇帝,它并且真的派了一位公使到意大利去,在公使的国书上,把意大利国王同时也称作阿比西尼亚皇帝。比利时不过是步荷兰的后尘而已。

由于这位比利时大使刚从罗马回来,所以我问他,意大利对最近德国在奥地利搞的军事政变舆论如何。他说,两年以前,意大利正忙于对埃塞俄比亚作战,无暇顾及奥地利和匈牙利,那时它对奥地利的政局可能发生变化,倒是有思想准备的。不过那时想到的也仅仅是诸如德奥建立联盟、实行有限的经济合作之类有限的变动,它根本没想到德国会把奥地利完全吞并。他说德国吞并奥地利的那种做法,意大利人民也为之大吃一惊。他相信,如果意大利和英国通过谈判,能够达成一项友好谅解,则意大利在一年左右的时间内,就可能脱离德国的怀抱,而倒向英法。

我问他对当前正在进行的意英谈判的前景有何看法。这位大使表示深信他们是会成功的,因为双方都希望在彼此间存在的一些悬而未决的问题上达成谅解。我又告诉他,据我所知,如果意英两国果真能够达成一项协议,协议的最后签订也还要取决于下述两个条件,那就是:在意大利方面来说,它希望英国承认意大利吞并埃塞俄比亚;而英国方面,则要求意大利首先撤出它在西班牙的志愿军。登特根肯定了我所说的是正确的。不过,他相信,要英国承认现实并不困难,要意大利从西班牙撤出志愿军也是一样。他举例说，比利时是反共的，但是它也有志愿人员在西班牙帮助共和国一边作战。这些志愿人员都有护照并且是化名的，这就不容易把他们辨认出来。如果意大利想使志愿人员继续留在那里的话，他们也可以如法炮制。换言之，意大利尽可在表面上同意撤退，而实际上仍把志愿人员留在那里。

我说，曾有人告诉我，虽然墨索里尼倾向法国，但齐亚诺却是亲德的。比利时大使说，他在罗马所获得的印象却并非如此。他认为当前无论墨索里尼或齐亚诺，除了继续执行与德国合作的政策外，别无其他选择。但是，如果事情发展得顺利，譬如意英谈判终于获得成功，和法国也能达成协议，那时意大利无疑会转向英法一边。

勃鲁姆内阁倒台后，达拉第担任了新内阁总理。4月21日我访问了达拉第新内阁的外交部长乔治·博内。在祝贺他荣任外长的同时，我希望能弄清法国政府对埃塞俄比亚问题的观点，以及英国打算在下次国联行政院提出这一问题的看法。中国政府曾收到英国方面有关这一意图的照会。我告诉他，英国方面虽然没有明说，但我觉得英国的真正意图是要对意大利征服埃塞俄比亚予以承认。我说，我国政府估计法国政府也曾收到同样的照会，希望知道法国政府对此有何见解。我补充说，虽然中国政府还未决定如何答复，但我相信我国政府对英国的建议很难苟同。不承认武力侵占领土是中国的一项根本原则，这不仅适用于1931—1933年间已被日本侵占的东三省，同样也适用于日军占领下的其他各省。我对法国外长说，中国如果同意英国的主张，就不可避免地要危及中国的国际立场，并将自毁其根本利益。

博内说，英国提出这一问题，是在他就职之前的事，而他的前任彭古已应允将在日内瓦予以支持。他自己没有理由加以变更，因此法国政府仍将给予支持。但他本人非常欣赏中国的立场，因为他对中国所从事的抗战事业，以及这一抗战涉及的重大问题，都十分同情。

博内说,关于埃塞俄比亚问题,法国政府不得不采取另一种态度,因为与意大利的关系对于法国至关重要。制裁问题,已经使法国在对意关系上感到非常棘手。意大利兼并埃塞俄比亚问题一日不获解决,欧洲形势的全面安定就一日不能实现。法国之所以要步英国的后尘,力图打开僵局,法国之所以要效法英国,与意大利开展谈判,以求两国关系趋于正常化,其原因都在于此。博内说,但是,由于他高度重视涉及到的原则问题,所以他没有同意重新任命新的驻意大使,而宁可派遣一个特别代表团前去开展谈判。他已经决定,要等到在下次日内瓦国联行政院会议上法国的立场经过调整以后,他才能派出新任大使。尽管公众舆论和新闻界都坚持要求法国立即向罗马派出新任大使,但他还是坚持了自己的立场。他深知,法国在罗马没有一个大使非常不利,譬如希特勒即将到意大利访问墨索里尼,那时一个代办就不可能享有大使那样的权力和威望。可是,为了维护团结和保证行动协调的原则,他宁愿等到日内瓦会议结束后再派遣大使。因此,他希望中国能设法支持英国的立场。

我告诉法国外交部长,中国政府一如既往,迫切希望能和民主国家携手合作,特别是在日内瓦和英、法两国合作。可是在当前的问题上,中国所面临的困难确实不小。我说,希望能够找到一条两全其美的出路,既能适应当前埃塞俄比亚问题的需要,同时又能维护不承认主义原则。不承认主义对中国确实具有非同寻常的重要性。我强调说,维护这一原则不单纯是为中国着想,而且对整个世界都具有重大意义。我说,鉴于近来欧洲局势的发展,为未雨绸缪计,更需尽力维护不承认主义。

博内认为可以制订某种适应现实情况的行动方案。这种方案既可以解决埃塞俄比亚问题,同时又用最强硬的词句谴责日本对中国的侵略。他说,他非常赞同这种方案,因为意大利是法国的近邻,法国必须与它和睦相处,以防它投入德国人的怀抱;而日本则远隔重洋,法国和它的关系不太重要;法国对它不必像对意大利那样小心翼翼。而在欧洲,如果法国不和意大利和睦相处,则法国就正好帮了德国防止法意合作的大忙。

我答复他的问题时说,我希望以中国代表的身份出席国联的行政院会议。我并说,我认为,仅仅维护不承认用武力改变疆界的原则还不够,必须更进一步。意大利使用武力征服埃塞俄比亚已经成为事实,而中日战争则还在继续。日本侵略中国是现行罪。我问他,如果即将举行的国联行政院会议,在解决埃塞俄比亚问题僵局的同时,又能够采取一些实质性的步骤,支援遭受日本侵略的中国,这不很好吗?我说,这种行动,将向全世界表明,国联不打算放弃原则。我表示相信,英国和法国的广大公众舆论是支持国联的。如果国联决定牺牲埃塞俄比亚而向意大利让步,则将引起公众舆论的不满。而如果国联采取行动支援中国,则可以起到抵消这种不满的作用。

那时博内即将出访伦敦。我建议他向英国人指出,如果按我所建议的方针行动,那将是明智的。这位法国外长说,他可以保证,他一定向哈里法克斯说明我的意见,并要求我在他从伦敦回来时去看他,以便他把此行的结果告诉我。

我除了要和法国新任外长研讨埃塞俄比亚问题,还打算和他研究如何向中国供应军用物资以及如何运输这些物资等紧迫问题。因此当这位法国外长向我祝贺近几个月来中国军队所取得的胜利,并询问抗战的现状时,我向他作了简略的介绍。并说,虽然中国的抗战形势已经大有进展,但是中国仍然要求国外提供物资援助,特别是武器和军需物资。我说,要保证物资能源源不断地输入中国,印支过境对中国来说就是非常重要的问题。我告诉他,香港允许每月有六十万吨物资通过那里运往中国,而在最近的九个月中,仅有三千五百到四千吨获准通过印支运往中国。目前由印支到中国的供应线基本已被封闭。我并对他说,中国政府向法国订购的武器军需物资,也都不能及时交货,甚至中国在法国的订货,要获得制造许可证都很困难。我还说,有时,出口许可证也很难取得。还有,哪怕是在中日战争爆发以前的订货,外交部也强令停止发货;制造许可证批不下来,遭到拒绝,其借口是,这些物资即使制造出来,也不能经过印支运往中国。我强调中国迫切需要这些物资,我请外长不但在外交部签发制造许可证上给予便利,还要请他转请政府中其他有关部门加紧制造中国的订货,并给以便利,使之通过印支转运中国。

外交部长似乎对这个问题不太清楚。他问我,大使馆是否已经把这一问题通知过外交部。我告诉他,大使馆已经向外交部送交了好多份备忘录。于是,他保证一定命令他的秘书去查阅案卷,他自己也将立即关注此事。他说,他特别乐于处理好这一问题,因为他能理解,中国抵抗日本侵略的事业,也是保卫和平和民主的事业。

4月24日,在塔布衣夫人家中举行的一次午餐会上,我和乔治·孟戴尔先生进行了一次我认为非常重要的交谈。这时他已复任殖民部长。我告诉他,中国的军事形势已有起色。他说,中国的长期抗战,是意想不到的,这给他的许多同僚以及法国公众以深刻的印象。他说,复职三天以来,他已经重温了全部有关法国对华政策的文件。他感到莫泰先生非常同情中国,非常有助于中国,但是有关政策施行的其他重要人物则不然。他感到,他的前任任命的印支总督似乎就不能理解他的意图。他不认识这位总督。

我对他说,我觉得总督似乎是过于谨小慎微,甚至有些胆怯。除了巴黎明令他执行的一些事以外,他似乎一点责任也不负。部长回答我说,布雷维总督似乎时刻不忘他的行动决不能越出政府指示的范围。他又说,殖民部的幕僚与其他各部不同。其他各部的部长和下属各部门的领导人都互相熟识,并经常接触。但殖民部则不然。殖民部长的指示大抵都是通过电话下达给所属各部门首脑的。至于印支总督如果有事,他,孟戴尔,作为部长是可以把他请来商量的,不过客观形势要求他留在印支坐镇。

他还解释说,殖民部和法国外交政策中的一切重大问题都有牵连,都要过问。例如,法属北非殖民地的安全问题,吉布提铁路问题,和意属索马里划界问题,以及与利比亚、突尼斯的关系问题等等。所有这些问题,都是即将举行的法、意谈判的内容。

我们间的交谈,在不知不觉中形成了一种诚恳而友好的谈心。这位部长对我说,他研究了中国的抗战问题,并且分析了中国抗战事业对法国的重大影响。他说,就军事而论,日本在国际政治中是一个比中国重要得多的因素。但是,由于日本和德、意两国沆瀣一气,一旦战争爆发,它肯定将成为法国的敌人。他甚至认为日、德、意三国已经达成了某种谅解。万一爆发第二次世界大战,他们就要在军事上进行合作。他说,中国与日本不同。自从上次大战以来,中国一直和法国友好相处,从未改变政策。一旦有事,法国将把中国当作利害与共的友邦。法国应该拿定主张,在大祸临头之前,不失时机地广结盟友。

这时,他又把法国对印支过境运输政策的演变给我作了简略的介绍。重点是肖唐政府时期的政策。他认为法国之所以要在假道运输问题上采取限制的政策,是为了慎重,以免使法国陷入这一问题可能引起的严重争端之中。我又指出,英国政府允许中国军需物资通过香港运入中国,并未考虑日本进攻香港的问题。他说,英国在香港的防务比法国印支的防务强大得多。他并告诉我说,他也知道,在过去几月中,英国已准许九万吨上下的军需物资通过香港运入中国,而法国则仅准许三千四百吨通过印支。不过,他已作出决定要改变这种政策。

孟戴尔接着说,最近印支总督曾有电报告诉他,中国政府希望扩大通过印支的运输量,并表示,他自己(布雷维)和法国驻华大使那齐亚都愿意向中国提供更多的支援。孟戴尔说,他打算和法国外交部研究这一问题。当时外交部还没有收到驻华大使的报告。他并说,他已把他的意见向达拉第总理说过,并得到了总理的首肯。达拉第告诉他,只管按他自己的意思去办,并保证给予全力支持,决无异议。

我告诉他,我和新任外交部长博内进行了会谈,敦促博内运用他对法国政府的影响,促使法国政府扩大对中国的援助。我要求孟戴尔在博内出访伦敦前,向他再进一言。但是殖民部长却说,既然总理已经同意了他的意见,他就打算一往直前地去干,而不想到外交部去冒遭到否决的风险。

孟戴尔接着说,在他的同僚中有一种反对支援中国的论调,说中国的抵抗可能坚持不下去,日本可能胜利。到那时,日本将对法国进行报复,印支受到日本打击的危险就近了一步。另一种论调是,如果中国获胜,或者能够获得体面的和平,它的外交政策肯定将变得更为排外,法国在印支问题上就不可能取得中国的友好合作。

我说,这是完全不符合中国人民的精神的。中国人民历来爱好和平,乐于与友邦友好合作。那种害怕中国采取排外政策的心理,是毫无根据的。我说,如果确实存在这种顾虑,不妨进行某种协商,由中国作出保证,防止此种事态的出现。我说,我自己历来主张签订一项中法合作条约。这种合作,不仅限于经济,而是要扩展到其他领域。我明确认识到,中国需要从法国取得一定的援助,特别是在当前抗战中,需要通过印支取得海外的物资。而在此同时,一旦欧洲局势严重恶化,殃及法国时,中国在许多方面,同样可以向法国提供支援。我对这位部长说,目前中、法两国间已经签订了一项通过印支向中国运输军需物资的条约,这一条约应成为法国扩大对华运输的基础,但还需要签订一项范围更广泛的协定。我还提醒部长说,在上次大战期间,中国曾向法国派出了八万多人的华工队伍。他们曾在法国士兵的战壕后方辛勤劳动,立下了汗马功劳。此外,中国也曾向法国提供过原料物资。将来中国仍可以对法国作出类似的贡献。孟戴尔说,在上次大战中,日本也曾对法国提供过援助。假如当时法国的政策更巧妙些,日本还可能作出更大的支援。但是他深信,如果发生另一次大战,中国的援助将是很值得争取的。

　　我又提到中国可以提供制造各种枪炮武器等所必需的重要矿产品,诸如锑、钨等等。我说在当前的中日冲突中,中国拥有一切必需的人力,所缺的就是物资。必要时,中国可以用它的人力来支援法国。孟戴尔说,目前如果在中法间签订一项政治协议,恐怕是不合时宜的,而且也很不容易取得法国公众的谅解。由于捷克事件的发生,法国的公众已经感到相当恐慌,唯恐自己被卷进战争的旋涡中去。他说,最近邮政工人工会作出决定,万一捷克受到攻击,他们不同意法国对捷克提供援助,这就说明了法国公众的心情。不过,如果中法间签订的军事性合作条约不是以单方面援助中国的利他主义为基础,而是从法国本身的利益出发,他认为倒是可取的。

　　他问我,中国的抵抗到底能坚持多久,中国是否能增强海南岛的防务,以免该岛被日本占领。他说,如果中国能够做到这一点,那就能够大大加强法国执行它对中国新政策的立场。我说,我将非常愉快地把他刚才的谈话报告给政府。关于中国抗战的前景,我立刻向他保证说,只要武器和军需物资能够源源不断而来,中国是能够抗战到底的。我说,目前我国国内万众一心,坚持抗击日本侵略的决心空前高涨,而日本人民和政府对侵华政策却是意见分歧的。

　　在我们的谈话结束时,这位部长要求我在向我国政府汇报时,务必注意保密。他说,万一走漏风声,传到日本人耳朵里,就会给他造成极大的麻烦,并将使新政策的贯彻受到严重的影响。我请他放心,保证决不会发生这种问题。

　　我又问起在即将举行的英法会谈中,法国指望能取得些什么结果。孟戴尔回答说,最重要的是要采取一些财政措施,以维护法郎的币值。为此,还将签订一项贷款协定。我又问他,据报道,英国和法国有可能就如何把两国的资源汇合一起,通力合作生产武器、特别是生产飞机的问题进行协商,并起草一项全面性协定,其内情如何。他说,事实是在邱吉尔来访巴黎的时候,这一问题业经研究完毕,并已达成一项谅解。

然后,我又提起了法、苏关系的问题,以及两国间签订军事协议的可能性问题。孟戴尔说,两国间的关系是融洽的。至于说到通过一项军事协定来履行两国互助条约,这就不那么简单,因为它牵涉到一些内政上的考虑。就他本人来说,虽然一开始他就是克里孟梭的合作者,但是右翼新闻界一直在攻击他摆脱不了莫斯科的影响。他说,他主张法、俄间应密切合作,这是实情,因为对法国来说,俄国的友谊和支援是必不可少的。他的亲俄政策就是基于这种信念而产生的。但是新闻界总是囿于内政问题的考虑而向公众作不真实的报道。

他又说,在国民议会中有七十二席的法国共产党,在充分利用其在议会的有利地位这个问题上实在是非常愚蠢的。这个党缺少一个干练的领袖。我说,我个人相信莫斯科在法国内政问题上不会在幕后耍花招。我问他,法国共产党人到底是不是由莫斯科牵线的。他说,也许莫斯科并不是在为法国共产党决定政策,不过他确实相信,凡是苏俄驻法大使希望法国共产党人办的事,一般都是照办无误。他说,不过苏俄的宣传工作实在笨拙,他们只会利用左翼报纸,因此一眼就可以看出来。而德国和意大利就比较高明,他们毫不吝啬地向报界施舍,不管你是左翼还是右翼。这样一来,公众就只知道莫斯科在进行宣传工作,而不知道德国和意大利也在干着同样的勾当,为自己谋取好处。

提到法苏军事条约问题时,孟戴尔说,那个国家正在进行着无尽无休的迫害和审讯,苏俄的朋友们对此感到憎恶。这种举措使人失去信心。在那里,许多军队的将领说不定那一天就可能被当作卖国贼而处决。去和这种人商谈什么条约是毫无意义的。

我又问他,鉴于法国的新政府已经使社会恢复平静,并取得了公众的信赖,现在他对法国的政局有什么看法。孟戴尔说,现政府是在极有利的空气中上台的,全国都对它很欢迎,现在就看它怎样用行动来使它自己站住脚了。目前政府掌握着充分的行动自由,因为议员们正在休假,要到 7 月中旬才能回来。经过两星期,它还将再次休会。如果金融界再次出现不安定情况,那是由于政府延误了发布财政方针的时机。他说,达拉第曾打算拖延到他访英回来以后再发布他的财政方针,以便可以了解到他到底能否从英国取得援助,以及援助的规模如何。但是鉴于有可能再度出现不安情绪,达拉第将在去伦敦以前发表他的财政方针,至少要先作部分的发表。

孟戴尔表示,他急于要想知道,德国和意大利是否仍在继续向中国提供武器和军需物资,以及德国军事代表团是否还驻在中国。我告诉他,德国军事顾问人员仍旧驻在中国,但他们都是德意志帝国时代的军官,他们并不同情德国现政权。关于军需物资问题,我说仅仅是已有的合同仍在执行,并未签订新合同。而且,由于日本坚决反对外国向中国提供军需物资,所以这些按照原先合同提供的物资,也是通过中立国家转运到中国的,其目的是掩盖这些物资的来源。

我又重新提到孟戴尔的对华新政策,并强调这一新政策必将使华盛顿对法国产生良好的印象,因为美国曾不止一次地表示希望法国能和其他民主国家并驾齐驱地援助中国。他说,这确实有可能促进民主阵营的合作,从而使美国提高其对欧洲问题的重视程度。他又问到,据传美国金融界一直在向日本提供财政援助,不知此说可靠性如何。我说,美国的许多工业公司,例如通用汽车公司、福特汽车公司,以及通用电气公司等都在日本设有分厂,投资巨万,这些工业巨子可能不希望美国和日本发生对抗。不过美国的金融界对日本的侵华政策都是抱反对态度的。我告诉他,诺曼·戴维斯在离开欧洲时曾对我说,美国银行界给予日本在美采购人员的信用期仅有 12—14 天,而把黄金从日本送到美国就需要这么多日子。换句话说,这一信用期从黄金离开日本那一天起算,到黄金抵达美国这一天就结束了。他们给予日本的财政方便仅此而已,别无其他。美国政府是坚决反对任何对日援助的。

这时,我又提起关于苏俄的重要性问题。我说,张伯伦对苏俄似乎不太友好,这使我感到遗憾。因为在我看来,无论是对欧洲的缓和或是对远东的稳定来说,莫斯科的合作都是令人向往的。孟戴尔说,他自己也深信苏俄主张和平,苏俄的合作对于保卫和平大有裨益。他并且相信英国和俄国最终必将走到一块去,这将从远东地区开始,因为在那里,日本对英国利益的威胁正在与日俱增。

他说在法国,达拉第政府作为第一个不属于人民阵线的政府,受到张伯伦的青睐。因此,孟戴尔认为这个政府也能得到张伯伦的支持。可以肯定,在达拉第和勃鲁姆两人之间,张伯伦更属意于前者,因为勃鲁姆无论是在内政上或是在外交上都干得非常笨拙。他说,新政府胜利地解决了巴黎发生的罢工风潮,这是对勃鲁姆的当头一棒,因为勃鲁姆历来都以工人阶级的领袖和代言人自居,而结果并不能使法国广大工人跟着他走。不过,孟戴尔还是担心张伯伦对欧洲的政策未必能和法国一致。

孟戴尔解释道,张伯伦的主要目标似乎在于争取时间,以便实现英国的重整军备计划。因此,张伯伦对当前的一些迫切问题,例如捷克问题,可能仍将继续避免作出明确的表态。孟戴尔认为,如果法国支援捷克,英国能作出毫不含糊的声明站在法国一边,这就足以遏制德国采取进一步的冒险行动。但是他又深信,张伯伦不会发表这样的声明。在孟戴尔看来,这种举棋不定的态度,实在是当前局势中的一个危险因素,并将鼓励独裁国家在恐吓、讹诈的道路上继续前进。这种举棋不定的态度,也在法国公众舆论中产生了不良反应,它使法国公众更加害怕有朝一日会单独被卷进战争旋涡中去。

我向部长告辞时表示希望能经常和他见面,并就如何安排我们之间商谈的问题征询他的意见。部长说,这次交谈使他感到非常高兴。关于今后晤谈的问题,最好是先用电话和他约定时间,在他家中见面。因为如果到殖民部去看他（这原是我的设想），势必引起许多不必要的猜疑，特别是在日本人方面。

在我同法国新政府成员的多次交谈中，我经常指出，中国面对日本的处境已经有所改善。中国的一系列行动，其中包括政府撤离南京迁往重庆，以及断然拒绝德国驻华大使经日本人同意后提出的调解建议，在在都说明中国政府已经义无反顾地决心把抗日战争进行到底。在 1938 年 4—5 月间，中国军队在陇海铁路和津浦铁路沿线不仅顶住了日本人的进攻，而且由于中国军队士气旺盛，还发动了多次反攻，甚至夺回了这两条铁路沿线的许多城镇，其中主要的是山东、江苏两省边境以及河南、安徽两省交界处的许多城镇。

大使馆从国内收到了一连串的胜利战报。中国空军得到从国外进口的新飞机充实力量后，表现得很出色。不仅空袭了广东珠江口外许多岛屿上的日本驻军，并且还组织了一支分队，飞到了日本本土上空。3 月 30 日凌晨，空军跨越东海飞临了日本本土最南部的岛屿九州上空。他们没有投下炸弹，而是撒下了数以吨计的宣传材料，大量的传单，然后向北飞往大阪，在该市上空盘旋了 20 分钟，撒下了大量传单以后全部安全返航，没有遇到当地日本防空部队的还击和抵抗。

早在 4 月初，我就听说日本人被战争拖得疲惫不堪，正准备作一次最后挣扎，希图取得一次决定性的胜利，以便使他们自己站在有利地位而把有利于自己一方的和谈条件强加于中国。例如法国天主教神父佩尔·罗贝尔就曾带来消息说日本已经对战争厌倦不堪。4 月 29 日，美国对外政策协会秘书长比尔先生来访，和我商讨有关解决中日冲突的可能性和条件。他也感到中国抗战的信心和力量正在不断增长，而日本在中国的武装侵略则日趋衰颓。5 月 7 日，一家法国报纸的著名记者来访，她告诉我，她的报馆获悉，日本人民的厌战情绪正在与日俱增；日本政府的首脑们在对华政策问题上，已经出现了分歧。

5月9日,我和苏联外交人民委员李维诺夫就远东形势问题作了一次长谈。谈话一开始时,他首先对中国在军事上所取得的胜利,向我表示祝贺。他说,来自日本的报道表明,东京方面对局势感到非常焦虑,日本人民已经开始感到迷惘,不知所措。日本陆相杉山,最近到中国和满洲对日本的军队进行了一次视察。他发现情势对日本非常不利。首相近卫希望迅速结束这种形势。他主张增加兵力,使在华日军迅速取胜,以挽回日本丢失的面子,并有利于和谈。李维诺夫接着说,不过杉山不同意这样做,他拒绝派遣更多的军队到中国去。显然这是由于日本的兵源已经趋于枯竭。(我可以补充一句,这种困难是可以理解的,因为当时日本的全部军队都已分布在中国各个战场,并且正面临着坚韧顽强的抵抗。)

李维诺夫指出,中国当时正处在非常有利的地位,重要的是它必须坚决顶住,决不能向日本人显露丝毫想要求和的迹象。他说,日本人很可能会主动提出媾和。问题是中国还有那么一小撮亲日分子,他们向日本人透露,只要日本方面把和谈条件稍微变动一下,给中国留点面子,中国就会坐到谈判桌上来。他认为,正是这种情报,使得日本人不顾一切,继续作困兽之斗,希图打一次大胜仗,来迫使中国人屈膝投降。

我向他保证说,就在最近,蒋委员长还郑重声明,除非日本从中国撤出它的全部军队,否则就绝没有谈和的余地。我对苏联外交人民委员说,委员长对这点是绝不让步的。李维诺夫认为尽管如此,但是在他周围还是有一帮人,他们甘愿向日本屈服,只希望和平快些到来。李维诺夫认为,这些人实际上都是汉奸,他说苏联就有办法在武汉取得情报。(蒋委员长这时正在那里,政府的某些部也暂时驻在那里,而另一些部则已迁往重庆。)我对他说,在国内,最近处决了相当一批汉奸分子。李维诺夫说,这还不够,还有一些有这类叛国行为的人也应该枪毙。(当时曾逮捕了一些中国的知名人士,其中包括外交部的一个姓黄的知名人物,由于叛国罪而被枪决。)

在几天前,我同法国外交部秘书长莱热也进行过一次谈论,议题也是关于中国抗战决心的高涨以及日本国内厌战情绪的蔓延。我打算和他谈的是中国军需物资通过印支时遇到许多困难的问题。莱热再次表示歉意说,法国实在害怕日本人找麻烦。在此之前,他曾暗示法国可能要采取适当措施,切断这条运输线。他强调法国在欧洲正面临着许多困难,因此不愿在远东惹事,免得使它的处境益加错综复杂。我对莱热说,在现实情况下,日本没有条件来给法国找麻烦。我反复申述说,英国人对这种现状就非常理解,因此他们能毫无顾虑地让中国物资通过香港运进国内。

莱热接着对我说,东京的消息表明,日本人对战争已感到厌恶,而且对前途觉得日益渺茫。但是他又说,正因为这样,日本人在穷途末路完全有可能铤而走险,把中国的海外物资来源完全切断,俾使当前的战事尽快结束。他说日本人可能要轰炸滇越铁路,并占领海南岛。我说我不同意他的这种估计。据我所知,日本人不仅不会向英、法挑衅,而且还力求避免和其他大国发生纠纷。

到这里为止,我所力图说明的要点是,1938年春初,中国的军事形势已经开始好转,而日本方面则越来越急于想结束敌对行动,只要它能找出一条无损于国家体面的停战途径。至于远东的全面国际形势怎样,我想进一步引用我在1938年5月9日同李维诺夫进行的那一次谈话来加以说明。

那次同苏联外交人民委员谈话时,我曾问到满洲与苏联接壤地带的情况。我问他,传闻日军当局的视线已转向北方,正在等待机会,对苏联发动进攻,是否属实。我说,之所以产生这种传说,部分原因是,日本军事当局已难以向中国内地增兵,因为他们必须大量增加北满的兵力。这位苏联外交人民委员说,就他所知,日本在满洲的兵力已经增加到四十万人。他说,显然,日本人怀疑苏联将进攻满洲。我表示希望苏联采取观望态度,让日本人去狐疑不决。他说,他的政府绝不会使日本人消除疑虑的。

我又问到,为了解决两国间存在的主要问题而举行的苏日谈判,其前景如何。李维诺夫说,谈判仅限于一些次要问题,苏联已决定把谈判的计划和规模限制在一定范围内。他说,虽然日本人曾要求把所有问题都纳入谈判范围中,但莫斯科并没有同意。他还说,正是由于双方在这一点上意见不一致,所以谈判进展不大,两国间的关系仍然比较紧张。

如前所说,美国对外政策协会秘书长比尔曾于4月29日找我研究结束中日战争的可能性和条件。那次为了创造一个充分交换意见的气氛,我特地设宴招待了他。他说,美国是完全同情中国的,美国国内的和平主义运动已经进入低潮。一旦时机成熟,美国将会再度同英国出来调停中日间的纠纷。不过他认为这种时机还未到来。他说,只有在道义的力量高涨到足以使西班牙问题获得解决,足以使海军法案在国会获得通过,并使太平洋海军基地的防御工事得以建成的时候,这种时机才算成熟。他说:中国人对自己力量的信心不断高涨,日本则不断削弱,以及签订不久的英意条约,所有这些都将对顺利解决中日冲突的前景起有益的作用。

他说,美国在吕宋岛有空军基地,英国在新加坡有海军基地,如果英、美合作,中国再在经济上作出些让步,就可以使日本就范,接受和平,在政治上和军事上从中国撤退。他理解,日本人害怕如果真的达成这样的解决办法,中国人可能不信守诺言。比尔博士本人认为日本人愿意以经济条件为基础达成和平,但他确实怀疑,中国人是否会履行诺言。

那次午宴,孙科也在座。他说,美国居间调停,必须具备三项前提条件,才能获得成功。第一条,如果日本拒绝接受这种解决办法,那么美国、英国,以及其他国家必须坚决援助中国继续抗战;第二条,英、美两国在远东必须合作;第三条,美国国会必须通过扩充海军法案。孙科说,中国还要求对和平条约的执行要有保障。

关于中国方面的和谈方针及条件,孙科说,首先必须停止敌对行动,并撤出日本军队,然后才能进行无拘无束的协商。孙科发表他的见解说,如果日本这次进攻徐州得逞,它将再度提出进行和平谈判。

这里,我打算说明一下列强为了支持中国继续抗战而提供财政援助的情况,以及由此产生的一些问题。和苏俄方面,存在着偿付一千万美元债务的问题。这是苏俄援华物资运往中国而应付出的一笔运费。这时,由于国联行政院会议即将在日内瓦召开,讨论中国问题和埃塞俄比亚问题。为此我请宋子文去日内瓦。但是他说不能去,因为他正急切等待着驻苏大使杨杰将军同苏俄解决财务问题的报告。似乎宋子文曾对孙科说过,中国汇来的一千万美元是偿还这笔运费的。但俄国人却坚持说,这是应当作为偿还苏俄提供的价值一亿美元援华物资价款的一部分。

关于由英国提供财政援助的问题,我在4月30日打电话给驻英大使郭泰祺。我提出,英国应该是能够向中国提供所要求的信用贷款,并由英国财政部提供道义上的担保的。郭泰祺则主张用国联贷款的方式,并且说哈里法克斯已允予考虑。

第二天,即5月1日,郭秉文(当时他在伦敦,代表中国政府处理外援问题)回到巴黎报告他和李滋罗斯以及伦敦的一些银行家们谈判的情况。他说,发行公债和政治贷款都需经英国议会批准,因此,不可能办到。他说,之所以不能办到,有多种因素:(1)英国人民对远东局势缺乏了解;(2)在向中国提供财政援助的问题上,工党持反对态度,内阁内部意见不一致。反对者的理由是,中日战争仍在继续进行,如果继续向中国提供援助,就显得英国是站在日本的敌对方面;(3)欧洲的局势模糊不清,使得公债无法发行,贷款难于成立。他说,在金融方面,李滋罗斯主张安排一项银行间信贷。因此,李滋罗斯和他本人都分头接洽了几家英国银行。这些银行在英格兰银行作出信贷安排时,都有可能承担或分担贷款。他们两人都感到这些银行是乐于赞助这一举措的。

郭泰祺说,为了稳定通货而筹借外债之议,在国内再次提起。他自己在伦敦时也曾为此奔走过。郭说,这种债款虽然也可以挪作他用或用以代替其他基金,但是这种措施在表面上仅属于商业性质。他认为,如果美国也参加拟议中的英国贷款或国联贷款,那么问题就至少可以解决一半。

这时,我正准备去日内瓦参加国联行政院会议。我们中国认为这次会议的主要议题应该是中日问题和埃塞俄比亚问题。法国外交部和英国外交部认为埃塞俄比亚问题,以及承认意大利对它的征服是最急迫的问题。中国对这一问题也颇关心,因为英国政府要求中国支持它的承认态度。但是,我已在 4 月 21 日通知法国外交部长,中国认为英国的主张是不能接受的。因为,这将有损于中国不承认用武力侵占领土的原则立场,而且当时中国正处于日本侵略之下,我们还深恐国联的这种承认,将牵涉到中国的切身利益。

1938 年 5 月 5 日,在法国新任经济部长帕泰诺特尔所设的午宴上,苏联大使苏利茨和我都在座。苏利茨在答复我的问话时说,博内从伦敦回来后,他已与其会晤,并从博内那里获悉,关于埃塞俄比亚问题,哈里法克斯表示,他得先试探一下国联行政院理事国的意见,然后才能决定采取什么样的正式行动。如果哈里法克斯发现他们的意见不一致,则他将建议行政院听任各会员国便宜行事。不过,他的基本意图还是尽可能使国联行政院作出一项决议,对意大利的征服予以承认或认可。

苏利茨问我中国的立场如何。我告诉他,中国不能支持英国的主张。我还说,我相信苏联也不会赞同。大使说,他还不知道本国政府的态度,他希望在当天下午的外交邮件中能收到本国政府的训令。他迫切等待训令到来,因为他自信要代表他的国家去日内瓦出席行政院会议,虽然李维诺夫本人最后也可能亲自前去日内瓦。

我告诉他说,就我所知,新西兰和行政院另一理事国玻利维亚也都不赞成英国的建议。他又提到另外还有一个难题,那就是埃塞俄比亚皇帝也要求出席会议。

我又问他,在伦敦举行的英法会谈结果如何。苏联大使说,问题主要在于捷克,似乎法国已屈从英国,由英、法联合向捷克施加压力。他说,捷克驻法公使奥苏斯基在离开巴黎的前夜曾和他进行过交谈。奥苏斯基说,英国似乎倾向于说服贝奈斯总统向苏台德区日耳曼人作出让步,使苏台德区变成德国的一个州或者给予苏台德区日尔曼人以政治自治。苏利茨认为这两种办法都将使整个捷克处于希特勒的势力之下。他说,如果贝奈斯早知道要作出如此之大的让步,也就无需去寻求英、法两大国的支持和斡旋了。

在苏利茨看来,法国外交部长博内害怕法国在没有英国支持的情况下,单枪匹马地被捷克拖进战争。苏利茨认为,实际上,如果法国为了履行条约义务,而真的被卷入战争,英国迟早终归要出来帮助法国的。苏利茨接着说,但是,前勃鲁姆政府最初所采取的立场似乎已被法国现任内阁抛弃了。他对我说,法国政府的部分成员已经在议论,主张把法捷同盟条约作如此解释,即一旦捷克遭到侵略,法国并没有驰援的义务。

我问苏联大使,如果捷克受到侵略,苏联是否会予以支持。大使说,苏捷协定是以法捷协定的实现为前提的。只要在法国履行它对捷克的义务时,苏捷协定方能生效。他说,当然这仅仅是从法律观念来看苏捷间的互助关系,另外还要考虑政治一面,这时常和法律考虑是不一致的,而苏联通常是把政治考虑置于法律考虑之上。

在答复问题时,苏利茨说,如果英、法间达成一项军事协议,实际上对英国更有好处。英国仅有一支八万人的陆军,这在欧洲大陆上面对德、意两个强国确实相形见绌。法国虽然有一支在大陆上堪称强大的陆军,但它却忧心忡忡,唯恐一旦发生问题,它将陷于内外孤立无援的境地,因此它正不惜任何代价竭力争取英国的合作。

我又问他对希特勒和墨索里尼在罗马会谈的结果有何看法。他认为这两国所最关心的是西班牙问题。他说,墨索里尼急于要在西班牙取得成功,他想得到德国的支持。关于西班牙共和派在当前取得胜利的前景,他说,共和派精神振奋,士气高昂,特别是由于它的军队经过了改组。不过,在装备方面,特别是空军装备方面,还处于劣势。共和派仅有一百架飞机,而佛朗哥却拥有意大利提供的六百架飞机。法国除了提供一些运输上的方便外,实际上并没有向共和西班牙人提供什么支援。在这个问题上,法国也是受英国人左右的。英国人坚持推行不干涉政策,因为他们害怕把欧洲拖入一场全面战争。

我问他对签订四强条约有何看法。苏利茨说,这在当前难以实现。在座的帕泰诺特尔夫人也说,法国并不急于和柏林进行直接谈判,因为我们认为成功的希望极微。

苏利茨说,博内在伦敦时曾强调法苏条约在欧洲的一揽子绥靖计划中极关重要,英国人对此印象非常深刻。我说,在远东方面,英国确实需要和苏联更紧密地加强合作。因为英苏合作会对日本的远东政策产生巨大影响。日本的远东政策,归根到底,不仅是针对中国和俄国的,同时也威胁着英国在远东地区的利益。

苏利茨说,法国对远东战争的影响,似乎不甚了解。法国的政治家们曾向他表示担心,如果中国战胜日本,中国民族主义的波涛所及,可能威胁到法国在远东的殖民地利益。我说,最近有个法国阁员曾对我表达过同样的论调。但是,我答复他说,这不符合中国人民的精神。

苏利茨说,很显然,关于中国人可能要排外的说法,完全出自日本人的宣传。他已有很久没和杉村交谈了,但杉村肯定在不断地暗中捣鬼。杉村是惯于向法国政府内部和报界撒谎,以推行日本的意图的。我说,杉村可能把自己妆扮成自由主义者,但是无论如何,他的冒牌自由主义,决不能代表日本军部或日本政府的观点。

5月9日,我在会见苏联外交人民委员李维诺夫时,也提到了埃塞俄比亚问题。我们是在日内瓦出席国联行政院会议期间会面的。我把郭泰祺在伦敦提交哈里法克斯的备忘录的副本拿出来给李维诺夫看,并提到了哈里法克斯的答复。这份备忘录的内容是中国政府对这一问题的观点。我也把我就这一问题和博内的谈话内容告诉了李维诺夫。我说,不承认主义是中国的既定国策,事关重大,决不允许由于埃塞俄比亚问题的解决方式而受到任何损害。

李维诺夫说,埃塞俄比亚丧失独立,已是既成事实,没有哪个大国会去使它光复。它的主权事实上已经落到意大利手中。俄国在埃塞俄比亚没有利害关系,但是不承认主义事关重大,俄国坚决要维护它,决不允许受到损害。他认为最好把埃塞俄比亚问题与满洲问题区分开来。他说,“满洲国”实际上是日本的保护国。至于埃塞俄比亚,它的主权落入意大利手中,已是一个千真万确的事实。而在“满洲国”则表面上还是满洲人在执行统治而不是日本人。他说,此外,中国人还在继续抵抗和斗争。他认为不能让埃塞俄比亚问题成为一个先例,对满洲问题产生不良影响,这一点非常重要。我请他相信,中国的立场和政策就是这样,我在讨论埃塞俄比亚问题时将表明这一立场。

李维诺夫问我,瑞士要求成为一个永久中立国,中国对这件事将采取什么态度。我说,瑞士情况独特,由于历史、地理,以及法律的原因,中国并不反对国联行政院接受瑞士的要求。但这决不允许成为一个先例,而使其他国家相率效尤,以致最后导致整个国联垮台。李维诺夫说,他也认为瑞士的情况确实非同一般。但是,他认为如果瑞士要求规避行使制裁的义务,那就应该作出规定,瑞士今后将无权参加关于实施制裁问题的一切讨论和决定。否则,它的代表就可以不断地给制裁行动制造种种障碍。他说,还必须作出规定,瑞士今后在制裁问题上,将不受国联的保护。否则,许多北欧国家,特别是波罗的海沿岸各国,以及斯堪的那维亚半岛各国,将会接踵而来,相率要求规避国联盟约第十六条的义务。我完全同意他的观点,并认为他所指出的许多问题,对国联的前途都很重要。

同一天,在国联秘书长爱文诺举行的午宴上,我和法国外交部长博内,也就埃塞俄比亚问题交换了意见。开始时,他希望我在行政院为埃塞俄比亚问题即将举行的会议上能支持英、法的立场。他说,意大利征服埃塞俄比亚,已是既成事实,除了埃塞俄比亚本身以外,没有任何力量能够改变这一事实。而另一方面,为了欧洲的和平,对这一问题必须妥善处理,以便和意大利取得和解。欧洲紧张局势缓和以后,英、法才能对远东问题给予更多的关心。他相信这也是中国所希望的。

我告诉他,我理解他的话的含义。我将按照我国政府的指示行事,决不会在这一问题上给英国和法国造成什么障碍。同时,我要求博内必须理解,这一问题所涉及的原则与中国有密切关系。这不仅是由于满洲的局势使然,同时也因为日本的侵略仍在继续。它置国联通过的一系列决议于不顾,而且它还在北平和南京分别建立了傀儡政权。因此,无论如何,英、法的所作所为决不允许损及中国的主权独立和领土完整这两项根本利益,这是极端重要的,也是中国当前抗击日本侵略的根本目的所在。

博内外长说,他对问题的实质充分理解。但是,他认为中国问题和埃塞俄比亚问题不能相提并论。他说,首先意大利对埃塞俄比亚基本上已经充分控制起来,而中国则仍在抵抗侵略,仍在为保卫独立而进行奋勇斗争。

我一到日内瓦,就按常例对国联行政院的本届主席以及几位经常积极参加讨论的重要成员进行了拜访。5月9日,我又会见了这次会议的执行主席、拉脱维亚外交部长蒙特斯。他把会议日程告诉了我,并建议我在第二天星期二发言。我们讨论了意大利征服阿比西尼亚问题,以及国联予以承认的问题。他自己的见解和英国是一致的,换言之,即承认既成事实,除此而外,国联无能为力。

那天下午,行政院就埃塞俄比亚提出要求派代表出席会议的问题,举行了一次秘密会议。会上立即有人提出了代表证书的合法性问题。其目的显然是不让埃塞俄比亚代表出席会议。李维诺夫、新西兰的乔丹以及我自己坚决主张办事要公平合法。我们要求按照盟约中有关这类事件的规定,准许埃塞俄比亚代表出席会议。波兰代表表现得很不合作。他说,行政院充其量只能允许埃塞俄比亚派一个发言人到会说明情况,而不是派一个享有平等权利的代表来参加讨论。瑞典外长桑德勒、哈里法克斯和博内三人则采取了一条中间路线,他们主张把埃塞俄比亚人默认为事实上的代表。

5 月 12 日,蒙特斯以国联行政院执行主席的身份举办了一次午宴。席间,我同博内就欧洲国际局势以及埃塞俄比亚问题再次交换了意见。我问他,法意谈判的进展如何。他说谈判并不如预期的那样进展迅速。除了英国早已和意大利达成谅解的一些问题以外,还有某些问题使法国感到关注。例如,西班牙问题便是其中之一,意大利在突尼斯的地位问题是其二,还有意大利在突尼斯的人数也是一个问题。突尼斯的意大利人很多。根据 1936年的协议,意大利人享有很优越的地位。意大利还想继续加强他们的地位。但是突尼斯是法国与其非洲殖民地间在地中海上的交通枢纽,因此对法国至关重要。博内接着说,法国公众希望法意谈判能尽快取得进展,并向罗马派一位大使。鉴于进行中的谈判十分重要,在罗马没有一位大使对法国非常不便。可是在国联行政院采取行动以前,这位部长始终在耐心等待,没有派出大使。这样,就招来了一部分法国报界的批评。他接着说,不过,埃塞俄比亚问题必须有个了结。他说,不论怎么说,埃塞俄比亚已经死了。我们必须为现在还活着的着想,活着的比已死的拥有更大的要求权。

关于西班牙问题,博内说,他一直主张和佛朗哥接触。但是议会和政府中的某些派别则不赞同。博内坚持说,从财政经济角度来看,与佛朗哥保持接触的重要性不容忽视。德国人和意大利人已经在佛朗哥统治区的工商业领域内建立机构。他说,甚至英国人有一个时期也在佛朗哥周围设置了一个代理人。从商业和经济观点说,由于法国拒绝和佛朗哥打交道,一旦西班牙内战结束,它很可能会发现自己处在一种很不利的地位。我问他对捷克斯洛伐克问题有何看法。他说,德国人迟早会出来蛮干的。

过了几天,我和哈里法克斯作了一次交谈。我问他对欧洲的局势有何观感。他说,这还很难说,因为人们无法逆料独裁者们在一夜之间会想出些什么新花样来。他说,不过他自己仍然认为,法国人对欧洲焦虑过甚,特别是对德国的意图,尤其惶惶不安。

因为中国意欲在行政院第 101 次会议上坚持提出中国申诉的问题,我急于要在行政院各理事国间尽可能地组织好一股支持力量。所以我一到日内瓦,就立即行动起来,和即将与会的主要的或活跃的代表们接触联系,以求达到我的目的。5 月 9 日我会见了李维诺夫,我也向他提起我将在会上提出关于中日战争的问题,我表示希望他支持我的发言。这位苏联外长说,他将支持行政院的一切行动。不过他觉得行政院不可能有多大作为。

他问我英国和法国的态度如何。我告诉他,自从布鲁塞尔会议以来,争取他们援助的谈判一直在进行,但收效甚微。我在伦敦的同僚曾向英国外相哈里法克斯提过举办国联贷款的设想,我自己也把此事向法国外长博内说过。他们二位对此似乎都感兴趣,但都仅表示将加以考虑。李维诺夫认为,这种要求最终必将落空。因为,国联所作的保证,都是空头支票。我说,我的设想是,英国和法国政府有可能被说服而作出保证。李维诺夫说,即使在这种情况下,在两国政府批准之前,也还必须取得美国银行家们的支持。

　　同一天,在爱文诺秘书长做东的午宴上,我和哈里法克斯进行了交谈。席间,我和他并肩而坐,因此得以娓娓交谈。他问起了日本对和解取何姿态,和解取得成功的前景如何。我告诉他,日本被战争拖得疲惫不堪,对下一步的方针政策,内部意见分歧。我告诉他,意大利曾转达过日本政府愿意和平解决的愿望。但是中国政府让它先去和英国商量。哈里法克斯说,关于这个问题,即日本人希望和解的问题,意大利人在伦敦只字未提。

　　每逢国联行政院集会讨论中国问题,我习惯于事前先和行政院的一些成员进行联系接触。这次,我在5月10日和瑞典外交部长桑德勒交换了意见。他认为,对于中国的申诉,国联所能做到的,充其量不过是重申一下上次的决议,以及敦促其执行。在他看来,当时的捷克问题,对欧洲倒是个迫在眉睫的威胁。因为德国人扬言,这是德捷双边问题,与他人无干。我也会见了新西兰的乔丹,他对我国很表同情。不过他担心,眼前这班人马,恐不足以成大事。

　　我接触的另一位代表是罗马尼亚外长。我于5月13日到贝格饭店拜访了他。我先把我打算在行政院秘密会议上提出的措施,向他作了概略的介绍。这个秘密会议是专为中国问题而召开的,定于当天举行。我并问他有没有办法支持中国。

　　彼特雷斯库外交部长说,他对遭受外国侵略而处于水深火热中的中国及其人民,深表同情。他安慰我说,他是乐于酌情给予支持的。他接着说,罗马尼亚是欧洲的一个小国,它和中国没有贸易往来和利害关系。因此,如果他在许多在远东有重大利害关系的大国面前,对中国问题采取某种令人瞩目的立场,将会显得滑稽可笑。他有必要把他的发言讲得和英、法的态度相协调,他知道这两个大国是同情和倾向中国的,因此,他可以毫无困难地表示支持英、法两国的态度。

　　他说,其次,如果问题仅仅牵涉到罗马尼亚的外交政策,他可以毫无顾虑地按照他对中日战争的观感,特别是对中国的感情办事。但是,罗马尼亚是小协约国的成员,也是巴尔干协约国的成员。他在委员会的发言,必须和这两个国家集团的共同政策相一致。他向我保证说,只要不超过这一限度,他将尽最大努力来支持我。

彼特雷斯库还表示,鉴于中罗两国间还没有外交关系和商业联系,他希望两国能够找到合作之道。他说,罗马尼亚渴望扩大它的贸易,而中国是个广大的市场。他确信,如果两国间的关系得以建立起来,并得到发展,则双方可以在广大领域内进行合作。我对他的见解表示同意;并说,罗马尼亚是小麦和石油的主要输出国,仅这一点就足以形成和中国进行贸易的基础。中国虽然是个农业国,但它每年还是要进口大量谷物和其他粮食,小麦就是中国主要进口货物之一。石油是另一项进口商品。中国的石油消耗量每年都在增长。另一方面,中国可以为某些中国产品在罗马尼亚找到市场。

彼特雷斯库表示,假如中国能够在布加勒斯特设立一个公使馆,那就好了。他说,同时这位公使也可以担任驻小协约和巴尔干协约各国,如索非亚、贝尔格莱德、雅典,甚至布达佩斯的公使;而以布加勒斯特为中心。这位中国公使每年可以在上述各个国家巡回和留驻几个月。他指出,其他一些国家已经这样做了。这样做,公使馆的费用要不了多少。他说罗马尼亚可以向中国派遣一位总领事,以便开展贸易关系和推动商业联系。他非常希望我能同意,并希望中国政府也能考虑他的意见。我向他保证向政府报告,并通过罗马尼亚驻巴黎公使给他答复。

早在 5 月 10 日,我在行政院会议上发表的讲演中,根据盟约第十七条我正式重申了中国的申诉。到 13 日行政院秘密会议时,我又概述了中国的迫切愿望,并要求迅速行动。哈里法克斯在发言中反对援用盟约第十七条,并反对根据这一条采取强制性措施。但他指出,中国申诉中的其他要求是符合国联以往作出的各项决议的。李维诺夫则表示全面支持中国的申诉。

秘密会议的结果,仅仅是指定一个起草委员会来草拟一份决议。会上指定英国、法国、苏俄、中国和罗马尼亚组成起草委员会。但经过我的提议,把拉脱维亚也加了进去。起草委员会当天下午就举行了会议,我们把秘书拟就的草稿通读了一遍以之作为讨论的基础。我发现这个草稿非常空洞。拉脱维亚的蒙特斯提出了一份日本新闻局关于日本人使用毒气问题的声明。这显然是日本人的宣传品。我对讨论的进程感到非常失望。

那天晚上10点,中国问题起草委员会再次集会。这时,我只好采取坚决立场,以求实现中国的愿望。由于我的坚持,终于对草稿作了些修改,虽然内容仍感软弱无力。会议到12点30分才休会。我觉得哈里法克斯在会上表现得非常友善,法国代表贺柏诺则相当胆怯,冷淡无情,形成了一种障碍。苏联代表苏利茨,这次发言很少。但他的顾问对裁决的含义理解得很快。总的说来,我发现形势相当不妙。

第二天,我们在秘密会议上讨论了中国问题和瑞士问题。行政院前任主席莫塔请瑞士代表就瑞士中立问题发言。李维诺夫对苏联被摈斥于起草委员会之外很生气。他在会上发脾气说,由于苏联与本案无关,他就不再参加讨论了。莫塔面带歉意地向李维诺夫解释说,前天晚上起草委员会成立时,他并不是存心令人不快,这时,博内插进来做和事佬。李维诺夫主动提出对瑞士问题的表决弃权,这才通过了拟议中的决议。

关于智利宣布退出国联问题,议程中有此一项。哈里法克斯说,由于智利已经决定退出,就没有必要再考虑什么折衷方案去迎合智利的观点,使它满意。最后,在行政院各理事国发表了几个关于瑞士中立问题的长篇发言,以及更多的关于智利宣布退出国联问题的发言以后,开始讨论中国问题。博内和哈里法克斯对中国的抗战事业,都做了富有同情并带有颂扬性的演讲。哈里法克斯显然对我的发言很担心,因为在议程上把中国问题列入以前,他先和我进行了交谈。

这位外相首先向我了解,我准备的关于中国问题的发言有多少篇幅。我告诉他,我的发言不会超过五分钟。如此简短,使他感到惊讶。前天晚上,他在起草委员会上提出了一个方案,其中含有中国的要求。我告诉他,我将提及这些要求,这使他很满意。他并说,由于我能履行我的诺言,他也将信守协议。哈里法克斯希望我不要把他看得太过于坚持己见。他说,他原想在会上给予中国更多的帮助,但是英国能力有限,会上所定事项,确实已是英国政府所能承担的最大限度了。我说,虽然我认为决议草案还不够强硬,但我觉得哈里法克斯确实是竭力支持我的。归根到底,最重要的问题不在于决议的措词,而是按照决议的精神向中国提供实际的援助。

这时,哈里法克斯说,为了证明他的诚意,在前晚起草委员会散会之后,他立即致函英国财政大臣西蒙爵士,催他迅速做好对华贷款的安排。这种贷款可以用中国现存于伦敦待售的某些矿产品作抵押品。他指的是锑和铜,这些都是制造重武器的必需原料。他说,郭泰祺已就此事和外交部以及李滋罗斯进行了谈判,他相信,中国这次可以真正得到一些实惠了。我为此向他表示感谢。我说,财政援助问题确实非常重要。

这时,我又告诉他,我刚收到孔祥熙一份电报。他要求我找哈里法克斯问一下,关于中国政府最近发行的公债,英国是否能提供一些支持。这些公债是以国库岁入作担保的。我说,任何形式的支持,不论是保证书或推荐信,都将有助于这些债券的发行。哈里法克斯说,他乐于考虑这一问题。他让我转告郭泰祺,他在回到伦敦时立即找财政部联系,以便财政部与中国大使馆直接谈判此事。

我说,关于中国需要军火的问题,我已和法国政府联系,希望法国能供应一些野战炮,中国现在迫切需要这种武器。哈里法克斯说,遇到适当机会时,他也会向法国提出中国的要求。他在伦敦时,就和法国人谈过印支过境问题。他发现法国人在这个问题上相当固执。我说,法国人似乎害怕日本会使问题复杂化。哈里法克斯说,他自己也感到法国人对这个问题确实是过于小心了。日本现在已被中国拖住。他认为,日本人没有能力和其他大国找麻烦。

于是,在各国代表一一就中国问题作完发言以后,决议草案就正式通过了。决议再次吁请国联各成员国"尽最大努力"对国联已作出的各项决议认真执行,并按照决议给中国提出的请求以认真同情的考虑。另外由于我曾指控日本已经把几支化学部队开到山东,正在准备使用毒气。因此,国联行政院的决议还指出,化学战争为国际法所不容许,要求将有关在中国使用化学武器的任何新情况报告国联。

在当时的困难条件下,这样的决议,已是来之不易了。第二天,5月15日,我收到了孔祥熙和王正廷分别从国内和华盛顿发来的电报。他们对我在日内瓦能坚持中国的立场并取得胜利,表示祝贺。

5月24日,我国政府也由外交部对我15日发出的汇报电文作出了答复,复电对我在5月13日和罗马尼亚外长彼特雷斯库的会谈内容,表示完全同意。同一天,我转告彼特雷斯库,中国愿意同罗马尼亚签订一项友好通商条约。

第二节　国内军事形势恶化,欧战迫在眉睫,中国需要援助日益迫切,获得外援更加不易

1938年5月末—8月

1938年5月,国联行政院会议开过不久,江苏、河南地区的战斗渐趋激烈。5月19日,徐州失守。日军随即沿陇海铁路移师西

犯,直指河南重镇郑州。5月24日攻占兰封。两周后又占领河南省会开封。6月9日,日本海军溯长江而上与陆军协同作战,会攻汉口。局势如此,争取外援与安排交通运输,成为至要之事。

1938年5月21日,我介绍即将乘由欧返华之便顺道访问印度支那的于斌大主教与法国殖民部长孟戴尔会见,并趁机和孟戴尔进行了一次谈话。这位部长听说于斌主教将去印度支那访问很为高兴,他表示将电告印度支那总督给予方便。接着我们的谈话转到远东局势和印度支那的防务需要。

孟戴尔说,他已和在印度支那有利害关系的三家银行谈妥一笔四千五百万皮阿斯特(约合五亿法郎)的贷款。他打算把其中的两亿法郎用于印度支那防务:即以一亿法郎扩编武装部队二万人,以另一亿法郎加强印度支那沿海的防御工程。余款则拟用于某些非洲的殖民地,因为那些地方的财政无力承担更多的防御费用。

然后,我和他谈到法国飞机装配制造公司,并且告诉他,中国政府想利用该公司提供的设备来装配飞机。他问及中国在法国订购飞机的数量和种类,并说他本人完全不了解这个公司,不知道他能在这方面提供什么帮助。我告诉他,据我了解,由于印度支那政府至今尚未准许该公司进行此项业务,所以还不能开始工作。

孟戴尔于是找殖民部商业司长加斯东·约瑟夫来询问此事。约瑟夫对部长说,该公司已经组成,中国政府并已预付十万元。这个企业由法国银行界一个集团以联合贷款给予支持,但必须等待法国政府提供保证后才能按计划进行。在回答部长询问时,约瑟夫解释说,所需要的仅是道义方面的而不是财政方面的保证。

孟戴尔听后,对于事情的耽搁十分不悦。当即向约瑟夫尖锐地指出,这样的公司显然对法国有利,他不懂此事为何拖延至今。如果所需保证是指政府的财政援助,又当别论;但道义方面保证,当然应当提供。他不明白为何有此延宕。商业司长解释说,中国大使馆只与殖民部进行过口头联系,并未提出书面文件。(这是一个拙劣的遁词。)部长反驳道,他不管中国大使馆有无文件,他要问的是为何将此事拖延不办。在孟戴尔的指示下,约瑟夫决定找东方汇理银行总经理谈话,以推动此事。(所有这一切都表明官僚主义多么误事,而一位精明干练的部长就能克服官僚主义,使事情迅速进行。)

孟戴尔想起我在去日内瓦之前交给他的备忘录及中国在法国的订货单。他告诉我,他已和国务会议主席达拉第谈过。达拉第完全赞成加速交付订货的意见,而且同意通知哈气开斯军火工厂,立即加速交付中国的订货。部长还告诉我,除此之外,如有任何他能为中国效力之处,请毫不犹豫地提出来。我对他的帮助表示感谢,并告诉他,以后借重他的地方还很多。

显然,一个有远见和理解力的部长,能够使事情办得更快。他的前任莫泰,也是中国的一个亲密朋友,而且愿意提供帮助。但他显然尚未具有像孟戴尔在部内那样的影响和威望。孟戴尔是达拉第总理的挚友,一个有经验的政治家,属于激进党,他具有担任部长职务的经验。而作为社会党党员的莫泰,在勃鲁姆为首的社会党政府中,则没有那么多的行政和议会的经验。

6月2日,我为了德国召回在中国的军事顾问一事往访赫里欧,想探询一下德国军事顾问空出的位置是否可由法国人来填补。由于柏林的催促,关于召回德国顾问之事,已开始在中国政府内部讨论。政府考虑这些顾问为中国服务,虽然经过德国政府的许可,但主要还是由他们个人签订合同来华工作的。尤其是,德国顾问自己也不愿意离开中国。其原因,我想主要是由于他们不赞成德国的希特勒政权。然而到 1938 年春天,德国政府对这个问题更为重视,所以召回顾问仅是时间问题了。因而设法找人代替他们的工作,就成为一件重要和急迫的事情。为此,我曾会见过很多法国内阁阁员,包括司法部长保罗·雷诺,他是一个很著名的政治领袖,后来变得更为显要,还有亚历克西·莱热,他是外交部的秘书长。

我发现莱热对此事的态度相当沉默,甚至暧昧。当我向他征求意见时,他对于用法国顾问代替在中国的德国军事顾问的建议显得有些退缩。他说,当中国正在进行战争之际,法国政府不能派任何现役军官去那里。我向他解释说,从德国顾问的情况来看,他们的聘请合同都是由个人签订的。自然,他们这样做是得到了德国政府的允许,但事实上,这些顾问在中国的服务工作,仍然由他们本人负责。

这位秘书长反复强调法国政府不能允许任何现役军官前往中国帮助抗日。可是他说还有另外的一些退役军官,这些人完全可以自由地做他们愿意做的事,法国政府不能阻止他们受雇于中国。尽管莱热这么说,我还是得到一个明确的印象,即他对此事一点也不同情。

我向他提出建筑从四川省会成都经昆明到达缅甸边境的铁路问题。我说,为了筹集建筑这条铁路的资金,英国已经成立一个组织,法国银行界可能对此也感兴趣,希望他们能参加这项工程。莱热说,法国银行界对于拟议中的成都至昆明铁路已经保留了修筑权,如果英国想投资于这个事业,他们可以建筑昆明至缅甸一条线。

我向他解释说,由于战争仍将继续下去,拟议中的这段铁路对中国是十分必要的。这条铁路与滇越铁路联合起来,就可成为一条重要的物资供应渠道。我告诉他,我知道法国银行界对此兴趣不大。倘若果真如此,中国政府自然不能反对由英国来投资建造。

莱热说,法国银行已经承揽了从镇南关(在广西与印度支那交界处)至南宁这段铁路的投资,他们不可能在同一时间再投资于另一铁路。他认为,如果英国有兴趣的话,他们可以开始建造自昆明至缅甸的一段,留下成都至昆明的一段给法国。我向他指出,目前时间因素是首要的,中国政府希望这条铁路的建筑越快越好。为了争取时间，两条铁路线最好同时建造。我还说，就我个人而言，我是愿意由法国银行来投资成都至昆明这段路线的。

这位秘书长说，他将研究这个问题。他认为，如若英国愿意合作的话，法国也会有兴趣的。当我请求他设法使法国银行提高对此计划的兴趣时，莱热允许给予帮助。

6月2日，我邀请法国总参谋长德康将军共进午餐。席间我曾和他谈及聘请法国军事顾问以代替德国军事顾问这一问题。我告诉他，我打算会见达拉第总理，探询关于聘请法国军事顾问的可能性以及能否在法国获得某些军需物资的问题。德康告诉我，达拉第总理对中国的事业一向是十分同情的。

我着重指出，德国决定召回军事顾问显然是由于它希望帮助日本加快结束其在中国的战争。其目的是为了使日本能保存其力量和资源，以增强反共阵营的实力，并且使德国在欧洲更能自由行动。我还告诉德康，德国和意大利都曾劝说中国与日本妥协，他们对中国断然拒绝他们的劝和表示不满。我解释说，欧洲的局势与远东密切相关。中国继续抗战将使日本陷于中国泥淖之中，从而达到使德国和意大利的手脚受到束缚的效果。

德康说，这也是他的观点。他建议当我与达拉第商谈中国需要得到物资和技术援助时，亦应从这一角度来说服他。他还说，法国现在正计划重整军备，所以目前尚不能提供他们自己还需要的东西，这是事实。但有些武器如75毫米大炮和机关枪等还是可以供给的，因为这类物资库存丰富。

德康认为，中国现在最需要的并不是攻击用的重型武器，而是防御用的轻型武器。他说，目前首要的是制止敌人的侵入。在成功地制止其入侵后，才是采取下一步骤，将其赶出国境的时候。所以，只有到下一阶段方才需要重型武器。他建议我提请达拉第考虑是否可将法国生产的武器部件，运到远东进行组装。他认为建立这种装配工厂是比较容易的。这样既能解决中国现在的需要，也能供印度支那将来一旦需要时使用。

他建议我在与达拉第谈话后，要送给达拉第一份备忘录，详细列出中国需要的军需物资和技术援助项目。他说，这并不意味着备忘录上的东西都能得到，但只要能争取到一部分，中国就算有所收获。此外，这个备忘录还可作为有关部门进一步研究的基础，促使他们在两三天内作出决定，最迟亦会在两周内作出。我谢谢他说，这真是一个非常好的建议。

6月3日我见到了达拉第。我开门见山地对这位总理说，关于扩大援助中国的问题有两件事希望能引起他的注意，同时，想和他磋商有关与法国的合作问题。

第一，关于物资援助问题，中国需要机关枪和75毫米大炮这类的武器。我理解法国现在忙于重新武装和储备军需物资，但是我知道法国并不缺乏上述两种武器。如果目前没有库存成品，我建议可将材料及部件运往远东，在邻近印度支那边境的地方建立工厂进行装配。

第二，德国政府最近决定召回在中国的德国军事顾问。这些顾问已在中国工作将近十年，作用很大。自战争开始后，这种帮助更为重要。这些德国顾问属于过去的德意志帝国陆军，并不同情德国的纳粹政权。他们本人仍愿意留在中国，特别是他们都是以个人名义签订的受聘合同。然而德国政府如果坚持召回，他们很难拒绝。不过中国政府诚意挽留，他们也很愿意留下来，所以此事现正在中国政府考虑之中。中国政府在作出最后决定之前，希望了解一下，如果解聘了德国顾问，是否能从其他国家，尤其是从法国得到同样的军事技术援助。

国务会议主席达拉第说，他对中日战争深为关怀，几乎每天都注视着它的发展。在战争初起时，绝大多数人认为中国不能长久坚持，很快就会屈服。但是他们错了。月复一月，中国已经抵抗住日本，而且由于这种长期抵抗，显然已使中国成为一个值得重视的因素。

我说，中国的抗战实为重要，不仅对它自己是如此，对欧洲亦然。德国政府继停止供应中国军火之后,现在又决定召回其军事顾问,就是出于它想帮助日本从速结束战争。明显的原因是,德国不愿意柏林—罗马—东京三国轴心由于日本的力量在中国长期战争中受到消耗而减弱。我又说,日本继续困在中国,也就困扰了德国,因而使它急于早日结束这场冲突。所以过去几个月,德国和意大利曾经试图劝说中国与日本讲和。但中国认为,讲和的条件必须是体面的,因而已加以拒绝。中国的拒绝,使他们大失所望。显而易见,如果日本能早日结束在中国的冒险,因而保存实力,自必增加反共阵营的联合力量,使德国和意大利在欧洲推行自己政策时,更能为所欲为。因此,中日战争和欧洲的局势,是相互关联的。中国的继续抗战不仅使日本陷于中国的泥淖之中,同时也有利于在欧洲束缚住德国和意大利的手脚。我表示希望达拉第在考虑援助中国问题时,能够注意到其中的关系。

达拉第说,他完全懂得中国继续抗战的重要性,以及中国继续抗战对欧洲局势的关系。为此,他曾经批准向中国提供二十架新式飞机,并同意对中国经由印度支那转运武器、弹药给予方便。

说到军需物资问题,达拉第指出,由于法国正在重整军备,因此没有多余部分可以供给中国。但无论如何,关于运送枪炮部件到远东,并在那儿建厂装配的事,他本人愿意推动其尽快进行。他说孟戴尔殖民部长也曾和印度支那前武装部队指挥官布吕尔将军讨论过这一计划。布吕尔曾告诉孟戴尔,印度支那的当地工人是优秀的,当地工人已能制造来复枪、子弹和一些小型武器。

我说,由于印度支那的劳力便宜,故而此种生产费用,长期算来也会低廉。达拉第说,不仅如此,这个计划还有其他有利方面。因为往远东运送军火成品就意味着拖长时间,而且容易引人注意。如果在印度支那把材料组装后再运中国,就不会引起外界任何注意。

法国总理继续说,在法国有一些反对者,他们反对介入中日冲突。因此,这一计划将作为加强印度支那的防务需要来实施。

他个人也总是宣传,要在印度支那建设防御力量。达拉第还说,三个月前,暹罗(泰国)(它并未公然与日本联盟)看到日本在中国的军事胜利,曾经对印度支那采取威胁政策。但最近当中国抗战力量与日俱增,暹罗态度又转为缓和,然而仍有与日本狼狈为奸的危险。因此,实行此计划,亦将表明是出于对付此种威胁的必要手段。

在军事技术援助问题方面,达拉第说,尽管外交部长博内持反对意见,他自己还是赞同的。不过为了避免外界指责法国公开介入中日冲突,他建议邀请英国和比利时也参加这一派遣军事顾问的计划,使这项行动具有国际性质。同时,达拉第说,他知道德国顾问在中国工作得很不错,他认为中国至少应该挽留那些合同尚未满期的人员。因为在现在情况下,中国不大可能得到很多国外军事技术援助。

我说博内可能是受了莱热的影响,因为他总是力主谨慎。达拉第说,他是害怕日本会占领海南岛,从而威胁到印度支那沿岸的安全。他也害怕日本轰炸滇越铁路。虽然他自己(达拉第)并不相信有这种危险,但是,外交部总是害怕发生这类事情。

我指出英国早已允许中国的军需物资可以经过香港入境,而不担心日本的攻击。我说,中国通过香港运进军需物资的数量,每月已达六万吨左右。可是自从战争开始以来,通过印度支那总共才运输了约三千吨军需物资。我还说,截至5月底,自广东至汉口的粤汉铁路,已经遭受了几万次轰炸,但是运输一天也没有停止过。工人们日夜交替地轮流等候在铁路线旁,每当空袭之后,被炸坏的铁路就能立即修复。

达拉第说,日本曾经向法国政府抗议,反对通过印度支那运输中国的军需物资。在几个月前,驻河内的日本领事就曾对印度支那政府提出带有恫吓性的强烈抗议。然而,日本领事得到的答复是:"日本意欲何为,悉听尊便。"于是他回国把情况报告了他的政府。以后几个月,从日本方面看,情况反倒平静了。达拉第说,但是近来有迹象表明,日本又日趋急躁。显然,像是一个人,在气急败坏之下,会不顾一切,铤而走险。日本原先以为中国内部互不团结,难以进行有效抵抗,它估计中日冲突将是一场短期战争,可是现在大失所望。而且因为看不到它将来会落得个什么下场而感到苦恼。

我说,中国认为法国陆军可能是世界上最优秀的,它的威望很高。因此,我希望如果需要请英国和比利时共同派出顾问,顾问团的主要组成人员仍应是法国的军官。达拉第说,这也是他的想法。邀请英国和比利时参加,仅是为了使顾问团具有一种国际组织的色彩而已。

我说,在中国的德国顾问至今都未派往前方参加战斗,而是留在司令部内担任顾问和帮助制订作战计划。达拉第说,他知道他们的工作主要是在司令部内。中国是这样一个大国,有许多条战线,各个国家的顾问团能很容易地分别安排到不同地方。

当我们的谈话回到援助问题时,他问道,英国的态度如何。我告诉他,事情很顺利。在日内瓦,哈里法克斯勋爵曾向我保证,他和他的政府将尽最大努力援助中国。此外,英国在香港和中国的官员也给予中国很大帮助。

达拉第问到俄国援助的数量,以及如何将物资运到中国。我告诉他俄国的援助量已超过其他国家的总和。一部分物资是经由新疆陆运,但大部分物资是经由海路运输。我自己就曾安排租赁了四艘船去参加运输。此外,另一条自昆明到缅甸边境的公路(即滇缅公路)也已开工修建几个月,大约有十五万工人投入筑路工程,预料 8 月底前可建成。

我继续说,最近日本内阁改组,阁员中增加了三名将军,其中一名担任外相。据我看来,此事说明,日本企图加紧进行军事侵略,以便早日结束战争。此事很可能是与德国商议以后才实行的,因为德国决定召回军事顾问,停止向中国出售武器与日本加强军事行动是在同一时间内发生的。

达拉第认为,这是日本方面要铤而走险的一个信号,只要中国仍能团结一致,保持高昂斗志,他坚信最后的胜利将属于中国。我回答说,中国的士气是旺盛的,并举出下列事实作为例证:即无论日本对我国广州空袭如何频繁,但那个城市的人民仍然安定如常,更加决心继续抵抗侵略。

同天上午,我会见了司法部长保罗·雷诺,与他谈及日本飞机对中国和平城镇的狂轰滥炸。我告诉他同样内容的备忘录将送交法国外交部。雷诺不赞成这种做法,建议中国可与梵蒂冈研究。他说由于教皇具有崇高的精神威望,可以影响到世界舆论,对日本施加压力。

然后,我提到德国政府从中国召回军事顾问及其与德国在欧洲政策之间的关系。我着重指出,日本、德国和意大利由于缔结了反共条约,促使他们彼此在政治上紧密合作和互助。我向他指出,德国和意大利亟望早日结束中日冲突,他们不断劝诱中国与日本达成妥协,以便这三个轴心国中的两个欧洲成员,更能放手在欧洲推行讹诈政策。雷诺完全同意我的观点。并且说,不仅是中日冲突,而且西班牙战争也具有同样情况。显然,现在德国和意大利想尽快结束西班牙战争,使佛朗哥迅速获胜,以便他们能腾出手来在其他地方有更多的行动自由。

关于欧洲方面的国际局势,了解一下莫泰的观点是颇为有意义的(他的殖民部长职位最近已由孟戴尔继任)。我在 5 月 18 日拜访了莫泰,给他带去了委员长邀请他访问中国的信。我向他保证,因为我国有许多人都愿意结识他,他在中国一定能受到热情欢迎。我们先简单商量了一下有关访问的安排,然后话题转到了欧洲的局势。

谈到欧洲局势,他认为,现在仍不平静。因为西班牙战争已为欧洲和平孕育了悲剧的后果,捷克问题又会带来同样的情况。当我问他法国人民是否将为捷克而战。他说,他认为法国应该信守它的诺言。否则,其威信将受到严重打击,并将失去所有在欧洲的盟邦和朋友。他对法国和意大利的谈判,不抱太大乐观。

苏俄在欧洲的外交政策,常常和它的远东政策相关联。6月3日,我曾与比利时新任驻法国大使泰利埃谈到这一话题。他以前曾任驻莫斯科公使,更早曾任过华盛顿会议比利时代表团秘书及比利时外交部政治司司长,因而他熟悉远东问题和苏俄的态度及其外交政策。在他谈了我所询问的苏俄情况以后,谈话又转向苏俄的外交政策。泰利埃说,苏俄一直把波兰看作是未来的敌人,认为总有一天会给它带来危害。罗马尼亚与苏俄的关系则较为正常,但是罗马尼亚常对其庞大的邻国心怀戒惧。因为一旦发生危机,它无法阻止苏俄军队在其土地上长驱直入。

我问他,一旦捷克受到攻击,苏俄将如何行动?泰利埃回答说,这完全要看法国的态度和行动。如果法国行动起来,保卫捷克,苏俄也将行动。但是,假如苏俄不愿意行动,它也可以找到一个法律上的借口。例如,它可以提出,波兰如不同意苏俄军队假道,苏俄便无法帮助捷克。假道罗马尼亚也是如此,尽管隔开苏、捷两国的中间地带是比较狭窄的。

6月10日,我与法国外交部长博内进行了一次重要谈话。我首先告诉他,中国政府已经决定关闭中国驻东京大使馆。我解释说,日本对华战争开始不久,中国大使就已休假回国,把大使馆工作交给临时代办主持。代办和他的僚属仍留在那里,为的是保护中国侨民和中国的利益。但是现在他们遇到的困难越来越多,已不能履行职责。5月19和22日,几伙暴徒曾经闯入中国大使馆,用威胁手段提出了各种无理要求。虽经通知日本警察进行干涉,但他们置之不理。闯入大使馆的暴徒,都是一些日本秘密警察和台湾人。鉴于此种情况,中国使馆已不能再进行其正常工作。中国政府现已批准了临时代办的请求,让他们回国。使馆交日本政府保管。

我补充说,虽然采取了这一行动,但中国政府无意与日本断绝外交关系。纵然日本方面借此宣传中国与日断交,实际不能作那样的解释。博内说,他将记下我的声明。

我又说,中国政府得到情报,波兰政府有承认"满洲国"之意。中国政府认为,如果这种意图真的实现,就是违反国际联盟关于不承认"满洲国"政权的集体决议。我向外交部长转达中国政府的要求,希望法国政府利用其影响,促使波兰政府停止采取这一行动,以免损害国联的威信和中国的利益。我还告诉他,中国驻伦敦大使也采取了同一措施。英国外交部已告诉中国大使,他们一定寻找适当机会向波兰政府提出他们的意见。

博内很友好地告诉我,当天下午 5 时,他正要会见波兰大使。届时他将借便把这件事情告诉对方。他向我保证,他一定要鲜明有力地表明法国的态度。我对他的好意表示了感谢。

谈到第三件事,我问博内,他是否已与英国或比利时大使谈及德国召回军事顾问事以及从法国获得军事技术援助的可能性。因为我原先了解的情况是法国将与英国和比利时联系,邀请他们共同参加。博内仍和前次向我谈的一样不赞同组织国际军事顾问团。他说,组织和派遣一个法国的军事顾问团或现役军官去中国,都可能使法国受到外界的指责、非议和招致麻烦。但是对于组织派遣非现役军官去中国,他不仅不反对,而且支持他们去。

我说,重要之点在于得到法国军官的实际援助。法国陆军的威望在全世界,特别是在远东非常之高,评价很好。与其他国家的顾问相比之下,中国最希望得到法国军事顾问的帮助。至于派遣他们的方法和形式,则是次要的问题。我说,我十分同意博内先生对此事要尽可能处理得谨慎一些的想法。

博内说,只要他在日本大使提出抗议时,能找到一种圆满的解释,他并不反对这样做。至于非现役军官,他认为他们完全可以自由应聘,法国政府无权干涉他们。

我然后提出云南省政府在法国订货的问题,并提醒博内说,他以前已经同意了这批订货的制造和运输。我说,如果博内能够采取措施,加速办理此事,我将十分感谢。因为据我所知,现在法国政府仍然迟迟没有发给制造这批订货的许可证。博内说，他将为我尽力促成此事。

在回答有关西班牙的局势问题，特别是关于西班牙内战有无可能通过调停早日解决的问题时，博内说，英国曾经认为可以用调停的办法来解决此事，但结果发现这是一场双方都相持不下，准备长期打下去的内战。不用说，英国对于西班牙的内战长期延续感到十分烦恼。因为，这场内战如能早日解决，将能稳定欧洲的局势，并使英国能把更多的注意力放在远东。关于法国和意大利的会谈问题，博内回答说，他坚信一俟在伦敦的不干涉委员会重新开会，法意会谈即将恢复。

法国议会曾给予中国以很大的同情和支持。其中有位同情中国的议员叫做阿奇博，他对国际问题很感兴趣，特别热心于和平事业，并且熟悉与世界形势有关的各种问题。他正着手在国民议会中组织一个法中友好集团。他们的目的是在议会中大力促进法国援助中国事宜。6月11日阿奇博来见我，他告诉我达拉第总理完全赞同他的建议。总理委托他全权负责查清，通过印度支那转运中国军需物资的路线不能畅通的症结究竟在哪里。在他的要求下，我送给他一份在法国订货须经由印度支那运往中国的军需物资清单，以及一些有关中日战争的印刷文件。

6月16日他再次来访，我们进行了一次有趣而重要的谈话。他说他昨天往见达拉第，要求达拉第办两件事：

（1）给予中国军需物资经过印度支那过境运输的便利；

（2）加速履行中国政府在法国订购的军需物资合同。

他说，关于第一点，达拉第完全同意这样做。关于第二点，他了解到哈气开斯工厂已经接到国防部命令，加速生产中国的订货，命令已在执行。至于中国订购迫击炮的勃兰特工厂，似乎有些困难，但能克服。此外还有施奈德工厂和雷诺工厂也接受了中国订货，阿奇博准备去检查完成情况。

阿奇博接着说，最近一天傍晚，他曾见到博内外交部长。博内显得很执拗,他说法国外交部实际上受到与日本大使的会谈的约束。日本人曾明显地威胁说,如果印度支那继续给中国的军需物资以过境方便,日本军队将被迫占领海南岛,或者轰炸河内至昆明的铁路。阿奇博说,博内害怕在这方面如果对中国的政策过于放宽,会使情况复杂化。

由于不满足于上次的会谈,阿奇博在那天晚间激进党领袖的一次集会上,再次见到了达拉第。他告诉我,他曾敦劝达拉第与博内谈话,促使他改变态度。他还建议说,为什么不可以把经过印度支那运输军需物资的事安排得更隐蔽谨慎一些。如果经常利用铁路运输会使法国遭到日本的猜疑,那么也可以利用公路和水路运输来缩小目标。他还曾争辩说,法国实际上已经允许大批军需物资越过边境运给西班牙,并未顾及不干涉政策。对于中国自然也应援例照办。达拉第同意了他的意见,准备再次找博内商谈。

我对阿奇博的努力表示了感谢,并告诉他我已送他一份有关中日战争的文献目录和一套文献供他个人使用。阿奇博向我索取两份中国在法国工厂订购军需用品的清单,我刚刚已经送去。我告诉他,我还有一封信给他,他当天就可收到。

我以蒋委员长的名义感谢他在国民议会中组织法中友好集团所作的努力,并请他把蒋委员长的谢意转达给集团中的每个成员。阿奇博说,现在全体共产党和许多社会党及激进党的议员都已参加这个友好集团。虽然,他也能使全体激进党议员都参加,但因团体初建,他认为还是只吸收那些确实对中国关心的人参加为好,不要搜罗一批仅是挂名的成员。我表示完全同意他的观点。

阿奇博和大使馆之间保持着紧密联系。6月23日,他再次见我,告诉我他最近和达拉第及博内谈话的情况。他说,总理一直对中国非常同情和愿意帮助。但是据他看来,外交部长博内有些过于谨慎。这也可以说明,为什么经由印度支那运送中国的军需物资常常遭到延宕。

与此同时,中日战局又有了重大变化。军事方面,日军沿着长江向重要的武汉地区迅速推进。安庆已在 6 月 12 日被日军占领。同时,由外交部的电报得知,政府已收到情报,约有一千三百名年轻日本军官,已经前往暹罗的曼谷。目的是要建立飞机场以备空袭中国军队的后方,并摧毁从缅甸运输军需物资到昆明新建的公路。

6 月 15 日,我前往外交部会晤莱热告诉他这一情报,并问他外交部是否也收到了同样情报。莱热回答说,最近驻曼谷的法国公使报告,有两艘日本战舰已经驶达暹罗,其舰上官员曾访问暹罗政府首脑,意图拉拢暹罗对抗中国。暹罗外交部长已经通知法国和英国驻曼谷的公使,日本此举已完全失败。因为暹罗境内有大量的中国侨民,它愿与中国和日本都友好相处,希望保持中立而不站在任何一边。但是暹罗由于拒绝接受日本的要求,将与日本产生隔阂,因此暹罗外交部长担心日本今后将对暹罗用其他方法来发泄其不满。

莱热还说,除了这个情报外,并没有收到我刚才告诉他的那类情报,但他将立即查问。于是他找来亚洲司副司长贺柏诺,当着我的面口授一份发给法国驻曼谷公使的电报,要求他再来电汇报。我对他此举表示感谢。

我提及上星期我与博内会晤时曾谈到的波兰有意承认"满洲国"一事。莱热说,三天前已电告驻华沙法国公使,指示他尽最大努力阻止波兰政府实现这一意图。他同意我的看法,这种承认必将进一步损害国联的威信。

接着我告诉莱热,我从报上得知,美国国务院最近曾劝告美国飞机制造商不要向日本出售飞机。我询问莱热美国是否已将此事通知法国政府。莱热回答说没有。并且说,在布鲁塞尔会议上法国曾提议采取一致行动援助中国,但未获通过,美国政府对于远东事务非常沉默。但是法国方面,对于采取一致行动援助中国,一直准备与任何提出具体建议的国家进行合作。

我告诉莱热,根据美国哥伦比亚大学校长巴特勒博士对我所说,美国的舆论正趋向于赞成行政当局对远东采取更积极的政策。使我惊奇的是,莱热劝告我不要过于相信巴特勒的话。他说,法国人民是赞佩和喜欢巴特勒博士的,但他过于走在美国舆论的前面,考虑问题往往只从意愿出发,缺乏可靠的根据。曾有多次,巴特勒校长转告法国说,美国要做这做那,但结果证明他的说法总是过于乐观。我说,据我看来,巴特勒博士似乎是充分了解美国舆论的,但作为一个国际主义者和一个伟大的和平使徒,他自然会对整个局势总是抱乐观主义看法。

我问法国政府已否对最近日本对外国船只在长江上航行提出警告一事作出决定,是否知道英国和美国对此事的立场。莱热回答说,他曾从报纸上看到,但是法国政府尚未对此作出决定。如果美国、英国向法国政府提出建议,他认为,毫无疑义,法国政府对此问题会同他们采取同样观点。

在回答我所询问法国驻华大使那齐亚的行踪时,莱热说,他现在应该已经到达上海。他说那齐亚这次去汉口旅行,曾在日本的报纸上引起了很多评论,一如他们前一时期对英国那样,形成一场抨击法国的运动。现在他们集中攻击法国,指责法国给予中国经由印度支那运送军需物资的便利,还攻击那齐亚大使这次前往汉口,乃是为了计划缔结一项由李石曾建议关于此事的协定。

我问那齐亚此行是否负有特别使命。莱热说,他此次汉口之行完全出于他个人的决定,法国政府并未给他特别指示。这是一次与中国政府恢复接触的通常性访问,并去看看有无自汉口撤退法国侨民的必要。莱热还说,那齐亚在汉口曾看望了宋子文先生,但并不是为了什么特别任务。莱热怀疑日本对法国发动的宣传攻势乃是为最后袭击海南岛或印度支那制造舆论,并为日本的侵略行动寻找借口。

一周之后,我和莱热又有一次重要谈话。因为我从中国外交部收到一封电报,要我探询法国政府,如果日本真的实现它的威胁出兵侵占海南岛时,法国将采取什么立场。在与莱热谈到此点时,我还说,我曾从报纸上得知,外交部长博内曾在巴黎接见日本大使,法国驻东京大使也曾与日本外相宇垣将军晤谈。我说,根据我自己的情报,日本决不会做出占领海南岛的决定。

莱热说,这个问题很难回答。海南岛是中国领土的一部分,日本曾多次向法国政府保证,日本对中国并无领土野心,也没有要占领海南岛的计划。但是近来日本的保证已不像以前那么肯定了。事实上,他们曾告诉法国政府,如果出于军事行动的需要,日本海军有可能占领该岛。莱热继续说,法国政府除了通过外交努力,劝说日本不要占领海南岛外,别无良策。法国已告知日本政府,海南岛虽然是中国的领土,但它对于印度支那也如对于香港一样,有着重大的利害关系,因此不愿看到该岛被日本占领。法国政府现正和英国政府磋商这一局势。根据他的情报,日本海军对于执行占领该岛的计划仍在犹豫之中,因为此举将引起与英、法关系的复杂化。但是,他认为海南岛很有可能会被占领。

当我问及日本的态度是否与1907年的法日协定相一致时,莱热说报纸也曾谈到这点,但海南岛问题确实与上述协定无关。我问法国在和日本会谈海南岛问题时,对法国政府向中国提供武器和给予假道印度支那的运输便利等方面是否与日本达成了任何约定。莱热的回答是否定的。他说,这是截然分开的两个问题,从未与海南岛问题联系讨论。莱热还说,日本经常抗议法国向中国供应武器,并允许这些武器经由印度支那过境。但是法国政府总是这样回答:法国一直希望在中日冲突中尽可能地保持中立,法国完全没有想到要站在那一边。莱热进一步澄清说,虽然日本政府希望把这两个问题作为密切相关的问题来考虑,但在外交上从未联系到一起。

然后我又提到报载有三艘美国潜艇到达西贡,因此询问最近法国政府与华盛顿有无任何谈及中日冲突之事。莱热回答说,自从布鲁塞尔会议后,与美国政府还未曾讨论过远东问题。这三艘美国潜艇出现在西贡,也与海南岛的问题无关。

莱热说,法国政府已接到一份日本通知,宣称他们将扩大军事行动区域,北自西安,南到中国沿海的北海,所以事实上已将海南岛划入这个扩大的军事行动区域之内。我觉得日本并未对中国宣战,竟发出这样的通知,实是异乎寻常的事。我问莱热,法国是否会对此作出答复。如果回答,其要旨如何。莱热说,日本以前也曾提出这类性质的照会,美国和英国政府都予以记录在案,例如搜查商船以便证明其国籍的照会。法国政府也只能这样做。然而,由于未曾要求回答,故对此扩大军事区域的照会不准备给予回答。他又说,但是,这个照会显示日本实际想早日结束它的军事行动。

我同意莱热的看法,也认为日本显然想尽快结束目前的战争。我告诉他,由于中国的长期抗战,已使日本感到困难重重。

莱热说,日本的军事行动扩大到华南,给苏联在北方采取行动以极好机会。然而,事实上苏联仍与从前一样,没有任何行动。我告诉他,孙科博士最近已第二次访苏归来。他对与斯大林和国防部长伏罗希洛夫的会谈结果很满意,苏联将不断扩大对华物资援助。至于军事合作,将随欧洲局势的发展而定,因为苏联须加保卫的是东西两条防线而不是一条防线。

我说,报纸报道法国和日本曾在 1937 年 11 月订立有关假道印度支那运输问题的协议。莱热否认有此协议。他给我的印象是法国对中日冲突要保持行动自由。莱热说,现在日本报纸仍继续攻击法国,抱怨法国向中国供应武器,给予经过印度支那的过境便利,派遣军事教官去中国,以及同意投资建造自印支边境至南宁的铁路等。所有这些抱怨之词,其主要目的就是为了在群众中制造舆论,为它以后进攻华南寻找借口。我说,日本想以扩大华南的军事行动来早日结束战争,它必然还要失望,因为中国决定继续抗战。

我问他,上次承他帮助,致电法国驻曼谷公使,让他查明关于日本派遣大批青年军官前往暹罗,准备袭击中国军队后方一事是否已有回电。莱热与贺柏诺通电话后说,法国公使的回电仅说,日本想得到暹罗帮助的企图已经失败,但是预计日本仍将再度提出同样要求。关于所嘱查明之事,回电并未谈及。仅简单地说将有一份报告邮寄送来。因此我说,此事我和他下次再谈。

在回答莱热所提问题时,我说,黄河决口泛滥之事,从军事上说对于中国比对日本有利。当然,在此区域内的人民却遭受了巨大损失。(我指的是故意挖开郑州以东的黄河堤岸,使河水泛滥以阻止日本侵略军前进一事。)

我在与莱热谈话中,提到孙科博士已经第二次访问莫斯科归来,并十分满意于与苏联领袖的商谈。6月9日,在孙科访苏求援归来的那天,我和他进行了一次富有启发性的谈话,他对此行的收获作了个有趣的叙述。第一,他从莫斯科得到了一笔新的一亿六千万卢布的贷款。他说,在国际价格上,这实际是四亿卢布,因为苏联给中国订货所定的价格特别便宜。例如,每架飞机价格折算美金仅三万元;装备每一中国师的费用仅合中国货币一百五十万元。这些条件都是由斯大林元帅和蒋介石委员长互通电报商妥的。第二,莫斯科通知蒋委员长,苏联在西伯利亚的军队已增加到七十个师,约占苏联全部陆军的五分之二。第三,在政治上,孙科曾提出一个充实满洲、蒙古、朝鲜的人口的计划。(猜想他指的是请求苏联提供财政援助来实行这一计划,不可能是由苏联参加移民来充实这些地区。)

余铭是孙科亲信的私人秘书,夏晋麟是孙科访苏时的顾问,都曾和我谈过一些孙科代表团在莫斯科的工作情况。有一次顺便谈起蒋廷黻大使与苏俄搞僵关系的经过。他们说,这件事的根源应该回溯到蒋廷黻大使第一次在莫斯科由蒲立德大使介绍会见李维诺夫之事。因为蒋大使离开苏俄非常突然,我很想知道导致他仓促离任的原因。他们说,这是由于他那时的轻率的提问和那时他与委员长的关系。他们告诉我,由于西安事变时蒋大使冒犯了李维诺夫而引起后者的不满。我知道当时委员长被张学良少帅扣留的消息使蒋廷黻大为震惊,在孔祥熙的指示下,他会见了苏俄外交人民委员李维诺夫。当时的心情使他信口说出苏俄不应该发动这个事件,从而将罪责归之于苏俄。蒋的说法确实反映了当时中国政府的观点,认为这件事完全是由于共产党煽动张学良少帅发动的,而共产党则又是根据苏俄指示行事的。不过,我猜想,当时孔祥熙指示蒋廷黻去访问李维诺夫,其目的乃是想使莫斯科对中共施加影响。我不信(虽然这只是我的揣测)孔祥熙会认为西安事变是出自莫斯科的阴谋。很可能是蒋大使自己推断这个事件是由莫斯科策划的,或至少是受其鼓动的。

余铭和夏都说,他们在莫斯科听说蒋廷黻在西安事变时因为非常轻率地提出问题而激怒了李维诺夫。当时李维诺夫说,在他回答蒋的问题之前,他考虑是否应先向南京提出抗议。蒋大使唐突地说,西安事变太严重了,一刻也不能耽误。这话使李维诺夫更为生气。据以后继任的杨杰大使讲,这次会谈很快就宣告破裂,最后李维诺夫对蒋说,他不希望再见到他。

此事实情尚不清楚,但其中总有一些意外和误解,才使得蒋突然离开莫斯科。以上我所了解的情况仅是一面之辞,就是说,余和夏二人之所述是从苏俄方面听来的。

1938年春末,日本在各个战场加速了军事行动。东京显然对中国拒绝在日本建议的基础上与它妥协深感失望。它曾利用柏林和罗马的斡旋,这两个国家都极力要求中国与日本妥协。

中国拒绝了日本炮制的和解方案后,抗战精神好像更为增强,而据说日本则正因发动侵略战争而自食其果。刚从中国乘飞机回来的中国代表团顾问爱斯嘉拉教授在6月14日所作的报告中说,两周前他曾在汉口度过十五天,除了蒋介石委员长、汪精卫、外交部长王宠惠外,他还会见了大约六十名各个方面的人士。总的说来,他的报告结论是鼓舞人心的。他说,第一,他发现整个国家是团结的,而且团结得很好。第二,中国决定继续抗战而且士气良好。第三,苏俄不会参加战争。第四,中国军队的战斗力已逐渐提高。第五,即使不能得到最后胜利,中国也将得到光荣的和平,而日本则只能期望得到一个棘手的和平。爱斯嘉拉教授还说,德国在中国的军事顾问团长冯·法根豪森将军曾告诉他,日本军队如与任何欧洲军队相遇,坚持不了十分钟。虽然中国地方系统的军队有了改进,但是中国军队还缺乏良好的参谋工作。

6月14日,在我与爱斯嘉拉教授谈话的同一天,我的武官唐将军曾告诉我他和法国殖民军总监布吕尔将军的谈话要点。布吕尔将军是中国的一个好朋友,他很了解日本的野心和日本的内部情况。他说,日本军队虽然拥有一切精良的装备和优秀的参谋人员,但在中国却失败了,并且错估了中国军队的作战力量。根据布吕尔将军的估计,日本现在军火短缺,因为他们的工厂不能满足需要。同时在日本军队中,还缺乏良好的下级军官。

无论如何,日本是希望早点结束这场战争的。但日本军事当局认为只有加强军事力量,迫使中国在战场上屈膝,才是迅速结束战争的唯一途径。虽然中国决心继续抗战,但当时的战局对中国并不利。重要的城市如江苏的徐州——这是津浦和陇海两条铁路线会合的要地,还有河南省会开封——这是中国从海滨沿陇海铁路通向内地的重要交通中心,都已在6月初陷于敌手。国民政府的新驻地汉口,看来也将很快丢掉。

那时,日本军队的节节胜利,似乎已直接影响到西方列强的态度,尤其是关系到在伦敦的贷款谈判。法国已扩大了几种贷款,以便中国用来购买武器、军火和飞机。但在英国,争取贷款援助的努力,虽在继续进行,尚未获得成果。在5月份国联行政院会议期间,哈里法克斯勋爵曾经暗示有希望从伦敦获得重要的财政援助,但这次谈判虽有进展,尚未作出最后决定。这似乎是由于英国看到1938年春末的战况,故而再次裹足不前。6月7日,财政部的代表郭秉文向我汇报。他说,当他与英国财政部代表李滋罗斯爵士进行最初两次会谈时,似乎尚有希望。但最近和李滋罗斯讨论时,李滋罗斯却说,政治性质的贷款,因须等待政府决定,前景如何,不能确定。至于商业贷款,则需要充足的保证,而现在由中国提供作为抵押品在伦敦销售的钨和锑两种矿产,由于伦敦市场价格波动很大,而供应数量又不固定,故而不能满足需要。郭说,其实价格波动这点,在谈判一开始就是很清楚的,但直到最近他们才提出来作为他们对中国所要求的财政援助仍需进一步考虑的理由。

在郭秉文汇报时,情况是这样:孔祥熙原先准备了一个四点财政援助计划:

1.由英国担保,在中国国内发行一千万英镑公债。

2.追加 1908 年的英、法贷款五十万英镑。

3.去年提议的一项二千万英镑贷款。

4.一项出口信贷。

这些就是郭秉文和李滋罗斯谈判的具体项目。但谈判结果并不成功。因为根据李滋罗斯的说法:第一项完全属于政治性质,须等待政府决定。第二项所述情况,过去并未讨论过。第三、第四项则须视抵押品的可靠性而定。

出现这种情况显然是由于日本在中国的北部以及长江流域快速向内地推进,使英国领导人对中国抗战的最后结果再次产生怀疑。因此,英国似乎想尽量谨慎一些,不做任何既无益于将来又只能激怒其过去的盟国日本的事情,以免严重损害英国在远东,尤其是在中国的利益。

有人会问,是否由于 1938 年 2 月哈里法克斯代替了艾登以及日本在中国的推进,影响了英国给予中国财政援助的决心。从我的经验来说,艾登较哈里法克斯勋爵远为年轻,对中国的事业显得同情和了解,他的政治观点看来更为进步。因此,他能很快地懂得中国对日抗战的意义,及其对于欧洲国际形势的影响,实际上也影响到整个世界和平。从这个观点看来,如果由艾登处理贷款问题,他会更为同情并且易于商谈。然而,根据英国的制度,财政贷款是由财政部掌握,外交部可以建议、推荐,甚至为政策进行辩护,但最终决定必须由财政大臣来做,而那时的财政大臣仍旧是约翰·西蒙爵士。

人们也还考虑到这一点,在哈里法克斯代替艾登担任外交大臣的同时,日本的宇垣将军也成为外相。英国认为,新外相较其前任通情达理。无论如何,英国和日本之间的会谈开始有所接近,在继续谈判的过程中,英国也急于促进与日本的友好关系。这就是我所说的,虽然艾登更通情达理和易于商谈,但总的来说,决定形势的因素是英国政府的对日政策。

英国这种政策,至少说也是一种过于谨慎的政策。例如,中国已不惜任何代价,决心对日本继续抗战,并为长期抗战采取一切措施。为了得到海外军火供应,需要建筑新的运输路线。中国曾经请求英国帮助建造滇缅公路,英国从一开始就提出各种理由反对。直至珍珠港事件后,美国人和美国陆军工程部队说,这项工程并不是无法进行的,并决心促成此事,才由他们承担起来。最后,滇缅路终于用中国的劳力和美国的技术建成了。这件事充分表明英国害怕它在远东的利益可能遭到日本报复行动的损害,故而不愿真正地帮助中国,确实是过于谨慎,甚至近于胆怯。这大概由于英国在传统上就认为日本在远东是至高无上的缘故。

从英国得到财政援助已变得如此困难,孙科在 6 月 24 日和我磋商时,提出一个获得英国贷款的方法。他建议以苏联作为中间人,付给英国一些黄金作为英国给中国财政贷款的保证。他还建议,通过苏联从法国得到大炮。也就是说,请求莫斯科向法国提出,以苏联自用为名购买法国的大炮,然后转给中国。然而这些建议,似乎无法实行,当然也就未被采用。

6 月 26 日,郭秉文向我汇报,李滋罗斯通知他,贷款现在已经希望不大。中国政府甚为焦急,已派罗杰士(一个英国籍的中国顾问)到伦敦来,要求英国政府对这个拖延已久的贷款问题,明确答复是或否。

　　西方报纸对于中日战争当然很关心。6月25日,一位荷兰报纸的记者来见我。他刚自日本和中国访问归来。他说,在日本他曾见到宇垣将军。3月间在中国时,也曾和孔祥熙谈话。孔在那时似乎显得心情沮丧,有意于与日本媾和。我表示这似乎不大可能,因为通常孔是站在主张继续抗战派的一边的。这个荷兰记者还说,汉口将在9月份陷落,以后中国的处境将更为困难。他的看法是,中国可以通过让日本得到中国华北地区和使上海非军事化的方法,来实现和平。因为,目前列强似乎不大可能以更多的物资和贷款帮助中国。

　　这位荷兰记者的观点当然是悲观的,但当时的形势也确实令人失望。不仅在军事形势方面,汉口已受到日军的威胁,而且在外交方面,中国也很难得到西方国家的援助和支持。鉴于当时严重的形势,我急于想和我的、也是中国的朋友,法国殖民部长孟戴尔作一次谈话。6月29日在他的巴黎私人住宅中,我和他进行了一次谈话。这是一次非常机密的谈话,我们自由发表意见,虽未明言,但互相谅解,这次谈话要绝对保守秘密。我认为这是一次了解法国政策和意图的重要谈话,可以使中国知道它能期望从法国得到多少道义的和物质的援助。

　　根据我的笔记,我首先谈的是关于日本威胁占领海南岛和博内与日本大使会谈的传闻,以及英国外交次官巴特勒在下院的发言。他宣布了英国政府的政策,一旦印度支那受到日本占领海南岛的威胁时,将支持法国。此外,还有我与莱热在昨天(6月28日)的谈话。据莱热说,英国对法国要求的答复尚未送到。但是贺柏诺后来在中国大使馆告诉我的参事说,英国的答复是有利的。

　　我还说,从柏林得来的情报说,日本现在威胁要占领海南岛,完全是由于德国政府的鼓动。当日本在台儿庄失败后,就要求德国召回在中国的德国军事顾问。德国海军则提出,与德国召回军事顾问相对应,日本海军必须给英国、法国以压力,使德国在欧洲的政策易于实行。所有这些说明远东局势是和欧洲息息相关。正如我昨天对莱热所说,如果英、法对日本占领海南岛的威胁采取坚定的态度,就足以阻止日本的行动。日本现已完全陷入中国,决不愿激怒英国或法国,使情况更趋复杂。英、法的坚定态度,也将使日本找到应付德国的借口,并有效地阻止日本实现其占领海南岛的威胁。

孟戴尔说,日本大使曾向法国政府提出很多责难,博内似乎认为日本的这些责难是有根据的。他告诉博内说,日本的这些抗议是毫无根据的,而且是不真实的,因为日本拿不出证据来加以证实。例如,那些指责法国军舰为中国政府运送军火一事就是完全虚构的。至于法国投资建设从印度支那边境到广西省的铁路,这是两年前就已开始谈判的内容,当时中日战争还没有爆发。

孟戴尔认为今后外交部应该不再是只对日本的无理指控进行解释,而应从防守转为进攻。他知道有四艘日本的汽艇和二艘潜艇,曾经经过印度支那水域前往暹罗。现在暹罗有二百架日本的飞机,其中一百架是由日本送去的。应该质问日本,这些经由印度支那领海前往暹罗的船只是何企图。除此以外,孟戴尔说,日本在印度支那还布置了大量的间谍。他曾将这个情报转告伦敦和华盛顿。正是由于上述情报的助力,才促使英国作出关于海南岛问题的答复。

我告诉孟戴尔,中德之间的关系由于召回军事顾问而相当紧张。蒋委员长已同意他们走,但建议留下其中五六个人,因为他们参与了制定中国军事计划的机密。留下他们不是为了继续在中国工作,而是暂时扣留他们几星期,以免即将执行的军事计划遭到泄露。但是希特勒坚持要求所有军官一律离开中国,甚至限定了离开的日期,如果逾期,就要召回德国大使。现在,德国大使陶德曼实际上已离开汉口去香港了。

孟戴尔问道,是否已经任命了一位新的德国大使。我回答说,还没有。柏林决定召回大使显然有两个动机。第一,陶德曼是亲华的。德国新任驻日大使奥特原先是德国驻东京武官,是彻底亲日的,实行帮助日本加速结束中日战争的政策。奥特极力主张日本从对华战争中解脱出来,以便保存力量,帮助德国。陶德曼和德国的工商业利益有紧密联系,认为中国比日本将来对德国更有用。但是奥特的观点在柏林得到支持。现在他们希望换下陶德曼,代之以一个对中国较少同情的人来担任中国大使。至于召回陶德曼的第二个动机,是企图对中国施加压力,以便召回德国顾问。

孟戴尔同意我的想法,即德国利用反共条约,是为了它自己的利益。于是我说道,英国在下院的宣言是有积极意义的。我问,这是否意味着一旦日本要占领海南岛时,英国将不限于只用外交的方法来阻止它。孟戴尔说,海南岛对于新加坡及香港的利害关系和重要性与对印度支那相同。目前英、法两国虽然还没有就海南岛被侵占时进行军事合作达成谅解,但他认为英国发表了这个宣言后,如果需要以军事行动支援法国时,英国由于信誉攸关,当然不能拒绝法国的要求。

我说起我和达拉第在三周前谈话中提到的两个问题:即法国派遣军事顾问团和在印度支那边境建立生产轻型武器工厂的问题。并询问事情未能进行的原因。孟戴尔说,达拉第完全同意以上观点,而且愿意付诸实施。他还赞成给中国以经印度支那过境运输军需物资的便利,但博内是个阻碍,他与达拉第的观点并不一致。由于达拉第是在困难中上台的,还面临着一些内部问题,他不愿匆促从事。因为如果由此引起国际纠纷,博内就能说这是由于不听他的忠告所致,达拉第必须对发生的事件承担责任。至于博内的意图,是要推翻现在议会中的多数,因为社会党人和共产党人都反对他。

我问道,如果现在议会中的多数被推翻,博内能得到什么好处呢?孟戴尔回答说,博内属于激进党的右翼,他是一个熟谙财

政和经济的人,属于传统学派。他的财政和经济观点自然会影响
到他对外交的看法。

孟戴尔继续说,法国左翼人士的外交政策观点是正确的。这
个政策建立在三个主要原则上,即:建立和保持一个联盟和多方
友好的体系;密切英法合作;以及以有力的行动反对侵略威胁。
孟戴尔说,假如德国在欧洲成功地建立了霸权,法国将发现它自
己被完全孤立,完全失去朋友。达拉第觉得他必须谨慎行事,以
免给博内以扰乱内阁的机会。

我说,也许应该引导公众舆论,使其支持政府的正确外交政
策。孟戴尔说,公众舆论是在发展着,但是进步是缓慢的。因为
连续十五年来,各届政府都告诉人民说没有战争的危险。但是近
来却在非洲有了战争,另一场战争在西班牙和地中海,还有一场
战争在东方。法国人民连欧洲的问题也还不是很清楚的,更无论
远东的局势了。但是总有一天他们会明白的,不过这一天来得缓
慢些。

我提到我前几天关于三十二辆装甲车的问题写给孟戴尔的
信。孟戴尔说,他还未答复,因为他不能这样做。他曾向印度支
那总督进行过核对,已证明我信中所说的情况是真实的。但是,
总督没有回答具体的指示。孟戴尔解释说,他认为,最好不要让
总督对每一件事都来电请示,特别是日本人已经知道了我们的电
报密码。所以他仅电告布雷维总督说,现政府对中国战争的政策
和对中国的态度未变,他自己的政策也和他的前任一样。他要求
总督遵照这一指示办事,不必遇事都电请指示。

孟戴尔继续说,但是由于这位总督不是一个政治家,他的一
生仅是文官。既不习惯,也不愿意自己承担任何责任,甚至当孟
戴尔发去电报后,仍未采取行动。现在只能要求布雷维在 7 月初
飞返巴黎与他作一次个人谈话。

孟戴尔说,总督这个职位,确实需要一个有政治眼光、能理解
政策,并且在执行政府的政策时能够独立承担责任的人。他正在

物色一位新人,并问我对拉穆勒的看法。他说,现在有很多胸怀大志者适合担任这项工作。目前的困难并不在于找一继任者来代替,而是要为现任总督安排一个合适的位置。因为他已经服务三十余年,是一个忠实的公仆,不能让他被弃置在一边。

孟戴尔告诉我,他曾向东方汇理银行要求一个董事会的董事席位,但近期内尚无空缺。

我说,瓦伦纳曾任过总督,对远东也很熟悉。我知道瓦伦纳也愿意再出山。孟戴尔说,他很清楚瓦伦纳,但他已经六十岁了。他(孟戴尔)不能让一个五十多岁的人退职,而以一个比他大十岁的人来代替。他又说,瓦伦纳以前曾是一个社会党员,现在与保罗-彭古一样属于共和社会党。他又说,假若印支总督是一个懂得他的政策,又是他完全信任的人,那将对他有很大的帮助。他说,除非能找到一个合适的新人,否则人事变动就不起作用。所谓合适人选,就是在即使巴黎的政治局势发生变动时,仍能继续贯彻执行既定的政策。

我们还谈了以下几件事:

(1)孟戴尔说,有一个日本军官,曾因在印度支那进行间谍活动而被捕,但未予惩办,让他返回日本。现在已被任命为内阁中新的陆相。

(2)孟戴尔告诉我,他已向达拉第建议,在计划派往中国的军事顾问团中,吸收一些外国成员,使其具有国际性质:即南斯拉夫一人,比利时一人,瑞典一人等等,但他认为主要的成员仍应是法国军官。这个主意是为了避免外界认为法国企图代替德国在中国的位置。

(3)孟戴尔说,达拉第内阁现在要在年底以前筹集二百亿法郎。当一个人需要钱时,他必须要谨慎行事,不要成为可能借给他钱的人的敌人。

(4)他并说,为殖民地开发和防务而发行的四亿五千万法郎公债,现已延期到月底,以便有更多的人认购。

次日,我去阿奇博住所进行了访问。

阿奇博说,前几日,他曾见到达拉第、莱热和孟戴尔。他们正在研究中国问题。他发现达拉第已安排了法国工厂加速制造和交付中国订货的事。现在这些工厂如施奈德、勃兰特和哈气开斯等,都已接到必要的指示。阿奇博还说,莱热现在已完全站在中国一边,可以指望得到他的助力。莱热的困难是博内和他的看法常不一致。达拉第知道他们之间的意见分歧,所以现在常找莱热来了解远东情况。后来,莱热也学聪明了,遇事他让达拉第直接和博内说,而不是由他自己对博内说。

我说,博内可能不如莱热熟悉远东的情况。莱热曾在中国度过几年,现在仍有很多中国朋友。阿奇博说,博内主要是过于谨慎,总怕把事情弄得复杂化。可是,在莱热、达拉第和孟戴尔的合作下,他认为中国的事情将会好办一些。

关于三十二辆装甲车的问题,阿奇博说,他又和孟戴尔谈过一次。孟戴尔已准备让这些装甲车通过,他甚至还给总督发了措词笼统的电报。阿奇博说,孟戴尔不能在电报中发出具体指示,因为和总督通电的密码还是 1884 年编制的,这种密码日本肯定已经掌握。孟戴尔不愿冒使日本人知道给总督指示内容的危险,免得他们抓住把柄用来反对法国政府。这一席话证实了孟戴尔曾告诉过我的话。阿奇博还说,孟戴尔现在已派了一个亲信使者前去布雷维总督处转达他的意见。他还说,按照孟戴尔的意见,今后印支当局很可能不时截扣少量的中国物资,向日本人证明他们确是在禁止中国物资过境。但这仅是表面文章,而实际上会更便于帮助中国。

我提到英国外交次官在下议院就海南岛问题发表的声明,问阿奇博的想法如何。他回答说,法国政府对那个声明十分满意。他认为这将制止日本占领海南岛的威胁。又说,由于议会中的中法友好集团已经形成,这对他推动援助中国的工作有很大的便利。

我说，由于他组织了这个集团，中国政府和蒋委员长以及我本人都非常感谢他。阿奇博说，他已收到了我的感谢信，并且把它装在衣袋里，为的是给集团中的一些成员看。

几个小时以前，我曾在大使馆接见了罗马教皇的使节，谈到日本空军狂轰滥炸中国居民稠密的城市的暴行。当时，日本不仅将其军事行动推进到中国腹地，而且派出越来越多的飞机频繁轰炸广州、汉口等人口密集的重要抗战中心城市。例如，6月30日，由于严重的轰炸，政府已认真准备从汉口撤退，并号召平民尽可能迅速疏散。同样情况也在广州发生。日本的轰炸，使平民的生命遭到严重损失。

根据政府训令，关于上述问题，我以前不仅和法国政府进行了磋商，并在莱热的建议下，还拜访了教廷在巴黎的使节，他按照惯例也是外交使团的团长。我拜访他，并给他一份关于日本飞机在中国人口众多城市狂轰滥炸，造成很多居民伤亡的备忘录。备忘录指出，所有这些行为都是违反战争法规、国际法和人道主义的。

6月30日，教廷使节来到大使馆，交给我一份对中国备忘录的答复。这个答复是以《关于日本轰炸中国的未设防城市，特别是广州的问题》的备忘录形式写成的。教廷使节说，日本给梵蒂冈驻东京使节的答复是，损失是不可避免的。他说，这仅是日本方面的意见，并不是梵蒂冈的看法。他说，日本政府无论如何会准备考虑梵蒂冈提出的任何建议。同时已经考虑在广州建立一个平民安全区。

当教廷使节问我的想法时，我感谢了他的来访和转告教廷的答复。我告诉他，我将立即与我的政府联系。我可以肯定，中国政府也会同样感谢的。我请教廷使节转达我对梵蒂冈的感谢之情。我说，一俟我收到政府答复，就立即转达给他。

教廷使节对战争表示悯叹。他说，教皇是出于人道主义的考虑才对东京采取这一步骤的，这是教皇在现实情况下所能尽的最大努力。同时,他也乐于把中国政府想提的任何建议转达给东京*。

同一天,收到一份外交部次长徐谟拍来的私人电报,通知我情况已变得更加危急,汉口陷落迫在眉睫。外交部拍来的电报更进一步指出军事局势失利,证实了靠近汉口的战略据点马当已经失陷。在同一时期,还有一些扰乱人心的情报。据说,有些外国大使和公使前往香港参加一个集会,谣传是为了促进和平解决战事。这些报告虽然都是未经证实的,然而却使人困惑。

7月1日,郭秉文来向我报告,西蒙爵士现在对扩大给中国的财政贷款事,态度好转。整个问题将于7月5日在英国内阁中进行讨论。他告诉我,虽然首相张伯伦仍然态度暧昧,但还是获得一些进展。现在英国已经同意把货币贷款和出口信贷两事分开讨论。为了促进谈判,我建议郭可以作些适当让步,使李滋罗斯或其他英国人对此事增加兴趣。例如,让英国代表参与中国的外汇管制,也就是让英国在中国的外汇管制委员会中得到一个席位。

7月18日,郭再次汇报伦敦会谈的进展情况。他说,西蒙仍旧不赞同扩大财政贷款,这是中国不能得到贷款的真正原因。贾德幹和李滋罗斯告诉他,现在的唯一办法是,极力促成出口信贷这个项目,以代替继续试图从政府中直接获得财政贷款的努力。

总之,从英国取得财政援助以便中国抵抗日本侵略的问题,一直被长期拖延。尽管国联通过了顾问委员会的建议,号召会员国援助中国,不要帮助日本,但卢沟桥事变发生已将一年,并没有取得任何具体成果。

从英国(法国也一样)得到援助的问题,在很大程度上决定于美国的态度和政策。英国曾多次指出,他们愿意首先知道美国准备如何做。这也是我为什么要经常了解华盛顿的态度演变情况

---

* 后来在1938年8月10日,教廷使节再次拜访我,询问中国方面对他的建议的反应,他的建议是用教皇的名义,在广州建立一个为了平民安全的中立区。

的理由之一。我很想知道美国公众舆论及其在促进华盛顿采取积极援华政策方面有什么进展。因之,我很乐于接待舒尔曼博士的来访。他曾任康奈尔大学校长,一度当过美国驻华公使,在华盛顿声望很高。在我的印象中他可能还一度当过美国驻德大使。

在我们的谈话中,他告诉我,美国目前仍然被和平主义和害怕战争的情绪所支配。但是,阻碍援助中国的主要因素中立法,似有希望得到修改。我着重提出了我的看法,即用物资援助中国并不会把美国卷入战争。

舒尔曼博士对于修改中立法的预测,我在巴黎的一次午餐会上,得到迈伦·泰勒证实。泰勒先生曾任美国钢铁公司总经理,曾被派往欧洲为白宫研究国际形势,还一度被任命为总统驻梵蒂冈的私人代表。他告诉我,他肯定中立法很快将会修订,从而使罗斯福总统对中国的抗战能给予更多的帮助。

说到这里,我愿意提起一位著名的美国新闻记者埃德加·莫勒,他刚从中国旅行回来。7月12日他对我说,他认为中国如向美国贷款购买诸如小麦、棉花、糖等物资,都将会得到同意。他还说,他在中国看到抗战团结的精神,严守纪律和高昂的士气,这些都给他很好的印象。他认为中国不会失败。

另外一次有关这方面的重要谈话是7月26日我和美国财政部长摩根索进行的长谈。地点在美国大使馆邸,大使本人也参加了谈话。由于我知道摩根索正在休假期间,除了私人性质的事情之外,他可能不便讨论政府事务。所以,我在谈到从美国获得援助的问题时,开始有些犹豫。但是摩根索告诉我,我可以开门见山地、坦率地和他谈,不必感到拘束。他说他知道目前的战争形势对中国很不利,也理解我的急迫心情。这时,美国大使蒲立德也让我提出任何想提的问题。他说,在这里完全可以畅所欲言,自由讨论。

摩根索说,如果他告诉我,他在离开华盛顿前所做的事,或许能使我把存在心里的问题提出来讨论。他说,现在美国从中国政府购买白银的协定价格,已以略高于市场的价格重新修订。美国政府将先购买二千万盎斯,以后每月购进一千万盎斯。他说,王正廷博士告诉他,中国尚存有一亿盎斯白银。因此,这个协定将有利于改善中国的外汇状况,直至年底。需要考虑的是,在这以后该怎么办。

我问他,照他看来,中国要从美国获得财政援助,采用什么方法最好。摩根索回答说,他知道在美国方面虽然存在一定程度的困难,但他觉得一定会找到一些使中国得到援助而又不使美国政府为难的办法。

他说蒲立德大使和他自己,曾预料到我的访问,已经讨论过此事。所以,现在他愿意提出一个建议,我可将此建议转报中国政府请求给予答复。于是摩根索说,他的意见是,如果陈光甫能再次被派去华盛顿,他将乐意和他讨论这个问题。然而他希望我能理解,这并非一个肯定的承诺。但作为财政部长,他可以向我保证,他将尽最大努力缔结一些协定。

摩根索进一步说,最近中国驻美大使王正廷曾向他询问,是否尚可使用棉麦借款中的未动用款项。他说,他已告诉王博士,由于此款已经结算,不可能再予动用。我问道,能否再作一个新的安排,使中国可再从上述公司得到贷款用于在美国购买物资。摩根索说,这正是他认为能够做的一些事。他预期在8月底返回华盛顿,如果陈光甫能在9月初到达美国,他将乐于在华盛顿和他商谈。

我说,几年以前,陈光甫先生在摩根索先生的帮助下,缔结了购买白银协定。返华途中,经过巴黎时,他曾告诉我,由于你的热诚友好的帮助使他完成了使命,对你倍加赞誉。摩根索说,他认为陈是一个正直的和绝对信得过的事业家,对于陈光甫本人,他完全信任。他又说,陈先生曾告诉他,他(陈)既非外交家,亦非政治家,也从不希望进入政界。因为政治家都寿命不长,而他则希望能颐养天年。如果中国政府同意重新任命陈,而陈也愿意到美国来的话,他(摩根索)将请美国财政部驻中国的代表尼科尔森也和上次一样陪同陈到美国去。摩根索又说,陈认为尼科尔森对他的帮助很大。在上次经过日本时,船一进港,陈即将所有文件交尼科尔森照管。摩根索说,他将和上次一样高兴地给予陈以帮助。

我向他道谢,并说,我将把此建议电告中国政府。摩根索说,如果中国政府同意,他希望我能通知蒲立德先生转告他,俾能早作必要的准备。

我问道,除了进出口贷款以外,是否还有可能由私人工厂作出安排提供物资?摩根索说,肯定有这种可能性。例如,克莱斯勒汽车公司的克莱斯勒先生曾经和他谈过,他很同情中国的事业,并且愿意给予帮助。克莱斯勒说,他准备供给中国各种型号的运货汽车,并且同意除了工资和材料费外,用中国国库券支付。换句话说,克莱斯勒情愿在利润上冒风险。

摩根索先生继续说,如果中国政府派陈先生来照管在美国采购物资之事,这也是件好事。他知道目前中国在美国采购物资的情况和条件并不顺利。因为价格高,条件苛,在现在的危机时期,为中国的利益计,以尽可能用最低价格购买,尽量节约费用为是。我告诉摩根索,我完全同意他的观点。有一个英国团体,也曾就中国在欧洲采购物资问题对我作出同样的建议。这个团体愿意为中国集中和协调购货事宜。据他们说,一些美国银行如大通银行和波士顿第一国民银行是他们的后盾。

摩根索还认为与工厂直接交易是可取的。另外,如要从外国政府得到贷款,就须与这个政府直接进行交易。他说,不久以前,有一个美国人找他,声称代表美国的某些集团,要为中国政府洽商一笔贷款。他很惊讶,因为他愿意直接与中国政府办理而不愿经过第三者。假若陈先生到美国来,他认为例如像克莱斯勒提供的那种安排方法,亦可由陈先生和克莱斯勒直接谈判。

说到美国政府的贷款,摩根索认为中国可以和美国商谈购买棉织物和面粉，以及一些需要在美国进行初步加工的原料。他说，购买这类商品对美国劳工和工厂有好处，因此将为美国公众所欢迎。当我问起糖时，蒲立德认为这当然也是可以提出来讨论的。

为了答复摩根索的问题，我提供了一些英国和法国关于给予中国财政援助的态度的情报。蒲立德大使说，他知道无论英国还是法国，在他们得悉美国会对中国做出什么行动之前，是不会安排给中国任何财政援助的。他认为向伦敦和巴黎寻求帮助的唯一方法，首先是要和美国做好一些安排。他说，然而，最好不要先和英国或法国政府提到任何美国企图帮助中国的话。因为假如伦敦和巴黎问起美国将为中国做些什么时，一开始不可能有确切的回答，这样只能使伦敦和巴黎对于帮助中国更为犹豫。所以他劝我，在中美之间的某些安排落实生效之前，不要向巴黎或伦敦有任何透露。

我说，自从在伦敦的借款谈判主要由于西蒙的反对而失败以后，只能以出口信贷的形式去寻求英国的财政援助。我说，也曾有人建议，如果是建立在国际性的基础上，有法国和美国共同参加的话，贷款就能成功。蒲立德大使说，据他所知，就美国政策的重要原则而言，美国不会同意与英国、法国联合贷款。美国的政策是宁愿单独进行。如果有其他国家也愿意那样办的话，可以同时进行。蒲立德向我保证说，他愿意和我共同促使法国和英国政府给予中国同样的帮助。同时，如果中国政府同意派陈光甫去美国的话，请通知他一声，他将报告给华盛顿和国务院，请他们做好商谈的准备。

到此，摩根索准备离开，我感谢他的富于同情的讨论和友好而有价值的建议。在他离去后，蒲立德大使仍请我留下继续谈话。他说他将尽最大努力在各方面帮助我，希望我能经常和他联系，使他了解中国的局势。我自然表示同意。

在我们的谈话中，我询问蒲立德，英国外交次官巴特勒曾在下院发表声明说,如果日本侵占海南岛,英国保证与法国合作采取对策。在巴特勒发表声明以前,英国是否探询过华盛顿的意见。蒲立德说,他并未听说此事,不能加以证实。

我还问蒲立德,在英国皇室访问巴黎后,他是否见到过博内。他说他曾从博内处了解到英法会谈主要是关于捷克的问题,对远东局势毫无触及。

人们可以回忆起来,当时法国的想法是,为了维持欧洲和平,真正的希望在于法国和英国之间的紧密合作和互相支援。换句话说,在法国政治领袖们的心目中,认为英、法在欧洲的紧密合作,可以有力地阻止由于轴心国的扩张政策而引起的战争。所以他们迫使英国人沿着这条合作路线走,最后英国人也看出这种互助合作在应付欧洲形势上是明智和必需的。(1938 年 4 月末,达拉第和博内访问伦敦后,达成了一个新的英法谅解。)7 月 19 日至 21 日,英王乔治六世和伊丽莎白王后按照传统礼仪访问巴黎,其用意也在于使这项新的英法谅解政策得到公众的批准。因此,为了准备访问工作,下了很大力量。

这次英国皇室访问,由于王后感冒,推迟了一个星期,在 7 月 19 日才开始。这天,英王乔治在法国外交部接见驻巴黎的各国外交使节。仪式很简单,前后仅用八分钟。每一个外交使节顺着次序,被介绍给英王,并和他握手。英国的外交大臣哈里法克斯勋爵也陪同英王来到巴黎。当轮到我时,他站出来欢迎我。(我们不仅在国际联盟那些日子彼此相熟,还可追溯到 1921 年我在伦敦任公使时,他那时是殖民部次官。)

其后在爱丽舍宫为英王和王后举行了盛大宴会。在我座位左边是前外长后为法国总统的米勒兰的夫人,在我座位右边是苏联大使苏利茨的夫人。晚餐后,按照习惯,英王邀请少数贵宾和他谈话。我也被邀参加。他首先问我关于中国的形势,然后我们的谈话转向轻松。他问我当我遇见日本大使时,我将如何做?我回答说我将尽量避开他。英王乔治笑了。

伊丽莎白王后也找我谈话,我们交谈了几句。我发现她很有风度。她说她还记得很清楚,以前我在伦敦做中国驻伦敦公使时候的情况。我还被介绍给一些英国贵族,包括哈丁勋爵、博福公爵、斯潘塞夫人和达夫—库柏夫人。他们在这次国事访问中都穿着皇室服装。

在巴加泰尔公园(位于巴黎郊外的一个很大的公园)为英王乔治六世和王后伊丽莎白举行了一次游园会。公园的湖中心有一舞台,舞台上表演着优美的芭蕾舞,所有的喷泉都喷着水。我发现温斯顿·邱吉尔先生坐在我的旁边,我们进行了一次友好和有趣的谈话。他告诉我,中国做得很好,将会得到最后胜利。他希望他能更多地帮助中国。司法部长保罗·雷诺也和我交谈了几分钟。他对中国形势作了一个敏锐的评论。他认为中国以它所独具的空间和时间,已使日本受到了耗损。我想,中国的国土广袤,人口众多,这个事实,给这位法国政治家以极其深刻的印象。

当晚在为款待英王、王后而演出的歌剧院中,我意外地碰见日本大使杉村,我们坐得很近,中间仅隔着苏联大使苏利茨和德国大使韦尔切克。但是我仍设法避开他、不和他握手。我自念,虽然英王乔治不大可能看到这个情景,但当他知道我在答复他的问题时是认真的,将会感到高兴。

7月21日傍晚,外交部为英国皇室贵宾们举行了晚宴。晚餐办得很精致,但是由于座位图上的座次排列一反常例,致使很多人必须围着长桌来找他的座位。我还注意到作为礼节问题,英国外交大臣哈里法克斯勋爵和法国总理达拉第的座次却安排在大使们之下,刚好与共和国总统在爱丽舍宫招待英国皇室贵宾时的安排相反。宴会之后,有简短的余兴节目,由著名演员莫里斯·谢瓦利埃和伊冯娜·普兰唐主演,有一半节目是用英语演的。外交部外面聚集着数千法国人,不断地向英国皇室发出欢呼。英王和王后不久就由法国外交部长博内夫妇陪同上楼去他们的休息室。

两天后,我和法国经济部长雷蒙·帕泰诺特尔讨论了英法协约及有关问题。我是在一次宴请新任西班牙大使的午餐上与他谈话的。这次宴会我所邀请的人中,有帕泰诺特尔夫妇,他们是一对吸引人的伉俪。他可能是法国内阁中最年轻的阁员。

在回答我提出的问题时,帕泰诺特尔说,在今天(7月23日)早晨的内阁会议上,博内曾报告了在这次英国皇室访问中和哈里法克斯勋爵进行英法会谈的情况,并没有提到任何有关远东的问题,因此他的结论是在英法会谈中未曾讨论此事。帕泰诺特尔继续说,然而,据他所知,苏联在法国的劝说下,今后对远东冲突的政策将前进一步,这将对中国十分有利。

他接着说,达拉第对中国是完全同情和赞许的,法国内阁成员也重视中日冲突和欧洲问题之间的关系。但是,欧洲的整个形势,在表面平静的下面仍旧是紧张的。这主要看德国是否决定使用其武力来解决捷克问题。由于把注意力集中在欧洲的问题,法国对于远东形势并不十分关心。但是他向我保证,如果有任何需他转达给达拉第的事情,他将很乐意效劳。我发现他对我是很友好和同情的。

现在我想回顾一下我和法国政治家们,在许多有关问题中,特别是在印度支那、海南岛和假道印度支那运输物资的问题中的交谈。莫泰是中国的一位好友,现在暂时离开了政府,他受委员长的邀请将去中国访问。7月6日我设午宴招待他。我们曾有一次有趣的谈话。这不是一个盛大宴会,出席的客人除莫泰外只有莫泰夫人以及维奥莱特(一位杰出的同情中国的参议员)、阿奇博和他们的夫人。

在谈话中,莫泰告诉我,是他在去年秋天下令占领西沙群岛的,这是为了阻止日本去占领。这是我向他提出的话题,因为法国政府最近从印度支那派遣安南士兵到西沙群岛。此岛位于南中国海,在海南岛和印度支那海岸之间,中、法都声称对它拥有主权。事实上当莫泰还是殖民部长时,我就常和他讨论西沙群岛问题,希望解决两国之间的争议。

当我问莫泰,法国政府派遣安南士兵去西沙群岛的意图何在时,他回答说,这还是去年10月他任殖民部长时就研究过的事,他曾敦促德尔博斯同意由法国政府采取措施,以保证此岛不被日本占领。因此,在那年冬天就已采取步骤建造了灯塔和气象站。最近,安南宪兵被派赴该岛,以增强其防卫力量。所有这些都是为了保护通向印度支那的航运。同时,也是有意识地向日本显示法国政府在日本侵占海南岛时所持的态度。

关于西沙群岛的主权问题,莫泰说,不会由于法国政府采取的任何行动而损害对此群岛的合法权利。主权问题还有待今后两国政府之间进行协商来加以解决。莫泰又说,中日战争爆发不久,显然日本有意占领这些岛屿。这些岛屿如被日本占领将使航运和印度支那沿海区域的安全受到威胁。所以莫泰认为法国占领这些岛屿,从另一方面看,也是对日本企图侵占海南岛的一种阻力。莫泰更进一步说,据他看来,中国政府应当同意法国政府开辟一条通向海南岛的商业航空线,并在西沙群岛建立飞机场。这将进一步警告日本,不要对海南岛存有过多的兴趣。

和莫泰谈话之后,我给外交部发去一份报告,指出:根据莫泰的说法,法国占领西沙群岛并非别有用心。特别是他明确表示,该岛的法律地位和所有权并不受影响,整个问题将在中日战争结束后由调停或仲裁来加以解决。

7月15日,我收到外交部发来的指示:鉴于莫泰对我的保证,以及法国政府的真实动机,现在中国政府已经作出了决定。根据这个决定,外交部让我提交一份备忘录给法国政府,保留中国在西沙群岛争议中的权利,并取消了原先要我向法国政府提出抗议的指示。

7月29日,我和莫泰曾另有一次谈话,这次谈话是关于他接受委员长邀请,近期去中国访问的事。他告诉我,他将于9月动身去中国。但是在他离开前,他想先知道法国政府的最新看法,以便他能更具体有效地促进法中合作。他说他将邀请一位达拉第的朋友、退休将军和一位赫里欧以前的秘书与他同行。他相信在这两位领袖人物的支持下,他此行可能完成更多工作。他仍然对法国政府的对华政策感到不满,认为这个政策是过于怯懦,太怕日本了。

几天之前,我接待了贾瓦哈拉尔·尼赫鲁,在我的日记中记载着他是"印度来的著名群众领袖"和"国大党的首脑"。他由他忠实的追随者克里希纳·梅农陪同。他们两人都是新近从莫斯科回来。尼赫鲁是去那里寻求对印度独立的援助和支持的。在接触中,我发现尼赫鲁的观点很偏激、固执,但也比较注意态度和措词。尼赫鲁认为印度的独立不久就会到来。他说,印度军队二十五万人的给养都是由印度纳税人供给的,其中只七万五千人是英国人,他们大部是各种级别的军官。他还说,印度王公们所以能够存在,仅仅是由于英国人的支持,他们在印度人民中,总的说来,并没有什么权势和影响。

7月27日,我被奥迪内给我的一份关于法国军需物资供应问题的报告所困扰。我曾请奥迪内——他是大使馆与法国政府和军火制造商之间的联系人——去查问一下飞机附件迟延交货的原因。他告诉我,航空部长盖·拉·尚布尔曾经对国民议会航空委员会主席博苏特罗说,他不能同意交付任何中国的订货,也不能同意向中国交付任何德沃丁(一种飞机型号)飞机的附件,虽然这些附件已完全作好装运准备。他说,因为这里还有其他的特殊问题。我告诉奥迪内,我将立即以个人名义给法国总理达拉第和国防部长写信。

在我给达拉第发信后,我有机会在外交部见到外交部长博内。那是在一星期后的8月5日。当时我去外交部的主要目的是想和博内讨论一下如果莫斯科对日本采取强硬态度,可能在欧洲产生什么影响。在我们的谈话快结束时,我提出了在法国所订购的大炮和飞机的问题。我告诉他,在已交付中国的二十四架德沃丁式飞机中,仅有五架装备有炮,另外十九架则无炮。我还说,这十九架飞机的炮都早已备好待运,但是航空部下令禁止出口。我告诉外交部长,这事非常紧急,因为无炮的飞机没有什么用处。因此,我以个人名义向他要求,希望他能对尚布尔施加影响,劝他取消禁令,放行这十九门炮。外交部长说,他不能理解为何飞机已经运出却要停运这些炮,它们当然应该随同飞机运出。他答应我和尚布尔部长个别商谈。

正如我前面所说,推动我们这次谈话的真正原因,是探讨苏联在远东对日本采取强硬态度可能对欧洲形势产生的影响。两天之前,8月3日,为了探索同样的问题,我曾去拜访苏联大使苏利茨。据我的谈话记录,我首先告诉苏联大使,我希望在有关朝鲜—满洲—西伯利亚的边界形势方面,能和他保持联系。由于涉及苏联军队和日本军队之间最近冲突的新闻报道矛盾很多,我肯定他会使我明了那里发生的事情的真相。

苏联大使说,从莫斯科来的消息说明形势很严重,超过任何以往的事件。现在日本有三种流行的意见:一种是主张在那个地方用武力制造一个事件,以免从朝鲜调日本军队去中国前线;另一种观点主张对苏联挑起争端,以便将战争责任转嫁到苏联身上;第三种是民间和政界大多数人的意见,他们认为日本已深陷于中国,所以主张避免和苏联发生公开冲突。苏联大使起初认为,最近的边界事件是日本驻朝鲜军队基于上述第一种想法而挑起的。但是,进一步的情报已使他相信,这次冲突的真正炮制者还是东京。

至于谈到莫斯科的政策和官方态度,苏利茨说,他还未收到特别指示。但是从苏联政府的总政策来讲,他可以告诉我,尽管苏联不愿和日本从事战争,但若有一寸土地被侵犯,苏联一定要起而保卫。现在和日本争议的那部分领土,根据1886年签订的中俄条约及其附图,毫无疑问是属于苏联的。日本如果强行占领,苏联军事当局必将以武力来回答。

我说,就我看来,日本蓄意挑起这次边界事件是为了激起日本公众的狂热和战争情绪。现在日本人民对于日本在中国的冒险的看法已经出现分歧,有的表示冷淡,有的甚至反对。日本的军事当局发现他们现在处于一种很尴尬和困窘的境地,感到前景渺茫。所以希望转移国内的注意力,并激起群众的战争狂热。苏利茨认为这也很可能是日本侵略的真实原因。他说,目前局势非常危急,很难预言是否会发展成更为严重的事件。

在回答我关于其他列强对此事件的态度时,苏利茨说,他将会见博内,博内曾请他于昨晚 11 点钟到博内家中访问,因为时间太晚,所以改订在今天 12 点。他说他能估计到博内会和他谈些什么。法国目前正专注于欧洲的局势,会希望苏联能够克制和忍耐。他当然要郑重声明苏联决无诉诸武力的想法,但是忍耐亦有限度,如果日本把冲突强加给苏联,苏联完全准备迎击。

从我的观点看来,我认为日本的行动与柏林、罗马、东京三国轴心的政策并不一致。假若民主国家方面法国和英国的态度坚定,一定能阻止日本进一步扩张。日本在目前情况下,不可能希望在侵略中国的同时再发动另一场战争。德国和意大利也知道日本在如此不利的形势下,难望取胜。在他们心中当然不希望看到日本被进一步削弱。我还说,根据今天早晨的新闻报道,意大利由于看到日本行事过于鲁莽,当它在中国继续侵略战争的同时,又在北方从事另一场战争,考虑日本的危险形势,意大利对日本的态度已开始现出冷淡的倾向。苏利茨说,意大利人民可能有如此感觉,但是意大利的官方政策却是完全倾向于日本。德国也是如此,希特勒一直希望日本向苏联挑起一场战争,以便他能在欧洲自由行动。

至于法国,苏利茨认为它对远东很少兴趣。我说法国似乎并没有认识到远东局势对欧洲的关系和意义。苏利茨说,两天前,他为了估量法国的公众舆论,曾和法国的各界代表谈话。在新闻记者中间,他曾和佩蒂纳克斯*谈过话。总的说来他得到的印象是,法国不愿意看到日本与苏联之间发生任何麻烦,害怕因此加剧欧洲的局势,使德国的扩张政策和侵略计划有机可乘。所有法国的新闻评论似乎都希望这一事件地方化。稍迟博内和他会见时,也可能会告诉他,如果苏日之间的战争爆发,法国将仍然保持中立,或者说是善意的中立。但是苏联并不期望任何国家,乃至法国来帮助它对付日本。苏联的军事力量很强,对付日本绰有余裕,并且西伯利亚部队,自成一个完整体系,包括供应组织和指挥都是一个整体。

我知道法苏条约仅限于欧洲。所以我说,如果是这样,当莫斯科在远东持坚定态度时,法国没有理由感到担心。苏利茨说,法苏条约虽然和远东无关,但是,由于法国是苏联在欧洲的盟国,自然不愿意当欧洲出现危机时,苏联的手足在远东受到束缚。所以他能理解法国的忧虑,因为德国确实在一旁等待时机,想在捷克问题上作另一次跃进。

在回答我提出的关于苏捷条约的范围和意义的问题时,苏利茨说,这完全视法捷同盟条约的运用和执行情况而定。只有在法国首先对捷克实行援助之后,苏联才有援助捷克的义务。然而,这是就法律的立场而言,并不妨碍莫斯科在情况需要时,给捷克以及时的援助。假如捷克受到攻击,莫斯科保留完全的行动自由。

关于英国,苏利茨认为它可能不会像法国那样渴望使事件局部化。他的理由是,如果日本和苏联之间发生战争,只要战争是限制在远东范围内,就将使两者都遭到损耗,因此对英国本身有利。然而,英国的官方态度一直还不清楚。苏利茨同意我的观点,假若日本和苏联之间的战争有可能加剧欧洲的局势,从而导致欧洲爆发一场大战,那么英国也将试图出来阻止。

---

* 安德烈·热罗·佩蒂纳克斯,法国著名政治记者。

苏联大使批评了英国对捷克的政策。他认为除非英国也像考虑德国的观点那样来考虑捷克的观点,否则朗西曼勋爵的布拉格使命是不会获得成功的。截至目前,他感到英国还在向布拉格继续施加压力,迫使它对德国让步。他认为这个问题的不幸之处是,法国也赞成朗西曼的使命。虽然法国作出一些保留,如必须保持捷克的独立、领土完整和它的一切防卫权利等*。

苏利茨认为欧洲的局势,还远不能令人满意,是好是坏,下个月内将见分晓。危险之处在于英、法态度暧昧而倾向于德国一边。他感到目前法国政府奉行的政策表明,它有意抛弃在法捷同盟条约中所承担的义务。他说,如果真是这样,则希特勒一定会进一步施展其讹诈手段。他坚持认为法国对欧洲局势没有害怕的理由。为了这样那样的原因,法国似乎夸大了它自己的弱点而忽视了自己的力量。在目前的国际形势下,假如法国因保卫捷克而被卷入战争,英国一定会援助它,同法国站在一边,加入战争。因此,只要法、英能够巩固团结,德国侵略的危险就不会马上出现。在我告辞时,对这次衷心的交谈向他表示谢意。苏利茨答应,如有什么重要消息,将经常同我联系。

第二天上午,我会见了博内。在我们的谈话一开始,我就告诉法国外交部长,我希望和他就日苏远东事件交换意见。我告诉他,根据我的情况,日本在朝鲜的军队挑起这个事件显然有两个目的:(1)在日本激起公众的战争狂热,因为日本人民对政府继续在中国进行军事冒险表现冷淡,甚至反对;(2)试探苏联的意图和它的抵抗力量。我告诉博内,一年以前,日本曾经利用俄国人占领黑龙江中的一些岛屿的事件进行试探。他们显然由此得出结论,苏联愿意和平解决争端,因为它缺乏准备,也没有在苏、朝边界向日本找麻烦的意图。因而,日本就在1937年开始侵略中国。

---

* 沃尔特·朗西曼爵士,英国上院议长,在这同一天,即8月3日,到达布拉格。他的使命正如张伯伦于7月26日在议会中所宣称,是为了寻求整个捷克问题的解决方法。但随后他在布拉格的谈判不到两周即告破裂。

但是现在局势已经不同,日本在中国已经作战一年多了,它不仅消耗了大量的金钱、经济资源和军事装备,而且对于未来的结果仍然完全不能肯定。在这种情况下,我认为东京肯定不愿意也决不可能在同一时间内向苏联发动另一场战争。

我还说道,重要的是,如果苏联显得过分克制与和解,这种态度将再次被视为软弱,这对日本军阀来说是一种诱惑,最后反而大大加剧远东的严重局势。从另一方面说,如果苏联持坚定态度,日本就会愿意妥协,事件亦可局部化,最后达到消弭。我说,莫斯科似乎已看到这点,因此采取了坚定的态度。

我表明我的看法,认为这次事件的结果,将对欧洲形势产生重大影响。我说,假若日本的恫吓政策再次得逞,必将鼓励其作新的冒险,进一步扰乱远东的和平。更糟的是,它的威望增加,也必然助长其欧洲同盟者的气焰。反过来说,苏联方面的坚定态度,将迫使日本进行妥协,因此对它的反共轴心的欧洲同伴,也会产生一种有益的效果。即使这一事件不幸发展为一场真正的战争,其后果对于欧洲和世界和平的共同事业,也未必不好。

我接着说,日本的威胁问题,对于苏联和中国是一样的。苏联迟早会面临它的威胁。现在,日本在中国战争中已经使用了至少百分之三十五至四十的军力、财力和经济资源,这肯定是苏联对付它的最好时机。以苏联的准备,完全足以对抗目前陷于困境的日本。即使不幸发生了战争,这一斗争的结果也是可以预见的。我还说,遏制日本军国主义,不仅仅是除掉一个对苏联东部和对中国领土经常存在的侵略危险,也将为一些国家如法国和英国在远东的重大利益和属地的安全除掉一个潜在的威胁。这还意味着削弱反共轴心中的一个成员,大大有利于法国和英国为了和平在欧洲所推行的绥靖政策。

因此,在我看来,法国和其他国家最好是听任这个事件自然发展,不要试图影响莫斯科,反对其采取坚定态度。我说,对于这个问题应如此分析:是由民主国家联合阵线对抗所谓反共轴心阵营这个整体,因而引起一场大战为好,还是分别进行,一个时期只对付其中的一个成员为好? 我说,后一方针似乎更为可取。因为成功地解决其中一个,就可以省去对付另外两个,从而和平的目的就能够更有效地达到。

博内说我的观点完全和他的协调一致。日本现在已发现自己处于困境,但咎由自取。他还认为,日本正与中国从事一场昂贵而艰苦的战争,而且胜负难测,所以不敢向苏联挑起另一场战争,因此现在正是苏联显示实力的大好时机,日本一定会妥协。他亦十分同意我的看法,即亚洲的局势是和欧洲紧密相连的,日本的欧洲同伴现在正在一旁观望。我说,据我所知,这两个地区的形势是联结得如此紧密,日本叫嚣要占领海南岛和西沙群岛,就是由于受到柏林的怂恿,因为柏林坚持要日本海军施加压力,来影响欧洲的法国和英国。

博内说,他也认为苏联方面的坚定立场将会产生一个不仅对远东,而且对欧洲都有益的效果。所以,前些天他和苏利茨谈话时,他没有劝苏联节制与和解,也没有要求法国驻苏大使在与李维诺夫磋商时提出任何反对坚定态度的意见。

博内继续说,莫斯科当然也关心德国的态度。他说,德国看到苏联与日本发生战争,很有可能乘机为自己攫取利益,例如在捷克制造麻烦。但是朗西曼的布拉格之行是一个重要的因素,其意义似尚未被法国和国外充分认识。因为只要英国还在通过朗西曼商谈捷克问题,德国就不会在此时作出任何行动。

我说英、法团结一致,是欧洲和平的真正保证。博内说,去年12 月,肖唐并未想到英、法的合作会发展到现在这样的程度。当达拉第和他在 4 月份去伦敦时,或者奥苏斯基请求法国和英国给以共同调停时,还没有能导致英国与法国如此紧密合作的任何迹象。博内说,英国那时的态度是,在任何情况下英国都不会陷入捷克问题或者直接插手。博内说,他一直觉得法国不能单独处理捷克问题,因此,他以引导英国与法国共同行动为目的,经过巨大的努力后，终于达到现在的成就。这可从一封英国政府成员的来信，和另一封从哈里法克斯勋爵给他的私人信件中看出，他们完全信任法国。他说，昨晚他参加在克拉里热饭店举行的一次宴会，那里有许多英国人参加。他作为一个曾经成功地导致英、法紧密合作的人出现在宴会上，受到几乎未曾有过的热烈欢迎。外交部长又说，因为我曾在英国生活过并了解英国人，知道赢得他们的信任是不容易的，他们的性格倾向于冷漠和保守。但是，现在英国已完全接受了法国关于紧密合作的观点。

我说英国现在不仅和法国共同行动，还任命了朗西曼去布拉格担任调停任务，实际上已经走在法国前面了。虽然英国政府宣称这并不意味着它负有直接责任，但既已任命朗西曼从事此项工作，如果调停失败，英国自然不能对此问题撒手不管。博内说，"确实如此"。不论调停结果如何，英国现在将和法国共同行动。这方面的意义德国是会充分认识的，而且对它有着约束的作用。

我说派遣朗西曼去布拉格的意义似乎并未被公众充分认识，这是很可惜的。博内说，虽然他可以在报纸上发一声明，使公众了解这个成果对于普遍和平的重大价值。但这样一来，虽然法国人民会普遍对他的努力表示欣赏，但却会在英国产生一个不愉快的，甚至可能是有害的影响。英国人会想，英国是被法国诱骗到目前的政策中去的。"你很清楚"，他说，"英国人最不喜欢的是感到和怀疑他们是被别人牵着鼻子去适应其他国家的政策。"他们喜欢按自己的见解行事，而不愿意接受外来的建议或影响。掌握了这个要领，所以他和英国讨论问题时总是表示自己忠于英国人民。让他们觉得他们自己必须去做某些事情。

在西班牙问题上也是如此，他坚持采取措施，依照英国的计划，封闭比利牛斯边境。至于法意谈判，他采取的所有步骤完全是英国建议的，他甚至把驻罗马大使布隆代尔召回巴黎，他尽量做到他力所能及的一切。如果英国希望做的每一件事都已做到，而与意大利谈判仍无进展，英国就能理解这并非由于法国方面有任何疏忽、缺乏善意或未能尽力。双方意见一致,始能达成协议。只有一方的善意、热心和努力而另一方无动于衷,是无济于事的。在我们的谈话回到苏日事件的问题上时,博内说,他完全同意我的观点,当他下次见到苏利茨时,他将以同样的意思和他谈。

从法国外交部出来后,我就到美国大使馆去看望蒲立德。自从我7月26日与美国财政部长摩根索谈过从美国获取财政援助的可能性以后,我已经将情况报告给财政部长孔祥熙和外交部长王宠惠,期望得到答复,以便尽快通知蒲立德转告摩根索。现在中国政府的答复已经收到,这是我在8月5日拜访美国大使的主要原因。但是,在我谈到正题之前,蒲立德问我对苏日事件的看法。

我告诉他,日本挑起这个事件,是为了试探苏联的意向及其准备情况。但是我了解到,苏联是坚定的。我说,目前仍然很难预言这个事件会如何发展。日本现在愿意与苏联妥协,因此提议从其占领的张鼓峰地区撤出,准备在谈判划界之前临时建立一个中立区。

蒲立德评论说,事实上苏俄和日本都不希望战争。他说,就日本而言,由于其双手已被中国束缚住,确实不能再从事对苏俄的另一场战争。从斯大林方面而言,由于清洗军队和清党的原因,显然也不希望发生战争,因为他总觉得战争会推翻他的统治。此外,苏俄也必须考虑到欧洲的局势和德国就在他的背后。虽然,当朗西曼正奔走于布拉格的时候,德国还不至于对捷克发动突然袭击。

然后我们谈话转到美国援助中国这个正题。我告诉他我刚收到孔祥熙发来的复电。孔要我感谢蒲立德先生和财政部长的友好行为和乐于助人的精神。蒲立德说,仅有乐于助人的精神是无益于中国的,重要的是结果。

我告诉蒲立德,请他转达摩根索部长,孔博士将根据摩根索先生的建议,派陈光甫去美国。陈先生将按照摩根索部长建议的时间,于9月初抵达华盛顿。虽然我知道陈先生曾患疟疾,刚刚康复,但我肯定他将能按时到达华盛顿。我说,不过由于摩根索部长还须一个月后才能回到华盛顿,而孔博士则渴望推动此事。我问道,因此,是否可由大使和我本人乘摩根索先生正在欧洲的方便时机,先为谈判做些准备工作。

蒲立德说,他已电询美国政府的一些成员,发现他们也都赞成这一想法。但是,现在总统正在南美的西海岸度假,相距十分遥远,要到8月中旬才能返回华盛顿。按照美国宪法规定,政府成员如无总统意旨就不能决定重要事情。事实上,总统控制和指导着每件重要事项。他确信如果问摩根索他在回美国之前能做些什么事,回答将是他不能做任何事。于是我提出,在这种情况下最好是请孔祥熙给陈光甫提供所有必须的资料和建议,使陈能预先充分做好准备工作。当他到达华盛顿后就能和摩根索进行讨论,这样就不致损失时间。蒲立德说,他仍然认为谷物和面粉是谈判信贷的最好内容,因为此事将得到美国舆论的欢迎。

蒲立德问我在伦敦谈判财政援助的情况。我告诉他,郭秉文刚从伦敦回来向我汇报,一些英国政府官员仍持约翰·西蒙爵士在下院宣布的关于不宜承诺财政借款给中国的意见,但可能在三个月至六个月后重新讨论这个问题。现在提出的问题不是借款而是信贷。我告诉蒲立德,英国官员显然同情中国,宣称他们准备考虑中国政府能够提出的任何建议。我曾向孔博士提到这点,要求由中国提出更具体的建议。现在已提出了三项建议:即购买用于中国的牵引车;供应铁路建筑材料以修建昆明到中、缅边境的铁路;供应安装于西南六省的电话器材及其附件。

我紧接着补充说,据我看来,美国也能帮助供应牵引车和电话器材。蒲立德说,这是能够的,但这并不能和要求进出口信贷联系起来讨论。因此,我提醒他摩根索曾经谈到的关于汽车制造商克莱斯勒的建议。蒲立德说,这是陈先生到美国后,可以直接同克莱斯勒商量的事。蒲立德认为这个建议将对中国有很大的帮助,因为克莱斯勒会满足于仅在生产成本方面付给外汇现款,而以中国国库券支付利润差额。他告诉我,虽然他并无官方的情报,他知道和利润相比,生产成本是较少的,甚至少于总值的百分之五十。

我接着和大使谈到关于十九架德沃丁式飞机上的机关炮未被允许运往中国一事,请求他得便和尚布尔说一下,因为蒲立德大使和航空部长很熟悉。蒲立德善意地向我保证,虽然他不能预先断定结果如何,但他将作一次努力。

8月7日,我陪孙科驱车到大西洋海岸的瑟堡游览。孙科已经两次访问过苏俄,不仅是为了从苏俄寻求财政援助和物资供应,也为了弄清苏俄政策的态度和意图,究竟准备在多大程度上和中国合作对付共同敌人。中国政府现已采取坚定的政策,要与莫斯科达成在远东合作共同对付日本的协议。

在去瑟堡途中,孙科告诉我,他刚收到委员长发来的一份电报,催促他去莫斯科作另一次访问。我也敦劝他去,但他仍然怀疑再次访问是否有益。他告诉我,委员长在给他的电报中要他转告莫斯科,不管苏俄对于同中国合作对付日本已否准备采取新的步骤,中国都准备积极和苏俄合作。在抵抗日本侵略上,中国准备跟随苏俄之后。中国有句成语叫做"马首是瞻",也就是说随着马头所指的方向前进。我再次敦劝孙科去莫斯科作另一次访问,但是孙科回答说,只有政府授予他特别指示并提出一份中苏合作的具体方案,他才愿意承担这项任务。

我们在大西洋海岸消磨了一晚,次日在特鲁维尔游泳池游泳,并用茶点,在那儿我们又进行了一次谈话。我告诉孙科,我从巴黎得到一份有关苏日张鼓峰冲突的情报。情报中说,法国首都正在流传,李维诺夫和日本驻莫斯科大使重光葵之间可能在日本进一步作出让步基础上达成一项协议。可是战斗仍在继续。同时,我告诉他,从中国来的情说,在长江北岸中国发动了一次反攻,使日军遭到严重伤亡。这次反攻正值日本军方从华北抽调军队去朝鲜和西伯利亚边境之机,时机是最有利的。

两天之后,孙科派他的顾问吴尚鹰先生前来告诉我,孙已收到即将前去莫斯科访问的签证。驻莫斯科大使杨杰再次电告孙科,苏俄政府表示十分欢迎他再度来访。吴先生是立法院外交委员会委员,前些日子曾陪同孙科访问莫斯科。根据他的看法,他认为苏俄领袖们是真挚而诚恳的。他说苏俄的伟大共产主义实验,能否最后成功,只有时间才能作出回答。总而言之,吴在莫斯科时对苏俄领袖们的总的印象是,他们赞成中、苏在远东进行合作。

当天下午,孙科的另一位顾问余铭来对我说,他曾敦劝孙再次到莫斯科去,但是孙仍犹豫不定,因为委员长尚未答复他所要的提交莫斯科的具体政治建议。使他犹豫的第二个理由是与日本的和平谈判运动仍在中国政府中的某些圈子内进行。第三,苏俄和日本刚刚缔结了关于张鼓峰事件的停战协定。

我极力主张孙科启程访苏,愈快愈好。因为,即使中国决定真的谋求与日本停战言和,苏俄的援助仍然是需要的。我说,中国对苏只能有三种估计:(1)莫斯科可能已决定最终还是要和日本开战,现在的停战仅是为了争取时间,同时在国内外造成一个好的印象,让公众看到它是个被迫打仗的爱好和平的国家;(2)苏俄可能仍未确定其对日本的基本政策,因为它在最后决定与日本的和战问题之前,需要考虑的先决问题之一是中国的真实态度;(3)可能莫斯科已决心推行和平政策,现在与日本达成停战协定仅是今后缔结具体和平协议的先行步骤。我说,无论最后出现哪种可能,从中国的观点看来,孙的访问仍是可取的。即使第三种可能是真的,孙也可以询问苏俄领袖们这样做的理由。莫斯科肯定有义务来做出解释。无论结果如何,最重要的是能够了解苏俄真正的政策和意图。

8月13日,我拜访了法国外交部政治司长马锡里。谈话一开始我就对他说,我来此是为了交换对苏日局势的看法。我从报纸上注意到德国大使曾经会见博内,并告诉他德国不希望苏日冲突加剧。但在另一方面,我曾经收到从柏林来的情报,德国曾规劝日本停止或限制在中国的军事行动,而以全神注意俄国。一旦日本和俄国发生战争,德国将应日本之请派遣一个军事使团去日协助日本参谋本部。我不知道博内在和德国大使谈话时,是否曾有这样的印象。

这位司长告诉我,德国大使的谈话是一般性的,仅仅是简单地宣称德国不愿意见到局势加剧和德国驻东京大使已得到指示,要他敦促日本政府执行一种节制与和解的政策。我问他,日本大使在和博内谈话时,是否曾有所表示,由于已与俄国实现停战,将要扩大其在中国的军事行动。马锡里说,没有。他还说,日本大使仅强调说明日本政府的和平意图,期望苏"满"边境事件和平解决。

在回答另一问题时,马锡里说,英国政府从一开始就认为日本和苏俄都不想真正打仗,因此它对苏日冲突并不感到担忧。于是我问道,欧洲的局势是否有真正值得忧虑的理由。我还说,德国狂热备战的消息,不断传到中国大使馆,我问他对于这类消息,应如何估量。

马锡里回答说,法国外交部也早已知道这些消息,德国在准备战争是真的。他认为,这确有值得忧虑的理由。但是人们的意见存在分歧:有人认为战争即将爆发;有人认为过一个时期才会爆发;也有人认为根本不会爆发。他自己并不认为战争即将爆发,但是另一些人却相信战争会在8月中和9月底随时发生。

谈话结束前,我提出有两架德沃丁式飞机,当运往中国途中时,在印度支那边境被扣留的事。马锡里说,这是件新发生的事。他知道这两架飞机是由殖民部下令扣留的,他将行文向殖民部询问,并请他们放行。关于十九门炮的事,我发现外交部已经行文给航空部,强烈要求他们把这些东西交付给中国。

一天前,中国政府的顾问爱斯嘉拉教授为汇报情况来访。他告诉我,两天前他曾会见法国外交部长博内,他们非常坦率地交换了意见。博内曾告诉他,法国愿意帮助中国,但是不能单独进行。博内还告诉他,在布鲁塞尔会议后,法国曾一再请求美国和英国对于扩大援助中国一事给以保证。但是没有下文,伦敦和华盛顿都不准备给法国以此种保证。

法国对中日战争采取什么政策,一直被人们认为对中国有极大的重要性。因为,诸如提供过境便利,以及中国用购买方式获得物资,和法国供应军用品等,均须仰仗法国。但是正如人们已经清楚看到的,法国的政策似乎总是以欧洲形势的发展和英、美的态度及意图为转移。

当然,法国在远东特别是对于中日战争的态度和政策,始终是很清楚的,其关键主要在于欧洲形势的发展。这个时期的捷克问题已引起欧洲的政治家们的认真关注。事实上关于欧洲爆发战争的可能,有着很多的议论和忧虑。因此,8月26日,在我为前外交部长、现任行政院副院长张群的夫人举行的午宴上,我和我的客人波兰大使的谈话,自然而然地集中到欧洲局势上。大使在回答我的问题时说,会不会发生战争,将在未来两周内决定。他认为朗西曼在柏林的会谈将要失败。另一位客人,乌拉圭公使马尼说,现在唯一能做的事是由张伯伦和达拉第邀请希特勒和墨索里尼进行直接当面会谈,询问他们如何才能维持欧洲的和平。法国外交部政治司长马锡里认为,整个欧洲形势的安危现在系于希特勒一身。马锡里担心欧洲现在正滑向战争。

三天后,中国驻柏林大使程天放夫妇从柏林来。我十分高兴地接待了他们,因为我很想知道程大使所了解的有关德国的态度和意图。程天放说,蒋百里最近访问德国以及对中国关切的实业家们时,戈林曾亲自告诉他说,日本最终将会战胜中国,因而德国可能通过日本在远东做更多的生意。程先生还说,里宾特洛甫外长本人由于受到日本宣传的影响过深,对于远东的形势非常幼稚无知。至于希特勒,程说,他"想得很多,说得很少,但他总是抓住有利的机会行动"。据程看来,希特勒还是一个虚张声势的人(这是指他在欧洲要采取强烈行动而言),因为要发动战争,德国那时在经济和海军实力方面尚未准备好。

第三节　中国再次向国联申诉，
因欧洲危机而告失败

1938 年 9 月

　　1938 年 9 月初,欧洲局势继续恶化,朗西曼勋爵出访捷克斯洛伐克没有获得结果。尽管捷克人一再让步,仍然看不出他们与苏台德区日耳曼人之间有达成和解的迹象。德国这时已在动员,正沿捷、法边境频繁调动军队。令人奇怪的是在 9 月 5 日以前法国并没有作出任何相应的行动,直到 9 月 5 日法国才开始动员。1938 年 9 月 5 日我在日记中写道:"欧洲局势由于捷克斯洛伐克危机,法国废除军事盟约和征召某些类别的特种后备人员而变得日趋紧张。"

　　与此同时,从中国传来的战争消息也令人沮丧:日本军队正在江西、广西和河北省的部分地区继续深入。刚从中国回来的驻莫斯科武官王上校在 9 月 6 日向我汇报说,中国的军事物资仅敷需要,但并不充足。新训练的士兵虽然勇敢,可是缺乏作战经验;一些有经验的老兵总的说来文化程度又均有限。目前感到特别缺乏受过现代化训练的高级军官。从全国各地征集入伍的新兵除去广东、广西和江西三省外,其余人员在文化程度上都达不到所要求的标准。不过他又说,可以看得出,中国士兵由于接受了上海、南京战役的教训,在使用武器和更换机枪备件方面有了改进。

　　这时,日本加强了对中国的军事行动,企图在有利于日本的情况下早日结束"中国事变"。他们的主要目标是用武力摧毁中国的国民政府,把中国置于日本的政治、经济控制之下。因此,1938 年夏季,日本开始向中国增兵。根据外交部的电报,截至 1938 年 9 月 1 日,日本侵华兵力已经达到如此规模:在长城以内部署了三十一个陆军正规师团和一个约二万五千人的后备师团。驻华空军部队在第一线拥有五百架飞机。同时,日本海军的第二、第三舰队也已全部出动,巡弋在中国领海。电报还说,实际上的日军兵力可能超过上述估计数字。

这时,中日之间陆上的战火已经燃遍了十一个省,其中绥远、察哈尔、河北、山西、山东、江苏、江西和湖北各省的部分地区已被侵占。日本侵略军几乎占领了中国的全部主要铁路交通线,即京(南京)沪、沪杭、津浦、平绥、正太、浙赣、淮南等铁路全线以及平汉、陇海铁路的大部分。可是他们并不能完全有效地控制这些铁路线,更谈不到控制这些铁路沿线的内地。中国游击队的进攻,不断扰乱和削弱日军对上述交通沿线上一些重要城镇的控制。

政府估计,在战区内约有三千万人民逃离了家乡。此外,还有数百万人民陷于贫困流离,依靠政府救济或私人施舍勉维生计,正常生活完全遭到了破坏。留在日军占领区、特别是双方争夺区内的广大人民,苦难更为深重。日本军队为了在居民中制造恐怖气氛以防止他们帮助中国游击队,经常放火烧毁整座的和平城镇和村庄,大规模屠杀手无寸铁的平民。

日本空军也加强了对中国的进攻,8月24日上午发生的事件就是个典型的例子。当时,一架属于中、美合办的中国航空公司的客机正按照规定航线从香港飞往重庆,途中遭到了日本飞机的追逐和袭击。那架客机被迫降落在水上以后,日本飞行员还残暴地用机枪进行扫射。结果,包括三名妇女和两名儿童在内的十七名乘客中,只有三人死里逃生。据幸存的美国驾驶员伍兹在一份签名证词中说:"即使在客机被迫降落水面之后,日军驱逐机还一架跟一架地呼啸而下,喷射出可怕的机枪弹雨,像冰雹一般把客机打得千疮百孔,大部分旅客登时丧命。可是日本飞机还一次次地盘旋飞回,继续在近距离无情扫射,直至这架罹难的客机最后沉入水底。"

日本在华推行的政策清楚地表明,他们不但要控制中国,而且还要排除在华的外国利益,这从日本对待在华外侨和外国利益所采取的一些做法,就可以得到充分证实。例如,他们企图把所有在占领区中的外侨置于自己的控制和管辖之下,发生了许多起日军任意逮捕、拘禁和殴辱第三国侨民的事件。他们还公布了经过修订的海关税率表,给进口日本商品以明显的优惠待遇。这种新修订的税率,日本人于1938年1月曾作为一项临时性措施在华北实行,从6月1日起扩大到在中国的整个占领区。日本还对外国船只在长江下游航行发布禁令,禁止在长江上日军控制的区段航行。而日本船商则在上海报纸上公开登出广告,为他们的船舶招揽南京至芜湖之间定期航线的货运。日军拒绝对外国商人或传教士签发通行证,不准他们回到原在占领区内的处所,可是日本商人却越来越多地涌入这些地区。日军占领区中,外国投资的铁路也被新组成的日本公司接收,置于日本人的管理之下。他们阻挠原来属于国际监督下的黄浦江浚港工程,为的是暗中破坏上海作为东亚最大港口的地位,企图在黄浦江下游另建一个完全由日本人控制的新港口。

　　以上就是9月初中国和欧洲的形势。当时我正准备再次出席下届国际联盟行政院会议和全体大会。驻在伦敦的同事郭泰祺大使来到巴黎,他将和以往一样参加中国出席国联会议的代表团。9月7日我们一起讨论了准备在日内瓦提出的要求和哈里法克斯勋爵对我们建议援用盟约第十七条所作出的初步反应。哈里法克斯勋爵认为,鉴于许多欧洲的国联会员国声明反对制裁,所以我们的建议是不适宜的*。

　　同日,9月7日,我访问了法国外交部秘书长莱热先生。因为

---

　　* 原编者注:

　　国际联盟盟约第十七条条文如下:

　　(一)若一联盟会员国与一非联盟会员国或两国均非联盟会员遇有争议,应邀请非联盟会员之一国或数国承受联盟会员国之义务,俾按照行政院所认为正当之条件,以解决争议。此项邀请如经承受,则第十二条至第十六条之规定,除行政院认为有必要之变更外,应适用之。

　　(二)前项邀请发出后,行政院应即调查争议之情形并建议其所认为最适当与最有效之办法。

　　(三)如被邀请之一国拒绝承受联盟会员国之义务以解决争议而向联盟一会员从事战争,则对于采取此行动之国即可适用第十六条之规定。

　　(四)如争执之双方被邀请后均拒绝承受联盟会员国之义务以解决争议,则行政院可筹一切办法并提各种建议以防止战事,解除纷争。

　　(以上盟约译文摘录自《国际条约集》——译者)

这时国联行政院和大会即将开会,会上将讨论中国就中日冲突事件提出援用盟约第十七条的建议。我急于想在这次会议上得到法国政府的支持,因此向他表示,希望法国政府训令在日内瓦的法国代表团支持中国的建议。

莱热的态度非常坦率,他说中国的要求很不明智,因为在欧洲目前形势下提出这种要求,肯定得不到任何结果。他还告诉我,他刚刚从伦敦收到一份报告,据说哈里法克斯勋爵对中国驻伦敦大使也表明了同样的观点。

我解释说,中国政府并不是不了解欧洲当前的紧张局势,但是日本对中国的侵略战争和中国的单独抗战已经进行了十四个月,在此期间中国蒙受了巨大的牺牲,然而并没有得到作为一个国联会员国应该得到的支持和援助。确实,国联行政院和大会通过了一些同情中国的决议,可是这些决议一直没有执行。因此中国政府认为,如果不提出援用专为处理此类事件而制订的第十七条盟约,也许就不可能得到任何实际的帮助。

莱热问道,坚持提出一些对于中国并无实际效益,而且显然难以实现的要求,究竟有什么用处?他认为,要紧的是为中国谋求具体效果而不是大量的空泛争论。我同意他的看法,但是我说,直到现在,一些国联会员国几乎没有用任何实际行动支援中国。各个强国甚至连停止向日本提供武器、弹药、飞机等有助于日本在中国推行其大规模屠杀政策的工具,以制止其侵略行为的起码行动都没有采取。莱热说,他不能代表其他国家说话,但就法国而言,自从去年中日战争爆发后,就停止向日本出售武器、弹药之类的物资,即便日本要求购买武器、弹药、备件,也遭到婉言拒绝。日本认为法国的态度很不友好,有一时期曾集中它的全部宣传工具对法国的政策大肆攻击。然而鉴于目前欧洲的危急形势,英国和法国都难以对中国提供经济或物质援助。但无论如何,他们并没有帮助日本。英、法对中国的态度完全是同情和友好的,在外交场合中他们一直为中国的利益说话。

我说我个人很理解在目前的欧洲局势下,不容易做到实施制裁。中国政府的本意也并非在于要求对日本实行全面制裁,只是希望在物质和经济方面采取某些制裁性措施以有助于削弱日本的侵略实力,增强中国的抗战力量。莱热说他充分理解中国对这些措施的愿望,但要实行这些措施,必须通过外交渠道和几个主要强国进行秘密协商。如果把这项建议径直提交国联讨论,会使中国一无所获。

我说,石油是日本摩托化和机械化部队必不可缺的一项重要物资,禁运石油这个措施一直没有实行。莱热说,这也是可以和有关国家政府进行磋商的一项,法国无论如何不会反对,因为它毕竟不是一个生产石油的国家。但是中国完全可以把这个问题向那些主要产油国家提出。

我说,现在捷克斯洛伐克的危机正震撼着欧洲,造成了动荡不安的局势。如果局势变得更加恶化,不知道与此有利害关系的国家是否打算把这个问题提交国联。我认为如果由于捷克问题导致武装冲突,届时列强有意援用第十七条盟约,那么预先把这一条文应用于中日冲突事件就可以为今后再次顺利援用这项条文铺平道路。莱热说,除了苏联可能有这种想法外,没有哪个国家想到把捷克问题提交国联,也不打算援用第十七条或寻求国联帮助解决欧洲危机。例如:国联显然不能为捷克获得波兰的支持。而且就连德国破坏奥地利独立这样的大事也没有提交国联。如果国联对于一个欧洲国家都如此软弱无力,拿不出任何有效措施,它对有效干预远东事务的可能性就更有限了。

我说我感到非常遗憾,竟没有一个欧洲的国联会员国对德国并吞奥地利表示抗议,这种漠不关心的态度肯定不利于增进国际关系中的信任。按照莱热先生对国联的看法,似乎日内瓦机构已经名存实亡。莱热说,虽然我们不希望向全世界公开宣布这个事实,但很不幸,实情正是如此。

我们重新回到中日冲突的话题。莱热说,法国政府一直同情并且愿意帮助中国,但是,从法国方面考虑,这种帮助必须在暗中进行。因为法国和英国一样,都要继续保持形式上的中立政策,以免把他们和日本的关系弄僵。然而这并不意味着他们不愿意帮助中国,实际上英、法都想通过外交途径安排对中国提供援助。

接着我继续谈到欧洲形势问题,并询问莱热对于捷克危机的看法。我告诉他,根据我从德国得到的情报,德国并没有准备打仗,而且在内心深处也不希望挑起战争。莱热说,他确信德国是在进行一场巨大的讹诈,但战争危机仍然存在。希特勒有可能孤注一掷,这完全取决于他是否充分理解如果德国用武力进攻捷克,英国和法国决心出来干预。尽管希特勒本人可能比较谨慎,但据说他周围的人都主张对捷克发动一场速决战争。他们认为侵捷战争如果能迅速地胜利结束,无论英国还是法国都不会采取行动。这种只要进行的是一场局部战争就不致挑起普遍冲突的信念,在希特勒周围的激进分子中是强烈的。当然,如果希特勒知道英国和法国的决心,他自己一定会做出决定,避免卷入战争。

我对莱热说中国希望聘请三名法国高级军官担任中国陆军大学的教官。法国国防部已经通知我的武官唐将军说可以接受这一要求,但需由大使馆通过法国外交部履行有关手续。莱热当时显得有些犹豫地说,外界会认为这些法国军官是去代替那些被召唤回国的德国军事顾问的。他说,如果为了达到上述目的,似乎聘请现役军官要比聘请退役军官更为适宜。但他又认为,如果真的这样做,对于中国并没有多大帮助。因为在当前的欧洲局势下,现役军官很快就要被召回法国服役。他还说,国防部已经限制驻外军事使团的规模和人数,一旦战争爆发,这些人全部都要应召回国。

莱热给我举例说明国防部的思想状况。他说中国政府的前法国军事顾问德梅勒将军最近得到国防部批准前往远东,可是当他启程后,国防部就要求外交部与他联系,说是鉴于当前欧洲局势,已撤销了原来的批准,召他回国。德梅勒将军已经退出现役很长时间,如果对退役军官都这样需要,那么对现役军官的需要一定更为迫切。我说,为了避免使法国政府为难,可以按照成例由中国陆军大学校长和应聘军官本人签订征聘合同。莱热说,他要和国防部研究后再给我答复。

我提出中国政府准备购进某些成套设备以便在中国大规模生产硒、酸、氨和一些炸药。有一个从中国来的代表已经在法国物色到一些中意的设备,不知道法国政府对此是否同意。莱热说,没有异议,他认为制造上述产品的设备属于商业性质的工业设备,出售此类物资对于法国政府并无不便之处。如果我能交给他一份备忘录,他可以把这项要求转达给各个主管部门。我又提到德沃丁式飞机经印度支那过境时在越滇边境和海防遭到扣留的问题,敦促他联系放行。他答允调查这件事后给我答复。看来他对我所提的要求并无反对之意。

9月8日我和中国驻海牙公使金问泗进行了一次谈话。金也在国联大会期间襄助中国派往日内瓦的代表团,他在和我一道赴日内瓦之前,先期来到巴黎向我汇报。他告诉我,他在离开海牙之前曾和荷兰外交部联系,了解到如果有英国倡议,荷兰将参加对中国贷款。他还说,荷兰出席国联大会的代表将在会上就中国提出援用十七条的问题进行发言。

9月10日我和钱泰大使、金问泗公使以及我的参事施肇夔先生一道前往日内瓦(郭泰祺大使已先期启程),再次担任中国出席国联大会代表团团长。我们乘汽车走了整整一天,直到黄昏后才抵达目的地。行装甫卸,我即听取了中国代表团驻日内瓦国联办事处处长胡世泽关于国联行政院和国联大会议事日程的报告。之后,虽然时间已晚,我还是立即起草一份函件送交国联秘书长爱文诺,要求国联行政院从速执行盟约第十七条。

当然,这时提出援用十七条的问题一定会引起争论。我之所以主张这样做,并不期望在争取执行第十七条本身上能收到多少实际效果,只是以此作为一种对出席行政院会议的列强施加压力的方式,促使他们能在国联或其顾问委员会一再通过的关于中日冲突的各项决议的基础上,给中国以实际援助。换句话说,也就是促使列强个别地援助中国。但有些中国政治家不赞成我的意见。第二天晚上(9月11日)在日内瓦的一次宴会上,国民党元老李石曾和我讨论这个问题,国联秘书处的中国成员吴秀峰也在座,他们两人都不主张在国联强行提出这一建议。后来,在同一天早一些时候到达日内瓦的胡适博士也参加了讨论。有鉴于这次讨论的情况,我给外交部发出电报,请求外交部就这一问题应采取什么策略与国联折冲给予最后指示。

9月12日国联大会开幕,由当时的国联行政院主席新西兰代表乔丹担任大会第一次会议的临时主席。他发表了一个简短但内容不错的开幕词。他的发言根据我提供的要点,涉及到日军飞机不加区别地狂轰滥炸中国和平城镇和平民大众的野蛮行为,强调指出全世界一致谴责空袭平民。随后爱尔兰的瓦勒拉当选为大会新的主席,他的就职演说集中谈论了欧洲形势,着重表明他希望这次大会能在欧洲不发生战争的情况下结束。那是一篇调子低沉令人沮丧的演说,但明确道出了欧洲的紧张局势和日益迫近的战争危险。

那天下午在会议大厦中我和巴特勒先生进行了一次长时间的谈话。上面提到我离开巴黎前曾和莱热谈过一次话,看来法国政府不打算出面支持中国要求国联行政院援用盟约第十七条的建议。现在发现英国的态度比法国更为消极。我应英国外交次官巴特勒之邀和他进行的会谈不仅时间冗长,而且在交换意见中有时他还流露出讥讽的口气。

巴特勒说他已看过我交给国联秘书长要求国联行政院迅速援用第十七条的函件。他觉得这一行动使得行政院处理远东问题益加困难。他说,以我的经验,应该能够充分认识到国联要依据第十七条做出任何对中国有利的事情都会遇到障碍。他问我,依我所想应用第十七条究竟会有什么结果。

我回答说有两种可能:第一种,日本可能接受邀请;这就表明它将派代表出席国联行政院会议,意在讨论出一项解决方案。从日本寻求进一步与列强合作的舆论动向来看,这不是完全没有可能的。第二种可能是它将拒绝此次邀请。这样,行政院依据条文程序就可以转为应用第十六条,出现这种结果的可能性最大。我继续解释道,在目前的欧洲局势下,中国政府并不强求实行军事制裁,只是希望能采取各种合理的经济制裁。为此,期待国联实行一些强制措施,例如禁止向日本供应武器、弹药、飞机、石油和铁矿石等军用物资,以遏制日本的侵略行动;另一方面给被侵略的中国以物质和财政援助。我觉得这些措施并不要求全体国联会员国执行,相反,它只与五六个国家有关。

　　在回答巴特勒提出的问题时,我说实行对日本禁运武器、弹药和飞机,只不过需要英国、法国、比利时、捷克斯洛伐克和瑞典等五六个国家的合作。禁运石油和铁矿石也仅与英国、罗马尼亚、苏联、美国以及其他一两个国家有关。至于对中国实行财政援助问题,英国、法国和荷兰这些有关的会员国可以提供必要的帮助。从上述情况分析,我认为国联不是不可能以行动支持中国。此外,荷兰已表示如果由英国和法国倡首,它愿意参加任何形式的对华财政援助。

　　巴特勒提到所谓奥斯陆国家的态度时说,他们对盟约第十六条仍然坚持解释为经济制裁是非强制性的。我说,即使就这些国家而言,他们的态度也并非是不可逾越的障碍。事实上,有一个奥斯陆国家曾向我国公使表示,他们的意见并不适用于对远东国家的制裁。因此,我希望巴特勒先生能邀请这五六个有关国家的代表进行磋商,在遏制日本和帮助中国的具体措施方面达成一项谅解。

　　巴特勒说,如果中国代表团没有提出过援用第十七条,这个办法也许可行。但因中国已经提出了援用第十七条,他不相信再召开这类会议能收到什么效果。他还说,去年国联曾经讨论过中国要求执行第十六条的建议,觉得难以实现。在目前的局势下,希望越发渺茫。因为去年不能实施第十六条的原因现在仍然存在,而且具有更大的现实性。

我回想起去年9月和今年1月艾登与德尔博斯曾一再劝告我不要坚持援用那项条文,哈里法克斯在今年5月也同样劝说过。我告诉巴特勒,当时我是在这样的谅解下同意接受他们的劝告的,即希望通过国联外面的谈判以获得对华援助。我说,确实,国联每次开会都通过了冠冕堂皇的决议,但中国却没有得到实际利益。尽管有那些决议,国联事实上并没有采取任何有效措施来帮助中国和遏制日本。

英国代表团的史蒂文森是巴特勒的助手,这时他插话说,国联给中国派去了三个防疫医疗队,从1月以来在中国做了很有益的工作。我说他们的工作确实是有益的,但单靠这些并不能缓和日本的侵略行动。况且国联拨给的这笔经费的四分之三都是出自于中国经常和特别提供的国联经费。

巴特勒说,关于对中国的财政援助问题,我一定已经看过张伯伦和他自己在下议院的发言。由于不可能给予中国贷款,英国政府可以考虑向中国提供出口信贷的问题,但这要由中国主动提出具体建议。我说我对英国政府拒绝中国的贷款要求感到遗憾,尤其是这笔贷款是为了用于稳定中国的通货。此项目标与许多国家的政策完全相符。如果贷款得到批准,肯定会有利于促进中国的对外贸易,特别是与英国的贸易。至于说到出口信贷问题,中国已经提出过某些具体建议。巴特勒同意我的看法而且想起了关于中国购买铁路器材、电信设备和载货卡车的计划。

我说我了解要获得商业信贷的批准必须按商业办法安排。但是不应该把中国对财政援助的要求完全看成是一项商业上的问题,它确实有着重要的政治意义,而且是基于国联历次通过的决议而提出的。

巴特勒说,如果中国提出建议,他的政府将满怀同情地予以考虑。但坚持援用第十七条,他觉得无论如何,肯定会没有结果,因此对中国也决无利益可言。我回答说,以前我听从了这种劝告,中国在过去的十四个月里也是按照这种意见做的,可是没有见到任何实际效果,侵略战争仍在继续进行,给中国人民造成巨大的苦难和牺牲。如果在过去十四个月中,对中国确实提供了援助,那么他的意见对于我会具有更大的分量。我说,每一天都意味着更多的牺牲和更多的苦难,巴特勒先生一定能体会到中国人民的愤激心情。巴特勒说,他对战争的悲惨和恐怖完全具有同感,也能充分理解中国政府的感情。

我说,中国的前方将士和后方民众都在指望国际联盟对二十年的忠实会员国——中国提供实际援助。然而经过了十四个月,仍然一无所获。这种不能给予援助的情况,使中国代表团对它的政府无言以对,同时也使政府难以向人民解释为什么中国不坚持援用第十七条,和根据第十六条要求国联实行强制性的制裁措施。代表团的这种尴尬处境相对地来说还无关紧要,但对政府而言,那就是一桩严重的事情了。

我提起三年前当埃塞俄比亚事件爆发时,尽管中国对意大利并无恶感(事实上那时意大利正多方寻求中国的友谊),它还是忠实地执行了国联大会的集体制裁决定。几个月后,在1936年,意大利曾企图诱使中国放弃制裁,但中国始终忠实于国联的集体行动,拒绝了意大利的要求;对于停止制裁要等待国联的另一个集体决定。今天中国自己成为侵略行动的受害者,它理所当然地期待国联履行义务和会员国对它提供所需的援助。

我说按照我个人的看法,国联现在还有另一个应该执行第十七条的理由。因为在目前欧洲的危急情势下,很有必要显示出由国联组成的和平阵线毕竟不像某些欧洲国家所愿看到的那样分崩离析。应用第十七条于远东事件可以为将来树立一个先例。如果由于当前的紧张形势而不幸在欧洲发展成武装冲突,现在应用第十七条就能为日后应用这一条铺平道路。此外,作出实行第

十七条的决议还能增强国联的信誉,再次肯定它作为保卫和平的
机构的权威。

巴特勒说,英国政府也希望增强国联的权威。但据他看来,
我建议的途径并不能达到加强国联,相反却会产生削弱它的效
果。在目前形势下,他认为,需要的是维护国联的威信,而不是进
一步暴露它的弱点。巴特勒问道:"如果中国坚持援用第十七条,
日本不加理睬,而国联又不能采取制裁措施,那样能解决什么问
题? 对中国又有什么好处?"我说,那样至少可以使中国懂得它能
从国联企望什么和不能从国联企望什么。巴特勒接着问:"中国
知道了国联的软弱后,打算怎么办呢?"我说,在这种情况下,中国
人民会终于看清国联的真实性质,而不再对它存有幻想。当然,
这一发现肯定会影响到将来中国对国联所持的态度。

巴特勒说这确实触及国联的改革问题。哈里法克斯勋爵正
在慎重思考,准备做一次发言,指出必须把国联的作用摆在现实
的基础上,不要强用一些不可能履行的职责来加重它的负担。哈
里法克斯勋爵主张多考虑有关条约修订的第十九条。

回答巴特勒的询问时,我说中国政府给我的训令非常明确,
指示代表团坚持它的要求,此外没有其他选择的余地。巴特勒说
他理解我受本国政府训令的约束,当然要催促执行盟约条款,国
联行政院也不得不对中国的要求进行讨论。虽然他本人已一再
指出这样做不会产生任何效果,可是,他对我们这次诚挚的交换
意见表示赞赏。他说,既然我已向行政院提出援用第十七条,希
望我不要把这次谈话当做英国政府的一项正式外交新方针,而只
是一次私人谈话。他还说,哈里法克斯勋爵到达日内瓦时,一定
会亲自和我谈话。

我对这次谈话表示感谢,并向巴特勒保证,哈里法克斯勋爵
来到后我将高兴地和他商谈这件事情。同时,我还要尽力与巴特
勒保持联系。于是他说他将乐于为我效劳。

9 月 12 日我不仅会见了巴特勒,还和行政院的几乎全体重要

代表开始了一系列交谈。向他们阐述远东的形势及其与欧洲总的形势的关系,希望为中国的申诉争取尽可能多的支持。在与各个代表的谈话中,我也强调说明中国迫切需要各友好国家的及时有效的援助。

在 9 月 12 日,我会晤的国联行政院代表之一是罗马尼亚的外交部长彼特雷斯库。像其他欧洲政治家一样,他正在为捷克斯洛伐克的紧张局势感到焦虑。我和他开始谈话时首先表示我对他不愿出任大会主席候选人感到失望,因为我很乐于投他的票。他解释说,他不愿出头的原因是在当前紧迫的欧洲局势下,他要保留行动自由。如果局势进一步恶化,他必须立即回国。此外,关于第十六条问题,他说奥斯陆国家将为此发表声明,他希望保留发表意见的自由,以便提出罗马尼亚的观点。如果他被选为大会主席,发言就会受到一些约束。

我告诉他中国向国联提出了援用第十七条的建议,我的政府要求我与他联系,希望在行政院会议上能得到他对这项建议的支持。他说他对中国抱同情态度,对援用第十七条问题感到关心。但罗马尼亚作为小协约国和巴尔干条约国的一个成员,必须与这两个集团的其他国家一致行动。他说,前一天晚上他和这两个集团国家的同仁们已经讨论过这个问题,正试图达成一致意见。他说中国最好能和各大国进行直接谈判以求得到一些物质援助。他认为在这类谈判中,中国可以运用第十七条作为一种压力来获得它所需要的东西。

9 月 12 日我也访问了苏联的李维诺夫和法国代表团的代理首席代表保罗-彭古。保罗—彭古告诉我,他在中日冲突事件中一直是同情中国的。他认为国联没有尽力支持中国,列强没有给中国更多的援助是一种耻辱。他完全理解中国敦促实施第十七条的愿望。然而,他说他不能代表法国政府讲话,并问我是否与法国外交部研究过这件事。当我告诉他莱热的观点后,他认为法国和英国实在不应该抛弃中国,忽视国联利益。

他完全赞同我的观点:在远东援用第十七条可以为将来欧洲发生冲突事件时援用这项条文铺平道路。他也想到通过这一行动能够表明和平阵线并没有真的瓦解瘫痪,像某些欧洲国家所希望的那样已经死亡。但是他接着说,奥斯陆国家将要发表声明,宣布按盟约第十六条实行的经济制裁是非强制性的。他已在其他场合明确表示他不同意这种观点。他还说,奥斯陆国家将就国联在中国事件上未能实施制裁一事进行辩论——辩论的目的不是为了支持中国的要求,而是为他们自己的主张进行辩护,即奥斯陆国家认为按第十六条实行经济制裁已因国联本身的失败而成为由各国自行决定的事情了。

我说,正是因为这个理由,才更应该接受中国的要求运用第十六条及第十七条,不应该因为国联过去未能在中国事件上运用制裁而阻止它现在实行制裁。保罗—彭古只说,那不是奥斯陆国家的意图。

在会议休息室会见苏联外交人民委员李维诺夫时,我请求他支持中国要求立即实施第十七条。他说,他个人完全赞同并支持中国的要求,但他对行政院能否通过这个建议表示怀疑。因此,我解释中国为什么要坚持应用这项条文的理由。我提醒他,全体大会,行政院和顾问委员会已经通过一些旨在帮助中国的决议,但这些决议一直没有执行。虽说中国是在为它自己的独立和领土完整而战斗,但中国军队的胜利也将是国际联盟原则的胜利。十四个月来中国实际上是单枪匹马捍卫国联的事业,除苏联外没有从其他会员国得到任何真正的支持。在目前欧洲的危急局势下,国联应该表现出一些活力和生气。今天在中国事件上实行第十七条,不仅可以为以后一旦欧洲发生冲突时援用同一条文奠定基础,还能向某些欧洲国家表明和平阵线毕竟没有完全瓦解。我认为这种行动可能有助于促使那些国家恢复清醒的理性。这位苏联外交人民委员说,他完全同意我的观点,并认为国联虽然软弱,但仍应努力做出一些行动来维护它的威信。

他照例问起法国和英国给予了中国哪些援助。我告诉他曾与英国政府商谈谋取出口信贷,可是还没有多大进展。法国准许一定数量的军用物资通过印度支那,但每次都需要为此进行交涉。我说,总的看来,法国和英国对中国的态度确实令人失望。于是李维诺夫说,他曾得到确切的消息,在约翰·西蒙爵士声明拒绝给中国贷款之前,日本驻伦敦大使曾对他施加压力,促使其作出上述决定。英国渴望维持它在中国的利益,因此不敢开罪日本。

　　李维诺夫接着说,英国的态度确实难以理解。英国外交次官巴特勒曾经告诉他,哈里法克斯准备在国联大会上发言,指出有必要把按照第十六条实行的经济制裁看成是非强制性的,还应该集中注意力于有关修订各国之间条约的盟约第十九条。李维诺夫说他已告诉巴特勒,他完全不同意英国的观点,而且他知道法国的观点也和他一样。按照李维诺夫的看法,英国的论点看来似乎比奥斯陆国家的论点走得更远。因为奥斯陆国家仅仅希望发表适用于他们自己的单方面声明,英国却不仅把经济制裁解释为非强制性的,而且要赋予这种解释以国联决议的形式,使之对全体会员国都具有约束力。照李维诺夫看来,这样一种决议实质上等于摧毁国联代表集体和平体制的真正基础。

　　他同意我的看法:即英国准备作出的姿态实质上是对希特勒及其他敌视国联者的一种祈求。他知道哈里法克斯由于苏联和法国的反对,现在已打消作上述发言的念头。

　　在回答我的问题时,李维诺夫说,他认为欧洲不会爆发战争,因为希特勒不过是在搞讹诈战术,英国用不着这样惧怕德国。英国目前所持的态度正好对德国有利。

　　我问起如果中国催促国联投票表决实施第十七条的建议,他认为日本会有什么反应。李维诺夫说,那将和西班牙事件的情况相类似。他自己将投票赞成,但他担心中国的提议恐怕难获通过。我说,在会员国中可能有一半支持中国,另一半不支持。李维诺夫认为,中国的提议很可能连一半支持票也得不到,因为有几个国家也许内心同情中国,但在目前形势下他们将会弃权。他举新西兰作为一个例子。

第二天我访问了新西兰的乔丹,当时他是国联行政院的主席。有鉴于他的职务和李维诺夫的谈话,我很想尽量争取他在行政院讨论中国的提议时给予支持。我向他阐述了中国政府坚持立即执行第十七条的理由;同时告诉他英国和法国都未能为贯彻全体大会及行政院会议历次通过的决议而作出应有的努力。乔丹表示惊讶,他说一定要在行政院会上发言支持中国,并追问在行政院中有代表的各国贯彻上述国联决议的实施情况。

中国代表团企望国联行政院早日开会讨论中国的提议,但其他国家好像并不急于早日开会,还试图说服我同意推迟会期。为此,9 月 13 日刚过中午保罗-彭古(头一天我已见过他)就邀请我和他再次谈话。一开始他告诉我巴特勒和他已经谈过话,他发现英国对中国提议的态度不像原来设想的那样抵触,使他得到一个印象:英国准备提出一些中国所希望的措施。但由于欧洲的危急形势迅速发展,似乎每小时都在不断恶化,中国代表团这时在行政院贸然提出讨论实施第十七条的问题是不合时宜的。如果行政院应中国之请在近几天举行会议,他和巴特勒都担心各个行政院理事国将因全神贯注于欧洲局势而无心听取中国的申诉。

保罗-彭古的话再一次表明在西方政治家和政府的心目中已经多少认识到远东问题与欧洲局势是紧密相连的;但他们的片面理解对中国只有不利。也就是说,他们虽已开始认识到两者之间的关系,但对这种关系的真正含义不像我那样有深切的理解。这就使得他们感到在两者之中欧洲局势更为紧迫和重要,因此他们不愿援助中国或被卷入远东事件。

确实,这时欧洲的局势非常严重。前一天,9 月 12 日,希特勒在演说中要求给予苏台德区日耳曼人自决权,也就是给以从捷克斯洛伐克分裂出去变成德国一部分的权利。这个挑衅性的演说发出了在捷克斯洛伐克掀起骚乱的信号。9月13日晚,尽管捷克政府施行戒严令时曾遇到了许多困难,捷克斯洛伐克还是下了戒严令。

回到我和保罗－彭古的谈话。他继续解释道,他认为不会有任何人反对按第十七条对日本发出邀请,但如一旦被日本拒绝的话,他猜想行政院理事国不会为中国而采取任何实际行动。他作为中国和我个人的朋友,建议我通知国联秘书处不要立即召开讨论中国申诉的行政院会议。他认为我可以对秘书处解释说,在要求行政院作出决定之前,我希望和即将来日内瓦出席行政院会议的哈里法克斯及乔治·博内再作一番磋商。这样就可以给行政院一个推迟会期的充分理由。至于秘书处当然愿意尽快讨论中国的申诉,以便予以了结销案。

我问道,秘书处是否已经知道他和巴特勒关于推迟会期的愿望。保罗一彭古作了肯定的回答,并且说,秘书长表示:因为中国代表团曾经要求早日开会,除非中国代表们改变主意提出延期的要求,他作为秘书长不能将讨论延期。保罗－彭古这时还敦促我说,延期开会确实对中国有利,尤其是当他想到中国要求实施第十七条的第一步行动就是对日本发出邀请,而日本的拒绝也早在意料之中,这时行政院势必将被要求采取一些行动,他个人希望这次能有所作为。接着他又补充说,当然,美国政府的合作是必要的,否则行政院的任何行动也难以奏效。他认为中国应该在这方面作出努力,先行一步。

我告诉他美国国务卿赫尔曾经通知中国驻华盛顿大使,如果国联采取积极行动,美国政府将尽最大努力与之合作。但是保罗－彭古说,没有美国的合作,国联不能采取行动,而美国对合作的态度似乎总是附带着一个"如果"作为先决条件。

我对保罗－彭古说,原来我曾想等待哈里法克斯勋爵和博内先生到达后再在全体大会上发言,但因欧洲局势一天天恶化,我觉得最好能尽快发言,否则欧洲一旦发生冲突事件,就可能完全失去发言的机会。保罗-彭古说我可以按照原定计划在星期四(9月15日)发言,但他希望行政院延期讨论。

在回答我提出的问题时,保罗-彭古说如果欧洲一旦发生冲突事件,全体大会将会继续开会,因为冲突问题也会在日内瓦提出。他自己和博内虽然关心远东问题,但现在欧洲问题在他们心目中占了更大地位也是合乎情理的。换句话说,照他看来,现在讨论中国问题不大适宜。我立刻按着他的话说,那正是我敦促行政院就中国申诉采取有效行动的另一个理由。现在采取这类行动可以向某些国家证明和平阵线毕竟没有完全瘫痪无用。

保罗-彭古完全同意我这个观点,甚至建议说,在我的发言中可以乘机指出远东局势和目前欧洲局势之间的连锁关系,即和平是不可分割的,各国的安全有赖于互相依存这些要点。在这些方面加以强调,将会提高大家对远东问题的兴趣,并引起注意。我告诉他,我也有同感,一定要在发言中充分表达出来。

我问保罗-彭古是否与法国外交部长保持着联系。他说每天都有几次联系。他知道博内一心想着欧洲局势,因此他没有也不能向博内提起远东问题。他还告诉我巴特勒也处于同样情况,换句话说,关于帮助中国的事,他和巴特勒都对我说不出什么,目前唯一的办法是等待博内和哈里法克斯的到来。但他完全不能肯定英国外交大臣和法国外交部长能够前来,这要取决于欧洲局势的发展。

说到这里,我问保罗-彭古关于捷克斯洛伐克方面的消息。他说那天早上的消息很坏,最近在边境上发生了一些冲突,苏台德区日耳曼人向捷克警察开了枪。很明显,德国正在为进行军事干涉寻找借口。如果捷克警察开枪还击,子弹飞入德国境内打死了德国人,希特勒将抓住这件事作为发动军事干涉的正当理由。换句话说,在目前德、捷边境上,捷克人与苏台德区日耳曼人发生的冲突中,德国所想得到的正是德国人的尸体。

当然,保罗-彭古这次谈话的调子与上次不同,他显得更为谨慎而且对中国代表团和中国申诉的态度也比较含蓄,不像上次那样明显支持。我看出他一定是受了巴特勒的影响,应巴特勒的要求运用自己的声望劝导我同意推迟行政院讨论中国申诉的会期。

当天下午我会晤了国联秘书长爱文诺,目的在于促使秘书处加快会议准备工作,以便早日在行政院会议上讨论中国的申诉和援用第十七条的问题。我告诉他,我希望行政院能及早讨论。我说我打算首先在大会上作一次关于远东局势的发言,然后行政院可以在第二天就此问题进行讨论。我认为起草送交日本的邀请书并不困难,可能秘书长已经做好了准备。

秘书长一面说准备工作已经达到某种程度,可是又问我是如何理解第十七条的。他说这项条文的涵义和要旨对他说来还不大清楚。我告诉他,这项条文规定得很明确,排除了执行程序方面的任何犹疑。现在有两种可能:或是日本接受按照第十七条对它发出的邀请;或是拒绝。在第一种情况下,它将派代表参加国联行政院会议;在第二种情况下,行政院可以顺理成章地转到援用第十六条,以采取必要的行动。

爱文诺说,法学家们对中国的申诉众说纷纭,虽说他一直不大相信那些法学家的意见。根据他自己的观点,援用第十六条并不取决于对邀请不作答复或拒绝,主要在于事实本身,即某个当事的非会员国是否从事战争。他说这是个事实问题,因此日本对邀请不作答复也并不能构成援用第十六条的依据,他的观点的重点在于是否存在侵略的事实。这时我脱口而出回答他说,侵略事实去年就已存在了。爱文诺说那很清楚,而且与此有关的形势并未改变。但是他认为该项条文规定的程序是应该在从事战争之前加以援用,然而现在日本已经从事战争一年多了。

我问道,如果他对条文的解释被行政院采纳,将会产生什么样的结果?因为我的问题不好回答,他避而不谈,没作正面答复,只是说,这只不过是他对这个问题的看法,他认为既然我们的观点截然不同,那就要看行政院决定如何援用该条文了。

接着他力图贬低这项条文的重要性,例如说瑞典政府已经在大会上作出了强硬的声明,宣称照他们看来,经济制裁也像第十六条规定的军事制裁一样是非强制性的。荷兰也支持这个意见。我说这个意见并不妨碍援用第十七条,因为中国所希望的制裁措施只需要几个国家的合作。我说我知道哈里法克斯一度也想就第十六条发表声明,但现在他好像已经有所犹豫了。爱文诺说,他认为哈里法克斯发不发言都没有关系,因为在目前的欧洲局势下,言论改变不了事实。

我问他是否有任何关于法国外交部长博内到来的消息和博内是否将在大会上发言。秘书长说,现在欧洲的局势这样恶劣,他很难确定博内是否能来。至于发言问题,因为形势每分钟都在变化,空谈于事无补。我问他是否能看到一线缓和局势的希望,他说他看不到,除去三个准备迎接战争的国家外,所有其他国家则一直在想方设法回避战争。

半小时后我会见了瑞典外交部长桑德勒。我事先了解到桑德勒没有见到中国驻斯德哥尔摩公使,虽然后者曾要求与他会见。所以我一开始就向他解释中国要求援用第十七条的性质和理由。他立刻说他充分理解中国坚持要求援用第十七条的原因,但他认为在这种形势下不会给中国带来任何效果。他解释说,在处理远东局势问题上,取得美国合作是"绝对必要"的,因此最好是把这个问题移交给有美国代表参加的国联顾问委员会去处理。我说顾问委员会去年曾过问过这件事,但它仅仅建议召开了一次布鲁塞尔会议,结果遭到彻底失败,没有给中国带来任何好处。

瑞典外交部长接着说,盟约第十七条的涵义不大明确,如果中国想通过援用第十七条来实现对日本的制裁,他认为未必能够成功。他说瑞典人民对中国的申诉抱同情态度,但瑞典政府不相信在欧洲或远东实行制裁能获得任何有效成果。那天下午他已经本着这一观点在大会上作了发言。

我说中国从一开始就要求援用第十七条,只是由于艾登先生和德尔博斯先生在去年和今年1月和5月几次劝说,我才没有坚持要求立即援用那项条文。我这样做的原因是基于下述谅解和希望:即法国和英国屡次提出保证,要迅速给予中国具体援助。现在一年过去了,国联通过的决议仍是一纸空文,中国人民深感失望,所以要求援用与此类情况最相适应的第十七条。他们想知道国联究竟站在何种立场,人们是否还能对国联寄与一些希望?桑德勒说他能理解中国的处境,正因如此,才想探索在这种局势下,盟约条文究竟能给中国什么帮助。

我说在埃塞俄比亚战争中对意大利实行制裁时,尽管意大利以前曾多方寻求中国的友谊,中国还是忠实地执行了国联的集体决议。1936年意大利又劝诱中国停止制裁,中国因为要对国联保持忠诚而再次拒绝了它,中国不愿在国联作出新的集体决议前采取单独行动。现在中国自己成为侵略行动的受害者已经十四个月了,它期待国联予以援助。中国并不要求实行全面制裁,但有些具体措施如对日本禁运武器、弹药、飞机、石油和铁矿石等是可以实现的。这些措施并不影响全体会员国而只需要几个会员国的合作。

瑞典外交部长说,为了实现这些措施,必须得到美国的合作,否则他看不出其中任何一项措施能够奏效。就瑞典而论,他对供应中国武器、弹药没有任何限制。另一方面,日本也了解瑞典的态度,可它从来没有找瑞典买过任何武器和弹药。他不清楚日本是否从其他国联会员国得到过这类供应,但他知道大量军事物资是从美国运往日本的。我说,国联作出一项决议将有利于实现对上述物资的普遍禁运。桑德勒说,这取决于英国和法国的态度。

为了探知桑德勒的真实见解,我问他对欧洲的全面形势有什么看法。他立刻说,欧洲的全面形势很糟,只有侵略者本国人民起来采取行动才能阻止战争,改善形势,此外他看不出其他出路。他知道现在日本人民并不希望日本继续侵华战争,德国人民也不希望德国进行战争。他相信这些国家的人民最后总会觉悟,起来阻止他们的领袖把国家卷入战争。（这种想法未免过于乐观。）

我指出日本人民开始是支持军国主义者发动侵华战争的，因为他们听信了军部的宣传，以为三个月就能结束战争。可是现在战争已经拖延一年多了，他们对军国主义者的容忍正在迅速消失，经济和财政的沉重负担也越来越使日本人民和政府深有感受。然而，在独裁制国家中，人民缺乏组织和权利来表达自己的意见。我担心的是等到人民能够以他们的意志影响国家时，他们的领袖已经早就推行他们自己的侵略计划了。

为了弄清英国此时的确实想法，我设法再次会晤巴特勒。9月14日在"救济西班牙难童国际委员会"举行的一次午餐会上，我有机会和他进行了谈话。首先我急于了解哈里法克斯究竟是否会来日内瓦，因为在上次谈话中巴特勒始终没有说出他的最后意见而要我去问哈里法克斯。我从巴特勒处得知哈里法克斯很可能来不了日内瓦，虽然他说这位英国外交大臣希望对日内瓦进行一次哪怕是短暂的访问。

接着我提起我和保罗-彭古的谈话以及在行政院会议上推迟讨论中国申诉是否可取的问题。我告诉巴特勒，在这两三天中，我不准备要求召开会议。巴特勒说，鉴于欧洲局势的变化，不立即向日本发出邀请是明智的，否则日本可能要认为仅是要它派出代表来参加有关欧洲局势的讨论。我说我理解他的意思，所以并不催促行政院马上开会，但是我打算按照原定计划首先在大会上发言。巴特勒认为那不成问题。

为了继续努力从各国联会员国寻求支持，以便援用第十七条，特别是对日本实行制裁或禁运包括石油在内的某些军用物资，9月15日我会晤了曾任驻伦敦公使的墨西哥代表。他在回答我提出的问题时说，他虽然没有得到有关这方面的训令，不能代表政府讲话，但他认为如果其他产油国家参加石油禁运，墨西哥政府不会反对参加同样行动。他解释道，墨西哥的石油产量近年来不断下降，有一时期墨西哥石油产量曾居世界第三位，但现在它的生产能力已退居世界产油国中的第七或第八位。

9月16日我再次会晤了国联秘书长爱文诺，敦促他尽快地安排一次讨论中国申诉的行政院会议。他回答说不能按照我的要求在星期六（17日）下午开会，因为国联行政院现在有许多其他问题急待处理。他认为我最好能先从别的理事国中了解一下，看他们是否准备讨论中国的问题。他建议我在国联行政院会议讨论下次会议议程时提出这个问题。

在同一天（这天我在国联大会上按原计划作了发言，阐述了中国对国联的要求），我和拉脱维亚外交部长蒙特斯进行了谈话。因为他是国联行政院中关于鸦片问题的报告起草人，我首先与他讨论鸦片问题。我对他原来草拟的报告初稿曾提出过修改意见，我想了解他是否采纳了我的意见。开始他为自己辩解说，作为报告的起草人他不能表现得过于偏向中国。我解释道，我提出修改意见，是为了使这份报告更能反映真实情况。我说，在他原来的报告初稿中有句话"中国情况的恶化"，从这句话看起来，好像是把在中国鸦片消耗量增加等事的责任加之于中国，其实这些都是日本人干的。因此，有几位代表，特别是参加鸦片问题顾问委员会的美国代表，对此普遍表示关注。我说，只须对我刚才提出的一点作出说明，并且在修改后的文本中用"远东"一词代替"中国"一词，我就赞成顾问委员会的修改方案。蒙特斯接受了我的意见，答应第二天发表一个声明，澄清责任问题。

当我提到援用第十七条问题时，蒙特斯说，他已经和他的政府谈过这件事。拉脱维亚政府认为，由于援用第十七条将涉及到援用第十六条，在目前的欧洲局势下难以对此进行支持。然而他向我保证，以上只是初步意见，还要看行政院其他理事国如何考虑这个问题。

那天傍晚，我又会见了英国的巴特勒，我告诉他，我已经要求秘书长在星期六（17日）安排一次行政院会议讨论中国的申诉问题。爱文诺的意思是行政院需要处理一些其他问题来结束当前的这届会议,他不可能在星期六满足我的要求。或许能安排在下周星期二。我对巴特勒说,为了不对秘书处催促太急,我可以同意把讨论推迟到下星期一。我问巴特勒,英国代表团是否准备参加讨论。

巴特勒说他从保罗-彭古那里了解到,经过保罗-彭古和我讨论后,我有意把讨论推迟十天左右。我立刻说这是个误会,我对保罗-彭古讲得很清楚,不急于在两三天内开会,而不是十天。

巴特勒对我已经提出要求援用第十七条表示遗憾,因为他在上次谈话中曾经告诉我,中国提这种要求将一无所获。我说我不认为根据第十七条的规定程序邀请日本一事存在什么困难。巴特勒同意这点,他说虽然法学家似乎不赞成邀请,但邀请这件事本身并没有困难。英国法学家们认为按照中国的要求自然就须向日本发出邀请,可是法国法学家却不这样想。巴特勒指出困难之处不在于发出邀请,而在于随后要援用第十六条。根据当时国联的情况,他不相信能通过制裁的决议。他知道英国政府在当前形势下不同意援用第十六条,而且法国也持有同样观点。巴特勒接着问道:如果日本来了,中国是否将和它进行和平谈判?他认为中国的真实意图可能是要让日本来到日内瓦,以便与它达成一项解决办法。我立刻回答他说,中国没有这种意图。中国的目的是坚持援用第十七条或通过援用第十六条采取一些遏制日本侵略的行动。他改变了一下问法,问道,如果日本果真来了,中国是否与它谈判?我说中国一直准备在国联行政院会议上与日本进行交涉,但不和它直接谈判。中国的立场在布鲁塞尔会议中已经表示得很明确,即中国一直企望在国际法的基础上,特别是九国公约第一条的基础上与日本求得和解。

我告诉他,我已经把他和我的上次谈话报告中国政府。政府指示中国代表团仍按原来的训令行事,所以我急于促请国联行政院讨论中国的提案。于是巴特勒表示愿意会见国联秘书长,磋商早日召开会议的办法。

同时,他又劝告中国继续和英国谈判,争取财政援助。他说他已和外交部远东司商量过此事。对于以前英国未能对中国有所援助,他认为中英双方都有责任。现在英国政府正等待中国提出有关财政援助的具体建议。我告诉他,中国需要继续打下去,现在自然还难以提出非常确切的建议。但对华援助不能单纯建立在一般的商业基础上。此外,财政援助仅是对华援助的一个方面。在当前日本继续进行侵略战争之际,我认为国联应该采取一些行动以遏制侵略者,正如我以前指出过的那样,中国并不强求全面执行第十六条,只要求执行其中有限的一部分作为初步制裁措施,这些有限的制裁措施也只能由几个国家来实现。

巴特勒立刻说,除非有美国合作,这些国家不会接受国联的有限制裁措施。(他无意中泄漏天机,刚才还侈谈英国等待中国提出具体建议以便给以援助,现在却暗示他们不能帮助中国,一切要看美国政府如何行事。)

我说根据中国驻美大使的说法,如果国联作出了明确决议,美国政府准备与国联合作。这位英国外交部次官评论道:美国总是以国联的行动作为自己作出决定的条件,因此能指望它合作到什么程度,还是一个问号。

巴特勒说,鉴于我刚才所说,他建议不急于在第二天进行讨论,还以安排在下星期初讨论为好。在此期间他将去电伦敦向政府请示(这一向是不作直接答复的一种好托词)。

至于欧洲局势,他说这方面并没有改进。张伯伦首相(他于15日曾前往贝希特斯加登与希特勒亲自会谈)已经回到伦敦,并在电台发表广播讲话,否认了全部荒诞的谣传,还说他和希特勒的会谈是在非常友好的气氛下举行的。巴特勒说,在和他的内阁同僚们进一步讨论之前,只能告诉我这点消息。但无论如何,看来问题难以顺利解决。我问道,张伯伦是否会像报纸所传那样,将对德国进行第二次访问。巴特勒说,报上的消息不假,但希特勒不愿让张伯伦再次长途跋涉,下次会谈将在科隆附近举行。目前最重要的是不要再发生任何事件,否则形势将变得更为严重。

同天早些时候我和苏联外交人民委员李维诺夫在大会休息室进行了另一次长谈。一开始我就告诉他关于我上次和巴特勒及保罗-彭古谈话的情况,在那次谈话中他们劝我不要坚持促请国联行政院立即开会讨论中国提案,因为在这种局面下巴特勒和保罗-彭古都难以代表他们的政府在会上发言。

李维诺夫说保罗-彭古也会见了他,要求他也对我进行劝阻,但他予以拒绝。他告诉保罗-彭古,第一,中国代表团没有找他商量(这只是一种外交借口);第二,中国代表团已经接到坚持要求援用第十七条的明确训令;第三,苏联政府准备接受按照第十六条实施对日制裁的决定和帮助中国。此外,他还向保罗-彭古指出,欧洲局势固然使英、法感到忧虑不安,而远东的战争对于中国则是个严酷的现实。然而,他也觉得把行政院的讨论推迟到下星期一或许不无可取,因为当前欧洲局势仍然危急。与此同时,他了解到这届行政院任期即将届满,将要组成新的行政院,在新组成的国联行政院中南斯拉夫将要取代罗马尼亚的位置,而且不甚支持中国。即将代替新西兰担任行政院主席的秘鲁也是如此。因此在他看来,推迟两天是适宜的,便于考虑如何应付行政院的新形势,但不要拖延太久。

谈到欧洲形势,李维诺夫说张伯伦再一次把他的个人声誉和政治前途押在试图与希特勒进行直接接触上。但是他认为出卖捷克斯洛伐克并不能有效地阻止希特勒推行他的侵略政策,正像英国对意大利的退让不能阻止墨索里尼一样,张伯伦并未能使英意协定生效。李维诺夫认为张伯伦的居心显然是要对希特勒作出让步,而且他从法国得到最新情报说,法国政府也已软弱动摇,打算牺牲捷克斯洛伐克。

我说,如果法国这次再不能履行它对盟国的义务,法国将失去一切朋友。李维诺夫说,不仅如此,法国还将丧失它的强国地位。他认为即使希特勒接受了张伯伦作出的让步,这种局势缓和也将是短暂的。他还认为张伯伦会继续干下去,因为这位首相想从中捞到好处。但是,真正的困难在于维护持久和平。

我问李维诺夫如何理解日本政府发言人对捷克斯洛伐克危机所作声明的含义。他回答说,他对此事不大重视,因为日本发表的声明常常是头天说了第二天又加以否认。从这次声明的表面词句看来,除了显示日本想报复一下德国在张鼓峰事件中对日本的态度外,没有其他意义。我问他对远东形势的看法和日本发表关于欧洲局势的声明后,苏联是否有应付一切意外事件的准备。李维诺夫说苏联在西伯利亚的地位已经大为增强。

19日上午,我和英国代表团的巴特勒作了另一次长谈。首先我告诉他,我已经把我和他上次谈话的要点报告中国政府,并得到进一步指示。中国政府认为这个问题可以分为两个部分:(1)要求立即援用第十七条;(2)执行国联已通过的决议。我希望就第二部分与他进行磋商。

我对巴特勒说,第二部分可以再分为两个问题:第一个是对中国的财政援助问题,这件事在伦敦已成为英国政府有关部门与中国大使馆及孔祥熙的代表之间会谈的主题。我知道如果中国方面能够提出完善、具体的计划,英国可以批准出口信贷。至于贷款问题,我也了解到约翰·西蒙爵士已经宣布英国政府不为贷款提供保证的决定。我认为英国政府作出此项决定的理由是不愿使自己在对日关系中处于为难境地。我能充分理解在欧洲和世界的现实情况下,英国政府的心情。假如这就是真实理由的话(巴特勒点头),那么,我愿意提供一个可以实现贷款的间接办法,即通过第三方面的中介,也就是通过一个对中国友好的欧洲小国的银行来进行贷款。表面上英国贷款给这个国家的一些银行,而由它们转贷给中国,从而解脱英国在当前危机中以资金供应中国的为难处境。此外,通过这一途径还可能得到其他两三个国家参与,分担一部分贷款,使之具有一种国际贷款的性质。

我告诉他中国政府曾有意促请国联进行贷款,但考虑到任何这类贷款归根结底仍然落到几个有贷款能力的会员国头上,所以我以前没有向国联提出。再者,我认为国联的贷款机构不适用于目前情况。从效果上看,通过国联贷款与通过某些会员国贷款并无区别,但经过国联机构只能使贷款变得复杂化。

我说如果英国政府原则上同意间接贷款的意见,可以采取一些措施以促进在贷款和筹划出口信贷两方面的谈判。我将建议我国政府迅速派出一个享有全权并携带具体计划的正式代表团前来欧洲从事谈判。这是迅速解决问题的唯一正确途径。但巴特勒对我的意见未加可否,只说他要考虑此事并与他的政府进行磋商。

接着我谈到采取一些措施遏制侵略者的问题,并告诉他,我以前已经提起过中国政府为了不致削弱抗日力量,希望国联采取对日制裁措施。如果这些措施不能以全体决议的形式通过,建议由英国政府和五六个其他有关国家通过外交渠道来着手研究实施。不久前我曾从巴特勒处得知英国和其他会员国实际上对日本的物资供应一直很少,如果真是这样的话,那么似乎不难与这些国家达成一项协议,停止向日本出售武器、弹药、飞机、石油、军用物资以及给予财政信贷。这样一种协议不会为外界周知,因而也不至于使有关国家的政府为难。巴特勒评论说,通过外交谈判来得到中国所需要的东西,这种做法肯定要比通过国联好得多。

随后,我把话题转到日军的空袭和使用毒气的暴行。我说这实际是一个问题的两个方面。在我和巴特勒谈论此事时,西班牙代表团已经在国联大会第三委员会提出了空袭平民问题,我准备支持西班牙的提案,并强调指出这个问题的另一方面是使用毒气的暴行,希望英国代表团支持我的观点。巴特勒说,使用毒气问题已经引起英国人民的严重关切,他在离开伦敦前曾对此作过研究。毒气可分两种,一种是普通炸弹爆炸时产生的有毒气体;另一种是用炸弹施放的正式毒气。他问我指的是两种中的哪一种。我说指的是正式毒气弹。

巴特勒这时(为了避免做出任何可能激怒日本的事)说,根据他从英国医学专家及英国驻华陆、空军武官处得到的报告,认为日本军队在中国使用毒气的证据还不够确凿。事实上,有些说法是互相矛盾的。他觉得中国人夸大了日军使用毒气的程度,可是他愿意得到进一步的证据来证实中国的指控。为此,我当即请他去查阅1938年9月15日中国代表团给国联的一份备忘录,这个文件提出了日军使用毒气次数的充分证据:有几例说明许多中国士兵整营整连的被毒气杀死;从日军俘虏身上缴获的文件也证实日本军队中配属有施放毒气的化学战部队。同时我向他保证,中国政府准备为调查日军使用毒气问题提供一切便利条件。我还建议组织一个由中立国组成的观察团派往中国,视察各条战线的情况,调查事实,然后向国联报告。

巴特勒说在西班牙事件中,他曾负责处理过这类问题,并且与各方协商过有关调查的安排。但即使在那时,他也很难说服其他国家接受这种安排,其中有些国家由于不承认佛朗哥政权而拒绝合作。最后,只得由英国政府派出了一个非官方的英国观察员代表团。因为他们驻扎在法国土伦,任务相对地比较容易执行,无论何时发生空袭平民事件,他们都能在两三小时内飞到出事地点。但中国的情况不同,距离遥远而且地区广阔,尽管英国政府和英国舆论对此问题非常重视,他认为要作出派遣观察组的安排很不容易。我说,如果有一些公正的观察员出现在中国,将对日本形成约束力。他答道,中国的指控,通过广泛宣传,已经获得很大的成功。

巴特勒这时问我是否打算继续坚持援用第十七条。我作了肯定的回答,并表示希望巴特勒代表英国支持中国。他向我保证英国不加阻挠,但他认为应该在第十七条第一段的基础上首先发出邀请,等待一下,看日本将如何答复。无论如何,中国代表团目前不必急于要求执行条文的其余部分。

巴特勒知道,按照中国的见解,第十六条的制裁规定将随着援用第十七条而自动生效。我对他说,我并不需要从法律上对条文做这样的解释,但有些代表团已坚持认为根据第十六条实行的经济制裁具有自动生效的性质,这个事实毕竟是不可忽视的因素。因此中国政府一贯要求采取只需少数有关国家合作即可实现的一种可行的制裁措施,中国政府期待得到的是结果,并不拘泥于通过何种方式、方法来取得它。

随后我提到巴特勒上次和我会晤时曾经问过我的一个问题,即中国政府在坚持援用第十七条时是否真正有意寻找机会要日本前来,以便试探和解的可能性。我重申中国没有这种想法,正像我以前对他说的那样,中国政府仍然坚持布鲁塞尔会议时期的同样立场。既然日本把战争强加给中国,它不得不进行抵抗。中国现在一如既往,准备在承担现有条约义务的基础上,讨论一项解决办法。如果国联或有关国家能出面斡旋,促成事态解决,中国政府决不会阻挠他们的努力。我紧接着补充道:当然,这并不意味着中国同意与日本直接谈判,这是涉及到不止两个国家的问题。通过国联或其他国家的努力而提出的任何解决办法,必须是有国联或其他有关国家参加的集体解决办法。

巴特勒说他认为我们的谈话很重要,他愿意把这次谈话向英国政府详细汇报,并与政府磋商,征求意见。一俟他从伦敦得到答复,立即转告给我。

对于欧洲形势,他表现出一种审慎的乐观口气。他回答我的问题时说,英国内阁在答复希特勒之前,正在仔细考虑法国政府的意见。虽然形势仍然严重,他认为问题的中心在于国际保证方面,他觉得这不致有大的困难,双方的分歧点已经逐渐减少,现在可望得出一项和平解决办法。

在那天的国联行政院会议上我作了发言,强调说明中国有权利得到集体的和单独的援助,重申了中国要求行政院立即实施第十七条的提议。并且再次提出中国要求行政院建议对日本采取某些禁运措施,对中国给以财政和物资援助,以贯彻国联以前所通过的关于中日冲突事件的决议。同一天,行政院根据中国的提议作出行动,按照第十七条第一段条文规定,向日本政府发出了派代表来日内瓦的邀请。

1938年9月的国际联盟全体大会和行政院会议是在非常消沉和困难的情况下举行的。困难的主要原因在于欧洲形势正在迅速恶化,绝大部分代表的心情都深切关注着国际局势和日益临近的战争危险。压在人们头上的乌云如此浓重阴暗,使得英国和法国的外交部长始终未能到会,只由他们的副手担任代表团的领导。

那时由希特勒制造、已成为欧洲问题核心的苏台德区问题,变得越来越严重。与其说这是一个需要捷克斯洛伐克作出抉择的问题,不如说是该由英国和法国作出抉择的问题。就捷克斯洛伐克方面而言,9月20日捷克代表告诉我,他们的军队因为预见到必然失败,正在犹豫是否抗击德军的可能入侵。他痛苦地向我埋怨法国人的背信,法国现在已明确地通知捷克斯洛伐克,不能给以帮助。

拉脱维亚外交部长蒙特斯认为苏联帮助捷克的可能性很小。照他看来,苏联的情况不允许它给予捷克以有效援助。那年苏联的农业歉收,甚至不得不把马铃薯从拉脱维亚运到莫斯科去满足驻苏使团的需要。否则,他们就要付出八倍的价钱去购买马铃薯。

9月20日,在苏联外交人民委员举办的午宴上,当时和法国代表团在一起的法国议会外交委员会主席贝朗热说,捷克斯洛伐克已经接受了向希特勒让步的英-法计划。可是就在这次宴会上,主人李维诺夫告诉我们,从布拉格传来的最新消息说,捷克准备战斗,已经进行了动员。无论如何,两天后将有惊人的发展。还有消息说,法国政府中有六名成员反对达拉第总理屈从于英国的观点。贝朗热说,如果捷克终于拒绝接受这个计划,法国将处于尴尬的境地。这一切表明导致张伯伦和希特勒会谈的捷克斯洛伐克问题,特别是苏台德区问题,已经在法国引起了政治上的困难,正如将来会在英国引起困难一样。

20日下午我召集同僚们开会,与会者有新任驻美大使胡适博士、新任驻德大使陈介、驻英大使郭泰祺、驻比利时大使钱泰、驻荷兰公使金问泗和驻瑞士公使兼中国代表团驻日内瓦国联办事处处长胡世泽。大家共同商议在欧洲现实情况下代表团应该采取的最好行动方针和外交策略。当时经常有一些中国政治家和外交家访问欧洲,来到巴黎与我谈起有关中国政策和欧洲形势等方面的问题。我和南开大学校长、国民参政会副议长张伯苓的弟弟张彭春(著名教育家、国民参政员)作过一次畅谈。张彭春刚从华盛顿来,他告诉我,"罗斯福总统已了解不少情况,决心作出一些行动。但总统认为作出重大行动的时机尚未到来。"他说罗斯福总统希望中国继续战斗直到出现相持局面。这可在美国提出在已设防的阿留申群岛、夏威夷、马尼拉、新加坡之间的太平洋岛屿上不再设防的条件下,迫使日本就范。

次日,我和即将前往华盛顿赴任的中国驻美大使胡适进行了畅谈。我们共同探讨了寻求美国援助的可能性及应采取的交涉方式。我要求他特别注意了解罗斯福的意见,并向总统坦率说明中国的情况和需要。

9月22日报载张伯伦已经飞往德国的戈德斯贝格,为捷克斯洛伐克问题第二次会见希特勒。那天晚上在为英国著名政治家蒲士培上校举行的招待宴会上,蒲士培告诉我,法国人坚持不惜任何代价谋求和平,曾使张伯伦大为吃惊。据说法国空军只有半数可以作战。达拉第曾劝告张伯伦,如果贝奈斯总统拒绝对希特勒的强硬要求彻底让步的建议,法国不愿也不能帮助捷克斯洛伐克。于是张伯伦问达拉第,法国是否愿意履行条约义务帮助捷克斯洛伐克,达拉第的回答是个直截了当的"不"字。

9月22日下午在第六委员会的一次会议上,巴特勒作为英国代表团的代理团长,发表了一个有关第十六条的重要声明。(声明内容以前已经提到过,即赞成实施经济制裁和军事制裁是非强制性的。)对此我颇感失望,因此我行使了保留意见的权利,对他的声明提出保留。看来英国人似乎正在不顾一切地对欧洲的德国和远东的日本奉行一种小心谨慎甚至是怯懦退让的政策。无论其原因何在,这样做显然是不顾他国利益但求眼前苟安的一种表现。

9月23日第三委员会的起草委员会召开了一次会议,间接涉及到中国要求国联对日本飞机狂轰滥炸中国不设防城镇及平民百姓的暴行采取某些行动的提议。在会上我和巴特勒发生了尖锐的争论。在同天的第六委员会会议上,我作了一次评论巴特勒头一天声明的发言,阐明了中国对第十六条的含义和解释的立场。当我坐下后,加拿大代表对我说,我的论据表达得很透彻。埃及的外长说我的发言无懈可击。(我感到几分快慰。)但国联这时仍然为英德谈判捷克问题所形成的乌云所笼罩。

在印度代表团9月23日举行的一次宴会上,我的座席被安排在国际劳工组织理事长巴特勒和英国外交部次官巴特勒之间。前一位巴特勒告诉我,他过去一直对捷克局势抱乐观态度,可是那天晚上他感到非常忧虑。他证实了人们在大会走廊中所说的话:法国正要求英国向希特勒屈服。后一位巴特勒对我说,在下议院回答质询时,他发现私人友谊至关重要,过分公事公办的态度往往会招来批评和激起对立情绪,所以这也是他应付国际谈判的一种策略。宴会进行中,国联秘书处的拉西曼博士突然被人叫走,当他回到座席时,迅速地在菜单卡片上写了几个字推到我面前,上面写的是"悲观主义弥漫伦敦,战争随时可能爆发"。

第二天中午,我把在大会的发言的一部分向四十六个转播台作了广播之后,急忙去会见英国外交部的巴特勒,探询有关中国申诉的事宜。他告诉我,对于我以前提出的一些问题,他还没有收到英国政府的答复。至于通过一个小国作为中间人进行贷款的建议,他的政府队为,第一,不容易找到这样一个小国;第二,由直接贷款所造成的政治性困难在间接贷款中依然存在。英国政府仍然认为可以安排一些出口信贷,这是对中国提供财政援助的最简便方式,但中国须向英国提交一份具体计划。他说,虽然就此问题已经进行过多次商谈,但不知为何好像难于使双方意见一致。

为了说明中国已经提供了一份在现实情况下尽可能具体的计划,我告诉他,英国政府已收到一份中国提出的正式计划。他答道,在那份计划中必须说明以什么为担保和需要哪些物资。为了使这项出口信贷完全属于商业性质,他认为中国应集中一些原料和矿石作为抵押品,要求中国说明当做抵押品的矿石种类及其数量。(这就明显看出,英国政府在中国遭受日本侵略而陷于困境时,根本无意帮助中国,仅准备给予常规的商业贷款。)

关于集中矿石和原料问题,我告诉他中国政府已经建立了一个委员会组织,置于一位能干而且富有经验的银行家陈光甫先生领导之下,负责集中、管理可以提供的原料和矿产品。实际上那个委员会已经利用几家著名的英国商行如怡和洋行为它收购这类矿产品和原料。至于经营从中国出口及在欧洲销售的业务,和我一道参加会晤的郭泰祺说,该委员会已在伦敦设立了一个名叫"富华公司"的机构,主管在欧洲的采购业务。此外还计划由中国铁道部购料委员会负责这项工作。

巴特勒说他曾听说有几个伦敦的英国团体为中国设计过一份计划。我告诉他那指的是"工业设备有限公司"起草的计划,这个公司与英国贸易委员会关系密切,我了解到贸易委员会已收到一份由该公司草拟的计划副本。巴特勒希望这个计划确定后,通过外交部转告英国政府。

关于中国派代表团往英国的问题,巴特勒说他的政府认为这样可能引起外界过多注意和大肆宣扬,在目前形势下是不合时宜的。(他的言词和态度清楚地表明英国政府为了避免引起东京的愤怒和不满,其态度是多么谨慎甚至怯懦。)我对他说,派代表团的目的在于早日促成这件事情,如果能有一位具有全权并携带一切必需资料的中国政府首脑人物前往英国,那就比仅仅通过伦敦或巴黎的中国大使馆来经办这件事情要事半功倍,因为这两个大使馆中都没有适合进行这类谈判的人员。郭泰祺说,李滋罗斯爵士赞成中国政府派宋子文执行这项使命。我说宋先生非常适合于这项工作,因为他现在没有担任任何政府公职,只是中国银行董事长(即一位银行家)。巴特勒觉得这样显赫的人物可能引起外界不必要的注意。

我接着说,中国代表团的谈判安排可以不声不响地进行,如果英国觉得派遣宋子文先生的主意不大妥当,我以前还建议过改派一些专家。我国认为重要的是迅速进行谈判并获得结果。只要能收到谈判效果,至于采取什么方式、方法,我愿意留待英国政府选择决定。巴特勒说,他认为最好能派一些这方面的专家来英国,隶属于大使馆内,担任例如商务参事一类的职务。这样他就可以开展谈判并在正常的工作进程中作出安排。

巴特勒说他已接到英国政府关于空袭问题的指示。在再次查阅过中国提案后,他认为涉及到对日本禁运飞机和石油的最后一段,确实是个政治性的制裁问题。因为他接到的指示很明确,他感到不得不对此提出异议。但他了解中国政府和我本人对这个问题的强烈感情,他已运用他对英国政府的影响作了一些努力。英国政府的答复是:由于不能像在西班牙事件中那样另外建立一个委员会,如果国联同意,在日内瓦的英国代表团将不反对派出国联观察团。

巴特勒主张在递交第三委员会的决议草案中,在"西班牙"一词后面加上"在远东"几个字。我认为加这几个字虽属对原文有改进,但仍然不足,必须叙述中国的形势和增补更多的内容。于是巴特勒说,既然如此,他可以在决议正文中加上"中国的申诉"这句话。我继续要求在决议中号召各国采取一些实际措施。巴特勒说这份递交第三委员会的决议草案是一般性质的决议,他不愿意为了增加一些可能遭到委员会反对的内容而使这个草案得不到通过。既然我在国联行政院也提出了空袭问题，我也应该在那里提出要求。但就英国代表团来说，他必须明确表示不能接受我上述的建议。

关于日本使用毒气的问题，巴特勒说正如他曾经告诉我的那样，英国政府的答复是：根据在伦敦收集到的证据，还不能确凿证明日本人曾经大规模使用毒气。（人们由此可以设想英国政府并不反对有限地使用毒气。）他说，虽然有一些使用毒气的证据，但在大多数情况下，这些气体只是炸药的烟雾。他还说，最近曾要求驻华英国机构提供有关日本使用毒气的情报，但所获得的证据还不够充分，希望我能从中国得到进一步的证据。我告诉他，我刚刚送交国联一份文件，转达了 9 月 19 日日军在几条战线上使用毒气的消息。中国政府确信日军是蓄意使用毒气的，但考虑到任何来自中国一方的证据，都将被外界认为有倾向性，因此中国政府要求国联任命一个公正、中立的委员会来调查核实，希望巴特勒能够支持这一建议。

巴特勒说，他认为这个建议难于加入到第三委员会作出的有关西班牙内战中空袭问题的决议草案中去。我请他在决议草案中结合空袭问题重申禁止使用毒气的禁令，以支持中国的立场。并且提醒他，这个禁令已经由参加裁军会议的国家在 1932 年 7 月 3 日的决议中一致通过。巴特勒说他将尽力而为，看是否能在决议正文中提上几句。

两天前，即 9 月 22 日，日本果然不出人们所料，答复国联拒绝了国联行政院根据第十七条对它所作的邀请。这样一来，日本就法定地而且自然地应该受到第十六条规定的制裁。我接着对巴特勒说，既然日本已经断然拒绝了国联的邀请，我准备提请国联行政院根据第十七条第三段的规定采取行动。我问他英国代表团对此打算做出什么决定。巴特勒说他已经表明了英国政府对于第十六条和第十七条第三段的态度，毫无疑问其他代表团也将发表类似的表态声明,以后必然要进行一番讨论。他认为我肯定知道在目前形势下要求援用第十六条,在政治上是不切实际的想法。

我告诉巴特勒,正因为我知道这一点,以前才克制自己没有提出这样的要求。我只是要求国联采取某些具体的有效措施。关于这些措施,我在全体大会和国联行政院会议的发言中,以及在我和他以前的谈话中都作了说明。巴特勒建议我最好在下次国联行政院会议的发言中重提一下这些措施。我说我不能这样办,我的发言只要求实施第十六条,而让行政院的成员们去决定应该采取哪些措施。我完全理解在当前形势下要求全部应用第十六条是不现实的;但我同样相信,根据这一条款是能够采取并实行某些措施的。我也坚信巴特勒虽然表明了英国政府对第十六条的态度,但不会认为按照这一条款是完全无所作为的。我们的谈话结束时,巴特勒说他要把这次谈话的结果报告伦敦,一俟他得到进一步的指示就通知我。

这次谈话后发生了一桩不愉快的事情,有一时期曾影响到中国代表团在国联的地位。9 月 26 日,国联行政院要在下午开会选举国际常设法庭的法官,同一时间国联大会也要开会。我通知郭泰祺出席行政院会议,我自己参加全体大会,因为我已约定在大会上与李维诺夫见面商谈中国对全体大会的申诉和提议。大会刚一结束,我又参加了第六委员会的会议,在会上我论述了盟约第十一条的有关规定:“凡任何战争或战争之威胁,不论其直接影响联盟任何一会员国与否,皆为有关联盟全体之事。联盟应采取适当有效之措施以保持各国间之和平。”从中国方面看来,这一点颇为重要,因为条文说得很清楚,任何战争威胁都是关系到所有国联会员国的事情。

我还在第六委员会会议室中时,余铭来告诉我说郭泰祺要我立即去国联行政院会议室,因为中国的申诉问题正被提交讨论。我赶到那里后,发现会议已经快要散会。郭泰祺对我说,他已经通知国联行政院特别是巴特勒,如果英国、法国和苏联能与中国商议援助问题并共同行动帮助中国,中国就不再坚持要求援用第十六条。我听后大吃一惊,因为这样一来等于提前暴露了我们的底牌。我觉得郭泰祺的这种过早泄底会使我完全失去与巴特勒折冲时的砝码。事实也正如此,后来巴特勒在几次反驳我要求实施第十六条的场合中,就引用了郭泰祺的话说,中国政府已经训令中国代表团以要求商谈援助来代替要求实施第十六条。我不得不坦率地告诉巴特勒,郭泰祺的通知只是基于一位外交部次长的私人电报,那并不代表中国政府的正式训令。

那天我和巴特勒在国联行政院的争论相当激烈而且言词尖刻。法国的保罗-彭古对中国深表同情,但他只是叹气,很少说话。李维诺夫(他是被我从第六委员会特意请到行政院来参加讨论的)这时认为会议已经结束,又听到巴特勒说他希望在公开讨论之前,先和中国代表个别交谈,于是也提前退场了。

国联行政院讨论中国申诉的秘密会议安排在次日(9月27日)举行。鉴于巴特勒和中国代表团之间存在意见分歧,为了弄清在秘密会议开会之前是否可能与他达成某些谅解,我决定再次会晤巴特勒,向他说明我迫切希望消除使我们双方观点出现分歧的症结,以免在行政院内部出现公开对立。我们的会晤是在27日下午进行的,正好在行政院秘密会议开会之前。

我告诉巴特勒,中国代表团又接到本国政府一封电报,再度命令代表团要求实施第十六条。可是我们经过缜密研究这点后,认为由于当前欧洲的严重局势,并考虑到有些国家代表团已经就他们对第十六条的解释发表了声明,现在再试图要求全面实施第十六条规定的制裁措施,可能不会有结果。我承认这确实是个困难,可是我在国联行政院的发言中仍要按照盟约规定,强调中国代表团享有要求应用第十六条的法定权利。换言之,既然第十七条中规定应用第十六条的条件现在已经完全具备,那就必须承认第十六条是可以应用的。至于各个国联会员国究竟实施第十六条规定的全部措施抑或其中某一项措施,可以由他们自己决定。中国代表团保持这样一种观点,即履行条约的义务是自动存在的,所有会员国都应全部履行。可是鉴于有的国家已经宣布了不同的意见,很难使他们同意中国的观点。另一方面,欧洲局势确实严重,某些会员国当然会对履行第十六条的条约义务出现担心和犹豫,这也是个现实问题。

我接着说,这两个情况尽管使得某些会员国对充分履行上述条约义务感到困难,但并不意味着一个会员国在力所能及的范围内可以毫无作为。中国代表团一直期望所有会员国能够尽力而为。无论如何,第十六条规定的义务没有被所有国家充分履行这一事实不应阻碍有条件履行义务的国家发挥作用。会后,一切会员国都有权采取第十六条规定的任何措施。这不仅是一项义务,同时也是权利。因此,从法律观点说,第十六条仍然有效。它之所以未能被充分实施,只是由于暂时的困难。中国代表团希望这些困难终将消失,从而使得所有会员国能充分履行第十六条的规定。巴特勒说,他对中国代表团能考虑到欧洲当前的实际困难,决定不再坚持一种于事无补的极端立场表示欣赏。他认为这样做要好得多,所以他自己就不打算按原来的想法在行政院发言再次重申英国政府对第十六条的态度,而将只简单表示一下支持中国的立场。

我告诉巴特勒,还有另外两点,希望引起他的注意。一是中国代表团将继续敦促各会员国贯彻国联大会和国联行政院通过的决议;二是要求国联行政院在制止使用毒气问题上采取比1938年5月更进一步的行动。在过去几个月里,中国代表团至少已向国联递交了四份备忘录,提出日本使用毒气的证据。最近一份备忘录刚在几天前送达国联,证实日军在9月19日又一次大规模使用毒气,中国政府和蒋委员长本人都很重视此事。

巴特勒说,他理解我要求加强决议效力的愿望,并认为这是合乎情理的。他慨然承诺如果我把这个问题提交行政院会议,他将给予支持。他认为所有会员国都应尽最大努力来贯彻上述决议。至于禁用毒气问题，他认为国联行政院能够做出进一步的行动。如果我把它提交行政院会议，他将发言支持我的意见。

中国提出申诉的结果是：国联行政院于9月30日通过一项决议，大意为国联会员国有权单独采用第十六条规定的制裁措施。但很明显，就任何执行这些措施的共同行动而言，必要的"协作要素"则"尚未得到保证"。正像去年曾经多次空谈号召那样，决议要求会员国给予中国同情和援助。对于日本的空袭平民问题，没有做出行动。关于日军在中国使用毒气的问题，国联行政院在9月30日通过决议，请一些出席行政院和顾问委员会会议的国家，通过正常外交途径调查业经提请他们注意的使用毒气的案件，并提出调查报告。我接受了这个决议，同时再次提醒组织一个国际调查委员会更为有益。

由于英、法屈服于德国的威胁和德、意的要求，欧洲局势继续恶化。在意大利征服埃塞俄比亚及德、奥合并之后，无可避免的又出现了希特勒在戈德斯贝格和最后在慕尼黑对张伯伦及达拉第进行勒索得逞。

张伯伦和达拉第在慕尼黑牺牲捷克斯洛伐克后，没有几天捷克总统贝奈斯就辞职了。据说贝奈斯总统在他的辞职信中写道，他这一举动是"为了不致成为将来国家发展的障碍"。

英国和法国缺乏抵抗威胁（例如希特勒的恫吓）的决心，不仅使德国和意大利，而且也使世界上大多数国家看清了英、法两国缺乏抵抗精神到了什么程度。对中国尤为不利的是9月末的慕尼黑妥协，它使日本看清了西欧的民主国家在与日本结盟的欧洲集权国家打交道时显得多么恐惧和软弱。伦敦和巴黎的节节退让，只能进一步助长日本对中国的侵略行动。

从一个例子就可以看出法国根本不想对抗任何国际侵略活动。法国国民会议的大多数议员居然对达拉第在慕尼黑的妥协退让投了信任票，同时投票通过授予法国总理在11月15日以前

"全权"行事的权力。但因共产党在投票中反对慕尼黑协定,社会党表示弃权,这次投票实际标志着法国人民阵线的瓦解。

伦敦的英国国会同样批准了张伯伦在慕尼黑的屈服行为。然而有几名反对批准慕尼黑协定的阁员为此辞职。总的来说,慕尼黑协定使大部分欧洲人民感到松了一口气。就在达成慕尼黑协定前几天,大家还普遍怀有战争必将爆发的忧惧,这在演习灯火管制上就可得到证明。瑞士政府甚至在日内瓦也进行了这种演习,以备一旦发生战争时作为对空袭的预防措施。9月27日晚,日内瓦街头的全部灯光都被关闭或遮掩起来,给各国代表和瑞士人民带来一种战争临近的气氛,呈现出一片异常沉闷的景象。我由于工作需要,继续留在房间里办公,但我不得不关上所有窗户,拉上窗帘,房中的空气变得使人感到窒息。

当英、法、德、意四国首脑在慕尼黑会谈达成协议的惊人消息传到日内瓦时,大家普遍感到如释重负,觉得终于避开了一场战祸。至少在开始阶段,人们并没有认识到为此所付出的巨大代价。挪威下院议长汉布罗认为整个形势富有戏剧性。他说,如果德国继续坚持,张伯伦还准备作出更大的让步,但墨索里尼肯定不想打仗,他的调停使得希特勒适可而止。

几个星期后(这时我已返回巴黎),我对聚集到大使馆庆祝"双十节"的大约一百二十名华侨代表作了一次讲话。虽然9月份的国联全体大会和行政院会议上中国有所收获,争取到以另一个决议的形式在原则上支持中国,但这还远远不能令人满意,我感到相当沮丧。因此在10月10日的讲话中我感情激动地着重指出三点:第一,根据中国代表团在日内瓦的经验和捷克危机的结局,证明指望西方国家是没有用的。第二,中国必须自力更生,加倍努力增强抗战力量,特别要充分利用天时、地利、人和的有利因素(赫里欧有次曾提醒我说,这些重要因素是中国最宝贵的财富)。中国不应该对依靠自己的力量抵抗日本侵略丧失信心。我们必须把全国的广大人力开始利用起来,引导他们更好地为国家服务。第三,每个中国人在内地应该努力工作,帮助工业和农业合作社的发展,以便提高生产,增强抗战力量。那些不能积极参加这方面工作的人也可以从事一些其他工作,特别是妇女们应当做一些照顾抗日军人的孤儿及其伤病家属的工作。

第四节　在日本开始南进,而西方列强又缺乏单独行动积极性的情况下,我所进行的外交努力

1938 年 10 月—11 月中

由于中国在国联的申诉迄无成效和西方民主阵线在与欧洲集权国家折冲时表现出的软弱无力,尤其是英、法不惜牺牲捷克斯洛伐克的领土完整和主权独立以取悦德国的做法,促使中国有必要对其抵抗日本侵略和期待外界援助的政策进行一次全面检查。1938 年 10 月 4 日,我向外交部电呈一份相当全面的报告,分析了国际形势及其与中国政策的关系,这份报告同时转呈蒋委员长和行政院长孔祥熙。我在报告中叙述了以下的观点和结论。

1.由于英、法害怕战争,对希特勒屈服退让,以致形成奥地利被德国兼并和捷克斯洛伐克遭到肢解的局面。这种局面的后果不仅影响到欧洲的基本形势,而且也严重影响到远东的形势。

2.根据法捷同盟条约的规定,法国十余年来一直是捷克的盟国,然而它不顾条约义务,强迫捷克向德国割让一部分领土作为和平的代价,从而废弃了它付出巨大努力、惨淡经营二十余载的遏制德国的政策。今后,我恐怕弱小国家不敢再指望法国的帮助。法苏互助条约和法波同盟条约事实上也失去实际效力。法英合作协定的出现是由于法国对英国一向寄予很大希望和信赖。然而,这次英国首相与希特勒达成协议,事先既未与法国磋商,事后又没有立即通知法国。

（这里，我可以附带指出一些英国绕过法国与希特勒达成原始协议的理由。首先，从历史上看来，英国在内心深处始终对法国的意图怀有疑虑，很可能怀疑法国有野心控制欧洲大陆而把英国看成不完全属于大陆的国家。其次，许多英国政治家还有一种感觉，认为法国的国内政治力量过于分散，缺乏团结。从第一次世界大战以来，任何一届法国政府都因争权夺势而不能稳定。第三，在英国政治界甚至在英国社会中经常有一股强大的亲德势力，认为德国是与英国合作、增进两国利益的天然盟友。）

我看出从今以后，法国将发现它自己在国际上陷于孤立。作为一个只有四千万人口的国家，面对拥有八千万人口的德国确实相形见绌。苏联外交人民委员李维诺夫甚至尖刻地断言，今后法国不能再被看成一等国家了。

我了解法国屈服的真实原因是由于它的空军缺乏准备，空军建设只完成了一半。同时在法国政治领导人之间存在着意见分歧，他们不能团结起来有效地为法国工作。据我看来那些主张与意大利合作的政客将占上风。

3.英国不惜任何代价急于回避战争，也是由于缺乏准备。此外，英国首相是个思想陈旧的老人，他不尊重国际法的义务或国际道德的准则。据我看来他仍然被一种19世纪流行的政治思想所左右，这种思想就是企望实现"欧洲协调"的政策，通过这种政策来操纵和控制弱小国家，借以维持欧洲和平。他似乎相信，为了达到这个目的，德国和英国是两个起主导作用的国家。他对国联的态度是：为了迎合德国和意大利的要求，不惜完全背离集体安全的原则。他破坏盟约第十六条对侵略者的制裁自动生效这一原则，而强调盟约第十九条，这一条规定通过协商修订条约。他还要修改盟约第十一条，而这种对国联基本宪章的任何修改均需取得行政院全体一致同意。他的信念是，在小国之间发生冲突时，大国可以强制他们接受一项解决办法。

至于张伯伦对于苏俄的态度，他是以怀疑和歧视的眼光来看待它的。他不愿苏俄参与欧洲的政治事务,非常害怕共产主义蔓延。因此,他的政策是把苏俄排斥在欧洲政治圈外。英国首相是如此怀疑苏俄,甚至当英国外交部已经成功地从苏俄得到保证,如果英国和法国决定反抗德国,苏俄也将参加这个反抗行动,而且英国外交部为了警告德国已经公开了这个事实之后,英国首相仍然一意孤行,为了请求墨索里尼同意出面调解,提议召开四国会议,以德、意为一方,英、法为另一方,从而排斥了苏俄参加。

至于张伯伦对远东的态度和政策,他的主要意图是不愿触犯日本,希望一旦欧洲发生战争,日本能保持中立,并继续尊重英国在远东的权益,特别是尊重英国在远东的殖民地。看清这些意图就不难理解为什么英国首相一意对日本表示同情和袒护,拒绝我们提出的由英国提供借款和信贷的迫切要求。甚至当中国建议只讨论出口信贷并表示愿意派一位高级官员或著名的银行家和专家到英国进行谈判时,英国政府也以怕引起日本过分注意为理由而加以拒绝。当我们提出日本军队使用毒气的问题,要求国联任命一个国际委员会进行调查时,英国却认为我们提出的证据不足,主张通过一般的外交渠道调查事实。在我们提出抗议并要求采取行动拒绝向日本供应石油和飞机以阻止日本空军轰炸和平居民和不设防城市时,英国代表竭力反对我们的要求,反复声明他不能参加有关这方面的任何讨论。甚至在我的发言底稿中说到国联、会员国根据第十六条有权利对侵略国实施制裁时,英国代表也强烈反对使用"权利"一词,坚持要我删去这个字眼。

4.苏俄对于英、法向德、意屈服深感失望,尤其谴责法国的姑息态度。李维诺夫在国联全体大会上再三说明苏俄很重视与他国缔结的互助条约,准备履行一切条约义务。他说,苏俄政府为了表示莫斯科履行"苏法互助条约"的决心,曾经正式警告波兰不要向捷克边境派遣军队。虽然苏俄一直拥护国联盟约,但他不得不承认,实际上国联不能依靠,莫斯科也不再信赖它。

关于苏俄对远东的政策,李维诺夫说,他的政府愿意帮助中国,并认为有必要采取联合行动对日本实施制裁。但考虑到欧洲的形势和中国距离遥远的事实,难以实行通常的联合制裁。在这种情况下,取得美国的合作非常必要。就这点而言,李维诺夫的观点与法国代表对我所说的完全一致。

总而言之,今后在远东问题和远东形势方面,最重要的事情是继续争取苏俄对中国提供援助和增加援助。至于说到对日本实行经济制裁,按照友好国家的意见,即使是有限度的经济制裁,也应当得到美国的合作,这是问题的关键所在。

在国联,已经为应用第十六条打下了法律基础。因此,为了敦促华盛顿与英、法、苏俄、荷兰、比利时等原料丰富的国家进行协作,在实行经济制裁中起主导作用,形成国际联合行动,以停止进一步向日本供应原料,现在正是和美国接近的时机。无论采取秘密或公开的措施,这种做法必能收到一些效果。

在报告的结尾处我说,我已经给在华盛顿的胡适大使发去电报,向他阐述了形势,并指出,鉴于目前欧洲的局势,即使是要实行制裁以外的任何援助中国的措施,也需要美国的倡议和合作。在各国共同帮助中国的任何有效行动中,华盛顿必须成为中心。

我上面提到的给胡适的电报已在前一天即 10 月 3 日发出。我在电报中首先告诉胡适,国联行政院关于中国问题决议的要点,大意为会员国可以单独应用第十六条,至于说到联合行动,则必需的"协作要素"尚未得到保证。我接着告诉他,在国联起草委员会的讨论中,英、法和苏俄都强调指出需要美国的合作。实际上,在起草委员会原来拟就的决议草案中,曾把布鲁塞尔会议的毫无成就和将来实行制裁的责任都推到了美国政府身上,只是由于我的坚持修改才使最后通过的决议正文没有这样措词。

在电报结尾处我说,考虑到现在的欧洲局势,对远东要进行任何联合行动都必须由美国倡始。接着我问道:华盛顿是否能在停止对日本供应武器、军需物资、飞机、石油、信贷和工业基本原料方面向英、法、苏俄、比利时、荷兰以及少数其他国家提出一项谅解倡议。

10月12日,我给胡适发去另一份电报,参照我10月3日的电报告诉他说,我刚刚向法国外交部作了试探,答复是"法国仍然愿意追随美、英两国之后,按照第十六条实施制裁。"我问他由美国倡议实行联合制裁的前景如何?我还说我个人认为,在有关国家中达成一项通过行政或半官方手段实行制裁的默契也将是受人欢迎的。

两天以后,10月14日我又给胡适发去一份电报,告诉他法国哈瓦斯通讯社有一条发自华盛顿的电讯,报道美国的态度说,美国认为日本将战事扩大到华南,造成了一种要求美、英、法采取联合措施的形势。整个形势的关键主要在于英国的态度是否坚定,因为美国从来没向日本的军事禁令屈服过。这条电讯还说,美国国务院正考虑在研究日本最近的照会之后,向英、法倡议,进行磋商。在电报末尾我问胡适,"以上所述是否反映了美国的官方意见?"

在这同一时期,委员长对我10月4日论述政策的电报作了答复。他10月12日给我回电说,我提出要求美国倡首实行制裁的建议很好,他已亲自电示胡适大使责成他抓紧办理。他还希望我继续努力,以便达到预期结果。

10月16日接到了胡适的第一封回电,说他已经收到那三封谈论制裁的电报。随后,他回顾了美国近来的政策决议。他首先提到赫尔国务卿在6月11日举行的记者招待会。赫尔宣布美国谴责轰炸平民的行动,谴责对这种行动给以物资的支持,并进而说明这种公开谴责将会阻止向那些地区出售轰炸机,以免被用以空袭平民。胡又说,7月1日国务院下属的军火管理署向有关的飞机及飞机设备制造商或出口商发出了一封密函,函中说道,美国政府强烈反对将飞机或航空设备出售给用以轰炸平民的任何国家。因此国务院不得不拒绝向那些利用飞机轰炸平民的国家签发有关飞机、飞机发动机、飞机零件、空投炸弹或空投鱼雷的直接或间接出口许可证。函中还提到,已经承担了合同义务的制造商和出口商在申请出口许可证或根据已签发的许可证尚未装运出口前,应该把合同条件通知国务院备查。胡大使实际已引述了该函,但出于谨慎又提醒道,"请勿直接引用上述函件"。

我在 14 日发给胡适的电报中曾谈到战火已燃及华南。确实,这是个非常严重的情况。10 月 12 日日本军队在邻近香港的广东省大亚湾登陆,显然企图乘主要列强专注于欧洲危机之际,向华南内地推进,占领广州。如有可能,还打算切断中国的重要补给路线粤汉铁路,并向汉口推进。

10 月 17 日,委员长从他的统帅部发给我一份电报,通知我日军已开始向南推进,进攻广州。他显然为此感到忧心忡忡,在电报中说,日军进攻广州,目标不仅对准中国,实际也标志着日本"南进政策"的开始,并且企图通过此举探明英国的真实政策和美、英两国的反应。如果英国表现出任何软弱迹象;如果法国和美国保持沉默,听任日本在华南建立行动基地,那么英、法、美和荷兰在远东的殖民地如印度、缅甸、印度支那和菲律宾都将陆续成为日本进行扩张的目标。因此法国、英国和美国必须共同行动,建立起援助中国的联合阵线,使日本看出它将遭到这三个国家的联合反对,因而从目前的进攻中后退。委员长说,自从 1931 年"九一八"事变以来,日本企图驱逐白人、独霸亚洲的野心已经暴露无遗。皆因列强不能互相合作以有效地制止日本的侵略,致使日本的野心日益滋长。委员长接着说,中国已经抗战一年有余,国力遭到迅速消耗。虽然中国仍在继续抗战,但确已感到精疲力竭,如果再发生一场大战,中国将难以支撑下去(我知道这是一种夸张的说法,目的在于敦促西方国家采取坚定的行动)。以前法国和苏俄在西沙群岛和张鼓峰事件中略微表示强硬态度就已迫使日本后退,这就是日本欺软怕硬态度的明证。所以各国不应放过这次联合起来,遏制日本侵略的机会。只要这种联合力量一旦显示出来,日本就会有所畏缩。委员长要求我把这个意见转告法国政府,还要我与在华盛顿的胡适大使和在伦敦的郭泰祺大使共同敦促各该国采取行动。

外交部显然也为近来军事形势的逆转和日军加紧攻占广州和广东全省的行动感到焦虑。10月16日电示我作一次伦敦之行,与郭大使商议如何促使英、法、美驻东京大使向日本政府提出联合抗议或同时抗议。我答复说,我这时不宜离开巴黎,因为我需要参加几个重要约会,在这些约会中我将与法国政府及我在巴黎的外交同行们磋商上述同一问题。我解释道,无论如何,我并不需亲赴伦敦,因为我和伦敦的郭大使通过电话保持着经常联系。

17日下午,我在法国外交部见到了博内。一开始我向他说明,我这次来访的目的是为了告诉他由于日本进攻中国华南所出现的新形势以及这种形势对于中国和法、英、美三国可能产生的后果。日本新冒险的目的不只是要切断香港与广州之间的交通,以便向中国政府施加压力;而且要建立一个日本能够从此出发,威胁香港、印度支那、新加坡和菲律宾等西方国家领地安全的军事基地。这种新冒险是日本政府内部稳健派和激进派斗争的结果,后者受到日本海军和一部分陆军的支持,他们与罗马—柏林轴心的关系密切,反对与英、法合作。由前外相宇垣将军领导的稳健派直到不久以前还成功地控制住了激进派,不让他们对西方的民主国家挑起争端。但随着欧洲事态的发展和慕尼黑协定的缔结,激进派占了上风,从外相宇垣将军的突然去职可以看出稳健派已经失势。

我对博内说,我确信日本在华南的新行动固然是为了截断中国的补给渠道,但也表明了开始执行"南进政策"的意图。在华南获得一个基地,将使日本在下次欧洲出现危机时,能和欧洲的德、意互相呼应,在远东对英、法施加压力,以便逼迫英、法集团作出更多的让步。除非现在立刻采取行动制止日本的新冒险,否则一旦欧洲再次发生危机,那时要想阻止日本向英、法领地扩展,恐将为时已晚。反过来看，如果英国和法国现在采取坚定态度，当能抑制日本不让它进行新的冒险。我提醒博内说，以前在有关西沙群岛的争端中，法国的坚定政策曾经获得成功。再者，在张鼓峰事件中，苏俄的坚定政策也曾迫使日本改变了强硬立场。

我接着说，现在日本经过十五个月的侵华战争之后，它对中国的抵抗力量之强与持续时间之久感到出乎意料。目前日本已经厌战，渴望尽快结束这场战争。它难以承受英、法两国决心对抗的压力。但若英国和法国不及时采取行动，则对他们远东利益的后果将是严重的。

我说，根据可靠情报，日本曾试图与德国谈判缔结一项军事同盟，德国人在原则上已经接受这一建议。最近日本提升前驻德使馆陆军武官大岛浩将军代替原来的职业外交官东乡担任驻德大使，就是为了促使谈判早日成功。最近希特勒在萨尔布吕肯演说中表现的强硬态度和日本向中国华南发起进攻，都说明德、意、日正在利用民主国家的明显弱点互相勾结。

阐述过中国对形势的看法之后，我提出三条法国可以而且应当采取的对策。这样做不仅是为了减轻日本对中国的压力，也是为了保卫法国、英国和美国自身的巨大利益。这三条对策是：

首先，法国可向华盛顿和伦敦建议，通过驻日使节在东京联合或分别采取行动，要求日本克制，停止进攻华南。这个建议可能被华盛顿接受。我提到最近从美国首都发出的哈瓦斯社电讯中，指出美国对于日本进攻华南的官方意见认为需要英、法和美国采取共同行动。电讯中还提到美国政府对于这一形势非常关切，并愿意考虑在远东有着更大利益的英国所倡议的任何行动。

第二，法国政府可以向中国保证，在香港、广州之间的交通恢复之前，给予中国经过印度支那运入全部军需物资的便利。为了中国以及法国、英国和美国的利益，中国必须继续抗战，力求制止日本的侵略。只要中国能够抵挡住日军在华北、华中以及华南的进攻，英国、法国和美国在远东的殖民地就不会发生危险。但是这种抵抗有赖于源源不断的国外供应。我着重指出有几船货物正在运往中国途中——有些来自德国和苏联，另外一些来自法国和比利时，这些都是前方急需的物资。我要求博内作好安排，当这批物资到达印度支那时，允许其顺利过境。我说，中国政府可以向法国政府保证，所有这类运输都将秘密、谨慎地进行，不给印度支那政府造成任何麻烦。

第三，为了进一步对日本施加压力，法国政府应该立即停止向日本提供武器、弹药、飞机、石油和其他军工原料。我提醒博内说，最近国联行政院已通过决议，现在已适用第十六条，每个会员国都有义务和权利采用我刚才说到的制裁措施。美国政府在1938年7月已劝告飞机制造商约束自己，不要向日本供应飞机和航空器材。美国制造商遵从了劝告，这对遏制日本已经产生了不小的效果。法国如果采取和美国同样的或者更进一步的行动，也将做出有益的贡献。依我看来，不论这种措施是否叫做制裁，也不论这种措施是否公开进行，只要日本得不到上述物资供应，它很快就会感到这个政策的威力。

法国外交部长说，他同意我对日本进攻华南所产生的影响和后果的看法，他也觉得应该采取一些行动。但在目前形势下，他认为由美国采取行动要比由英国或法国采取行动更有分量。因此他将立即按照我的建议内容与华盛顿协商。至于我建议的第二条和第三条，他准备进行研究。他要求我相信他的支持，并表示在与华盛顿协商之后，希望和我再交谈一次。关于停止向日本供应物资的问题，他说他根本不知道法国在向日本供应石油这类物资。我回答说，日本虽然没有从法国得到石油，但我了解某些武器一直在由法国运往日本。

这天晚些时候，我给华盛顿的胡适大使和伦敦的郭泰祺大使发去电报，把我和法国外交部长的谈话告诉了他们。我告诉他们说，我的谈话着重指出日本推行"南进政策"的目的是为了侵犯英、法和美国的利益。还说明我的三条建议有利于促成英、法、美三国向东京提出联合抗议或同时分别提出抗议,阻止日本在华南采取进一步行动。在电报末尾,我告诉他们法国外交部长已经同意我对日本侵入华南所抱目的的分析。但他强调说法国虽然有意单独或联合采取行动,可是这类行动必须有美国参加。我在电报中还询问他们所知的英、美两国对于这个论点的态度。

我们三人间又进一步交换了情况。10月19日为了同样理由我会见了美国驻巴黎使馆代办埃德温·威尔逊,向他介绍了我和法国外交部长的谈话要点并交给他一封要发给蒲立德大使(当时正在美国休假)的电报后,我提出了几个问题。威尔逊回答说,他也认为日本进攻华南,德国分割捷克和墨索里尼的宣言都是为了实现其本国利益的一致行动。虽然他尚不了解美国政府对日本入侵华南的态度,但从华盛顿公布庞大的重整军备计划和波洛克先生号召全国做好准备的演讲来进行判断,他觉得美国政府肯定不仅看到了欧洲局势,而且也看到了远东局势的发展。

他仔细看过要发给蒲立德大使的电文后说:他认为"其他措施"一词并不意味着军事行动。我说我的本意是指停止向日本供应飞机、武器和军工原料这类措施。威尔逊觉得在这种情况下空言不会对日本产生任何预期效果,需要一些比空言更有作用的行动。

于是,我表示最好能取得苏联的合作。苏联在满洲边境的军事部署可以对日本施加很大压力。我问威尔逊,华盛顿对邀请莫斯科参加美、英、法三国准备在东京所采取的外交行动是否有什么困难。美国代办答道,他还没有得到美国政府的消息,但他个人认为华盛顿对这种做法是会踌躇的,因为恐怕给外界以这样的印象,即美、英、法、苏四国已组成与反共产国际集团对立的阵营。

关于华盛顿对于在东京采取行动这一建议的基本态度,威尔逊说他尚未从美国政府得到任何消息。我提醒他注意哈瓦斯社的电讯已经透露华盛顿赞成英、美、法三国采取共同行动。威尔逊说他从《时报》上看到了这条电讯的一部分,说的是英国在远东比美国有着更大的利益，但他不记得有美国政府赞成采取共同行动这一点。我说我可以送给他一份电讯全文。我也告诉他中国驻英大使刚刚在星期一（16日）会见了哈里法克斯勋爵。据悉英国政府将就华南形势问题与巴黎和华盛顿进行接触。

我接着告诉他，我将把这封电报发给蒲立德本人，因为在华盛顿的胡适博士也接到了中国政府的训令，内容与给我的相似，我不知道他是否已经为此会晤过赫尔国务卿。如果威尔逊向国务院呈送关于远东形势的报告时，需要引用这封电报的任何部分或引用我刚才给他的任何消息，他完全可以自便。威尔逊表示赞赏我的建议并且感谢我把我和博内的谈话告诉了他，他要求我得到博内的答复后也能及时通知他，他还允诺一俟他收到蒲立德的回答就转告我。

如何从西方国家——特别是从英国、法国、美国和苏俄——获得更多、更有效的援助和合作，这个问题不但我感到关切，那些时常来此的重要中国政治领袖或政治家们也普遍感到关切。他们除通过信件或电报给我提供消息外，他们的到来，更给我带来有关国内实际形势的资料和政府的新闻。

这些人士中和我讨论上述问题最为频繁的是李石曾。10月16日（或17日）李石曾问我对于与法国当局交涉，签订一项假道印度支那运输物资协定的意见。他说他已经收到委员长和宋子文有关这个问题的电报，他催促我与法国缔结一项正式协定，使中国能够得到急需的过境运输的保证。我认为这个建议在目前情况下难以实现。我向他解释道，根据法国关于过境运输的政策，特别是鉴于1937年10月13日法国的决议，我们如果正式要求法国就这个问题签订协定，那是不能获得满意答复的。较好的做法是当货物到达印度支那时，要求法国人暗中放行通过。换言之，我觉得应该让法国人作出一副貌似中立的姿态，但在暗中继续帮助中国。相反，如果我们操之过急，那就可能使对这个问题本来就意见分歧的法国内阁，搬出去年的决议来公开拒绝中国。

李石曾和国联的拉西曼博士是挚友。10 月 19 日他们一同来和我交谈。除论及其他事项以外,拉西曼告诉我,英国和法国人民已开始认识到为慕尼黑协定所付出的代价过高。因此张伯伦的地位变得比法国的达拉第更为不稳。他说,张伯伦准备进一步对德国妥协,已经着手研究如何满足德国人对殖民地的要求。张伯伦计划让出一部分英属西非连同比属刚果和葡萄牙的殖民地给德国,而法国则让出一部分法属刚果殖民地给比利时作为补偿。

第二天我设法会见了法国殖民部长乔治·孟戴尔,想和他坦率、充分地交换对法国政府的政策和态度的看法。我在谈话开始时说道,日本现在向华南发动进攻,正是欧洲事件尤其是慕尼黑协定的一个反响。其目的不仅是要切断香港与广州之间的交通,从而堵塞中国前线军队的一条供应渠道,而且企图建立一个基地,日后可以从这里进一步向南推进以威胁香港、新加坡、印度支那和菲律宾。所以,这是日本执行其海军一直鼓吹的"南进政策"的开端。我说正如孟戴尔所知,日本政府内部有两个集团,一个主张向北扩张,另一个主张向南扩张。日本的海军曾想向南推进,但受到了较为稳健分子的阻止。稳健派以前外相宇垣将军为代表,希望与英国达成谅解。可是,在签订慕尼黑协定的次日,"南进政策"的鼓吹者们获得了胜利并迫使宇垣外相退出政府。结果发动了对广州的冒险。

我对孟戴尔说,日军进攻广州将造成影响深远的后果。除非现在先发制人,在形势进一步恶化之前采取行动,否则一旦欧洲出现新的危机,英、法再想采取任何行动阻止日本威胁他们的远东殖民地,就可能为时已晚,因为那时他们的手脚又受到了束缚。我接着说,希特勒的萨尔布吕肯演讲、墨索里尼对法国的强硬态度、巴勒斯坦的动乱以及日本进攻广州都展示着柏林—罗马—东京轴心共同密谋向英、法施加压力的迹象。现在正是采取先发制人行动的有利时机。如果法国、英国和美国能够协调行动,对日本的一意孤行提出警告,这种措施将能收到立竿见影之效。因为日本经过十五个月的侵华战争之后,它的战争物资和军事力量都遭到很大削弱,已难以应付来自这三个强国的任何对抗行动。

孟戴尔在我所说日本的战争物资和军事力量削弱之外,又补充一条经济资源的消耗。他接着说,他完全同意我对日本新冒险行动的分析,准备尽力而为,帮助中国。当我说到由于日本进攻华南所造成的新局势,确实表明中国和法国(或印度支那)之间有着很大的共同利益时,他告诉我,在三天以前他已下令放行被扣留在印度支那的飞机。他解释说,这批飞机的被扣是由于当时的欧洲局势表明战争已经临近,考虑到暹罗的态度和它在印度支那边境所采取的行动,特别是因为外交部长博内已经断言如果欧洲爆发战争,日本肯定要站在德国一边,他作为殖民部长,感到有责任采取应急措施,以加强印度支那的防务。但现在危机已经过去,他立即命令放行这些飞机。他当时所以作出扣留这些飞机的决定,确实是为形势所迫,希望能得到我的谅解。

孟戴尔赞同我的观点,即日本人的新冒险是慕尼黑协定的反响之一。他认为慕尼黑协定是一件极为不幸的事。他本人对于法国外交部长所推行的政策非常不满,曾一度向内阁提出辞职。他说,博内所推行的政策并不能代表政府全体。孟戴尔坚持认为德国并没有准备发动战争,这一切战争叫嚣只不过是希特勒的虚张声势而已。虽然就飞机数量而言,德国的空军大大超过法国,但法国空军拥有一万八千名训练有素的军官,德国却缺乏飞行员。只要经过开战后的最初几个星期,法国就能加速飞机的生产。至于陆军方面,法国有着五百万后备兵员,德国至少需要两三年时间才能赶上法国。

当我评论到英国似乎也和法国一样,觉得它自己还不能与德国相抗衡时,孟戴尔说,他相信法国、英国、苏联和捷克的联合力量将是德国的可怕对手。但因慕尼黑的屈服,法国失去了捷克这样一个坚强的朋友。现在捷克已被纳入德国的轨道,罗马尼亚已开始动摇。

孟戴尔告诉我,他的观点不仅获得法国总理达拉第的赞同,而且也受到内阁大多数人的支持。但因外交部长使政府受到极大的约束,以致当希特勒发出邀请时,达拉第除接受外别无其他选择。我问他,难道外交方面的重要决定不是由内阁集体做出的么?孟戴尔答道:"有时不是",因为博内直接负责处理外交事务,他总认为他本人享有自行决定的特权,并且经常使用这种权力。博内的论点是:一、法国没有做好与德国打仗的准备;二、现在挽救和平比给未来一代造成巨大人员伤亡和物质损失要好得多。可是孟戴尔并不相信希特勒会发动战争,至低限度,如果法国立场坚定,就不会发生战争。

我说英国在这种局面下,似乎显得更为软弱。孟戴尔说,英国没有任何条约义务需要履行,法国却对捷克承担着义务。一个国家倘若不尊重它本身的条约义务,就会失去在国外的朋友。现在,当暂时宽慰的心情消逝之后,法国已开始估量形势和它为和平所付出的代价。来自各省的消息清楚表明,反对政府在慕尼黑所奉行政策的公众舆论正在日益蔓延。他觉得这种政策是很不幸的。孟戴尔说他一直强烈要求达拉第和博内采取坚定立场。就在他们离开戈德斯贝格前往伦敦的前一天,他提交内阁的备忘录曾被内阁采纳作为内阁决议的基础以指导在伦敦实行的政策,但外交部长博内却没有照此执行而搞了另外一套。

我把我和博内的谈话告诉了孟戴尔,要求他给以帮助。我还说,蒋介石将军责成我向他提出个人请求,以便得到经印度支那过境运输的保证。鉴于香港至广州的交通已被截断,缅甸至云南的新路线尚未开通(据我了解英国那一边将在 11 月 1 日准备完毕),所以对中国保证提供通过印度支那的运输路线至为重要。孟戴尔说他充分理解这条路线对于中国的重要性,一定要尽最大努力相助。尽管他没有提出人名我也知道,法国外交部经常反对他,而 1937 年的内阁决议又使他难以把这件事强加给内阁。我对他说,我知道法国外交部的冷漠态度。因此,建议他绕过法国外交部来安排过境运输事宜。我紧接着补充说,现在有两船从德国和苏联运出的军需物资正在途中,由于香港和广州附近的战争行动,它们不得不绕道印度支那。如何使这批物资尽快运抵中国,是件特别急迫的事。孟戴尔说他不能给印度支那总督拍发电报,但他可以派个人乘飞机去。可是他担心这个人不能在船只到达以前赶到那里。我立即回答道,只要他决定派人去,我可以设法安排,让货船在途中放慢速度,使其在适当时间到达海防。他问这些船只什么时候到达,我回答可能在八天之后。于是孟戴尔派人找来部里有关司的司长共同商议采取什么途径、方法把这些船上的物资运过印度支那而不使总督遭到日本可能提出的任何抗议以致处于为难境地。

看来事情显得有些复杂。司长来到后,告诉了他货物的数量、船舶的吨位和抵达印度支那的大致日期。他说如果船只到达海防,这批货物应该迅速卸船并运过边境,否则会引起外界过多注意。他考虑如果其中有类似坦克之类的重武器,应该在远离任何港口区域以外,靠近中国边境的海岸卸船。我说只有取得总督谅解后才能这样做,否则有可能发生麻烦。孟戴尔部长说,不需要让总督知道。司长说,这样的事不可能不让总督知道,海关肯定会报告总督。可是他指出,如果货物在芒街卸船,就带有一定的走私性质,这在那个地区并不是罕见的事。我坚持为了避免任何麻烦,最好与总督达成谅解。孟戴尔解释他的想法说,应让总督知道这件事是怎么办的,但需采取这样一种方式,即总督在答复日本可能提出的任何抗议时,使他能够否认事先知情。他问道是否可以把这批物资标上供在印度支那使用的标志。司长说这是个好主意。以前他曾建议过,关于飞机这类物资应该就卸在印度支那的军用机场,过几天再把它们重新装配,飞往中国。在目前情况下,他认为这批物资应当运到印度支那的政府军械库,再从那里运过边境。

谈到这里,孟戴尔说最好由他报告达拉第,并争取他的批准。我表示同意,但是我告诉他,我已经正式对博内谈起过这件事,现在最好不要再和外交部讨论这个问题,因为外交部很可能又提出反对。殖民部长答应立即报告总理,争取在四十八小时内给我答复。应我之请,他约定我们下次会晤的时间在 10 月 22 日中午12 时。

整理我们这次会见的记录时,我作了一条附记,说明孟戴尔自己体察到的政治形势。他告诉我,当人们最初沉浸于拯救了和平的喜悦中时,曾指责他鼓吹战争,其实他深信不会发生战争。1936 年德国人占领莱茵区时,他曾倡议实行一种强硬的报复政策。当时,他也被指责为好战。可是风暴过去之后,法国人民平静下来审视事态,他们才认识到法国听任德国占领莱茵区没有做出任何有力反应,是种多么可耻的退让。那些曾经批评过他好战的朋友,这时又对他加以责备,说他没有极力坚持自己的观点。由此可见, 一个政治人物的行为要满足人们变化无常的情绪是多么困难。

见过孟戴尔后,我去苏联大使馆和苏利茨大使会谈。他一开始就问我,对于受到慕尼黑协定影响的法国政局有什么看法。我说法国人民经过从战争恐怖下解脱出来的最初喜悦后,好像已开始察觉到法国为拯救和平所付出的巨大代价。同时也使我看到,达拉第在决定今后遵循的路线之前,现在正在尽力争取时间。

苏联大使说,法国公众开始为政府对德国如此让步感到不安,觉得前途堪虞。即使在电影院中,每当观众看到德国接收被割让的捷克领土(其中包括可与法国马奇诺防线媲美的捷克工事)的镜头,就发出惊奇和不满的哄叫声。按照苏利茨的看法,达拉第有三条路可走:第一条是解散国民议会,要求进行大选;但鉴于目前的舆论动向,达拉第显然不敢采取达种做法,因为他不能肯定大选结果将会有利于他的政府。第二种选择是继续维持现在的政府,等待事态进一步发展,力争舆论支持实行重整军备的计划。第三个办法是组织一个从共产党人到马兰的全民政府。但由于共产党人不会参加达拉第的政府,实际上只能组织一个从勃鲁姆到马兰,也就是从左翼社会党人到右翼保皇党人的联合政府。困难在于法国政治界缺乏强有力的领导,达拉第容易轻信人言,缺少主见。正如我以前所说的,达拉第对形势确实看得很清楚,而且懂得它的意义。但照苏利茨的看法,达拉第不能坚持自己的观点,常常在最后时刻被博内及其一帮人所左右。

我说孟戴尔是个坚强的人而且具有远见。他看出了法国在慕尼黑退让将造成的严重后果。苏利茨同意这个评价。他说,孟戴尔是犹太人,原先属于右翼。他在政治上的敌人很多,朋友甚少。看来缺乏组织政府的气魄和声望(这是对殖民部长的中肯分析)。当我说到法国内阁的大多数人支持孟戴尔时,苏联大使告诉我,他知道法国内阁中如夏普德兰、拉马迪埃和朱利安这些部长们都反对博内的政策,但他们大多数是激进党人,不便公开反对政府。然而孟戴尔的情况不同,他应该像英国的达夫—库柏那样,以辞职作为对慕尼黑妥协的抗议,并以此澄清自己的态度。苏利茨认为这样有利于引起全国人民对真正形势的注意。可是孟戴尔没有这样做,却继续抱乐观态度,这就不能使法国人民充分认识到形势的严重性。

关于博内,苏利茨说他曾一度认为法国外交部长会对德国采取强硬政策并支持捷克斯洛伐克。但李维诺夫说得对,法国决不会出面保护捷克。博内一贯寻求的只是摆脱法国应该承担的条约义务。苏利茨说,他曾经想到博内会对捷克施加压力逼它让步,但他没有想到博内会完全向德国屈服。他接着说,现在博内和肖唐赞成解散议会进行新的选举。在外交政策上,他们主张与德国和意大利取得谅解。苏利茨还说,在慕尼黑会议之前,达拉第甚至想免除博内的职务。可是当他回国以后,由于他在慕尼黑的举动暂时得到人民认可而使他改变了主意。法国的困难之处在于国内政治常常与外交政策纠缠在一起(我联想到苏利茨的本国在政治制度方面幸而没有这种现象)。

苏利茨对我说,法国还有像弗兰丹这类的人,他们辩解道,在慕尼黑的屈服总比卷入战争要好得多。他们的理由是:法国一旦卷入战争,无论它打赢打输,都是失败。如果法国打输了,它作为英—法—苏同盟中的最弱一方将要承担全部损失。如果它打赢了,胜利会给以人民阵线为基础的政府带来声望,那就意味着保守派的失败,并使法国处于共产主义苏联的影响之下。对他们来说,这样的法国是不能忍受的。

苏利茨问道,对具有这种思想的人能有什么办法呢?法国政府把问题作为要战争还是要和平,提到人民面前,人民自然要选择和平。但那只是一时的权宜之计。他们现在已开始认识到法国在威信、荣誉和友谊等方面已经遭到无法弥补的损失。德国不仅获得了中欧的霸权,而且它在东南欧的影响也变得不可抗拒。达拉第—博内政府实际上只拯救了希特勒和德国的独裁制度,而不是拯救了和平。如果当时法国在进行动员之后选择坚定的立场,希特勒就将陷于进退维谷的窘境。他要是退却,就得丧失作为独裁者的威信;他要是前进,就不得不单枪匹马地面对由英国、法国、苏联和捷克斯洛伐克组成的最强大的联盟。因为那时据说意大利国王反对动员,意大利正在举棋不定。这样,捷克军队就能牵制住一百万德国大军。可惜法国没有采取坚定立场,现在它已失去了捷克斯洛伐克和它在东南欧的影响。

苏利茨继续说,有些法国人责怪苏联在这次危机中一直采取模棱、暧昧的态度,那是完全不真实的。李维诺夫始终宣称苏联准备参加法国和英国方面的任何行动,苏联并不想躲在国联背后。它向国联提出的唯一请求是军队的过境权问题,也就是使它能够派遣军队假道罗马尼亚进入捷克斯洛伐克国境,但这样做必须得到国联的授权。

于是我指出,日本进攻华南是慕尼黑协定的反应之一。我向苏利茨述说我和博内谈话的要点,特别是有关我敦促博内与华盛顿和伦敦进行磋商,以便在东京以联合行动的形式对日本在华南的冒险提出警告的建议。我也告诉苏利茨,博内说他将立刻考虑这个意见并与华盛顿联系。

苏联大使对我说,博内对于远东问题并无真正兴趣,他在体质和精神上都不怎么坚强,思想似乎也完全倾向于反动。事实上,法国在日内瓦不但不支持任何在远东对日本采取有效行动的建议,还试图阻挠别人在这方面的带头行动。法国曾想说服英国不要介入远东问题,以免削弱欧洲的力量。既然法国在欧洲能够那样背信弃义地抛弃捷克斯洛伐克,那就难以指望它能给予中国任何积极支持。他还说,前外交部长保罗-彭古是个不同的类型,保罗-彭古在法国政治党派中属于左翼,不能看做是代表法国的全部观点。

我告诉苏利茨,正好与他的预料相反,这次我的意见似乎打动了博内,我希望我的建议能见到一些效果。同时,我想和他(苏利茨)商量,请苏联参加拟议中在东京的外交行动。既然苏联对远东形势比其余三个国家感到更关切,它的参加一定会给这次共同行动增加很大力量。

苏联大使答道,正如我所知,从原则上说苏联援助中国是不成问题的,那是苏联政府的既定政策,只是莫斯科采取行动的方式和步骤需要考虑。英、法、美三国提出警告自然是基于日本进攻华南危及他们在那里的各自利益这一事实,然而苏联在那个地区并没有什么利益可言,它参加共同行动显得理由不足。此外,从意识形态方面考虑,这三国中可能有的国家认为苏联参加将会弊多利少。

我说,提出警告的方式、方法,无论是联合提出或是分别提出,都可以由这些国家自己决定。我已向博内指出,中国政府在这方面并无成见。华盛顿可能仍然遵循平行行动的传统方针,赞成分别采取行动。当然,对于警告的内容要点,事先必须达成谅解。苏联可以用中日冲突影响到远东形势这个正当理由作为它行动的依据。

我接着说,苏联参加这一行动有两点显而易见的好处:第一,将给其他三个国家的行动增加很大分量;第二,可以证实英、美、法、苏四国对远东问题的联合阵线已经开始形成。(这是我和郭泰祺大使一直提倡并向中国政府推荐的政策,然而政府内部对此政策,意见迄未一致,特别是在卢沟桥事变的前一年甚至事变爆发以后,意见仍有分歧。)苏利茨同意我的观点,并说他要立即给李维诺夫外长发电,向他汇报我的建议和理由。他问我,中国驻莫斯科大使是否已经和李维诺夫谈过这个问题。我说我已电告我国政府,建议训令驻莫斯科大使提出同样要求。苏利茨向我保证他一收到莫斯科的答复就立即告诉我。

10月21日我收到一份报告,说日本人已经占领广州。我对日军推进迅速和中国军队抵抗不力感到惊异和沮丧。这时,我对余汉谋将军是否真心抗战产生了怀疑。

10月22日,孟戴尔和我按照以前的约定会晤。一见面他就告诉我,他已见过达拉第总理,谈话收到了效果。正在运输途中的中国军需物资可以取道西贡登岸,那里的地方当局接到这批物资后,把它们作为属于当地政府的物资立即送到政府的军械库中加以保存。然后,在一周至十天以内再把这批物资向北转运到中国。他(孟戴尔)将派遣一名特别代表飞往西贡,下星期三(10月26日)出发,五天后到达,以便当面通知西贡地方当局做好必要的准备。他要求我务必使这些货轮不要在11月1日前到达西贡。我除对殖民部长表示感谢外,并向他保证一定要安排船只在11月1日以后,大概在6日左右驶抵西贡。

孟戴尔叮嘱我对法国外交部必须守口如瓶。至于国防部,他们将装作对此事一无所知。我说这是个好主意,这样一来谁都不会被暴露。他说,一旦日本人提出任何质问和抗议,那时可以解释道:中国政府已把这批军需物资转卖给了印度支那,因为他们发现这批物资不能在香港卸船,而印度支那政府又拒绝让它们过境。他还说,由于最近拨出了一笔加强殖民地防务的贷款,所以印度支那政府有条件买下这批军需物资。他还说,中国务必采取适当措施,对中国境内的那段滇越铁路做好防御空袭的准备;在印度支那境内的一段线路,将由法国方面负责照管。

我想在这里作点解释。上面我曾谈到法国殖民部长和我想出了一些隐蔽、曲折的办法使这批军需物资通过印度支那领土运入中国,但我要说清楚,这样做对于中国来说是为了进行对日抗战,而法国实际上也处于在印度支那对日本进行战争的前夕(因为这完全取决于日本何时向印度支那发起进攻),所以这种做法是完全正当的,不仅为了保卫中国的重要权益,而且也为了保卫法国的重要权益。既然是战争,那么凡能用来制约敌人的手段都是合理的。拳击中有句行话"交手不留情",我们认为在战争中也不应顾忌太多。特别是敌人为了实现侵略野心而表现得如此残酷、蛮横时,我们不能过于老实。

由于孟戴尔曾提到中国有必要加强滇越铁路中国境内线路的防空措施,我向他保证,一定要提请中国政府注意到防卫措施的重要性。这时在场参加谈话的 B 将军*指出,陆上爆破比空中轰炸对铁路的危害更大。他说,广九铁路的经验证明,用空袭破坏铁路或其桥梁非常困难。可是云南省境内的这段滇越铁路及其桥梁却很容易被地面放置的炸药所摧毁。况且这段铁路造价昂贵,因为它穿山越岭需要建造大量耗资甚巨的桥梁。B 将军还说,应该利用经过谅山通到广西省南宁的公路。这条公路的广西省境内一段线路应该加以改进,使之成为正规的运输渠道。我请他放心。我说我在给政府的报告中,会提醒他们注意到这一点。

我在回答问题时说,滇缅公路将在 11 月 1 日开放。据英国人称,届时缅甸境内的一段线路可以修建竣工。虽然中国向英国

---

* 原编者注:谈话记录中只简单称为"B 将军",顾氏认为他是殖民部的司长。参照前几次的记录,很可能是布吕尔将军。

订购准备用于这条公路的五百辆载重汽车,离交货还需要一段时间,但中国当局已决心充分利用这条公路。

那时,我们的谈话已经转到其他题目,可是孟戴尔在谈话结束时又提起了安全问题,我只得向他保证说,我一定要使我的政府深刻认识到严格保密的必要性,同时也要建议政府训令在印度支那负责运输事务的中国代表注意保密。

10 月 24 日我收到一份令人心烦的报告,说博内已经写信给殖民部长,警告他对日本要持谨慎态度。我请来了李石曾,要求他试探孟戴尔(他的好友)对于法国外交部警告的反应。与此同时,我从孙科博士的顾问余铭处也收到一份报告,说与苏联政府谈判援助问题的中国驻莫斯科大使杨杰将军,现在还不能来巴黎商讨苏联援助的问题,因为他一直在等待委员长的指示。余铭还说,据杨将军透露,苏联不同意向法国提供飞机(这是法国要求中国代表法国政府向苏联提出的要求),因为莫斯科知道法国完全能够自己制造飞机。

第二天又是一个令人沮丧的日子,因为中国军队撤离汉口的消息已被证实。我难以理解为什么不保卫汉口,为此我给外交部次长发电,请求说明原因。我听到这个消息后感到心情很沉重,稍后,又给伦敦的郭大使打电话,探询他是否得到进一步的情报。郭泰祺向我解释说,两天前汪精卫曾给他去电,谈到政府放弃汉口的意图。关于英国的财政援助问题,他说,宋子文曾给伦敦来电,要求他筹借一笔三百万英镑的贷款用以支持中国的外汇,但是英国银行怀疑这笔贷款是否有用处。照郭的看法,获得贷款的希望不大。

那天所有的消息都是使人灰心的。但次日(26 日)李石曾来报告他和孟戴尔谈话的情况却差强人意。据李谈,孟戴尔曾说,法国外交部的人是失败主义者,他像反对日本人和德国人一样地反对他们。听了李石曾的话后,我感到几分宽慰。因为孟戴尔显然没有改变主意,仍将履行他和我关于过境运输问题所作的安排。

上面提到过,我曾向政府建议寻求有效的国际合作。如有可能,还要促使友好国家向东京提出联合的或分别的抗议,以阻止日本人在华南的行动。这个建议得到了委员长的坚决赞同。我给在华盛顿的胡适博士发了三次电报,不仅告诉他这个消息,也敦促他为了同一目的着手与美国政府商谈此事。他在回电中给我提供了某些有关美国政府态度的情报,特别是它要求飞机制造商不得接受日本订货或向日本出售飞机的机密函件。之后,他在10月21日又给我来电,说已收到了我10月18日、19日的电报,还说因为他的国书尚未到达,他只能向美国政府提出非正式的要求。此外,他说美国总统正在家里休息,我猜想他指的是罗斯福正在纽约他的公馆里。胡适还说,他已托付回国休假的美国驻巴黎大使蒲立德先生把中国希望英、美合作的意愿转达给有关当局。还有,他在19日见到了国务卿,把我在给他的电报中所说的三点意见向国务卿作了转达。

胡适补充说道,陈光甫在华盛顿的谈判有了很大进展,中国可望得到具体收获。关于美国政府的态度,因为国会补缺选举就要举行,他相信国务院近期不可能做出任何有效行动,必须等待中日局势的进一步发展。他说华南的军事形势近来如此恶化,有必要依靠英、法出面进行第一线的外交活动。他这方面将继续注视形势发展,如果出现任何机会,他决不会放过。

第二天,10月22日,我和殖民部长会晤时,我问他,抗议问题是否已提到内阁会议上讨论?孟戴尔回答说,那天上午在内阁会议上博内曾经提起他(博内)和我的谈话。博内说,他已向华盛顿和伦敦建议在东京采取措施,但发现美国和英国政府的态度很消极,表明这两个国家在目前的情况下都不愿做出涉及华南形势的任何行动。孟戴尔补充说,这并不意味着他们的态度一成不变,随着形势进一步发展,这两国政府有可能改变他们的观点。

10月26日,中国外交部发来一封电报,综述截至当日的形势。电报中说，据驻莫斯科大使杨杰来电称，苏联政府诚挚声明，如果英国、法国和美国提出倡议，苏联政府愿意参加任何对日本的共同行动以帮助中国。但外交部的电报接着说，从郭泰祺大使的电报中得知，英国政府仍然不愿倡议。美国政府虽然继续表示同情中国，但它忙于将要举行的国会补缺选举，不能指望它在这件事情中出头倡议。看来"势必要由法国政府倡议这个行动"。因此，外交部要求我与法国政府会商并探明它的观点。事实上我已和法国政府特别是外交部及殖民部保持密切接触。当然，对于拟议中的对东京采取行动问题，我还没有从法国得到任何承诺。同一天（10月26日）下午五点，我和法国外交部秘书长莱热进行了一次谈话。一开始我就告诉他，自从我们上次谈话后形势已经有了重大变化，日本人拿下广州后又占领了汉口。后一城市的撤退是按照中国军事当局的预定计划有秩序地进行的，没有出现混乱，也没有损失大量军需物资。我向他保证，广州和汉口的失守并不意味着中国抗战的终止。正如蒋介石将军对《巴黎晚报》记者所说的那样，中国决心继续抵抗日本的侵略。

我接着说，日本人在华南建立基地不仅对中国是个直接威胁，而且也将危及法、英、美三国在远东的殖民地与商业利益。一周前我会见外交部长博内时对他说过，除非现在立刻采取某些措施阻止日本在华南恣意横行，否则一旦欧洲再次发生危机，它一定会对这三个国家施加压力。我告诉莱热，进攻广州是日本海军鼓吹已久的"南进政策"的开始。最后我告诉莱热，我已向博内建议对东京采取外交行动，博内答应与伦敦及华盛顿联系。我问莱热，这件事进行得怎样？有了什么结果？

秘书长说，虽然博内还没有对他谈起此事，但根据昨天从华盛顿发来的急电推测，他知道美国政府的态度相当消极。目前它不希望作出任何行动，即使是关于联合调停这样的行动它也无意介入，除非双方明确宣布愿意接受调停。莱热说，他还不知道伦敦的观点，但据他看来，警告不会收到多大效果。当日本人进攻北平和天津时,曾经对他们提出过警告,当上海和南京遭到日本人攻击时,又对他们提出过警告,但是都没起到作用。现在再提出缺乏任何行动计划支持的空头警告,不会带来更好的结果。相反,只能使这三个国家受到日本的激烈分子进一步的羞辱,因为他们拿不出任何实际行动来支持他们的警告。

我说华南的局势不同,它对这三个国家的利益有着重大影响。此时保持沉默,肯定会被人认为是一种软弱无能的表现,势将鼓励日本激烈分子为所欲为。莱热虽然同意这种形势可能造成各种后果,可是他说,美国的态度很保守,英国和法国的力量又被牵制在欧洲,并且他们的军事实力也不足以应付远东的局势。

我建议说可以寻求苏联的合作。苏联在西伯利亚驻有大量军队,能有效地对日本施加压力。因此,得到苏联的合作将使这三个国家在东京进行干预的行动更有力量。莱热反问道,寻求苏联合作能有什么好处?日本知道苏联无意挑起战争,也不想卷入战争。此外,伦敦和华盛顿都不愿苏联参加任何联合外交行动。布鲁塞尔会议和一些其他场合的经验就是明显的事实。

我说,如果大家的意见不统一,那就无需采取联合行动的形式,可以像华盛顿一向所喜欢的那样,分别行动。不管怎样,苏联能与这三个国家配合进行任何外交活动,无疑是件好事。倘若伦敦和华盛顿不愿接近苏联,我建议由法国为了这个目的与莫斯科进行联系。因为法国与莫斯科关系密切而且较少思想意识上的偏见,在这三国中理所当然地应该承担这项工作。

莱热说法国实际上已经确定了它的观点,这就是在远东反对日本的侵略政策,在欧洲反对法西斯主义和纳粹主义。我见莱热可能误解了我的意思,便说明我本意指的是苏联的政治结构和哲学体系一直被英、美视为异端,受到怀疑,但法国对此却能保持宽容的态度和开明的见解。莱热可能仍然认为我指的是法国—苏联合行动,或认为这是我的建议被采纳后的必然结果。他提出在与苏联接触之前,第一步应该与华盛顿和伦敦取得谅解,否则单纯的法国—苏联合外交行动不起任何作用。他说他要慎重考虑这件事情,并进一步探明华盛顿和伦敦的观点。

之后,谈话转到了其他题目,例如聘请法国军官帮助训练中国军队和提供咨询意见等等。接着我们又回到拟议中的对东京采取外交行动的问题。莱热说,法国和英国的力量还不足以在远东采取任何行动。他问道,如果日本不理睬这些警告怎么办?除非英、法准备以积极的行动作为抗议的后盾,那样就意味着战争。我反驳他的论点说,据我看来,形势还没有达到如此绝望的地步。日本现在正深陷于中国泥淖之中,渴望与英、法保持友好,害怕他们的反应。英、法可以明确告诉东京,如果东京不克制它的军事扩张行动,他们不能漠然视之,将被迫采取必要措施以抵制日本的威胁。我说,只要暗示一下他们的反应和可能的报复,不一定立刻实行,也许在今后半年或一年内实行,就能使日本在漠视此项外交抗议之前,再三慎重考虑。至少可以让日本知道某些制裁措施(例如不供给武器和军工原料)将被立即采用。这样一种声明肯定会产生效果。

莱热说,关于不向日本提供军需物资的问题,法国并没有对日本提供过任何有用的物资。它禁止向日本出口武器、弹药甚至于武器备件,即使是对日本军事工业有用的印度支那出产的矿石也在禁运之列。我说我知道这一点,虽然公布了一个禁止出口这些印度支那矿石的法令,但还没有付诸实施。我希望无论如何,法国政府应该坚持这个法令,从而表明它对日本侵略行动采取制裁措施的决心。

10月27日,我应殖民部长之邀和他进行了会晤。一见面孟戴尔就递给我一封10月26日法国外交部给他的信件。我大略看了一下,信中说到一个对当前情况有可靠情报的中国人士到法国外交部去当面道谢,说印度支那当局所做出的努力使中国的军需物资能够假道印度支那运往中国,这对于中国的抗战事业大有裨益。在信中,外交部还指出,这位中国人士曾透露印度支那地方当局采用的方法是:让警察公开查获一小部分中国运送的武器和军需器材,同时秘密安排其余大部分物资的过境运输事宜。

信中警告殖民部长正视这种做法可能出现的危险后果,特别是应该看到现在的远东局势。信中还说,外交部在 10 月 22 日致孟戴尔的信件中曾提议采取明确措施,以便更有效地控制中国军需物资的转运问题。并且指出像这位中国人士所说的做法,是与法国外交部对日本所作的保证相抵触的。

看完信后,我说我对于这件事情颇为关心,特别是想知道这位中国人士究竟是谁。在巴黎的中国人中经常走访外交部的只有三四个人,我难以置信其中任何一位会愚蠢到把在印度支那暗中进行的事情告诉法国外交部。从信中所述看来,这个情报像是来自外交部掌握下的某个印度支那情报机关,也可能来自驻云南的法国领事馆。在场的 B 将军说,他仔细研究了这封信,也认为这个情报可能来自印度支那。我指出这封信紧跟 10 月 22 日的第一封信而来,显然是想进一步对殖民部施加压力。

孟戴尔说,第一封信是一份长达八页的文件,对印度支那过境运输问题和 1937 年 10 月的内阁决议作了详细叙述,建议在外交部和殖民部之间建立一个混合组成的委员会,以便共同决定中国当局关于假道印度支那运输军需物资问题所提出的一切申请。孟戴尔认为外交部显然想把这个文件当作一项历史文献,准备在日本一旦对印度支那采取行动时,用来为外交部的态度和它拒绝承担责任进行辩护。(很明显,在这件事情后面存在着万一与日本的争端发展成危机时,对政府责任问题的政治性考虑。)孟戴尔说,他对人们在以后的历史中如何评价他的行动不感兴趣,他更关心的是现实的政策。

孟戴尔不能、也没有同意建立混合委员会的意见,因为外交部的建议显而易见是想要决定和控制殖民部的政策,因此他对第一封信根本没作答复。我说从他刚才的话看来,这第二封信似乎是想要对他进一步施加压力,迫使他按照第一封信中的建议行事。我也指出第二封信中并没有确切表明这些秘密安排是被中国人泄露的。我觉得信中提到那位中国人去到外交部一事,显然只是为写第二封信找一种借口。于是殖民部长说,他要给外交部的莱热打电话,询问详情(这正是我所期望的,虽然我并没有说出来),我当然表示同意,并说那样对我的调查工作也有益处。

孟戴尔和莱热在电话中谈论了很久,看来孟戴尔有些生气了,他大声对试图解释的莱热说,他对这个问题的历史不感兴趣,只是想了解详情。他还说他从来没有对印度支那总督发过任何违反 1937 年 10 月国防委员会决议的指示。每件事他都和外交部进行磋商,而且只在取得同意后才发出指示。如果印度支那地方当局搞了任何走私活动,那是违反了他的命令,他要采取必要措施处分那些违反命令的人员。他本人并不认识总督,但知道可以信任总督执行他的指示。他再三追问内情。莱热提到这个消息是那个中国人告诉贺柏诺而不是直接告诉他的。他准备找贺柏诺进一步澄清事实。(贺柏诺是外交部亚洲司司长。更确切地说,他正处于从亚洲司司长向欧洲司司长调动的过程中——或许这就是用他名义的原因——他在亚洲司的继任者刚被提名。)

通完电话后孟戴尔告诉我,第二封信更清楚地表明外交部企图决定殖民部的政策,他作为部长不能容忍一个在职官员来操纵他的政策。然而他和我所筹划的有关过境运输的计划,现在显然已不能实现,他需要过几个星期并等待机会才能履行计划。这样,由于外交部企图影响、操纵殖民部的政策而引起的争吵,也对过境运输问题产生了不幸的结果。我表示遗憾地说,我了解他的焦虑心情。但我仍然感到惊奇,想知道这个泄露消息的人到底是谁。于是我开始追忆各种情况和可能性,想弄清这件事究竟与谁有关。我告诉孟戴尔,我自己在 26 日下午五点见过莱热,但完全没有提到过境运输问题。部长说,第二封信一定是写于莱热见到我之前。由于是贺柏诺说他听到了这个消息,于是我想起中国大使馆参事十天前曾经会见过贺柏诺,当时他是去外交部对印度支那当局发还十一架被扣飞机表示感谢。我说要求发还被扣飞机这件事我已经对外交部长及莱热秘书长谈过，外交部为此不止一次给航空部和殖民部写信，让他们放行这些被扣飞机。我说我为了航空器材问题一直在催促外交部。因为莱热曾向我作过保证，尽管法国政府不给武器、弹药以过境运输的便利，可是外交部将尽最大努力来解决飞机和航空器材的过境运输事宜。我说这位参事是个非常谨慎的人，除非有我的命令，他不会去法国外交部，而且除了我要求他说的话以外，决不多说一个字。我坚信他不会做出这样鲁莽的事。我说也许李石曾见过贺柏诺，但李先生同样是个很谨慎的人。

部长说他现在唯一应做的事就是等待莱热提供详情。他说我应该懂得，虽然他的代表已在 26 日乘飞机前往印度支那，但他目前不可能实行原定计划。我说我很遗憾，想不到竟会出现这样的障碍。我问道，这批正在途中的军需物资是否能够寄存在印度支那当地的军械库。部长立即说，考虑到他与外交部的争执，他不能允许这样做。于是我说，我将报告中国政府让这些船只先停泊在新加坡，等候以后的安排。

次日上午，孟戴尔打来电话说他已从外交部得知详情，虽然内容与他所预期的不同，他还是要派约瑟姆海军中校代表他来通知我。上午 11 点 30 分海军中校来访，他告诉我说那个会见贺柏诺的中国人是参加文化合作的中国代表李石曾先生。据贺柏诺称，李石曾对印度支那地方当局给予中国军需物资以过境运输的便利表示感谢。

当我询问海军中校时，他说他理解这种过境运输特殊方法的泄露不能归咎于李先生。我说是否可以这样解释，作为中国的传统礼貌，李先生在每次谈话开始时总要先感谢一番法国曾经给予的帮助，但并不涉及某种特定事项。海军中校说他知道这次表示感谢肯定与提供过境运输的便利有关，可是消息中并没有包括孟戴尔部长所期待的细节。

为了消除怀疑,弄清李石曾先生究竟说了些什么,我请他来大使馆一次。10 月 29 日他来到大使馆。我首先告诉他我和孟戴尔部长的谈话以及对部长代表约瑟姆海军中校的接见。接着说我认为从法国外交部得到的情报与 10 月 25 日法国外交部给殖民部长信件所暗示的内容不同。李石曾告诉我,他因为北平中法大学以及其他中法文化合作的问题,大约十天前曾会见过贺柏诺,贺柏诺在这方面曾给予过很大帮助。他对贺柏诺在中法文化合作及经济合作方面,特别是邀集法国银行界进行合作方面的出力相助表示感谢。李石曾说当时他没有提到过境运输的事,也无从为此向贺柏诺致谢。如果他有意为转运问题道谢的话,应当向莱热道谢更为恰当。他进一步说道,关于印度支那警察当局“默许”秘密转运中国军需物资的特殊安排并不是最近才提出的,他想起一年前莫泰(孟戴尔的前任)因为内阁通过拒绝中国假道印度支那转运军需物资的决议没有得到他的同意,曾以辞去他在肖唐内阁中担任的职务作为威胁。肖唐总理劝莫泰打消辞意时曾对他说过,虽然决议不能更改,但他(莫泰)可以采取间接、秘密的方法给中国以转运军需物资的便利(也就是说,这个主意是由当时的内阁总理肖唐提出的)。当时莫泰曾对他(李石曾)说到过这个计划。李先生回忆起在赫里欧处曾有过一次会谈,在场的有莫泰、李石曾、保罗—彭古和赫里欧。莫泰在会谈中介绍了用以转运中国军需物资的方法,赫里欧表示赞成,认为这是个好主意,既给了中国转运的便利,看起来又没有站在中国一边。李说,赫里欧还认为法国政府不应当满足于这种间接、秘密的帮助,应该争取实现公开援助中国的政策。李石曾说,至于当时的法国外交部长保罗-彭古,他对这种安排并不了解。

　　李石曾还指出即使在法国外交部内,贺柏诺和莱热也都谈到过另一种帮助中国的方法,这就是把军需物资运到与中国邻近的印度支那边境各省,表面上说是供地方当局维持边防治安所需,伺机再秘密转运到中国。我说,就转运飞机一事而言,法国外交部已经参与了此项计划。

李石曾也像我一样，认为法国外交部在第二封信中提出某位中国人士一事，实际上是为了寻找借口迫使孟戴尔在转运中国军需物资问题上按照外交部的政策行事。他知道前几天日本人曾对法国外交部施加巨大压力，莱热想谨慎从事又不愿说明真实原因，于是故意利用他会见贺柏诺这件事作为向孟戴尔写第二封信的口实。

我建议李石曾去见孟戴尔，向他说明他（李）刚刚提到的种种内情，让殖民部长了解所谓中国人言行不慎确实不是写这封信的真实理由。看来莱热的真正意图是要迫使孟戴尔在转运中国军需物资问题上接受他的观点。李石曾提出他要直接去找莱热本人，我觉得那样做不妥，因为孟戴尔私下告诉了我外交部与殖民部的关系，如果李为此去找莱热，就会透露此事，因而将会辜负孟戴尔的信任。我说李先生最好还是去见孟戴尔，向他说明全部情况和那些可能使他仍然被蒙在鼓里的内情。

李石曾和我接着谈起莱热对中国的态度。李告诉我，最初莱热和贺柏诺对中国的事业都很同情。他记得有一次贺柏诺通知他说，莱热告诉我，中国唯一出路是坚持抵抗政策，但继续抵抗需要从国外得到武器、弹药的不断支援。可是近几个月来李石曾发现莱热对中国的正义事业变得不大同情和赞助了。他说外交部长博内也是如此。（我亦有同感。）

李石曾继续阐明他的看法说，几个月前在日内瓦，当拉西曼对博内谈到中法政治和经济合作时，博内完全同情中国并准备给予援助。他（博内）甚至说他们的谈话应该保密，不要让莱热（他自己的秘书长）知道任何有关的内情。但当拉西曼和国民议会的格鲁巴赫一道再去会见外交部长准备进一步商谈此事时，使拉西曼感到惊讶的是博内竟然让莱热参加讨论。在商谈过程中，莱热避而不谈拉西曼提出的支持中法密切合作的每一条意见，拉西曼对博内所提出的外交部拒绝考虑给予中国过境运输便利的借口加以反驳的所有理由,莱热也避不作答。

李石曾还想起贺柏诺曾经建议缔结一项包括政治合作在内的中法条约。李说那时贺柏诺的态度很好,他甚至暗示制订中法合作计划的最好办法是和新任驻华大使那齐亚共同商量进行。可是当李石曾最近回国访问时,曾和宋子文一道会见了那齐亚大使并和他详细地讨论了这件事。那齐亚明确表示缔结两国互助协定一事属于政策问题,只有外交部才能决定,他和印度支那总督所能效力的仅是例如中国军需物资过境运输这类的具体问题。至于缔结一项全面协定,那齐亚认为争取莱热的赞助和支持至为重要。因为他现在掌握着决策大权。李石曾还说,自从他由中国回到巴黎以后,直到最近才见到莱热和贺柏诺,因为他们两人都病了。

我们谈到的第三件事是争取法国向中国派出军事顾问团和提供军需物资问题。李石曾说,他在香港时,宋子文曾给他写信说,孙科打来电报,建议通过俄国国防部,可望在俄国协助下与法国订立一项协定以获得某些法国的军需物资。李石曾说,他在中国时也曾与人讨论过法国军事顾问团问题,普遍认为法国军事顾问团、法国军需物资供应和印度支那过境运输这三个问题,应该在一个全面的中法合作协定中合并加以研究。

李接着说,他从中国回来后曾给蒋介石发去电报,要他对中法政治协定的基本原则提出具体指示。蒋回电说,他的答复意见在他给孙科的复电中已经表明了,可查阅原电。问起孙科时,孙说委员长在电报中只说了这三件事应该同时着手。然而,那时李石曾通过与孟戴尔及 B 将军的谈话发现,法国并没有重型武器可以提供,只有可能得到一些轻武器,而且还难以肯定。李了解到这些情况后,认为同时进行这三件事徒劳无益。

他和孙科共同商议,两人都同意不要三事并举,而由孙科承担违背蒋的指示的责任。孙科还主张答复孟戴尔,接受他提出的对法国军事顾问团的雇用条件。孟戴尔的主张是,由他选派一位适宜的法国将军担任顾问团团长,至于选择团员问题,则由这位将军本人与中国方面洽商解决。李石曾和孙科都觉得孟戴尔提出的有关顾问团的薪金、待遇等雇用条件完全可以接受,后来这些条件也得到了委员长的批准。

据李石曾说,孙科还见过达拉第,并向后者提出一份关于中国的需求和希望从法国获得的军需供应的备忘录(所要求的数量很大),备忘录的一份副本也交给了孟戴尔。李说,当时孟戴尔曾要求孙科和李本人不要对大使馆走漏风声,因为在时机成熟之前先秘密进行交涉比较有利。李说,上星期他和孟戴尔再次谈及此事,听孟戴尔说现在已无需向大使馆保密,因此他这时才告诉我。

当然,李石曾、孙科,后来还有杨杰将军,都曾和我讨论过获得并确保法国合作的最好办法。有鉴于中国在非常困难的条件下孤军与日本作战,确实迫切需要得到法国的帮助。中国需要从国外获得充分的军需物资和实际的援助以抵抗侵略者。尽管他们几位对我很相信,但并没有告诉我,在他们建议与法国缔结军事条约的问题上,委员长和孙科之间有过什么商议。我只知道他们不时会晤法国当局,可是他们并不邀我同去,虽然我一直在奔走联系为他们的会晤铺平道路。

中国正为它的生存而战,在同西方友人打交道时,要用他们感到十分方便的方式,这是重要的,有时还是必要的。由于法国内阁在外交政策方面存在分歧,情况尤其如此。法国外交部,特别是博内和莱热,认为欧洲的形势重于一切,因此所有对远东问题的考虑必须服从外交部这一主要目标。我觉得他们内心同意张伯伦的观点,用牺牲一些欧洲小国以及给予某些诱饵去收买德国,例如出让一部分英国和法国的殖民地给德国以满足它对生存空间的愿望。因此,按照我的理解,把某些与援助中国有关的事情尽可能地对法国外交部保密是可取的做法。并且,我也不急于知道正在进行中的每件事情,现在的工作已经够我做了。再说,我是经常需要正式出面与莱热及博内打交道的人,不让我知道正在进行中的谈判细节（这些都应尽量对法国外交部保密），对于我来说未尝没有益处。

李石曾告诉我的第四件事情是杨杰访问巴黎。李说，从刚收到的电报得悉，杨杰将于10月30日离开莫斯科，他是遵照蒋介石的训令前来巴黎与法国政府商谈对中国的军事合作及军事援助问题的。实际上，委员长在几个月以前，就要求进行这次访问，他（李石曾）还在中国时就从宋子文处听到过这个消息。李还说，如我所知，杨杰曾任委员长的参谋长多年，熟悉委员长的意图及中国的军事计划。我对李石曾说，让杨杰处理这些军事问题是个好主意，因为文官对这方面不在行。

我问杨来巴黎后打算和哪些法国负责官员进行会谈。李说，孟戴尔部长说过，由他亲自过问向中国派遣军事顾问团的事，而且他已指示B将军物色一名适宜的将军担任顾问团团长。不过几天前，当李石曾再次和孟戴尔谈及此事时，得知B将军还没有找到所需人选。（法国方面显然将由得到达拉第总理授权的孟戴尔绕开外交部直接与杨杰会谈。）

我对李石曾说，这个主意很高明，但是目前的时机不大适合于讨论这些问题。中国的军事失利和广州、汉口的失守，必然会使得法国更为谨慎和犹豫。此外，慕尼黑协定对于法国外交政策的影响也将减少这次谈判的成功希望。我对李说，在我的印象中，孟戴尔是友好的，愿意帮助中国，但他目前的地位是否牢固，仍然是个问题。孟戴尔没有政治后台，也不属于任何重要的政党，他主要依靠自己精明、活跃的性格吸引了达拉第，赢得了这位总理的信任。我告诉李石曾，法国外交部和博内都反对孟戴尔，他的主要支持者是达拉第。然而，达拉第究竟能在多大程度上不顾外交部的反对，支持孟戴尔的观点并实行他的对华政策，近来已大成问题。从达拉第本人近乎激烈地抨击共产党，可以看出他的明显倾向是依靠中间派和右派的政治势力，这足以说明达拉第内阁的未来外交政策是要压缩法国在国外承担的义务，同时专注于法国的国内建设。李石曾同意我的分析,他说达拉第的动向似乎预示他将屈服于德国和意大利,实行软弱的外交政策和坚定的国内政策。

李石曾进而建议,杨杰来后,首先应该在大使馆举行一次杨将军、我、他和大使馆武官唐将军参加的磋商会,以便决定如何进行这项工作。据李说,杨曾写信表示他不了解法国情况,不知道如何与法国打交道。我告诉李石曾,我准备参加这样的磋商。不过我希望李已经与法国做好接待杨杰的安排,并能像刚才所说的那样,促使法国沿着两国合作的方向与杨开始会谈。

我担心这次谈判成功的可能性不大,这不久就被我和国民议会"中法友好集团"领袖阿奇博的谈话所证实。他在 11 月 2 日与孟戴尔会晤之后来访问我,我对他简要叙述了最近我和孟戴尔的谈话之后,问他今天上午亲自会见孟戴尔有什么印象?阿奇博回答说,他发现孟戴尔本人仍然很同情并赞成中国的事业,但由于日本对外交部不断施加压力,现在必须非常谨慎小心。孟戴尔将尽最大努力帮助中国,而且他已经派人前往印度支那,孟戴尔可以用密电与这个人联系,无须通过总督。由于确信能获得达拉第的支持,孟戴尔将继续大力援助中国。但最重要的是对外保密,不要让外交部知道这些事情。

我说这是一项很巧妙的做法,因为外交部不知道这些事,它就可以理直气壮地否认曾给中国提供任何过境运输的帮助。阿奇博接着说,达拉第对于中国是个宝贵的朋友,他真正理解日本侵略政策的深远后果,所以赞成尽可能地援助中国。在达拉第内心,反对日本的情绪比支持中国的情绪更为强烈,他愿意帮助任何一个受日本侵略的国家。

与此同时,中国驻河内总领事发来电报向我请示,面对印度支那总督坚决拒绝让任何物资假道印度支那运往中国这一情况应该如何措置,特别是有一大批吉普车和卡车已经到达印度支那。我知道还有一船枪炮在印度支那遭到扣留,为了这和另外一些问题,我迫切需要会见法国外交部长,于是安排在 11 日 4 日进行。

我和博内谈话开始时,提到了大约两星期前我和他的那次谈话以及我和莱热的谈话。在与莱热谈话中,涉及到法国政府对我提出的关于法国对华援助三点建议的看法。我记得第一点是就对东京采取联合外交行动一事与华盛顿进行联系。我问博内外长是否已和伦敦及华盛顿进行磋商。他显得不大肯定地说,他曾和英国大使谈过这件事,但因急于前往马赛,还没能与莱热谈起。

我说从那时以后,美国政府公布了 10 月 26 日致东京的照会。这个照会对日本违反在中国的门户开放政策提出了强烈的抗议,措辞相当强硬。因为没有得到日本的答复,国务院在几天前已经将其公之于世。美国报纸评论说,在美国外交史上还从来没有使用过如此强硬的词句。照会结尾处说,日本如果对美国的要求不能作出令人满意的答复,必然会影响两国之间的关系。我对博内说,美国在照会中所持的强硬态度表明,美国政府对远东局势深为关注,而且不想放弃它在那个地区的利益。

我接着说,法国在远东也有着巨大利益。我的政府训令我要求法国政府对日本提出类似的照会。我强调说,中国驻伦敦大使已经找过哈里法克斯勋爵,获悉英国政府将提出类似的抗议。(我知道法国外交部在与伦敦磋商并在可能条件下首先获得华盛顿支持之前,对于做任何事情总是踌躇不决,所以我一开始就说美国政府已经做了什么和英国政府说了什么。)我告诉法国外交部长,我认为法国政府提出类似抗议可以使日本注意到西方国家的普遍不满,同时也能增加对美国照会的支持。此外,在心理上,这将是采取强硬行动的最有利时机。日本人原来指望占领广州和汉口后能够结束战争,现在看到中国仍一如既往,决心抵抗下去,日本人开始对今后实行的政策感到踌躇和怀疑。先一天,日本首相近卫公爵在广播讲话中表现的明显和解精神就是这种踌躇态度的证据。现在对东京提出坚定的声明和有力的抗议,很可能促使日本认识到它所面对的严重形势，从而修改它的对华政策。

博内说他还没有看到美国的照会，他记下了照会日期和我叙述的照会要点后说，他同意我的意见，也将迅速做出类似行动。在参阅美国照会的内容之后，他将要求莱热立即准备一份相似的照会。我为他能采纳我的建议，果断地决定付诸行动而感到高兴。

随后我提起经印度支那的过境运输问题。我说，广州被日本人占领，意味着经过香港的供应渠道已经丧失。现在向中国保证提供经印度支那过境运输物资的充分便利条件，对中国的抗战事业显得比过去更为重要。（广州失守以前，很大部分抗日所需的进口物资是经过香港入境的，尽管这些抗战所需的物资有的运往华中地区、有的运往华东沿海各省，有的运往华西和西南地区。此外，为了明显的安全理由，经过印度支那的路线总是用来运输例如卡车，大炮等重型军事设备。因为香港不够隐蔽，在那里进行的卸船、转运等行动，很容易被日本人发现。）我对博内说，还有两条另外的运输路线：一条在中国西北，经过新疆通往苏联；另一条从昆明通往缅甸。但那都是公路，不适合运输重型装备。我继续说，中国军队士气很高，但要取得胜利，在很大程度上还得靠国外物资援助。从这个角度来看，印度支那路线是极为重要的。

我对博内外交部长说，我充分理解法国对过境问题与日本的关系早已有所考虑。我还说公开地保持中立态度也许是可取的，但我衷心希望法国政府在实际上能让中国最大限度地利用印度支那转运物资。当然，中国会非常慎重地利用这种方便条件。博内说他懂得过境运输对于中国抗战事业的重大意义，但在给我答复之前，他想先和国务委员会主席达拉第进行一次商议，希望下周能给我答复。至于对东京的抗议，他向我保证立即着手办理。

博内问道，广州为什么失陷得这样快？中国军队为什么抵抗不住？特别是他知道这次日本用于进攻广州的兵力并不太多，他怀疑中国军队是否过于脆弱（这是我早已预料到的问题）。我回答说，广州的撤退和汉口撤退的意思一样，中国的战略在于避免与日军进行正面作战。从广州附近登陆的日军是高度机械化装备的部队，中国军队在这方面远远不及敌人。加之日本军队的一贯目标在于摧毁中国军队的主力，所以中国的战略对策是尽量避免与敌人打阵地战。现在中国军队已撤退到广州以北，在那里建立了一条阻止日军前进的新防线。看来博内对我的这种解释显然感到满意。

杨杰将军 11 月 2 日终于抵达巴黎，我很高兴见到他，因为我们之间有许多问题需要讨论。当天晚上我按照惯例设宴为他洗尘。宴会以后我们开始讨论。首先，我想知道他所了解的苏俄对中日事件以及中国多次要求苏俄援助的真实态度和政策。他的回答很明确。他说莫斯科对于中国要求增加援助和合作的态度，可以概括如下：苏俄政府确切地认为如果它援助中国超过一定限度，就有可能导致苏日之间的战争。那时，其他国家肯定会袖手旁观，并且希望苏俄和日本两败俱伤。如果苏俄幸而获胜，其他国家将会帮助日本以图遏制苏俄的势力。

看来莫斯科对国际形势的分析相当悲观和有些愤懑之感，我不得不批评西方国家，特别是英国和美国，长期以来一直没有作任何努力以消除莫斯科根深蒂固的疑虑。按照我和英国政府领导人以及法国政府某些部门的谈话所得出的看法，我认为莫斯科的疑虑并非毫无根据，虽说他们的分析可能有夸大之处。至于说到伦敦和华盛顿对苏联的看法，我承认如果日本被击败，苏俄将会大大扩展它的势力，但后果并不像伦敦和华盛顿所担心的那样严重和深远。

从另一个角度来看，苏俄对于西方民主国家尤其是英国和美国的真实动机或意图所抱的疑虑，也不是完全出于主观臆测。在我与英、美代表的谈话中，特别是涉及到在东京采取联合外交行动，警告日本不要推行其南进政策的谈话中，我清楚地看到他们不欢迎苏俄参加这项联合行动,就连法国也不急于要求苏俄参与。因为,照他们说来,这样会使德国和意大利明显看出他们正在联合起来对付中欧的反共集团。

三天之后(11月5日),我和杨杰进行了另一次讨论,这次有李石曾参加。我们讨论的题目还是苏俄对于援华问题的态度。杨杰说,法国希望中国向苏俄转达提供三百架飞机以加强法国空军实力的要求,实际上已被中国婉言搁置。他解释道,孙科以前曾建议说,中国可以把法国要求三百架飞机以增强防务的意图间接转达给苏俄,但是委员长不同意。委员长的兴趣只限于要求法国政府保证对中国经印度支那过境运输军需物资给以便利。实际上驻苏大使杨杰就是经委员长授权,为了缔结军事互助合作条约问题来与法国军事当局进行接触的。

杨杰还说,虽然孙科说过苏俄可以代表中国向法国提出援华问题,但是这个说法并不确实。他说莫斯科一直认为由中国自己向法国提出要求更为合适。据杨杰说,政府中的汪精卫集团正在活动对日媾和,他相信广州失陷的一部分原因就是由于汪的影响。(我猜想可能因为当时广东省军事首脑余汉谋将军是汪精卫的人。)

由于欧洲形势紧张,法国政府的态度总的说来是如此地不利于中国,因此中国政府的顾问爱斯嘉拉教授(那时我见到了他)认为,既然法国、英国和美国对中国抗战事业的态度这样冷淡,一旦和平条件可以接受、战争得以结束时,中国最好能和日本携手合作。这样,任何力量也不能阻止中—日联盟主宰东亚。他的意见是中国应该和日本稳健派合作。

博内曾向我保证,他要立即着手进行对东京采取外交行动事宜。为了得到他的回音,11月10日我又去访问了他。他告诉我,自从我们上次谈话之后,他通过法国驻华盛顿大使已经探明美国政府批准了对东京采取共同行动的意见。那天上午他和美国驻法使馆代办威尔逊进行了一次长谈,谈话内容涉及法国送交东京的照会文本。

我对法国将与伦敦及华盛顿协调一致,共同采取行动表示满意。我说,我相信由在远东有着巨大利益的这三个国家表示共同关注的声明,将给东京以深刻印象。鉴于日本政府最近发表的声明以及日本近卫首相的广播讲话,这一步骤尤为重要。日本现在显然正试图实行从政治上和经济上控制中国的政策,这个政策中也包括着排斥西方国家在华利益的部分。

我上面所说的声明是指 11 月 3 日日本政府的声明和同一天近卫首相的广播讲话①。在声明和讲话中都宣布了日本要建立"东亚新秩序"。

在我与博内谈话中,我接着说,看来美国和英国政府都反对日本的立场,我认为他们当然反对日本人在声明中所揭示的主张。在近卫声明的次日,美国国务卿赫尔明确宣布美国政府不能接受对华盛顿条约所形成的局面的任何改变和任何违反国际法的行为。英国外交次官巴特勒在下议院也以英国政府的名义宣布英国与美国持相同立场,它的政策建立在九国公约和其他国际协定的基础上,不同意对局势作任何违反上述协定之改变。

我还说中国政府责成我弄清法国的真实态度,我希望知道应该如何向我国政府报告。博内说我可以向政府报告,就说法国政府的态度完全与美国和英国政府的态度一致。

博内和我接着谈到经印度支那过境运输问题。他说他曾和国务委员会主席讨论过这件事,但很抱歉,法国政府难以更改 1937 年 10 月通过的决议。我表示遗憾,并问他这是否意味着印度支那对中国军需物资的过境运输完全关闭。博内说以后对这个问题可能重新审议。我说,这样将使中国政府大为失望。自从广州失陷和广州至香港之间的交通被截断以后,经过印度支那的运输路线对于中国继续进行抗战至关重要。法国、英国和美国的

① "声明"及"讲话"均见本册附录一、二。——译者

巨大利益与安全,尤其是印度支那、香港和菲律宾的安全似乎寄托在中国军队的胜利上,而中国军队的胜利又离不开国外的物资供应。这些物资主要由海上运往中国,现在需要经过印度支那。因此,事实是:中国抵抗日本的侵略,不仅是为了保卫中国自己的领土完整和国家独立,也是为了保卫西方国家在远东的领地和其他利益。如果中国的抵抗失败,日本在华南顺利扎根,法国在远东的领地也如英、美在远东的领地一样,将立即受到威胁。那时,法国将被迫付出大得多的代价和牺牲来自行防卫。(这种危机后来已被证实,40 年代初期日本不仅占领了香港和菲律宾,也占领了印度支那。)我说,现在防止威胁的方法是支持中国抵抗日本的侵略,正如法国有句谚语说得好:"预防胜于治疗"。

博内说,他看到了这种形势,并倾向于赞同我的见解。他希望形势的发展将使法国政府能重新审议这个问题。我指出印度支那现在关闭得这样严密,甚至连非军用物资也遭到扣留,这是我难以理解的。我举例说,有一船载重卡车被扣留在海防不许过境。其实这些卡车一部分是盐务局为中国某些税务部门订购的。我说,他应该记得这一千辆卡车是在得到印度支那当局保证可以过境后才订货的。我感到惊讶的是,我了解 1937 年的法国内阁决议只适用于军需物资,其他任何物资并不在禁止之列。况且,那时还做出了一项准许飞机和航空器材过境运输的例外规定。但现在印度支那的实际情况似乎表明,法国政府禁止一切物资通过印度支那。我希望这不是法国政府的本意。(我觉得在博内谈了法国关于印度支那过境运输的政策之后,有必要作出坦率而坚定的反应。)博内问我是否想让他向有关的部提出异议,我说我赞成他这样做。

接着我谈起十九架德沃丁式飞机上的十九门机关炮问题。我提醒博内道,早在 8 月份我就和他进行过一次谈话,承蒙他应允立刻给航空部写信。我说为了使已交货的十九架飞机能投入使用,这十九门机关炮非常急需,而且不许这些机关炮出口的理由更加难以令人信服，因为已经发给了制造这些机关炮的许可证。我知道所有其他有关部门都同意对这些机关炮放行，唯独航空部长居伊·拉·尚布尔坚持不让装运出口。博内对这些机关炮还没有被放行好像也感到诧异，他说他要对尚布尔提一下这件事。

我们的谈话又回到了过境运输问题上，我强调说明它对中国抗战事业的重大意义。因为这个问题如此重要，我想要求法国政府对它重作考虑。并且建议法国政府在英国首相和外交大臣来到巴黎会商欧洲的绥靖政策时，把这个问题提出讨论。如果英、法两国能够制订一项允许过境运输的共同政策，就可使法国政府不再为单独给予印度支那过境运输的便利而感到担心。外交部长说，他要把这个问题提交内阁会议讨论，当然，首先他要和达拉第磋商。

11 月 15 日，为了交换有关远东局势的看法和情报，我访问了美国代办威尔逊。一开始我就向他提起我们一道出席在凯旋门举行的第一次世界大战停战日纪念仪式上我对他说过的话。这就是，我知道法国外交部长曾就法国政府递交东京的照会文本和他(威尔逊)作过一次长谈。该项照会涉及到远东形势，其内容和美、英两国已发出的照会相仿佛。威尔逊说，事情的经过是这样的，他遵照华盛顿的训令曾会见贺柏诺，告诉他美国政府正向日本政府提出照会，要求开放长江航运。美国的论据是，在汉口陷落前，日本声称由于军事行动，这条河流不能向各国航运开放。现在汉口已经陷落，日本应该实践它的诺言。他还告诉贺柏诺，美国政府训令他将此事转告法国政府，如果法国有意提出一份同样的照会，那就可以说是对美国政府的行动"深有理解"(这是暗示法国政府可以采取同样行动的一种非常慎重的外交辞令)。

威尔逊知道法国和英国的照会可能同时发出，比美国的照会晚一两天。威尔逊告诉我，法国政府对他那次在外交部的暗示很赞赏，正像英国政府赞赏美国驻伦敦使馆作出的类似暗示一样。

（巴黎和伦敦对于在远东采取任何外交行动总是感到犹疑，除非华盛顿也采取同样行动。现在美国政府已经采取了明确措施，英、法政府因为与其本身利益直接相关，当然也乐于追随。）这次照会的主要内容是长江航运问题，并没有涉及远东的一般局势。

我告诉威尔逊，我在11月4日曾向博内提出过询问，询问内容涉及到10月26日美国致东京的关于维护门户开放政策的照会，赫尔国务卿于日本政府发表声明的次日在记者招待会上的声明，11月3日近卫公爵的广播讲话和巴特勒外交次官在下议院的声明。（巴特勒在声明中不仅表示支持美国的立场，而且使用了和美国国务卿同样的语言，强调指出英国坚持以华盛顿条约作为远东政策的基础这一严正态度。英、美两国声明的唯一区别是：赫尔国务卿宣布美国政府不能容忍对华盛顿条约和国际法所形成的局面加以任何改变；英国的发言人在下议院则宣布英国的态度建立在华盛顿条约和其他国际协定的基础上。）我还告诉威尔逊，当我在11月4日见到博内时，这位法国外交部长似乎还不知道美国10月26日的照会。

威尔逊说，在那天之前他曾交给贺柏诺一份照会的副本。（我觉得这种情况发生在法国外交部、特别是在博内外交部长身上并不奇怪。因为一般来说，他们总是把远东问题看成次要的，只集中注意力于欧洲。所以，博内不知道威尔逊曾交给贺柏诺照会副本，贺柏诺也没有把美国的行动或照会内容及时报告外交部长。这一切都未使我感到惊异。）威尔逊还说，如果我需要的话，他愿意给我一份照会副本以供参考。接着他又说，他不了解日本政府对这三份关于要求开放长江航运的照会是否作了答复。

威尔逊接着问起经印度支那过境运输的事，我告诉他，印度支那现在实际上对一切中国过境物资都封闭了。我上周访问法国外交部的目的之一就是为了敦促博内对中国的过境物资重新开放印度支那路线，特别是有鉴于香港和广州之间的交通已被切断，开放印度支那路线至为重要。我曾向法国外交部长指明，中国的抗战能否顺利进行,主要决定于国外供应,并且与印度支那的利益也是紧密相关的。

威尔逊说他经常探听印度支那的过境运输情况,知道现在已被封闭。我说这正是上星期四(11 月 4 日)博内告诉我的,看来法国害怕日本人给它找麻烦。我曾向博内指出,现在日本的双手已被中国缚住,它实际上已无力与其他大国为难。我又说,如果英国和美国能给法国提供团结一致的保证,法国就会对中国过境物资给予一切转运便利。我说这正是法国人在布鲁塞尔会议上所持的立场。虽然我曾力图说服法国,它要求美国做出上述保证是违反美国不介入国际纠纷和不承担义务的传统政策的。但如没有共同支持的任何保证,法国人就不愿单独去对付日本可能进行的威胁。威尔逊说他也发现法国外交部是这样,他们担心日本人会轰炸滇越铁路和占领海南岛。但是要求美国政府向法国承诺任何共同行动,那是完全不可能的。

随后,我表示希望威尔逊下次见到法国方面人士时,能向对方表明他对符合中、法两国利益的开放印度支那过境路线一事的强烈关切。美国代办答道,他所能做的只是探询印度支那的形势如何,其他不便多谈。任何要求法国向中国过境物资开放印度支那路线的措施,都只能由华盛顿采取。

我问威尔逊是否注意到了塔布衣夫人在《事业报》上发表的文章。这篇文章说英美贸易协定将要签订,还说在协定的附件中规定英国将支持美国在远东的政策。威尔逊说他已从美国驻英使馆一位负责谈判的官员处听到消息说,贸易协定将在本月底以前签订,但他不知道还有任何像我所说的那种附件。根据美国的传统政策,他个人认为这个报道可能不真实。因为商业条约的谈判已够复杂,这种谈判仅限于商业和贸易的内容,他觉得不大可能掺杂任何政治性问题。当然,成功地签订这样一项商业条约对英、美两国的商业和工业具有重要意义。从政治意义看,对英、美合作也将产生有利的影响。

我告诉威尔逊,我曾向博内建议,当英国人本月底来到巴黎时,他可以和英国人讨论过境运输问题。如果英、法之间能达成一项在行动上团结一致的谅解,将使法国愿意重新开放印度支那。因为中国继续抗战直至最后胜利,对英、法两国都有好处。根据我从伦敦同僚处得到的消息,英国愿意在过境运输方面给以帮助,并且他们在接纳中国货船在新加坡和仰光停泊一事上已尽了最大努力。我还告诉威尔逊,博内曾说在得到达拉第同意之后,他将提出此事同英国讨论。我和威尔逊分别以前,彼此约定互通消息。

　　前一天岳州(从武汉通往湖南省的门户)陷落,中国的军事形势似乎变得比上几个星期更为不利。日本军队已经深入湖南,显然企图组织一次钳形攻势:一支军队从华南北上,另一支军队从武汉地区南下,然后转向西面进逼四川,最后进攻重庆。因此,我迫切需要进一步催促法国恢复印度支那的过境运输。

　　11月17日我会见了法国外交部秘书长莱热,他实际上是法国外交部中的关键人物。在会见中,除过境运输问题外,我急于想知道法国政府给日本政府照会的确切内容。我首先提到上周我和外交部长的谈话,在那次谈话中博内告诉我,美国政府原则上同意对东京采取共同行动,而且法国正拟发出照会。我问莱热,上述照会涉及整个远东形势,还是只涉及远东形势的某一特殊方面。我说,从报上的报道看来,上周发出的三份照会仅涉及到长江航运问题,而且东京已经作了答复。

　　莱热解释了有关这三份照会的情况。他说,自从我们上次谈话以后,法国政府为了在东京行动一致,已在华盛顿作了两次活动。法国政府向美国政府解释说,鉴于华南军事形势的发展,中国政府要求法国政府考虑对东京采取行动。法国政府又说,虽然它完全愿意这样做,但不能单独进行。由于印度支那的原因,法国在远东的处境比美国或英国更加困难。自从日本占领广州后,印度支那的境遇比以前越发危险,法国政府不能冒与日本发生战争或引起纠纷的风险。就法国来说，中国要求的这类行动，必须与英国、美国一同进行。

莱热接着说，美国政府的回答是，第一，中国驻华盛顿大使并未向美国政府提出同样要求；第二，华盛顿赞成法国的观点；第三，美国政府原则上同意采取有关远东形势的共同行动。然而，因为1938年10月26日美国向日本发出关于门户开放政策问题的照会迄今未获答复，目前最好先就某一特定问题共同行动作为试探。所以决定先提出恢复长江自由航行问题。莱热还说，法国政府曾向美国人指出，它了解到中国驻伦敦大使已向英国政府提出同样要求，但不明白为什么中国驻华盛顿大使没有提出类似建议。美国人答复说，可能由于中国外交部与美国驻重庆代表会谈时，已经提起过这件事情。

这里我想暂时搁下我与莱热的会谈，而先探讨一番美国人对法国人的答复以及为什么中国驻华盛顿大使胡适没有就上述行动向华盛顿提出要求的可能存在的原因。我认为胡适没有在华盛顿及时行事的原因可能不止一个。第一，涉及这类重要事情，胡适必须会见赫尔国务卿或总统本人。或许胡适发现总找国务卿并没有什么用处，因为，我猜想，赫尔在没和总统商议之前难以作出明确答复。至于说到会见总统，我知道罗斯福总统并不常在华盛顿，他有时外出作旅行演讲，有时去到南方进行医疗休息。胡适以前在给我的电报中曾说由于技术上的原因，他尚未对赫尔或罗斯福提及此事。

第二，尽管有赫尔当国务卿，罗斯福总统仍然习惯于亲自处理重要的外交事务。后来在1941年郭泰祺向我证实了这一点。郭在前往重庆就任外交部长职务途中，为了礼节和交换意见的原因，曾访问过赫尔国务卿。赫尔借此机会表示希望郭在重庆担任外交部长后，应该通过正常渠道处理与美国的外交关系。赫尔说他在华盛顿也准备下决心这样办。

这明显地暗示了国务卿不大赞成那种绕过国务院和外交部

处理中美之间外交关系的方式。事实上委员长和罗斯福总统几乎一直在直接联系商讨重要问题。也许关于对东京采取共同外交行动问题已经在他们两人之间进行商讨，但外交部门并不知情。由此可以说明为什么外交部没有训令胡适会见国务卿，或责成他本人办理这件事情。

第三，可能存在着个人的主动性问题。人们也许注意到那时我在巴黎采取了许多方式把问题提交法国外交部、殖民部部长甚至国会议员，这都是出自我本人的主动性。事后我把有关会谈的日期和内容报告外交部并建议下一步应采取的措施。当时我自己决定放手行事，只求有利于中国的抗战事业，并没有过多考虑驻外使馆的相互地位关系。我给在伦敦、华盛顿、柏林、莫斯科的同僚们打电话或发电报，告诉他们法国政府的观点是什么，我正在做什么，并要求他们对各驻在国政府也相应行事。这也许是由于我渴望为国家效力，所以没有过多从职位级别方面来考虑巴黎和伦敦、莫斯科和华盛顿各使馆的平级关系，甚至忽视了中国政府的领导地位。在一般情况下，我当然会指望由政府来指挥领导。但鉴于当时中国的形势，以及中国的要人们常常更多地关心国内政局，我觉得自己有责任去做那些我认为最有利于国家的事，然后向政府报告，同时对下一步措施提出建议。

我这样做的原因似乎也是由于我从事中国外交工作的经历比当时在重庆或在其他外国首都的任何一个人都要长得多（我曾在北京政府中七次担任外交总长，后来又在南京政府中担任过外交部长），这可能不知不觉地增强了我的决心，去做那些我认为最应该做的事情。并且我认为如果就这类事情提出建议的话，相信在重庆的外交部长或其他大使也会照办的。

现在说说胡适博士的情况。他缺乏作为国家官员的经验。他是个学者，本来并不想担任大使的职务——这大概可以解释胡适在华盛顿任职期间为什么明显地表现遇事踌躇——他甚至发表过一个公开声明，不仅使我，恐怕也使整个中国外交界为之大吃一惊。他在声明中宣称,他当大使有三件事不干:(1)他不从事任何宣传活动;(2)他不介入采购武器、弹药事务;(3)他不参与寻求贷款和信贷的工作。也就是说他不愿为这三件事进行任何谈判。胡适的声明当然也使中国政府感到惊奇,因为这正是外交工作中三件最重要的事项。但那正是他的信念,同时也反映了他担任大使职位以来的工作情况。

以前当汪精卫坚持把施肇基调离华盛顿时,曾提名王正廷继任并得到通过。但据我从摩根索处得知,过去王正廷在华盛顿任职期间办事不够妥当,最后导致他被召回的原因是由于1937年卢沟桥事变后他的一份报告。他报告委员长说,美国在年底之前将对日本宣战并参加中国一方抵抗日本。当时,我不理解王正廷怎么能得出这样的结论。他说他曾和罗斯福总统作过一次谈话,罗斯福在谈话中向他透露了美国的态度和政策。委员长接到报告后怀疑此事未必真实,他要蒋夫人给罗斯福夫人去电探询总统当时的谈话内容,结果弄清总统并没有说过这类的话。确实,谁都会怀疑总统怎能做出这样的暗示,这在美国的政府体制下是根本不可能的。或许以上就是决定把王正廷调离华盛顿的原因。

我记得蒲立德曾对我说过:"你们的大使怎么能得出那种印象?"他说他有关于在华盛顿会晤的每份记录副本,问我是否愿意参阅一下。他说记录中没有一句话表明罗斯福总统会做出这种承诺,无论从哪方面来说都是不可能的。

最突出的是王正廷办理贷款事宜的做法。据说他让一些人为中国谋求贷款并为此付出大量活动费用。这些中国代理人中听说包括一名不属于中国政府机构的商人,他是王的私人朋友。这个人在美国财政部出出进进请求贷款,并索取约二十五万元左右的费用,却未得到任何结果。摩根索与我谈话时明确指出了美国对这种做法的反应,虽然他没有提出王正廷的姓名,但他确实说过,中国人的做法是错误的,这样寻求贷款将一分钱也得不到。

尽管孔祥熙博士出于一片好心想维护王正廷,然而他终于认识到假如他想使其在经济、金融界的努力能够有所成就,王正廷非调动不可。因此,中国政府必须另向华盛顿选派一位新的大使。我经常说,按照美国的情况,我国政府应该选派一位不仅是能和华盛顿打交道的人而且要派一位为美国公众所熟悉,能同他们讲话的人。照美国情况,作为大使,派向美国政府只是他任务的一半,其另一半是派向美国公众。因为在美国,公众舆论是一个真正的力量。于是提到了胡适。他在美国是个受公众欢迎的人,以超党派闻名于世。那时他早已到了美国,在中国政府的支持之下向美国人民宣传中国的抗战事业。结果,就决定任命胡适为驻美大使,而他也正像我们所说的那样,接受了这个任命,但附有一些条件。

现在,回过头来继续叙述我和莱热的会晤。我问他,选定长江航运问题和提出照会是否都出自法国的倡议。莱热说,不能这样讲。他认为问题的提出和同意向日本提出照会大多属于巧合,与其说是法国的倡议,不如说是双方利害一致的结果。我又问道,东京是怎么答复的?莱热说遭到了完全拒绝,理由是:(1)长江上没有日本商船航行(言外之意也不应该有其他国家船只航行);(2)考虑到水雷等等问题,开放长江航运对船只的安全难以保证。莱热还说东京随后又发来一份电报,补充解释道,日本政府认为如果现在对商船开放长江航线,一定会引起向中国军队私运军火的交易。

我说随着日本的拒绝,应该接着考虑下一步采取的措施,我希望法国政府再次与华盛顿及伦敦进行联系。(因为法国政府对此还缺乏周密考虑,我不得不替它出主意。)莱热指出,美国政府对日本拒绝开放长江航运问题如何反应,至今尚未让人知道。他说,当然还要继续进行联系。

我说我曾对博内讲过,美国对于日本政府11月3日发表的声明以及同日的近卫广播讲话所作出的反应非常及时。赫尔在一次记者招待会上宣布美国的远东政策以华盛顿会议、九国公约和国际法为准则。两三天后，英国外交次官巴特勒在下院发表了与赫尔声明的措词颇为相似的声明。他说英国对于远东问题的立场建立在华盛顿九国公约和其他国际条约的基础上，也就是说，英国的态度几乎完全与美国一致，这表明他们支持美国的政策。我问莱热法国政府是否能发表类似声明，特别是我从博内处得知法国政府的态度与英、美一致。

秘书长回答说，法国的态度完全与英、美相同，但法国在远东的地位比英、美更易受到威胁，因此需要采取一种不同的方式。此外，法国议会正在休会，所以外交部长未得机会在议会发表声明。无论怎么说，印度支那的位置比香港或菲律宾都更易遭受攻击，日本随时可以向它发动突然袭击，而法国此刻却无法对付日本的行动。

我指出那正是更应该支持中国抗战的理由，否则日本顺利侵入华南，将进一步威胁到印度支那的安全。莱热说他想到的并不完全是印度支那遭受直接攻击，更多考虑的是日本人占领海南岛或其他靠近印度支那沿海的岛屿或毗邻印度支那的中国省份，同时也担心空袭滇越铁路可能造成的破坏。任何这类行动肯定都会使印度支那出现危险局势，这正是法国在布鲁塞尔会议上要求英、美、法三国采取一致行动的理由。可是英国同美国一样，拒绝了法国的建议。从那时以来法国的政策并没有改变。

我对他说，关于此点，我希望再次提出假道印度支那转运中国军需物资的问题。外交部长曾告诉我，法国政府此刻不能修改1937年10月内阁关于禁止中国军需物资过境的决议，这使我和中国政府都感到失望。可是我从与莱热的多次谈话中得知，这项决议仅适用于供中国军队使用的军需物资，并不包括许多其他物资，例如飞机、航空器材以及供毗邻印支边境的中国各省维持地方治安使用的武器、弹药。还有一些完全不属于军事性质的物资，例如载重卡车——这些卡车有的供盐务部门用于运输食盐，有的供中国红十字会使用——也遭到了扣留。我说我难以理解拒绝让这些卡车过境的理由，要求莱热为我加以澄清。

他同意我对 1937 年 10 月法国内阁决议的看法，但说殖民部在解释决议适用范围时存在一些误解。关于卡车问题，他已致函殖民部要求予以放行。他补充说，当然，中国军队的卡车，为了军事目的从一省假道印度支那开往另一省将被视为具有军事性质。不过对那些准备用于我所提到的非军事用途的新卡车不应拒绝其过境。

过境问题也涉及到一批中国中央银行寄存在广西省的白银。印度支那当局拒绝这批白银过境的理由是，因为一项禁止从印度支那出口白银的禁令仍在有效期间。我向莱热解释道，禁令一定是指印度支那本地原有的白银和银币，这里所说的白银决不是从印度支那出口的白银，它只是从印度支那路过而已。他赞成我的解释，并问这批白银将运往何处。我说："可能是香港。"我问他，关于印度支那当局拒绝白银过境一事，我应怎样向我国政府汇报？莱热允诺就此事与有关的部磋商，两三天后给我回音。

我提到我在和博内的谈话中曾说起，日本人对于法国允许假道印度支那转运物资实行报复的可能性，看来使得法国忧心忡忡。我向博内建议，当英国人下周来到巴黎参加会谈时，法国政府可以与他们商讨这个问题，力求达成一项共同政策和一致行动。秘书长说，法国政府可以这样办，他要和部长谈及此事。但他确信不会有任何结果。他解释说，每当他和英国人谈到远东局势时，他发现英国的态度总是一成不变，即在没有处理好欧洲的有关德国和地中海问题之前，不可能在远东作出任何行动。他还说，英国人认为远东局势纯属次要，这种态度从布鲁塞尔会议以来并无改变。于是，我提到巴特勒在下院所作的两个声明：一个声明说如果日本一旦占领海南岛，英、法两国应一致行动；最近的另一个声明则表达了英国对远东的态度。我认为这两个声明证实英国人已意识到他们在远东的利益受到威胁和远东形势的重要性。

莱热摇了摇头说,7月声明并不意味着一致行动,它仅仅表明一旦日本占领海南岛,英国将和法国一道来对付日本。他说曾经问过英国人,如果日本在华南发动类似占领海南岛或其他岛屿的军事袭击时,英国能否与法国一致行动,也就是试探他们是否与法国合作,共同采取强有力的措施。英国人的回答一直是否定的。他知道在香港、广州之间的交通被日本人切断之前,英国曾让香港对中国军需物资的过境运输开放。但因英国在共同行动方面不愿对法国承担任何义务,他们这样做并未与法国取得任何谅解。莱热说,真实情况是,如果香港遭到攻击,英国无意进行防卫。

他继续说,现在广州已经陷落,英国退而以新加坡作为防御基地。印度支那的位置比以往更加暴露在日本的侵略面前。从目前情况看来,日本一旦发动袭击,法国在远东无力采取任何行动。英国由于欧洲现况,也不能对远东作出任何反应或采取任何积极的政策,除非美国准备出面带头。就远东而言,美国没有其他牵挂,它有很好的主动地位。

我说我也认为美国比英、法的地位肯定有利得多,这也是我一贯坚持争取美国合作的理由。鉴于近几周来美国表示了积极关切并得到英国的支持,我想如果法国提出倡议,英国可能进而考虑一个积极的远东政策。我告诉莱热,中国驻伦敦大使准备向英国提出同样建议,要求他们在访问巴黎期间与法国讨论远东形势问题。假如在英国来访期间英、法能进行讨论,并继续与美国保持联系,以求制订一项积极的政策,我相信是可能达成一些协议,收到一些效果的。

最后莱热向我保证,他一定要把我们的谈话报告外交部长。并且说,即或由于广州陷落,使当前法国在远东的处境比以往更为不利,法国政府仍然准备参加由英、美倡议的任何行动。

第五节　在当时欧洲的形势下,西方国家
在远东采取联合行动的可能性

1938 年 11 月中—1939 年 2 月初

　　我的目的一直是:不断敦促法国政府采取积极行动,保证向中国提供过境便利;同时,要求法国政府发表声明,对日本表示在远东现实情况下,法国决心援助中国。由于法国对于单独采取行动迟疑不决,总想和伦敦及华盛顿采取联合行动,因此,我总是乐于并且确曾一再向法国建议就此事同美国和英国进行接触的方式方法。在这些建议中对美国和英国由于他们国内和国际的处境而各自采取的立场和态度都作了适当的考虑。我坚信形势不是完全没有希望的。

　　固然,美国在华利益没有英国和法国那么大,但是,就采取行动援助中国而言,它却处于更有利的地位。同时,美国也有较大的信心,并愿意采取行动。事实上,从 1938 年初夏开始,美国的态度就表现得越来越积极。例如,在我向美国争取经济援助时,和美国财政部长摩根索交谈,他所表现出的友好态度和意愿就是证明。从下列事实中也可以看得很清楚:针对中国的局势,美国国内掀起了修改中立法的运动;美国为了日本不准美国船只在长江上航行而向日本提出了抗议,虽然日本没有做出良好的反应,并且在相当长的时期内保持沉默,没有给华盛顿以肯定的答复,但是美国的态度是越来越强硬,并向更加积极的方向发展。一旦美国答应采取行动,我想法国采取行动的可能性就会更大。

　　毫无疑问,法国人是有顾虑的,他们怕单独采取行动会经受不住日本作出的任何断然反应。但是,他们一再向我保证,只要和伦敦、华盛顿(尤其是和华盛顿)联合起来,他们非常愿意参加任何程度、任何范围的联合行动,或与其他大国采取类似的行动,

包括对中国的各方面援助,如向东京提出抗议,直至给中国以贷款或信贷等各种形式的直接经济援助,等等。

自从 1937 年 7 月卢沟桥事变以来,中国政府除用它所有的有限武器弹药来抗击日本侵略者外,还面临着为抗日战争筹集资金的困难。中国政府最后批准并奉行的对外政策,如我曾会同我在伦敦的同事反复建议过的那样,乃是通过国际联盟继续激起世界舆论的同情,同时鼓吹美、英、中合作的思想,当然还包括法国和苏俄。换言之,我确信,而且中国的一些政治领袖和外交官也确信,上述政策比通过谈判直接同日本寻求妥协的解决办法更为可取。与日本妥协的政策曾经得到,而且在某种程度上仍旧得到中国政府内外某些领袖的赞同。形势的发展,以及日本想彻底征服或统治中国的野心和政策的明朗化,使得主张和西方国家联合并向他们求援的观点,更加易于接受,并且最终为委员长所批准。

因为政府内和国民党内意见分歧,这个政策执行起来是相当复杂的。其结果是:政府内的每个军政要人,各派自己的私人代表到国外,与中国驻外官方代表商议,与西方各界接触,并直接向他本人汇报。

当时巴黎是这些人的活动中心。他们都曾来找过我,不仅探讨对外政策,而且还研究推行政策的方法。起初,忠于不同派系的各种人员的激增,使情况异常混乱复杂,但后来我却觉得既有趣又富有启发性。与各党政领袖的代表密谈的结果,不仅使我更加全面地了解国际形势,而且也使我了解国内政治形势。在我建议政府推行任何政策路线时,这些情况对我来说都是有必要加以考虑的。我感到十分满意的是:虽然这些私人代表们直接向不同的中国领袖负责,但看起来都相信我是中立的,也就是说,我对各个派系是不偏不倚的。而且,他们也知道,我为他们各自的上司所信任。

直接负责军事问题的委员长,就派出了他的前参谋长杨杰将军,先去莫斯科做大使,然后去巴黎,负责争取苏俄的援助和谈判建立中、法军事同盟。立法院院长孙科,也是中苏友协主席,他非常相信中苏间的合作,并信心十足地认为,只要与莫斯科交往得当,莫斯科将会大大增加对中国的援助和支持。在委员长的许可下,他本人亲自承担了这一使命,几次前往莫斯科。孙直接与委员长联系,向他汇报,并接受他的指示。同时,孙也将情况原原本本地告诉我,经常和我研究他的特殊使命。当他本人不在法国时,他的代表余铭便向我报告情况。

财政部长孔祥熙是宋子文的继任者,当然直接负责中国财经政策。他特别急于获得尽可能多的外国贷款和信贷。这不仅是为了购买武器弹药和在中国发展军事工业,如制造军用飞机、装配卡车和其他机动车辆,而且也因为他直接负责中国币值的稳定,这项任务,由于战争之故使通货膨胀恶化,而变得越来越艰巨了。郭秉文作为他的私人代表,派驻在英国,就贷款和信贷问题进行谈判,除与英国谈判外,也与法国谈判。另一方面,采购经理人是法国人奥迪内,他与法国工业界(特别是军火工业)和银行界交往频繁,奥迪内和郭两人都和大使馆保持着密切的联系,不断向我汇报他们的活动,同时也直接向孔汇报。

宋子文当时是中国银行董事长,他与一度担任国际联盟代表的拉西曼博士一起负责与国际联盟的技术合作。宋在国外有一批私人代表,其中包括拉西曼。拉西曼不仅在国联活动中与宋密切合作,而且在国外形势、欧洲状况等问题上或多或少起到了私人顾问的作用。他是一个社会党人,可能有共产主义倾向,也就是说他是左翼社会党人。他与各国社会党领袖有密切联系,同时也与欧洲各国共产党领袖有一定的联系。例如,他与西班牙共和国的领导人就有着密切的联系。但他不是宋在国外的唯一代表,此外还有著名的莫内先生。他尽管不是官方代表,事实上则是宋及其弟兄们建立的中国建设银公司的代表。该公司旨在借助外国资本促进中国经济的发展,特别是在开矿和修筑铁路方面。宋还得到国民党政界元老之一李石曾的合作。李石曾主要对在中国发展文化教育合作事业感到兴趣,从来不在政府里担任任何职务。他与法国领导人有着密切的联系,特别是法国社会党领导人以及第二国际的一些领导人。再有就是留学法国的刘符诚,他与银行界有联系,曾在中法工商银行任中国官方代表。中国政府在该银行拥有百分之五十的股份。

这就是当时国民党和中国政府各军政要人在国外的主要代表。另外,在法国还有各个部的代表,如经济部、交通部和军政部的代表。不过他们的兴趣和活动范围是有限的,或多或少带有技术性质。当然,他们也都得到指示要向我汇报,和我商量他们在法国要进行的活动。他们从国内来时,通常都带着部长们的介绍信,要求我尽可能帮助他们与相应的法国当局联系,以便执行他们各自的使命。

前面说过,当时比较重要的问题之一是怎样从国外得到贷款和信贷,这是财政部长孔祥熙的主要任务。早在 1938 年 8 月 30 日,他给我一封电报,概述了他作为财政部长的政策和任务。电报来时恰值国际联盟全体大会即将召开之际,记得当会议召开时,我的任务之一是通过与英国外交次官巴特勒以及在日内瓦的法国代表团成员的交谈,设法按照国联以往为几个欧洲会员国(如奥地利)所制订的借贷原则,取得国际联盟的经济援助。

在电报中,孔概述财政部的主要任务说,中国政府最重要的任务是要促请国际联盟会员国给予经济援助。国联曾就此问题不止通过一次决议。他说,据他观察,问题的真正关键在于大国,如英国和法国。他认为催逼小国过甚是没有必要的,因为他们援助中国的能力毕竟有限。他同意我的意见,即借助于国际联盟取得经济援助和信贷,更便于各个国家援助我们。他说,就英国方面来讲,他知道他们愿意向中国贷款,但是鉴于国际形势,其他国家不愿意就此事与英国合作。因此,与英国的多次商议,主要是研究取得在英国购买物资的信贷问题。

然后他概述了他的政策的要点。他说,政府现在最重要的财政措施是保持中国经济形势的稳定和制止通货膨胀。为了达到这两个目的,从国外取得现金贷款是绝对必要的。他说,曾经商议过从英国贷款两千万英镑,他希望这个计划能够实现。至于美国方面,他说我和美国财政部长摩根索先生的谈话,已经打开了通路,对此他寄予极大的希望。事实上,他已经安排好了陈光甫先生去美国访问,进行谈判。

(记得陈先生不久就到达美国,胡适大使在10月底向我通报说,陈在华盛顿的谈判正取得巨大进展,向中国提供现金贷款的具体结果指日可待。)

孔再次强调,他认为取得经济援助对于中国执行抗战政策极其重要。因此他要求我尽最大努力促其实现,并在日内瓦与英、法、苏及比利时的代表接触,敦促他们支持我们。

这就是当时以我为首的中国代表团在日内瓦所肩负的重任之一。每当与参加国联大会的主要大国的首脑交谈时,我们都要进行这一工作。后来在巴黎,我和中国的其他代表也进行了这一工作。

关于从国外寻求贷款和信贷问题,记得在伦敦的商议中,问题曾一度集中到中国能够提供什么担保,中国有何种货物可以在伦敦市场上出售,以偿还伦敦的贷款人。为此,我于1938年11月23日高兴地接见了王宠佑博士,他是一位著名的冶金学家,在哥伦比亚大学获博士学位,我和他讨论了在世界市场上出售中国的锑和钨的可能性。

据王说,中国这两种矿物产量很大,钨大约占世界产量的百分之四十五,锑占百分之六十左右。他说,他被派往国外的目的,就是与国外矿业界商量,怎样稳定这两种矿产的价格。他说中国的钨和锑的月产量大约是一千吨,每吨钨的价格约为一百八十英镑,每吨锑的最新价格约为五十英镑。

11月26日,我与殖民部长孟戴尔私下进行了密谈,目的是使他了解英国可能给予中国援助和支持。殖民部长说,他已经和张伯伦谈过。他认为,张伯伦是反对日本侵略的,并且非常希望中国把抗日斗争继续下去。

我告诉他,近来英国为了方便中国军用物资的运输,在仰光作了很大努力,甚至修好了一条公路,直通中国边境。现在,在伦敦的影响下,缅甸政府正考虑修建一条通往中国边境的铁路。法国政府则与此相反,比以往任何时候都更加严格地禁止中国物资经印度支那过境。我说,我很难就这件事情向我的政府做出满意的解释。中国政府领导人对于法国的态度感到十分失望。他们认为,印度支那和中国的利益是一致的,法国在印度支那给予合作本属理所当然,尤其是考虑到在第一次世界大战期间中国所做的贡献。我告诉他,那是一场公开宣战的战争。当时中国是中立国,其义务在国际法上是有严格规定的。但是中国除派遣华工外,还向法国提供了大量的援助。

殖民部长说,这些他都知道,而他本人对中国的同情和友好态度我也是了解的。从他本人接到的一份报告中,他也了解英国同意在仰光提供过境便利,以及当使用新公路时,在缅甸关税上给予照顾。我告诉他,照顾的方式是:按进口税征收额的十六分之十五幅度退税。英国的态度尤其值得赞赏的是,并无任何条约规定英国应承担类似中、法之间关于印度支那的条约义务。

我提到了最近发生的事件:驻柏林的法国领事馆拒绝给予在德国的十一名中国学生签证,这些学生是因为中日战争不得不辍学而要取道印度支那回国的。部长说那是法国外交部的问题,他也不明白到底为什么他们不准许通过印度支那。他说,很可能是因为某种误会而造成的。

至于整个过境问题,孟戴尔说,法国具有特殊的困难。他接下去所说的话很值得注意。他告诉我,外交部长决心执行他自己的外交政策,与意大利和德国恢复友好关系。因为日本是反共产国际条约成员国之一,博内自然不愿激怒日本,引起事端,破坏他为执行自己的外交政策而希望创造的气氛。

我问他,德国外交部长里宾特洛甫是否真的会为签订法德宣言而访问巴黎。孟戴尔说,他想里宾特洛甫是会来的。是否将因法国国内可能发生大罢工而使他的访问推迟两三天,那是无关紧要的。主要的是他一定会来,宣言一定要签订。孟戴尔补充说,法国国内对于这个宣言并没有寄予多大的同情和热忱。宣言只能引起左翼更强烈的反对情绪,而不会真正有助于解决欧洲局势。但是,博内希望宣言将意味着他个人的功绩,并能加强政府的地位。然而孟戴尔却认为拟议中的宣言是不适时的。他在前一个星期三(11月23日)在内阁会议上发表了这种看法。孟戴尔接着说,因为他多方面反对博内正在执行的外交政策,使他在是否准许经印度支那过境运输这个问题上更加需要小心谨慎。就目前来说,他完全遵循法国外交部的指示。

　　在回答另一个问题时,孟戴尔说,国务会议主席是相当同情中国的,但是他不能公开反对外交部长的政策。他说,法国公众对外交问题不大关心,对其了解就更为有限。能使对外政策受到影响的唯一办法是运用公众关心的一些国内问题。换句话说,对外政策问题不会直接形成引起国内政治局势变化的重大政治问题。只有通过一些能激起大事的政治问题才能推翻现政府或变更现政府的组成。他说,以勃鲁姆领导下的社会党人为例,他们强烈地反对政令法,但是孟戴尔他本人敢肯定,那只不过是一个借口。他们实际上是反对政府的对外政策和政府想修改选举法的意图,然而这两件事情都不能直接酿成重大政治问题。

　　当我问及现政府的状况时,他回答说,在他看来,政府能支持到今年年底,但在很大程度上要看法国大罢工的威胁在最近几天的发展如何。他同意我所说的社会党人的立场是相当不合乎逻辑的。一方面他们鼓吹和平主义、和解和裁军;另一方面他们又赞成采取强硬的外交政策,同时他们又不准备在必要时从事战争。孟戴尔认为,社会党人这次会和共产党人一起投票反对政府,因为他们还不能离开共产党人而独立行动,特别是当激进党领袖在马赛发表宣言之后。

当谈到博内的对德政策和发表法德联合宣言不合时宜时,我说,孟戴尔的见解会得到伦敦和华盛顿的支持。然而他却说,虽然华盛顿不赞成发表法德联合宣言,但是张伯伦忠于慕尼黑协定,对于拟议中的宣言并无不满。虽然张伯伦对远东的看法和法国外交部长不同,但他还是希望法国像英国一样,让德国独自去处理中欧问题,不要干预那里的事情。

孟戴尔回顾说,为了改变外交政策,当年克里孟梭曾利用国内的种种政治问题,改组内阁达二十次之多。当回答我的另一问题时,他说,外交部长尚未就英法会谈之事向内阁提出报告。他认为下次内阁会议将集中讨论大罢工问题,而不审议任何外交问题。据他估计,大约要到二至三周之后,博内才能有机会将英法会谈内容通知内阁。

接着我们的话题转向了即将爆发的大罢工问题。孟戴尔认为采取强硬措施,暂时镇压一下是完全可以的,但这种强硬政策不仅可能会被右翼分子利用,从而提高他们的个人威望,而且还可能遇到反抗。采取强硬态度本来就不是目的,目的在于提高生产。将罢工分子从工厂企业中清除出去当然可以,但重要的问题是要使这些人干活。一旦实行反抗,信心动摇,生产停滞不前,这种困难处境政府就更不易应付了。

于是我又提及为了要求法国政府豁免电气冶金材料的过境税而写给他的信。部长说,他已签署回信,授权殖民地总督批准放行这些物资过境。他还好心地向我出示了电报指示的副本。但我发现,部长在指示中仅仅说,他"根据外交协议,授予你准许三千吨电气冶金材料过境的权力"。于是我便询问,根据此电报,是否可以免税过境(这是我给部长信件的主要内容)。尽管他在审视电文措词时面部略呈吃惊之色,但仍回答说,当然可以。他向我保证,无论如何,他们都会准许这批物资免税过境。

关于中央银行的白银需要经印度支那过境问题,他说,他已从外交部得知此事,并已下令准许通过。而后,我又问道,哪些车辆准许过境,哪些车辆不准过境,外交部有何规定。孟戴尔回答说,凡商用、非军用,或用于慈善事业的一切物资均可通行。

当我再次提及需要经印度支那过境的整个问题时,部长说,那确实要根据 1937 年内阁会议的决议行事。此决议准许在敌对行动以前订购的武器弹药通过,而此后定购的则禁止过境。不过他请我相信,他一直都不曾忘记此事,并希望多有一些时间来考虑一下解决办法。他说,一旦形势好转,他将尽力争取使所有物资获准过境。

殖民部长刚刚告诉我,法国内阁正忙于应付即将爆发的大罢工,因此要二至三周之后,外交部长才能将他与张伯伦在巴黎会谈的内容报告政府。关于此事,我想提一下 11 月 29 日苏俄大使苏利茨及夫人招待的一次午宴。虽然那不是一次大型宴会,但参加者却是欧洲的一些重要政界领袖,如意大利前首相尼蒂,法国前殖民部长莫泰,以及后来出任法兰西总统的樊尚·奥里奥尔等。同时,这也是社会党领袖们的一次聚会。西班牙共和国的代表当然是西班牙大使马丁内斯。

大家讨论的主要内容是法国总工会宣布即将开始的大罢工。尽管工会强烈反对达拉第政府对工会要求不让步的态度,但人们普遍认为,双方必将达成一个折衷协议。人们还普遍感到,这次罢工不会成功,也就是说,达拉第政府将继续执政。

第二天,大罢工开始了,但迹象却不明显,只不过路上的车辆行人较少,交通不及往日拥挤而已。显而易见,这次罢工是失败的。不过各报纸均告停刊,只有《今日报》、《晨报》和《费加罗报》等三四家报纸出版了号外。

11 月 29 日,我和莱热进行了一次会谈,他这次谈得有些激动。会谈一开始,我就告诉他,近几天来,我从孔祥熙、外交部及其他政府官员那里收到大批电报。每封都与中国物资能否经印度支那过境问题有关。对法国政府禁止和限制过境的态度,普遍感到极为失望。他们认为,无论是根据中法之间关于印度支那问题的有关条约,还是根据国际联盟的决议,中国都有权享受过境便利。他们不明白,在此问题上,法国政府为何采取如此不同情的态度。我告诉他,中国政府认为,法国禁止中国军用物资过境,并对所有其他物资过境加以限制,但却允许日本随意购买其军事工业所需的煤、铁及其他原料,这实际上是对中国的制裁,对日本的间接支援。我说,英国与法国处境大致相同,但英国不仅不像法国那样担心日本会制造麻烦,而且与法国相反,向中国提供充分的过境便利条件,先是经过香港,如今又经过缅甸。

莱热先生打断我的讲话,问道,怎么能说法国政府不同情呢。他说,自从中日敌对行动爆发以来,法国政府一直尽其最大努力为中国物资通过印度支那提供便利。就在不久之前,他还为飞机上的机关炮办好过境手续。并说,我知道卡车已被批准通过印度支那。为了尽最大努力帮助中国,法国已将一切麻烦,甚至本国的国防安全置之度外。他说,我也应知道,一批新的武器弹药已在法国获准运出,并准许通过印度支那。与此同时,日本当局不断提出抗议。法国政府也一直在极力辩解,声言法国提供的物资,其订购日期远在中日敌对行动爆发之前。为了履行合同条款,法国政府无法拒绝交货。

莱热还说,日本一直在向法国申请准其在法国购买武器弹药及其他军用物资,并且还经常提出价值几百万法郎的订货单。但历次都遭到法国政府的拒绝。他说,法国政府不仅同情中国,而且还完全站在中国方面。因此听到中国政府竟然认为法国政府偏袒日本反对中国,他甚为惊讶。他想知道,如果中国政府对现状不满,难道它愿意法国政府改变其到目前为止的做法,停止给予中国优待,同等对待中国和日本,并向日方开放法国的市场吗?他确信,如果那样,中国政府不仅会更为不满,而且还会提出更加强烈的抗议。

他还说,他知道英国政府曾经允许大批物资经香港转运。但他认为,包括位于远东的香港,英国领地并不像法国领地那样暴露在敌人之前。法国漫长的印支海岸,还有滇越铁路,以及属于中国的南海诸岛,都易受攻击。他说,如果南海诸岛被日本人占领,就会使印度支那的安全受到威胁,局势也会更加复杂。

他说他已向我解释过二十遍,在对付日本的时候,法国必须采取机智灵活的方式。日本正不断提出抗议,并公然威胁要对法国采取敌视的政策;日本报界已把法国列为主要抨击对象,因为法国偏向中国。这些已成为公开的秘密。日本已经对法国极为不满,因此它对印度支那采取敌对行动的可能性并非不存在。鉴于欧洲的目前局势,法国已无力应付来自日本的任何麻烦。

莱热补充说,日本如果想同英国捣乱,就不得不令其舰队驶往远离香港三千英里的新加坡和仰光。即便如此,英国虽然准许中国物资经过香港,但却不许中国飞机从香港飞往中国,甚至不允许中国为此目的在香港修建一个飞机场。与此相反,正如我已知道的,法国却允许中国军用飞机飞越印度支那领空。

我告诉他,我很理解法国的处境,并且每次都将我们就此问题会谈的要点报告我国政府。但中国政府认为,从实际情况来看,法国的顾虑是没有事实根据的。日本正全力对付中国,无力与任何其他国家捣乱,无论对英国还是对法国。为了继续抗日,中国当然有理由将物资供应视为头等要事。由于法国拒绝经印度支那过境,中国政府被迫取道缅甸运输军需物品,不仅运输费用昂贵;而且还拖延浪费了时间。莱热对我讲,据说此路要到1938年年底才能完全交付使用。我说,现在已可供使用,但重型物资能否通过却毫无把握。

于是我又说,就个人而言,我知道法国政府并非不愿意在过境问题上帮助中国,只不过是想与英国及美国联合行动。莱热说,这正是法国向英国和美国提出的要求。但自从布鲁塞尔会议以来,美国态度并未改变。英国也在前一周的英法会谈中表示,即使有必要采取行动,它也不能保证与法国采取一致行动来对付日本,因为英国政府认为,欧洲局势仍不允许英国舰队在远东自由行动。莱热说,尽管法国政府需要英、美两国保证采取一致行动,法国政府还是一直在为中国做着大量的工作。

我回答说,中国政府认为不仅与印度支那问题有关的中法条约意义重大,而且国际联盟的一系列决议也相当重要。这些决议要求其会员国不得为中国的抗战增添困难。而法国政府却拒绝为中国提供经印度支那过境运输的充分便利,这无疑就是加深了中国的困难。莱热说,法国并不是国际联盟的唯一成员,此类援助不仅法国应提供,其他国家也应提供。如果中国政府认为法国不曾给予足够援助,并因此不满,尚可令人理解,但如果认为法国对中国的抗战不同情,则委实不公。

而后我告诉他,我正在根据我国政府的指示,拟定一份备忘录,旨在提请法国政府重新考虑整个过境问题,并且希望莱热能利用自己的影响,使中国政府的要求得以满足。我说,中国政府正急于获得肯定答复,以便拟定下一年需从国外订购的物资及其运输方案。莱热说,他愿意接受备忘录。此外,他还向我保证,虽然1937年10月的内阁会议决议不能取消,但每次假道印度支那过境的要求都将得到同情与考虑。

我说,我国政府并不想把印支通道作为唯一运输线,只是希望它同缅甸一起承担部分过境重任。至于军事性质物资的运输安排,我说,可力求保密,使包括日本在内的外界人士无从了解真相,以免使得印度支那的法国当局和巴黎的法国政府为难。他答应收到我的备忘录后,将重新考虑此问题。但他又补充说,这并不是说内阁决议可以废除。

在与秘书长继续会谈时,我问道,据他看来,在最近举行的巴黎会谈中,英国对远东时局的态度如何。他说,双方进行了一般性讨论,尚无具体结果。我问他,从远东的实际形势看,英、法两国能否制定一项在远东执行的共同政策,他说,双方一致认为应该支持中国,使其抗日战争不致失败。此外,双方还一致认为在日本愿意考虑停止敌对行动的建议之前，还必须进一步消耗它的力量。他还补充说，双方也讨论了向中国提供财政援助以稳定中国的货币的问题。

我说，根据中国政府的指示，中国驻伦敦大使曾要求英国政府提供一项贷款。一是为了稳定中国货币，二是为一项旨在救济中国难民的工业计划筹措经费。（当时中国的难民确有数百万之多。他们都是在日军进攻中国时，从中国东部诸省逃至内地的。）我向他解释说，这一计划的目的是用筹集到的资金创办一些为难民提供就业机会的工业。因此，这笔款不仅用于生产，而且也是一项周转基金，可以无限期地用来救济难民。说得更明确些，这一计划是要开办一些各种类型的手工业和小型企业，使难民有工可做。这样，就可变难民为生产力量；不仅有助于政府照顾难民的生计，而且还能为市场，甚至在某些方面为武装部队提供更多的必需品。

我在谈话中告诉莱热，哈里法克斯对此计划颇有好感，并且表示，不仅他本人愿意给予考虑，而且还打算代表英国向法、美两国提出建议，以便能通过国际合作，实现这项计划。我表示，希望在英国与法国商讨此事时，法国政府能用同情态度予以考虑。莱热答应，当英国提出此案时，他将予以研究和考虑。

接着，我提及关于传说伦敦想在中日之间进行调停，以便解决中日冲突之事。我问他，英国是否已在巴黎向法国提出调停问题。他说没有。然后我便告诉他，据来自东京的秘密报告，德国驻日使馆已向英国方面表明如果英国愿意为调停而负责劝说中国的话，德国愿意劝说日本与中国进行和平谈判。据了解，一个时期以来，为了结束中日敌对行动，英国一直在探求日本人的态度，但日本却一直拒不答复。我认为德国驻东京大使馆向英国方面所作的表示，可能就是日本人给予英国的间接答复。（换句话说，我的看法是，在确信英国能说服中国接受调停之前，日本人不愿考虑英国的调停建议。）我问，法国外交部是否已得到类似的有关情报。莱热回答说，他不曾从英国得到片言只字，他对此事一无所知。

我随即告诉他,中国的态度非常明确。最近蒋委员长曾再次宣布,他决心继续抗战,直至日本改变政策。秘书长告诉我,英、法两国一致认为,现时日本军人还在得意之中。在日本实力进一步削弱,困难更加深重之前,他们是不会同意考虑任何和平建议的。他认为,由于日本会坚持一些中国不能接受的条件,所以目前一切调停的努力都不会奏效。

为了进一步了解法国意向,我说,假如一旦英国和德国试图进行调停,我估计,法、美两国可能也会参加。莱热向我保证,为了促成此事,法国当然愿意参加调停。我又说,既然处理远东事务应根据华盛顿九国公约,又由于当前的冲突使其他缔约国在此地区的利益受到影响,再次召开九国会议的时刻是否已经到来。莱热说,关于此事,时机尚未成熟。(我之所以迫使他发表一系列观点,目的是不仅要知道他们已说过什么,已做了什么,而且还要了解他们在考虑什么,打算做什么,以便使我国政府能完全熟悉情况,根据比较可靠的材料,而不是根据主观想象来调整或制定自己的政策。)

我对莱热说,英国大使在最近一次访问重庆时,曾受中国政府的委托,向英国政府转达四条建议,以供考虑。(1)以贷款形式提供经济援助;(2)按照九国公约,并至少要根据1938年10月26日美国致东京照会中所表示的态度,发表一个明确表示英国态度的公开声明;(3)采取某些具体措施来报复日本拒绝向各国船只开放长江航道的做法;(4)将国际联盟决议付诸实施。为了使莱热确知我的意图,我告诉他,英国对这四项建议加以考虑之后,必定要与巴黎和华盛顿进行磋商。我希望法国政府支持上述四条建议。他把四条建议记录下来,并非常慎重地问我,中国政府是否希望他把向英国提出的四条建议正式报告法国政府。我回答说是的,并补充说,中国驻华盛顿大使馆也正将这些建议转告美国政府。莱热表示,他将仔细研究这些建议。

然后,我又问莱热,鉴于美、法、英三国曾照会日本,要求重新开放长江,日本的答复并不令人满意,美、法、英三国对此是否进行过协商。他说,未曾进行协商。巴黎正在等候华盛顿的消息,但华盛顿却无任何急于采取具体步骤的迹象。英国同样也不便采取主动,据他了解,也在等候美国的消息。

　　我告诉他,中国政府已指示中国驻伦敦大使,建议英国政府采取一些积极措施,如动用军舰为在长江航行的商船护航,拒绝日本商船进入美、英海港等等。此种积极措施可能会对日本有所影响。莱热说,法国除了想与美、英两国联合行动外,并无其他要求。因此,凡是美、英两国同意的措施,都会得到法国政府的积极考虑。(情况就是如此,凡属远东局势发展的每一问题,中国什么都要考虑到,不仅为自己,还要为华盛顿、巴黎及伦敦着想。这是必然的事。)

　　两周之后,我又会见了莱热。我首先提及上次同他进行的会谈。在那次会谈中,我们商讨了英、美、法三国针对远东局势,特别是在长江自由航行问题上,如何对东京采取共同外交行动。随后,我又提及法国新闻界的报道,法国外长在国民议会外交委员会所作的关于就上述问题与伦敦及华盛顿磋商的讲话。我还更具体地问他,对进一步的行动有什么设想或建议,是否正在考虑报复措施。秘书长回答说,上次对日本采取的外交措施毫无结果。尽管有人建议华盛顿考虑进一步采取共同行动,但由于前次照会毫无结果,美国政府认为,不宜再次递交外交照会。

　　我又提到一周前英国外交次官普利茅斯勋爵在上议院的声明。他实际是说,一切旨在抵制日本垄断在华贸易的措施,都将得到考虑。由于采取这些措施必须与其他国家合作,所以英国政府将首先与他们磋商。因此,我问莱热,英国政府是否已与法国政府商讨过此事。莱热说,据他所知,无论英国还是美国,都无意采取任何具体行动。但我告诉他,美国对远东局势的态度已更为积极,表明美国态度正在改进。为了证实我的见解,我说,据了解,美国的中立法即将修改,以便使美国政府能更好地应付当前局势。

秘书长说,这一问题已经讨论两年了,但至今不见采取任何行动来修改中立法。他认为,在目前局势下,任何抗议和照会对日本都起不了作用。只有积极行动才能引起东京的注意。但鉴于目前的欧洲局势,英国不能将舰队派往远东。在 9 月危机和慕尼黑事件中,英国甚至感到自己海军力量不足,因而曾请法国政府提供某些便利和帮助。法国则更无力抽出任何军事力量用于远东。因此,唯有美国无牵无挂,并拥有足够的武装力量来采取主动。虽然欧洲局势使得法国和英国难以脱身,但如果美国采取行动,他们也会抽调兵力,作为辅助力量来与美国配合。

我提出了门户开放问题。我问莱热,法国政府是否也像美、英两国政府那样,已向东京表示,法国认为必须保持九国公约和门户开放政策的完整性。莱热回答的含意是,此举不会有何意义。他说,日本政府十分清楚,当德国违反洛迦诺公约吞并奥地利时,其他国家无可奈何。我说,日本的情况与德国不同,不像它的欧洲同伙那样强大,尤其是它已将全部力量投入中国。

我还提及报纸报道博内在国民议会外交委员会上说,在中国的日军占领区内,正掀起一个强大的、不加区别地反对一切欧洲人和美国人的运动。博内认为,当前形势要求其他国家联合起来采取一致行动。我问莱热先生,是否准备为此事采取外交行动。他的回答是否定的。随后,我提请他对汉口的法租界的局势加以注意,日本人正在试图加以干涉。但他却再次低估形势,认为问题并不严重。而且还说,法租界与日本人之间的关系目前并不存在任何值得法国特别忧虑的事情。

于是我再次提出经印度支那的过境问题,并谈到我送交法国外交部的备忘录。在备忘录中,正像我前一次与法国外长和莱热会谈时所讲的那样,敦促法国政府重新考虑限制中国物资经印度支那过境的 1937 年 10 月内阁会议决议。莱热告诉我,他仅在两天之前才看到备忘录,并说,正像前次所讲的那样,鉴于目前局势,法国政府无法改变限运政策。(一句话,法国再次拒绝重新考虑这项内阁决议。)我告诉他,中国政府十分重视这个问题。蒋委员长、孔部长、外交部及驻印度支那的中国代表都已发来电报。我请他务必以书面形式答复我的备忘录,阐明法国的立场,列出可运和禁运物资的清单,以便中国政府在安排物资运输时能有所依据。莱热说,可以照办,并当即打电话通知亚洲科科长准备一份书面答复。

接着我又提出经广州湾过境的问题。广州湾位于中国南部,广州西南沿海,根据两国间的条约,已租给法国。我告诉他,该地法国当局近来拒绝中国货物过境,中国政府认为,广州湾的地位与印度支那不同。因此我问莱热,去年10月的内阁决议是否对广州湾有同等效力。

秘书长说,不仅同样有效,而且还更为适用。因为相比之下,广州湾是个很小的地方,那里发生的一切事情都很容易引人注目。尽管它是一块租借地,但在日本人看来,那里的法国当局应对发生的一切负责。日本人一直在向法国表示强烈不满,指责它在过境问题上偏袒中国。

秘书长继续说,两天以前,日本人占领了南沙群岛的南威岛。如果日本人发现广州湾当局允许中国物资过境,他们就很可能真的占领广州湾。这要比占领印度支那容易得多。印度支那是法国殖民地,因此也就是法国领土。日本人不可能毫不犹豫地立即对之发动进攻。而广州湾则是靠近华南战场的中国领土。除此之外,印度支那境内驻有军队,以防侵略,而广州湾却几乎没有任何类似的防御措施。日本动用海军陆战队在南威岛登陆,占据该岛,正表明日本对法国的不满。日本人声称,他们占领该岛乃出于不得已,因为法国拒绝改变其偏向中国的政策①。

---

① 包括南威岛在内的南沙群岛从来就是中国领土,该地区有重要战略地位。——译者

我告诉他,这不过是日本人的借口而已。我相信,无论怎么说,法国采取行动,将日本海军陆战队赶出此岛并不困难。莱热问我,这怎么能做得到?他认为,任何军事行动都毫无意义,因为中国南海有大量日本军舰。法国能派出一艘军舰,日本就能派出三艘。所以法国无力采取任何有效行动,除非将整个舰队派往远东,而欧洲目前的局势又不允许这样做。于是我便询问法国有何打算,是否想通过谈判解决争端?莱热说,唯一可行之策便是提出抗议,但日本人并无意撤离此岛。

谈到这里,我对莱热为使中国盐务局和红十字会等部门订购的卡车能够经印度支那过境所做出的努力表示谢意。(印度支那当局总算同意让这些车辆通过了。)不过,我告诉他,我从刚刚收到的报告得知,印度支那当局每月只允许一百辆卡车通过,而已经到达那里的卡车总数约为一千四百辆。照此规定办理,就意味着这些卡车要用十四个月才能全部过境。这无疑会增加中国的困难。因此我要求取消这种限制,并且力争说,既然它们已获准过境,就不应限制数量。他答应查问此事。

欧洲局势的每一个变化,几乎都会影响到远东的局势以及中日冲突。正如我已指出的,作为反共产国际轴心国核心的德国,正密切注视着远东局势。意大利注意的程度虽略差一些,但也相当关心,因为两国都知道,远东局势与他们在欧洲推行的政策直接相关。同样,轴心国的政策当然也受到莫斯科的密切注意。因为苏俄认为在欧洲所发生的一切都会对它产生重大影响,主要是影响日本的政策和日本对苏俄的态度。换句话说,这些国家之间的关系不仅错综复杂,而且还影响到远东局势。

因此,在与法国外交部秘书长会谈时,我还谈到里宾特洛甫在巴黎举行的会谈,也谈到了整个欧洲局势问题。我告诉莱热,来自德国和远东的消息表明,德国希望日中冲突尽早结束。据我了解,德国一直劝说日本这样做。我问,在法国外长博内和德国外长里宾特洛甫最近举行的会议上,是否曾对远东局势的任何方面进行过讨论？他回答说，对远东问题只字未提。

于是，我提到欧洲又要发生一次危机的谣传，并告诉他最近报界内外都在传说明年春天欧洲将要爆发这次危机。我回顾说，一年前，他曾颇有远见地对欧洲时局做过清楚的分析，指出 1938 年将是欧洲关键的一年。我问他对 1939 年有何看法，上述传说有多大价值。于是他又分析起来，使我觉得很受启发。

他说，谈到欧洲局势，需要考虑的是德国对中欧和东欧的野心。但在最近的将来，迫在眉睫的则是地中海问题。意大利认为法国由于签订了慕尼黑协定，将继续奉行让步政策。其根据是法国内部在政治上有很大的分歧，在国际上则不得不继续执行在慕尼黑已明显表现出来的妥协和解政策。因此意大利正在向法国提出一些不可能实现的要求。就在 11 月 30 日大罢工爆发的前夕，意大利提出了这些要求。但意大利错估了形势。如果意大利把希望寄托在法国的内部分歧和对外软弱上，它很快就会发现自己错了，而且使它自身蒙受损失。

他回顾说，1935 年法国对意大利作了让步，希望以此与意大利恢复友好关系。当时他本人就协助赖伐尔（当时的法国总理）与墨索里尼谈判。法国放弃了非洲沿岸的一个岛屿和一些领地，以便于意大利实现其非洲殖民地的发展计划。法国还在突尼斯给予意大利人优惠地位。所有这些让步都是由于意大利保证与法国友好相处才作出的。尽管意大利已在法国的让步中获得好处，但却一直没有友好迹象，所以法国有正当理由和权利废除 1935 年协议。如果墨索里尼现在认为 1935 年协议已不再有约束力，那么，对法国来说倒更有好处。倘若意大利希望法国再次向其让步，它很快就会发现那是打错了主意。他说，此事可用一句法国谚语来说：墨索里尼张口要一头牛，以便得到一个鸡蛋。但这次他连面包屑都休想得到。

关于突尼斯，莱热说，那里有九万意大利人，而法国人却有十三万。那些意大利人经过一段规定时期，可以加入法国国籍，得以享受法国公民的全部权利。这一措施体现了法国异乎寻常的宽宏大量。其他国家不仅严格限制移民入境,而且外国侨民的权利也很受限制。但在突尼斯,情况却大不相同。他又补充说,突尼斯不仅仅是法国殖民地,而且也是法国的保护国。那里有一百五十万突尼斯人。法国不能拿他们做交易,也不能放弃突尼斯的任何一块领土。关于吉布提和通往亚的斯亚贝巴的铁路线,他说,1935 年法国又采取了一个友好行动,给予意大利参加投资的权利。

关于苏伊士运河问题,莱热认为,意大利没有理由提出这个问题,因为通行费已经降低,所有国家的船只,包括法国的在内,都一直照章纳费,毫无怨言。意大利提出这个问题的原因是无力支付通行费,因为它通过苏伊士运河的吨位相当可观,应付款额也很大。意大利政府一定是试图控制这条运河,以使其政府的船只免费通过。由于它对埃塞俄比亚的所谓征服只是有名无实,所以上述愿望也就更加强烈。莱热说,实际上意大利在埃塞俄比亚的处境极为艰难,它在埃塞俄比亚的驻军不是叛变就是逃跑,意大利士兵和殖民地所需的食品及物资都要由意大利本土运去。

莱热认为,墨索里尼觉得与希特勒合作未给意大利带来任何好处,这是时局危机所在。藉柏林—罗马轴心历次获益的只是德国,而意大利却眼看着自己在中欧地位日益受损和衰落。意大利还发现,在东南欧,德国不仅已经控制了奥地利和捷克斯洛伐克,而且还把手伸到罗马尼亚、南斯拉夫,以及意大利一直认为是它的盟友的匈牙利。因此,意大利焦灼不安,试图与希特勒分享利益。意大利认为法国无力抵抗,获利时机已经到来。莱热说,法国决不会像捷克斯洛伐克危机时那样再次妥协。正像博内先生在议会宣布的那样,法兰西决不会放弃一寸领土。法国已做好准备,如果墨索里尼坚持他的要求,法国将不惜一切代价,坚决拒绝。

莱热说,从军事方面来看,法国对意大利无所畏惧。意大利军队没有什么了不起,而且装备也差。他们缺乏武器,特别是坦克。他们的军事储备实际上已经空虚,已经在西班牙消耗殆尽。最近佛朗哥宣布对西班牙共和军所作的决战攻势,意味着意大利的军事储备还要大大消耗。齐亚诺伯爵曾在意大利议会宣称,在捷克斯洛伐克危机期间,意大利动员了三十万军队,这纯属谎言。齐亚诺这样说的目的是为了欺骗意大利人民,并威慑法国人。

为了说明法国的态度,莱热说,法国针对德国整饬军备而采取相应措施时,每次都通知德国使馆武官。而对法意边境,法国却未派驻军队,并且如实通知意大利使馆武官,同时还讲明两项原因:第一,这表明法国对意大利没有任何疑心;第二,意大利应该明白,如果意大利向法国边境派兵,法国不仅毫不畏惧,而且还有充分信心能采取针锋相对的措施。在慕尼黑协议签订前夕,法国曾向法意边境派出一些军队,但也及时通知了意大利使馆武官。这一行动的目的并不是防备意大利的入侵,而是防备德国军队通过意大利入侵法国。同时,如果全面战争爆发,也是为法国军队通过意大利进攻德国做好准备。莱热进一步解释说,采取这一步骤的原因是马其诺防线使德军无法入侵法国,因此他们不得不取道意大利进攻法国。他又补充说,对于法国,情况也是如此,要想通过齐格菲防线进攻德国也是不可能的,而取道意大利进攻德国则比较容易。

莱热说,法国虽仍希望时局好转,但也作最坏的准备。局势将严重到何种程度,完全取决于墨索里尼。但法国将寸步不让。如果墨索里尼看到冲突势将不可避免,因而畏缩后退,换句话说,就是选择和平之路,他将一无所获。如果他把战争强加于法国,意大利肯定会遭到失败。

然后,我便问道,在这一危机之中,德国可能持何态度。莱热说,德国在东欧和中欧仍在执行扩张计划,仍然需要意大利的合作,以便与地中海地区的法、英两国势力抗衡。因此希特勒将会支持意大利。这不仅是为了达到德国自己的目的,而且也是为了给墨索里尼一种印象,即希特勒在支持他,以报答他在中欧地区的合作。为了进一步了解莱热的观点,我说,墨索里尼不像希特勒那样顽固,比希特勒灵活,他大概会看出意大利这样做行不通,从而及时退却。但莱热却认为不会这样。他说,事情恰恰相反。希特勒倒是个能够面对现实、注意实际的人。他有一种本能,知道该走多远。当发现自己的讹诈把戏不能取胜时,他倒能及时退却。例如德国曾一度深深陷在西班牙。但一旦希特勒发现这种做法毫无效益时,便立即撤军,只在靠近法国边界的地区留下五千名技术人员。但这五千名技术人员远比成千上万名所谓意大利志愿兵所产生的影响大得多。尽管墨索里尼将大批军队派往西班牙,并消耗了许多物力财力,但西班牙人仍不喜欢意大利人,只盼望他们尽快离开西班牙。

莱热又举例来证实他的观点。他说,在 9 月危机期间,希特勒懂得适可而止,而墨索里尼却异想天开,反复无常。由于国内政策的原因,墨索里尼不能轻易后退。即使发现自己犯了错误,他也会死不回头,硬干到底。最近几年,他犯了许多错误,其中的一个是西班牙问题,另一个则是与德国结盟。

莱热回顾说,1935 年,当他(莱热)陪同赖伐尔访问罗马时,他们曾清楚地告诉墨索里尼,让他在法国和德国之间进行选择,并向他列举了选择法国能得到的种种好处,有如 1935 年协定所表明的。但墨索里尼还是选择了德国。现在他已知道选择错了,但他不愿加以纠正。柏林—罗马轴心未给意大利带来任何好处。在捷克斯洛伐克危机中,墨索里尼曾极力避免爆发全面战争,因为他觉得全面战争不会给意大利带来任何好处,只会使它遭到更大的牺牲。

莱热认为,不久墨索里尼就会发现他已走得太远,无法后退了。在希特勒的继续支持下,墨索里尼很快就要到达深渊的边缘。他一定会从那儿一垮到底。他说,意大利人民知道,墨索里尼与德国结盟的政策已把德国人引到了意大利国境线上。他们知道这种政策总有一天会使德国人强大到意大利人无法制止其向亚德里亚海进军的地步。但墨索里尼那样的独裁者，一定会不惜任何代价来维护自己的威望。莱热说，因此，明年春天就可能出现危机。

在此以前，我就从意大利驻巴黎大使处探听到意大利对欧洲局势及法意关系的看法。我之所以有机会这样做，是因为1938年12月6日，新任意大利外交使节瓜里利亚曾前来作礼节性拜访。访问时，瓜里利亚提到法国报刊和政府人士大肆抨击罗马法西斯议会中的两三名议员，他们自发地叫嚷要占有某些法国殖民地。大使说，他对法国人的心理无法理解。在他看来，法西斯议会中个别议员的行动无异于法国国民议会中的类似表现，是无足轻重的。

当我表示希望法意关系中这一令人不安的因素只是暂时现象时，大使说，事情并非如此。意法两国之间确有一些问题需要解决，不能置之不理。例如突尼斯问题就是个很现实的问题。自签订赖伐尔协议以来，埃塞俄比亚的征服已使形势发生变化。赖伐尔协议是在征服埃塞俄比亚之前签署的。实行制裁激起了意大利人民的极大愤怒。至今，这种对意大利不友好的行动仍使意大利人愤恨不已。他宣称，法国必须用现实主义观点看待形势，并且满足意大利的愿望。

我问到吉布提问题对意大利是否有更重大的直接关系。（吉布提是法属索马里的重要港口，位于亚丁湾，有铁路与埃塞俄比亚首都亚的斯亚贝巴相连。）他做了肯定的回答。他说，吉布提直通埃塞俄比亚内地，自然对意大利关系更为重大，而如今对法国自身却已无关紧要。

新任意大利大使认为，法国与意大利的关系没有什么改善的前景，除非两国之间的某些悬而未决的问题得到满意的解决。依照他的见解，法国的困难在于政府总是面临着国内政局问题。对于法国政治家来说，这个问题比外交政策问题重要得多。他说，法国政治家常常从国内政治的角度来看待外交政策问题。法国经常感到难以采取坚定的政策,原因就在于此。在目前情况下,他认为博内外长正在奉行健全的和解绥靖政策,但是博内不能自由行事,一直害怕遭到议会及法国各政党的反对。大使怀疑博内是否能成功地执行其政策。

大约十天以后,于12月17日我进行了回访。同瓜里利亚进行的这次谈话更为有趣,使我更清楚地了解到意大利的观点,特别是意大利的对法政策。瓜里利亚说,如果法国对局势持冷静态度,并考虑到由于埃塞俄比亚被征服而在北非发生的变化,则两国之间各项悬而未决的问题应能逐一解决。如吉布提问题即不难解决。吉布提领土有限,不能视为法国殖民地,只能作为出入亚的斯亚贝巴和埃塞俄比亚内地的港口。虽然吉布提对法国用途甚微,但法国仍声称它是通往东方的重要一站。

瓜里利亚接着说,由于法国持这种态度,意大利一直没有利用吉布提及其铁路向埃塞俄比亚运送人员和物资,而是利用从苏丹通往厄立特里亚的公路以达亚的斯亚贝巴及埃塞俄比亚内地的其他地方。长途迂回,浪费很大。例如,一吨煤经铁路通过吉布提运往埃塞俄比亚需九百法郎,而由公路运输则要耗费意大利四千法郎。他说,迄今为止,意大利一直以极大的代价通过公路运输,但是这种局面不应该也不可能长久下去,应该加以调整。

他告诉我,苏伊士运河问题也是如此。意大利船舶向苏伊士运河公司交付了巨额通行费。由于北非的新局势,通过苏伊士运河的意大利船舶数量不断增加;而每一艘通过苏伊士运河的船上有三个领航员,所以领航费也大得可观。法国应以同情的态度看待这种局面,并且能够不费力地解决这个问题。他从意大利的观点出发问道,法国在这些问题上故意采取不妥协和危言耸听的态度,怎能希望恢复两国的友谊呢?

我接着问这位新大使对欧洲大陆局势的看法。他回答说,乌克兰问题成了法国报界广泛议论的题目,但在中欧和东欧,这个问题当前并不重要。乌克兰独立运动的许多领导人已被苏联当局杀害，培养新的领导人需要时间。他认为德国不会像法国人说的那样要把乌克兰变成德国殖民地。乌克兰人民的民族主义精神一贯强烈，他们要求自治是很自然的。他认为一个独立的新的乌克兰出现，对欧洲和平将是一个贡献。

我说乌克兰必须把领土扩大到黑海海岸，以保证其经济繁荣，否则它就不能独立存在。瓜里利亚说，黑海沿岸地区自然资源及农业资源最为丰富，因此乌克兰的新边界肯定要包括这个地区。

我提出了英意关系问题，想了解这位大使持什么观点。他说英国在地中海的地位很重要。意大利认为，为了稳定地中海局势，同英国达成协议的必要性与重要性不亚于在欧洲中部和东南部与德国进行合作，取得谅解。

我问他张伯伦首相及哈里法克斯勋爵下月即将访问罗马，此次访问是否会使意大利和英国在地中海局势上作出满意的安排。

他回答说，目前还不能预料。这要取决于讨论些什么问题。他认为，所要讨论的问题将由墨索里尼在一次演说中提出，除非真的像最近报道的那样，墨索里尼将推迟到访问后再发表演说。

我于12月20日同罗马尼亚公使的谈话也是有意义的，使我了解到罗马尼亚对欧洲国际局势的某些观点。这位公使是来通知我说罗马尼亚国王召他回国任职，前首相塔塔列斯库被任命为罗马尼亚驻法国第一任大使。

谈到罗马尼亚的外交政策及与邻国的关系，公使认为，由于德国工商业势力不断侵入欧洲东南部，德国影响有在罗马尼亚迅速扩大的危险。他对我说，罗马尼亚的小麦、谷物、木材、肉类及石油都为德国所急需。他认为还存在着德国想通过罗马尼亚向立陶宛①渗透的危险。但是罗马尼亚不愿让自己的经济受德国

---

① 原文如此。——译者

支配。

他告诉我,他本人一直敦促法国人尽力使法国的工业产品进入罗马尼亚市场。我谈到法国给我的印象是一贯行动迟缓。公使说,事实上还有甚于此者。由于某些原因,法国人似乎总不能竭尽全力去占有罗马尼亚市场。他担心如果法国人再不加倍努力整顿自己的国家的话,他们可能会遭遇来自极权主义国家的威胁。

在此之前,新任墨西哥公使于 12 月 12 日对我进行了礼节性拜访。这次谈话对认识欧洲局势没有什么启发,然而却清楚地表明了国际关系是极度错综复杂的。

我首先祝贺他就任公使,感谢他的礼节性拜访。然后我说,据报道,墨西哥政府将外国石油公司在墨西哥的产业收归国有后正考虑向日本出售部分石油。我问他上述报道是否属实。他回答说有这种议论,但是墨西哥政府反对日本的侵华政策,不愿意卖给它石油。墨西哥现政府,尤其是总统,依靠代表企业界和劳动者的各个政党及墨西哥军队的支持。所有这些政党都反对国际侵略,主张奉行国际合作与和平政策。他说,不向日本出售石油的另一个原因是因为这种举动会激怒美国政府。众所周知,美国政府反对日本的侵略政策,完全同情中国。

但是他继续说,墨西哥政府需要收入,因此必须为石油寻找销路。由于英国政府对美国和法国政府施加影响,请求他们不要购买墨西哥政府收归国有的石油,所以墨西哥无法将这些石油售给上述国家。因此很可能售给德国和意大利,虽然在政治上墨西哥政府不赞同他们的意识形态。

我告诉他,据我了解,法国在正常情况下准备购买墨西哥石油,因为它要建立自己的石油储备。在日内瓦和布鲁塞尔会议上提出对日本禁运石油以制止其侵华时,法国曾表示,作为对美国和英国石油生产者的鼓励,他愿意向这两个国家购买一部分原拟向日本出售的石油。公使说,他将与法国一些私人石油公司接洽,为墨西哥石油寻求一部分市场。他还希望美国政府最终能同意放弃其禁止购买墨西哥石油的政策,准许美国石油公司购买一些墨西哥石油。

他解释道,将外国石油公司在墨西哥的产业收归国有涉及两项内容:(1)土地的赔偿;(2)石油的赔偿。他说,已就有关将美国石油公司土地收归国有的赔偿问题与美国政府达成谅解。他认为,一旦就有关石油及土地赔偿问题与美国政府达成满意的协议,英国政府也肯定会同意通过谈判与墨西哥政府解决此类问题。他还对我解释说,墨西哥政府最近将外国石油公司收归国有是因为他们在墨西哥的影响太大。他说,外国石油公司认为自己很强大,甚至连墨西哥最高法院的判决都置之不理。他们将自己置于墨西哥法律之外。

公使本人曾是本国劳工运动的领导人和积极的组织者,他说,墨西哥需要增加收入以进行社会改革。他说二十年前仅有百分之二十的墨西哥人能够读书写字,而目前文盲率已下降到百分之五十。社会改革工作在城市及集中在城镇的工人中较易开展,而在居住分散的乡村农民中则较难开展。对农民的组织工作刚刚开始,然而农民占墨西哥总人口的百分之七十五以上。占总人口将近百分之四十五至百分之五十的印第安人构成了另一个问题,墨西哥政府正在设法解放他们。作为一个事例,他提到墨西哥社会党的主要政纲之一就是没收富豪和中产阶级的土地分给农民。墨西哥正在农民中试行土地集体所有制。每个农民从集体土地中分得二十公顷土地,但是不准出卖。每个农民耕种自己那份土地,劳动所得完全归自己所有。由于不准出卖任何土地,这就防止了旧制度的复辟。在旧的制度下,富豪能剥夺农民的土地,从农民身上榨取巨额利润。

12月29日,苏联大使苏利茨来访。他说,此次来访的目的是为了询问中国在下一届国际联盟会议上将提出哪些事项(此问题我将在后面谈到)。我们也借此机会就欧洲局势交换了看法。苏利茨在回答我提出的有关法意局势的问题时说,他的印象是达拉第和博内最终将向意大利屈服。目前他们惧怕张伯伦访问罗马甚于惧怕意大利本身的真正态度。据他了解,博内已通知伦敦说,法国政府认为法意关系问题应由法国自己解决,不欢迎英国调停。他还了解到,博内在里宾特洛甫访问巴黎时发表的讲话中也向德国政府表达了同样的观点。但是,他认为博内所说法国决心寸土不让是虚张声势。他认为法国最终将放弃吉布提及其铁路。苏利茨说,换言之,当前的法国政府决心继续执行向独裁者妥协的慕尼黑政策。当然,如果独裁者提出要法国割让其领土时,他们的感觉自然会有所不同。惧怕战争而出卖捷克斯洛伐克领土比较容易,至于割让法国自己的领土,对法国人来说就不那么轻松了。

我接着问他,法苏条约目前处于什么状态。他说,在形式上达拉第和博内认为条约依然存在,但是他们的意图是很清楚的。他们奉行慕尼黑协定的政策,热衷于让德国在东欧自由行动,因此不能指望他们认真履行法苏条约的义务。苏联明白这一点,因此注重法国的意图甚于条约本身条款。(这是对局势的一种很现实的看法。)苏利茨说,法国领导人不重视其联盟及互助条约的态度,恰恰有利于德国。德国一直在试图破坏法国的联盟和互助条约体系(该体系的建立是法国在第一次世界大战后所执行的一项深谋远虑的政策)。他说,德国为挑起乌克兰问题而进行宣传的动机也正在于破坏这个体系。乌克兰问题的实际局势本身并无任何内在因素可以使人担忧会发生冲突。德国知道苏联已经做好准备,因此不敢入侵。德国的目的只是为了在法国人头脑中制造恐惧感。虽然法苏条约有可能将法国卷入战争,但实际上并不存在德国因乌克兰问题而发动对苏战争的危险。

关于苏波关系(这是我在另一个问题中提到的专题),苏联大使说有所改善。他说,波兰终于认识到,就它的利益而言,苏联比德国重要。他认为,波兰外长贝克上校1939年1月对巴黎的访问不会有什么成就,因为法国人对他已经丧失了信心。

谈到苏意关系,苏利茨认为没有什么改善的可能。两国缔结商业协定并不意味着政治关系有任何改善。只要意大利仍然是柏林—罗马轴心的一员,这种关系就不可能改善。

我又问到苏日关系。他说两国渔业谈判仍陷于僵局。但是,由于李维诺夫坚持苏联原先的态度,日本最终是会让步的。他解释说,苏联的态度有三点:(1)日本人的捕鱼权并非无限期,必须定期续订;(2)原先准许日本渔民进入的渔场,苏联政府有权收回其中任何一部分;(3)被收回的渔场将由苏联政府分配给苏联公民。日本人的立场是,他们的捕鱼权是按照朴茨茅斯条约的规定授予的,因此坚持享有原先分配给他们的权利。但是苏利茨认为,日本最后可能因苏联的反对而让步,同意减少渔场数。其时李维诺夫也已经将要收回的渔场数从四十个减少到三十个。苏利茨补充道,由于日本侵华,其地位已大大削弱。他收到的报告表明,日本在张鼓峰事件中遭受重大损失,这对日本人是一个教训。

后来于1939年1月11日,我与苏利茨在苏联大使馆会晤时,讨论了欧洲的国际局势问题。由于我一直很想了解他的观点,还是我问他答。他同以往一样坦率地说,欧洲局势继续动荡不定,如果说有些变化,就是比慕尼黑协定以前更糟。例如,关于法意关系,他曾认为墨索里尼通过意大利新闻界和法西斯议会就突尼斯和科西嘉向法国提出一些极端的要求,只是希望能从法国得到一些具体的好处,实际要求比他提出的要低得多。换言之,他曾认为,法国只要在政治和行政问题上作出让步,诸如改进意大利人在突尼斯的地位,让意大利参加管理苏伊士运河,以及在吉布提港给予特权等,墨索里尼就会感到满意。他认为墨索里尼不会坚持领土要求。但是他最近从他的同事、苏联驻罗马大使斯捷英那里获悉,意大利提出的要求是认真的,包括领土要求在内。他说,斯捷英先生对形势的看法有些悲观。

谈到法国方面,苏利茨的观点与我一致,认为除领土要求外,法国在其他问题上最终是会屈服的。他说,对于任何政府来说,作出领土让步都是困难的。他认为,虽然博内曾向伦敦明确表示不接受英国的调解,而且张伯伦也不会粗鲁地强迫法国接受调解,但是在张伯伦访问意大利首都罗马期间,肯定将会讨论法意关系问题。苏利茨认为,讨论欧洲的整个局势和地中海问题时,不可能不涉及意大利向法国提出的要求,纵然这个问题并未列入英意罗马会谈的议程上。他说,法国政府公开正式表示不同意英国调解,虽然张伯伦肯定会设法探明墨索里尼的最低要求,而博内本人也很想从张伯伦处获悉这些要求是什么。

　　关于中欧问题,苏利茨大使说,所谓乌克兰问题是德国蓄意提出的,旨在掩饰希特勒在欧洲的真正企图。他说,他尚不知波兰外长贝克上校与希特勒在贝希特斯加登会谈的内容及其结果。但无论如何,苏联都不会为此担忧。他曾亲自向博内解释过,苏联乌克兰的人民处于一个独立自治国家成员的地位,与波兰的乌克兰少数民族地位不同。波兰的乌克兰少数民族确实处于不利地位,而居住在苏联乌克兰境内的乌克兰人不存在要解放的问题。

　　他继续说,具有亲德背景的贝克上校,可能已经与希特勒就进攻苏联的乌克兰领土一事达成某些谅解。他还说,只要贝克担任波兰外交部长,苏联就不能完全信任波兰的外交政策。慕尼黑协定以后,贝克与莫斯科接近,这无疑是受欢迎的,因为人们认为贝克已经看到了关于捷克问题的慕尼黑协定的本质,开始为波兰的安全受到德国威胁而忧虑,因而很想寻求某些途径,使德国影响和势力的增长受到制约或抗衡。但是苏联不能完全信任波兰。就苏联来说,乌克兰问题无需忧虑,因为归根结底不过是个力量问题。德国休想不经过战争就能按它定下的方式来摆布乌克兰问题。而且苏联已做好充分准备,对自己的力量充满信心。

　　苏利茨告诉我,他已提醒博内,德国挑起乌克兰问题可能是为了掩盖其准备进攻西欧的企图。但是，据这位苏联大使说，博内的真正政策是不过问中欧问题，集中法国的精力发展所谓法兰西殖民帝国。苏利茨说，博内认为法国是弱国，如果它被迫卷入战争而战败，它将作为民主联盟中最弱小的成员而被迫作出牺牲。博内的政策正是建立在这种观点之上。苏利茨大使认为，爱好和平的民主国家结成统一战线来对付独裁国家是绝对必要的。他说，但是博内的想法却不同。博内是以激进社会党人和左派为支柱的内阁的外交部长，但他实际上同情右派，与弗朗丹之流的人想法一致（这一点我在前面已提到过）。苏利茨谈到，据弗朗丹说，法国无论战败或战胜都是可怕的。如果法国战败，它肯定会被迫作出最大的牺牲；如果战胜，这将意味着无产阶级起来掌握政权。博内同弗朗丹一样，无论考虑什么问题，都要同时考虑到阶级利益。

至于博内个人在内阁中的地位，苏利茨对我说，在指导外交政策方面，博内在很大程度上能够按照他自己的主意行事。博内曾一再使政府承担达拉第不同意的义务，而达拉第无法使他的政府摆脱这种义务。张伯伦与希特勒举行的贝希特斯加登会议后不久，达拉第对博内非常不满，而与雷诺和孟戴尔的观点一致。更换外交部长的议论甚多。但是，苏利茨说，慕尼黑协定以后，达拉第被法国人看成了和平的拯救者，备受歌颂与赞扬。因此苏利茨认为博内的现行政策可能对达拉第的影响比较大。

于是我问他有关法苏及法波互助条约的问题。这位苏联大使说，博内表面上采取的官方态度是法国将永远信守条约义务。博内还曾告诉他，在他与德国外长里宾特洛甫谈话时，他曾明确表示过，法德联合宣言，并不意味法国将从此不过问东欧*。但是苏利茨说，博内认为法国武装力量薄弱，按照他的政策，他将使

---

* 原编者注：所称宣言当指里宾特洛甫访问巴黎期间于 1938 年 12 月 6 日签署法德互不侵犯条约时两国所发表的宣言。该条约保证两国间现有边界不受侵犯，并规定两国将为和平解决争端而进行协商。

德国忙于东欧,以便将德国扩张的矛头从西方转向东方。苏利茨认为,博内从上述考虑出发,在联合宣言中做了保留。博内在必要时将会毫不迟疑地牺牲法苏和法波条约以换取德国不侵犯法国的保证。苏利茨说,波兰对此也颇有同感。贝克几天前在贝希特斯加登的谈话中并不认为法波条约对波兰有什么重大价值。

我们的话题又回到法意关系问题。苏利茨说,他认为德国会完全支持意大利对法国的要求。实际上里宾特洛甫在访问巴黎期间就已明确表示,罗马—柏林轴心仍是德国外交政策的基础。苏利茨与我得出一致的结论,即欧洲的局势非常不安宁,其前景如何,将取决于墨索里尼在德国支持下准备在迫使法国接受他的要求方面走得多远。

同日,张伯伦在哈里法克斯陪同下抵达罗马进行为时四天的访问。这促使我在次日拜访法国外长博内与他讨论过境问题时,趁机试探他对欧洲局势的看法。我问他,是否认为局势有了缓和,特别是在地中海地区。这位外长回答说,虽然局势不像去年9月那样引起忧虑,但是仍然相当复杂。他认为张伯伦在访问罗马期间或许能够探明墨索里尼的真正企图。

当我于1月27日访问外交部秘书长莱热时,我问他对欧洲局势当前的发展有何看法,以及他是否同外交部以外的人一样对前景感到不安。他的回答使人很受启发。

莱热答道,这完全取决于希特勒对法国持何种态度。他本人认为,德国和意大利会再次采取恫吓手段,因为他们认为民主国家还会像签订慕尼黑协定时那样屈服于恫吓之下。但是现在局势不同了。就捷克问题来说,英国人民和法国人民当时都不愿诉诸战争去强迫苏台德人继续受捷克统治。虽然当时法国人民也积极响应战争动员令,但是他们无法理解为什么一定要为捷克而战,即使当时果真爆发战争,而且英、法两国赢得胜利,也不可能迫使苏台德人继续受捷克统治。况且德国已经同意以和平方式解决问题,而且并未进攻捷克,如果捷克未受到直接的进攻,捷法互助条约就不起作用。因此从法律上说,并未形成法国需要履行的条约义务。所以,莱热说,在法律上、道义上和实际上,法国同英国相比,并无更多的义务去为了捷克而对德作战。

莱热说,就目前情况而言,问题涉及法国的权利和法国的领土。法国人民,甚至法国各省的农民都懂得,并下决心保卫祖国、抵御外国入侵。他认为,法国国民议会刚刚一致通过对政府的信任案,雄辩地证明了广大公众的这种心情。他说,法国不仅准备抵抗意大利的侵略,而且实际上不同意就意大利提出的要求进行谈判。

莱热在回答我的问题时说,意大利人一直在动员,仅在前一天就又动员六万人。意大利一直在利比亚集结兵力,很有可能进攻吉布提。于是,我问道,在吉布提遭到进攻的情况下,法国是否会报复。我说,我知道法国已经采取了必要的预防措施。莱热说,法国在吉布提及其周围采取的防御步骤并不充分,仅仅派去一艘巡洋舰、两艘潜艇和三千人的军队。他说,法国肯定要保卫吉布提。但是由于力量悬殊,保住的可能性不大,因为吉布提为埃塞俄比亚领土所包围,而在埃塞俄比亚境内到处都是意大利军队。但是,法国在欧洲能够作出比较有效的反应。因此对意大利进攻的抵抗没有理由局限在北非。

他认为,如果发生战争,德国必将支持意大利,不过德国必须承受战争负担的百分之六十五,而意大利只承受百分之三十五。希特勒于 1 月 30 日将要说些什么,目下尚无迹象。他认为,德国是否会挑起战争,仍不能肯定。他说,支持法国的不仅是英国;美国态度日益坚定这一事实,罗马—柏林轴心是清楚的。

我们讨论之后,莱热提到了斯彭德最近对他的一次访问。他称斯彭德是未来的澳大利亚总理。他所指的大概是珀西·斯彭德爵士。此人在 60 年代是我在国际法院的同事,担任国际法院院长。他于 1939 年任澳大利亚内阁秘书,后来在政府中历任要职。莱热告诉我,斯彭德途经巴黎时访问了他。莱热趁此机会为了中国的利益而唤起斯彭德的注意。他促请澳大利亚在欧洲支持英国反对德国。这样,由于德国对日本的支持日益衰减,日本在远东的力量将会削弱,从而英国将能对日本采取更坚定的立场。尽管莱热采取的方式实属迂回,我仍鼓励他说,他的努力是非常有用的。因为据我获悉的各方情报,日本、意大利和德国正在紧密合作。我告诉他,墨索里尼一直在希特勒面前为日本效力。就在两个月之前,墨索里尼还请求希特勒援助日本,结果德国给予日本十五亿马克信贷,以便它在德国购买所需物资。我接着提到希特勒本人曾两次就中日冲突问题与中国驻柏林大使谈话。他对中国在布鲁塞尔会议期间未接受他的关于结束敌对行动的斡旋表示遗憾,并再次敦促中国尽力结束冲突。

我提到达拉第前一天在国民议会上的声明,问他是否有可能召开四国(法国、英国、德国、意大利)会议。莱热回答说,达拉第谈到的不是四国会议,而是一次全世界的和平裁军会议。而且他说,这也不是达拉第的建议。社会党人坚持两点建议:开放法国与西班牙接壤的边境,以便大规模地向西班牙共和军运送弹药;并召开世界会议以保障和平。达拉第的声明是为了回答社会党人的建议而发表的*。但是达拉第明确表示,他认为在目前的情况下召开世界会议的计划是不能实现的。

我指出,达拉第的声明与罗斯福总统发表的关于召开世界会议可能性的宣言极为相似。罗斯福也说召开世界会议的时机尚未到来。莱热对我的说法表示同意。他说,无论前景如何,法国都敢于面对形势,不惜付出任何代价。他仍然认为德国和意大利只不过是虚张声势,大肆恫吓,以迫使民主国家作出新的让步,这正是他们在慕尼黑危机时期大获全胜的那种伎俩。但是罗马——

---

　　* 原编者注:共和军大本营巴塞罗那于 1939 年 1 月 26 日陷落。在陷落之前,共和军对佛朗哥军队继续进行有效抵抗已显然无望,据悉法国和英国为此都在考虑解决方案。26 日达拉第在国民议会演讲时曾提出解决建议,以及召开世界会议问题。对世界会议的目的他没有讲清楚。

柏林轴心这一次将会发现法国和英国与过去全然不同。我告诉他,我也明白意大利和德国的态度是以恐吓赢得让步,因此为了和平的利益,有必要加以彻底揭露。我说如不这样做,和平事业不仅永远得不到保障,而且爱好和平的民主国家还会因遭受新的讹诈而不断受到威胁。莱热告诉我,这正是法国和英国这次准备要做的事。

一个星期以后,我同罗马尼亚驻巴黎首任大使(前总理)塔塔列斯库进行了交谈。我提起这次谈话,是因为尽管我们的主要话题是有关罗马尼亚希望同中国缔结通商条约的问题,但此次我们还谈到了欧洲局势的某些方面以及罗马尼亚与德国的关系。

他告诉我,他本人一贯赞成同中国直接通商。他解释道,迄今罗马尼亚产品只是通过中间人,主要是德国人和捷克人,进入中国。这种间接贸易不仅抬高了销售价格,而且对卖方也造成一些损失。他认为安排直接通商是非常需要的,对两国都有利。他说他在十天之内回布加勒斯特后将再次向政府提起这件事,并给我一个答复。

在这里我愿意补充一点。驻巴黎使馆以及驻其他国家使馆的责任和作用之一就是经常不断地谈判与缔结条约。对方不一定是驻在国政府,也可能是其他国家。因此,我时常被委派同一些未与中国建交的国家谈判缔结条约。我完全赞成扩大中国国际关系范围的既定政策,特别是在中国抵抗日本侵略和迁都内地的时候。中国与世界上尽可能多的国家保持国际关系是非常重要的。

基于上述原因,我极力建议我国政府同意利比里亚、罗马尼亚和南斯拉夫与中国缔结通商条约的建议。但是,中国当然会感到缔结通商条约有困难,因为中国的一大部分国土被日军占领。因此,政府在执行其扩大中国国际关系的总方针时,强调首先缔结和平友好条约,暂时不要包括通商贸易的内容。我执行了政府的这一政策,已经与利比里亚谈判并缔结了友好条约,于1938年6月8日互换了批准书。1939年我推动了与罗马尼亚和南斯拉夫缔结类似条约的谈判。

我与塔塔列斯库讨论了关于通商条约的主题之后,谈话又转向了欧洲局势。他告诉我,他曾在法国住过多年,对它进行了研究。这一次他发现法国以前所未有的方式一再扬言自己具有力量,一反在签订慕尼黑协定时明显表现出来的那种内部分歧与软弱态度。在达拉第领导下,法国恢复了它的威望。他认为法国现政府推行的对内对外的坚定政策必然会对欧洲整个局势产生有利的影响。他告诉我,他从博内那里获悉,法国政府不仅拒绝作出新的让步,而且在目前情况下,甚至不会同意与意大利进行谈判。他认为,这种坚定性必将对阿尔卑斯山的另一侧产生有益的影响。

这位大使接着分析了罗马尼亚的地理位置,以及罗马尼亚必须推行一项特殊的外交政策,俾能使国家得到发展,并保持和平的命运。他解释说,就罗马尼亚的经济利益而言,德国占有十分重要的地位。罗马尼亚有百分之四十的小麦和百分之六十的汽油向德国输出。但是,罗马尼亚在政治上完全同情法国和英国。因为这两个国家的政策是以尊重法律和秩序及维持现状为基础的。他说,罗马尼亚多年来一直站在法国一边。它希望作为法国外交政策基础的凡尔赛条约能够起到通过国联确保罗马尼亚安全的作用。但是,凡尔赛条约缔结之后的二十年中,由于欧洲各主要国家缺乏具有远见卓识的领导,并由于法国政治家的错误,致使欧洲局势远远不能令人满意得到保障。然而,法国现政府的坚定政策及其已经产生的结果,再一次鼓起了罗马尼亚的信心。他说他到巴黎来,是为了加强罗、法两国的密切关系而工作的。

我问这位大使,罗马尼亚同苏联的关系如何。他说两国关系很好。他还说,这并不意味着罗马尼亚人民同情苏俄的国内政体。他说,恰恰相反,罗马尼亚人中百分之八十五是农民,他们离不开土地,厌恶共产主义思想。他说,这一事实苏联现在是完全了解的。

我说,苏联外交政策的精神无疑是和平的,这一点有益于促进罗马尼亚和苏联的密切合作。塔塔列斯库大使同意我的看法，并补充说，除此之外，还有其他值得考虑之处。他说，罗马尼亚受土耳其统治长达六个世纪。在这六百年间，俄国一直维护与捍卫罗马尼亚的利益。当然，比萨拉比亚问题一直是棘手的。由于种种原因，苏联从来不承认罗马尼亚对比萨拉比亚的主权。他在访问莫斯科期间曾亲自向苏联政治家们指出在比萨拉比亚问题上缺乏谅解，就像在罗马尼亚这双鞋子里放进一颗大钉子一样，正当罗马尼亚渴望投入苏联怀抱时，这颗钉子妨碍了它的前进。他说，除此问题外，两国关系非常友好，特别是自从斯大林当权后放弃了煽动世界革命的政策以来更是如此。塔塔列斯库认为斯大林是朝着安定的方向前进的，甚至放弃公开攻击资本主义的政策，这一点与苏联早期列宁的政策相反。

关于罗马尼亚国内局势，塔塔列斯库大使说，由于国内存在形形色色的政党，各政党之间，尤其是共产党和法西斯党之间竞争激烈，卡洛尔国王发现有必要建立由不同政党人士组成的民族政府，以体现民族团结的精神。他说犹太问题也是罗马尼亚的一个难题，因为犹太人占罗马尼亚人口的百分之六十。他们中间的大部分是第一次世界大战后移居到罗马尼亚的。他说，另一方面，受德国和意大利事态发展的影响，在罗马尼亚也有法西斯分子。德国渗入罗马尼亚的势力很强大，局势很不稳定。但是，罗马尼亚下决心竭尽全力维护自己的独立和主权。

第六节　在日本企图加强对中国的政治控制
并在太平洋地区实行军事扩张之际，西方各
民主国家在远东采取联合行动的幻想

1938 年 12 月末—1939 年 2 月

就长期而言对日本应持何种态度，就短期而言为解决中日冲

突又应采取何种对日政策,这一问题在我国从未获得完全一致的意见。1938 年末这一问题又成为政府领导人之间争论的焦点。其直接原因就是 1938 年 12 月 22 日日本近卫首相发表的声明。

日本通过近卫首相,表面上再次摆出同中国解决冲突的姿态。然而近卫提出作为解决冲突基础的建议,只能在我国引起强烈反对(只有一个严重的例外)。日本的声明成为委员长(代表大多数人的意见)同汪精卫之间争论的问题。

这两位领导人的关系以往就不是一贯融洽的,相反,对于政府政策的各个方面,特别是关于抵抗日本侵略的政策方面,曾发生过争论。汪精卫在国民党里资历高,作为孙中山的合作者在革命以及在组织南京第一个革命政府过程中起过重要作用,他自然想当政府的领袖。出于这种企图,也由于他根据过去的经验和观察来理解国际局势,他先是倾向于、后来则极力主张同日本达成协议。日本首相 12 月 22 日的声明又给他一次申述自己观点的机会。然而他的立场遭到了委员长的坚决反对。

汪精卫脑子里到底想的是什么,当时人们是有所推测的。但是从他后来同日本人一起在南京组织众所周知的日本人支持下的傀儡政府的行动来看,他与委员长的争论显然是别有用心的。

无论怎样,这次争论的直接结果是汪精卫突然离开重庆,先到香港,后来到印度支那的河内。此举使委员长以及政府其他领导人感到非常惊讶。汪的随从中有他的机要秘书、长期的合作者曾仲鸣。

出走后不久,汪精卫一行即抵河内。其后,1939 年 3 月 21 日,有人企图对汪行刺,结果曾仲鸣身死。据报,当时行刺的目标的确是汪精卫本人,由于偶然原因或某种念头,汪不喜欢为他安排好的房间,他就同曾仲鸣调换了寝室。半夜,刺客溜了进来,杀死了曾,并伤了他的夫人。

无论行刺的直接原因是什么,其影响肯定是增强了汪精卫的决心,要同中国西部的重庆分道扬镳,在日本军队占领和控制下的沦陷区与日本人合作。这部分地区比中国的西部富饶得多,人口稠密得多,也一直被欧美各国认为重要得多。

汪精卫于1938年12月突然离开重庆,在国内外当然引起种种猜测。在我24日收到的电报里,外交部回答我的询问时只简单地说,汪离开重庆就医,政府没有赋予他任何使命。

外交部还给我发来电报,是委员长就近卫首相12月22日声明发表讲话的摘要。据12月27日(或28日)发来的这封电报,委员长于26日在重庆的一次讲话中说过,近卫的声明是日本阴谋在政治上瓦解中国的大暴露。照委员长重要声明的话来讲,东京最新的官方声明,使中国人民更加深刻地了解日本的企图。它只能起到进一步加强中国不投降、不妥协,抗战到底的决心。

提到汪精卫离开重庆一事,委员长说,汪精卫去河内为的是就医。国外传说汪此行"乃代表军事委员会与日本商谈和议之事,此种离奇消息,洵属无稽之至"。委员长说,汪精卫"此行不仅与军事委员会无关,即于中央与国民政府亦皆毫无关涉"。(最初汪及其同党,为了宣传的目的,暗示重庆已经委派给他一项使命,用以说明他突然离去的原因。国外还有人推测,汪受政府委派同日本进行谈判。这也就是委员长及外交部急于澄清这类看法,避免不必要的猜测的原因。)

电报里说,委员长进一步阐明,日本成立"兴亚院",盛倡"东亚协同体",建立"东亚新秩序",敌人并吞全中国的阴谋实已暴露无遗。他在讲话的结尾说,"我国凡明悉大义认识事势之国民,断无一人再对日本作妥协和平之想"。因此,日寇散布的恶毒谣言(我想是指关于汪受官方委派出国同日本进行和谈的猜测)并不值得注意。

从电报的字里行间可以很清楚地看到,我前此的推测不是毫无根据的。我曾想汪精卫突然离开重庆的企图与目的和他想要同日本达成协议,在日本人的保护下建立新的以他为首的政权有关。

日本方面,从其特务的阴谋和情报来看,显然指望同汪精卫及其追随者合作,在中国的东部建立一个更有野心的傀儡政权。此时整个中国东部都已在日本军队控制之下。汪精卫飞离重庆前后的情况,以及他后来的活动表明,汪同近卫之间先前一定有某种秘密谅解。重庆的电报表达了同样看法。

12月23日余铭带给我孙科打给他的一封电报供我参考。电报说,汪精卫未通知任何人即秘密离开重庆。电报还说,已发现汪一直同日寇进行谈判的证据。还说,不管汪的行动如何,政府将一如既往,决不动摇,政府继续抗战的政策不会受任何影响。

这样,随着时间的流逝,情况变得越来越清楚,汪精卫23日出走时,是知道委员长及其支持者已经明确决定反对近卫在对华声明中所提出的建议的,而且还知道委员长准备在国民党执行委员会会议之后,要宣布他的意见。然而,重庆对汪的计划一无所知,显然对汪秘密出走感到震惊*。后来,12月29日,汪精卫在香港发表了一项声明,公开主张要在接受近卫首相建议的基础上和平解决问题。于是,重庆迅速采取行动,于1939年1月1日,汪被永远开除出党,并解除一切公职。

1939年1月3日重庆给我的电报说,国民党中央执行委员会前一天召开了临时会议,认为汪精卫此种行动,违反纪律,危害党国实已昭然若揭。决定将汪精卫永远开除出党,并撤销其一切职务。电报说,此决议在中央执行委员会上通过。中央监察委员会也召开了临时常会,通过了相似的决议。

随后外交部同一日期的电报,发来了中央执行委员会所通过的决议文本。

早在此以前,我就从陈公博那里察觉到风向。记得陈公博于1937年秋因公来到欧洲,专程访问意大利外长齐亚诺和墨索里

---

* 原编者注:实际上汪精卫是1938年12月18日在近卫发表声明之前离开重庆的。可是,据说汪精卫对声明里的建议以及委员长对建议会有什么反应是事先完全了解的。

尼,想得到意大利对中国的支持。派他出国办理此事是因为齐亚诺在上海当总领事时陈就是他的好友。陈从罗马回来后来看我,并告诉我会谈结果。我得到的印象是,他对此行并不感到高兴,因为访问不太令人满意。意大利力劝中国与日本和解。同时,只字未提意大利对中国的支持。

后来,他还在巴黎,有一天他来告诉我说,他收到了汪精卫的电报,要他立即返回。这已是在汪精卫离开重庆以后,我想电报是从香港打来的*。当然陈与汪精卫一直关系密切,实际他是汪精卫最亲近的顾问,特别是在政治事务方面的顾问和合作者之一。他知道汪精卫想做什么,那就是同日本和解,靠日本人的支持在中国沦陷区另立政权。

如果我记得不错,陈公博表示他怕汪精卫会建立一个全新政权与重庆分庭抗礼,采取直接同日本和解的政策。他说,就他自己个人来讲,他不喜欢这种政策,而我们也极力要求他不要牵扯进去。他同意了,但最后长叹了一口气说,"我有什么办法呢?"作为汪精卫的一个私人密友,尽管他本人反对汪这方面的政策,反对汪打算采取的行动,但他不能让朋友坍台。他说,他一直处于一种非常尴尬的境地,已经穿上汪派这件"湿衬衫",现在怎么能甩掉,他说,"我得继续穿下去"。

我试图跟他说清,个人友情与政治信念不应混为一谈。个人友情只涉及到个人的事情,只是一个人的友情,而政治信念却涉及到整个国家。他说,这一切他都知道,但友情在中国比在其他地方一向更被重视。他与汪如此亲密地一起工作了那么多年,考虑到他们之间的亲密关系,他个人内心不能拒绝回去。于是他就

---

* 原编者注:顾先生的回忆录中这一部分显然与事实不符。因为陈 1937 年秋是在欧洲,而汪 1938 年 12 月离开重庆时,陈是在四川成都任国民党省党部的主任委员。如果这次谈话的确是在 1937 年进行的,陈所知道的能有多少?陈可能向顾谈及汪想同日本人达成协议的愿望和努力。顾先生多半是在回忆陈 1939 年呆在香港正想做出决定时,他的一些朋友尽力劝他不要同汪结合的事。

回去与汪结合了。

后来,汪精卫任南京傀儡政权首脑时,陈公博任立法院院长,是傀儡政府中仅次于汪精卫的一个高级官员。1944年3月,汪精卫因病到日本就医,陈又干了一件蠢事。经汪精卫坚决要求,他接替并代理了汪的职务,任傀儡政权的代理首脑。(汪死在日本后,他正式继任首脑。)抗战胜利时,他当然知道自己的命运会是如何。他去到日本,但给委员长写了封信,说何时需要他回国,他就回去。在何应钦将军给他写信说委员长希望他回来时,他照办了。他被逮捕后很快就同南京傀儡政府其他成员一起受审,并被枪决。在他入狱之前(甚至在牢里),他给委员长写了一封长信,不全是为了请求宽恕,因为他知道那是不可能的,而是为了说清自己的经历。他说了想要说的话,陈述了尽管他被迫参加汪精卫政权,但一直是委员长政策的支持者。但他当然知道,就他想保全性命来讲,这是无济于事的。政府必须依法执行,于是他平静地接受了他的命运。

这确是一场悲剧,因为陈公博本人是个非常讨人喜欢的有绅士风度的人,他不仅对朋友一向宽宏大量,而且对敌人也是公正而宽宏大量的。这在某种程度上说明他对汪精卫的亲密感情,甚至不惜牺牲自己的名誉、声望和政治信仰。在这场悲剧中,他将自己的政治信仰服从于感情用事的友谊,服从于向汪精卫承担的个人义务。

在这一年的年底,1938年12月31日,我在日记里对过去的一年进行了总结。对全年所记的日记,我首先说:

这日记与其说是日记不如说是个大事记。但由于工作繁重,不可能每天晚上都记日记。有时隔一个星期乃至十天再接着记,因此缺少许多重要事件以及我当时的反应。

我接着写道:

由于对近卫提出的和平条件持有不同的意见,重庆这一年以悲观而沉闷的情调结束。报刊评论强调这种分歧,但这对我来说显得不太重要,因为汪在中国首都的影响和追随者相当有限。

这一年工作繁忙,无定时,得不到休息,紧张而又令人担心,由于徐州、九江、汉口、岳州和广州等地沦陷,令人沮丧的消息使情况变得更加严重。我对广州实际上没有经过战斗就沦陷感到非常震惊沮丧。幸而经过一段时间的混乱和动荡之后,形势再度稳定,国外舆论开始重新估计中国继续抗战的决心。

在这一年里国外最令人高兴的消息是美国政府宣布向中国提供贷款,英国随之同意提供五十万英镑的信贷,用以购买滇缅公路用的卡车。英、美在远东合作的进展看来是在英美贸易协定签订之后迅速取得的。英国外交大臣安东尼·艾登爵士12月份访美受到美国人民热烈欢迎。英国国王和王后7月份访问巴黎标志着英、法之间更紧密的合作。12月份又发表了里宾特洛甫—博内联合宣言。这一切都说明了时局的趋势。

中国终于获得美国的具体经济援助,随后又获得英国国政府的信贷,这的确令人高兴,很受重庆的赞赏和欢迎。1938年12月26日孔祥熙给我的电报,证实了我的这种看法。孔在电报里对我说,能够获得美国贷款是由于我过去努力促进美国给予中国经济援助的结果。他说他为此致电对我的努力表示满意和感谢。我个人对此也感到非常高兴。记得为了想得到美国具体经济援助,在华盛顿曾遇到了很大的困难。看来转折点是美国财政部长亨利·摩根索访问巴黎时我和他的一席谈话,我们非常坦率地交换了意见。当时美国大使蒲立德也在座。由于我的解释,美国财政部长很快认识到中国形势的严重性以及急需得到国外的援助和支持的情况。他心地非常善良,同情中国的事业,不仅答应尽他最大的努力,而且还对如何取得美国有效经济援助的方式方法提出建议。他甚至建议让我请重庆派陈光甫去美国。我照办了。

结果,在我的建议下,孔派陈去华盛顿。通过同美国财政部的直接谈判,陈圆满地完成了他的使命。

苏联大使苏利茨 12 月 29 日同我谈话时告诉我,他来访的原因是外交人民委员李维诺夫打来电报,要他打听一下中国在即将召开的国联行政院会议上就中日冲突将有何提议,以便使他(李维诺夫)可以做必要的准备。我说,我还在等待我国政府的指示,不过就我个人来讲,我一直认为可能要求行政院不要只是重复以前所作的决议,而要针对日本采取某些具体行动。我说,我认为日本在中国对平民百姓狂轰滥炸的行为,正像在西班牙所发生的情形一样,激起了世界舆论的谴责,因此,坚决要求国联对日本实行诸如飞机及航空物资的禁运,应该是比较容易的。

苏利茨说,这样的措施必须采取制裁的形式。但是我知道许多会员国十分害怕采取制裁措施。我说行政院完全可以本着人道主义的精神对这一问题做出决议,无需作为制裁措施来处理。另一方面,我说我想请求行政院提供防空物资以援助中国。我接着说,我还在考虑提出向中国提供确实的经济援助,以加强中国通货的地位,并扩大信贷,以供购买外国物资之用。我提到最近美国同意向中国提供贷款,并延长中美货币协定。随后伦敦宣布同意向中国提供五十万英镑出口信贷以供购买英国向中国出口的物资。美国、英国方面的这些援助行动,表明他们已经开始认识到援助中国事业是必要而明智的。鉴于这些进展,我说,现在行政院可能比较容易通过一项一般性决议,建议对中国实行财政援助。

苏利茨认为国联先前通过的决议已经包含了这一点。我说,必须具体落实这些决议。苏利茨问,说服国联采取这种具体的措施是否像说服它通过原则性的决议那样容易。我说,我认为包含类似上述具体措施的一般方案是可以找到的。实际上只有少数几个会员国需要并且能够实施这种措施。我进一步解释说,这种提议的目的是要促进成立对远东十分关注的美、英、法、苏四强的统一阵线。

苏利茨说,美、英最近提供的经济援助是一个好的迹象,表明他们终于愿意采取行动,而不只是限于口头上的同情。我告诉他,我认为通过国联行政院采取援助中国的共同行动的时机已经到来,因为美、英态度已经有所好转,苏联一直在大力帮助中国,法国可能也会仿效美国和英国的做法。

苏利茨说,他清楚,法国在援助中国方面至今无所作为。据他所知,法国甚至想说服英国不要对远东过于关注,免得被迫分散力量,削弱其在地中海的地位,法国自然会有这种想法。

我认为由于美、英态度的改进,或许能说服法国给予通过印度支那的过境便利。苏利茨说,他最近曾就从中国运出一些矿石的问题同孟戴尔进行了交谈。他已得到拒绝通过印度支那运输这批矿石的通知,尽管他从孟戴尔处了解到并不禁止这种过境运输。

我举了一个类似的例子说,设在广西的中央银行想取道印度支那出口一批白银,最初也遇到了困难。但在我向法国外交部提出这一问题之后,殖民部说并不禁止通行,并下令放行。我告诉他实际情况是每次过境运输都得与巴黎法国当局交涉。我还说,这是引起好多麻烦和困难的原因,是印度支那地方当局过分谨慎所致。未经巴黎明确指示的一切过境运输,他们都一一上报。苏利茨说他不能理解法国方面这种不同情的态度。他认为,这完全是出于对日本的恐惧。照他的观点,从实际情况来看,这种恐惧是毫无道理的。

1939 年元旦,我同往常一样举行了招待会,邀请了大使馆、领事馆全体人员。照例我讲了几句话,强调几点。我告诉他们,在新年开始之际,我们应深切悼念在抵抗日本侵略者的民族斗争中阵亡的中国将领和下级官兵,向身负重伤的官兵慰问,向阵亡将士遗下的孤寡以及被迫背井离乡、处于水深火热中的难胞致意。最后应向按照委员长的指示艰苦奋斗领导全国抗日的政府致敬。

我勉励在座各位继续努力,以期抗战最后胜利早日到来。

三天之后电台传来了振奋人心的好消息:罗斯福总统义正辞严地谴责独裁及侵略国,并号召采取行动。我在当天的日记里写下了广播里的一句话的大意:"话语是无用的,而行动并不一定意味战争。"(他实际上是说:"话语可能是无用的,但战争并不是使人类意志得到尊重的唯一手段,除了战争外还有许多比仅仅用话语更有力、更有效的办法。")他所建议的一项适宜的行动是修订中立法以便对侵略国和被侵略国有所区别。

他的这篇声明清楚表明美国终于开始认识到它对维持世界和平这个大问题的态度和政策的重要性(如果和平能够维持的话)。华盛顿的态度和政策的这一改变,是自从中日冲突爆发之日起中国就一直希望并要求的。这种态度和政策也是欧洲各民主国家,特别是法国和英国一直希望的,因为西方轴心国领袖们的侵略意图已使欧洲的形势日趋紧张。

与此同时,远东的消息表明,汪精卫的所谓和平运动,日子很不好过。然而对汪和日本来说。如果要实现其阴谋企图,显然就得将这一运动搞下去。东京为了使外界认为汪领导的这一和平运动反映的是中国政府和人民(包括中国驻外人员)的真正要求,曾毫不迟疑地进行了宣传。

因此,1939 年 1 月 5 日,郭则范参事向我汇报巴黎主要报纸《时报》主编的电话消息的内容时,我并不感到意外。消息说,哈瓦斯通讯社从上海发来报道说,日本飞机正在中国沦陷区散发传单。这些传单说,驻伦敦郭大使、驻华盛顿的胡大使、驻巴黎顾大使均已致电蒋委员长,支持近卫首相的和平建议。我为这种赤裸裸的捏造感到吃惊,因此立即发表声明否认此事,交由哈瓦斯通讯社发出,刊载在《时报》上。

随着时间的流逝,事情变得更加明显。事实上是汪精卫野心过大,使他在抗日问题上步入歧途。他一定认为,他接受日本和平条件达成和解的新政策,至少可以得到部分国民的支持。汪或其同伙竟然擅自把包括我在内的几位驻外大使的姓名列为他的新政策的支持者。这不仅对我,而且对上述提到的各位(我在伦敦的同事以及在华盛顿的胡适)来讲,都纯属捏造。但是,他们这个主意大概最先是由日本宣传机构想出来的,用以欺骗中国人民,混淆欧美视听,以便推行日本的阴谋,破坏中国重庆政府,建立傀儡政权,以实现其在中国及远东的目的。

1939年3月10日,外交部发来电报说,东京的广播声称我已致函在河内的汪精卫,表示同意他同日本人达成和平解决,并称这封信已经引起了极大的注意。外交部的电报说,这显然纯属捏造,委员长已命外交部立即给我打电报,以便由我立即发表辟谣声明。我当然毫不犹豫地照办了。这只说明汪及其一伙甚至如此不顾一切地走得有多么远。他们在执行自己的政治阴谋的过程中投进了日本人的怀抱。这使我想起了在南京傀儡政权正式成立之后,汪精卫的两个密友叛离的事件,一个是汪的机要秘书高宗武(此人在日本受教育,日语讲得非常好),另一个是陶希圣。他们在把日本和傀儡政权要签署的条约草案由日文译成中文时,得知条约内容,觉得条文对中国十分有害,感到不应继续留在南京了。他们带着一份条约文本偷偷离开,交给重庆,要了相当高的价钱。但重庆政府毫不犹豫地加以接受、照价付款。

当然话总要两方面说,提到汪精卫1938年底突然秘密离开重庆,其原因除为了与日方秘密接触,使中日冲突得以解决,从而在中国恢复和平外,汪精卫的行动还有一个既重要又有意义的原因。这个原因有助于理解重庆国民党以及国民政府领袖们之间的关系。

1939年3月31日我收到了即将卸任的中国驻巴黎总领事的一份报告。他在回重庆途中,在马赛上了一条轮船。同船的有吴颂皋。他是法典编纂委员会委员,法律教授,刚从重庆来。他向总领事讲述了国内的情况供我参考。

吴颂皋所说的其中一点是,重庆政府官员由于缺少生活必需品,生活条件一般很贫困,有悲观、沉闷的情绪。他们的态度同国外中国人对抗日最后结局的乐观主义形成鲜明对照。另外一点是重庆的情报工作太差,这不仅指军事情报机构,也指国民党政府的情报部门。例如,广州突然为日军攻陷的部分原因就是缺乏关于敌人行动的准确情报。在八万日军南下直奔广州时,香港英国当局向中国政府传递了这一情报,说日本军队大规模向南转移意味着他们会在华南采取军事行动。但这一情报并未引起政府情报机构的注意和重视。相反,他们说根据他们的情报,所谓大量军队是去台湾住院进行治疗的日本伤兵,显然不值得担心。

吴先生所述的另一点是重庆越来越多的人,包括原先极力主张抗日的人,已经开始希望中国宁可同日本达成体面的和平,而不要继续这场艰苦无望的斗争。在重庆,言论很不自由,只有国民参政会的几个参政员才有勇气批评政府中他们认为是不妥或不健康的东西。

吴认为这显然也是导致汪精卫出走的原因。但一个直接而重要的原因是他与行政院长孔祥熙的争吵。当四十多名参政员对孔提出弹劾案时加剧了这一争吵。国民参政会议长国防最高委员会副主席汪精卫将这一提案的副本提交给了委员长。这一行动引起了委员长的愤怒,使他在随后的政府扩大纪念周上强烈谴责了国民参政会参政员。而孔先生方面则认为是汪的极不友好行动。于是国民党这两位领导人的关系变得比以往任何时候都糟,所以使汪很难长期留在政府里。(这当然纯属这两位领导人之间的私人的事情。但这种私人之间的不和在中国所引起的深远影响可能甚于其他国家,因为在中国,政治与私人关系是紧密地交织在一起的。)

在收到这一报告的将近两个月之前,我曾和荷兰驻巴黎公使劳东先生进行了一次谈话。1939 年 1 月 5 日他来见我,想了解中日冲突的情况,因为中日冲突的结果显然一定会影响荷兰在亚洲的利益。首先他特别想了解对整个局势的未来结局应如何估计。

他想了解中国内部团结问题已经达到何等地步,中国对继续抗战的前途有什么看法。我毫不犹豫地就形势问题向他作了大概的介绍。

我告诉他,中国内部的团结仍然很坚固,最近由于汪精卫突然离开重庆反映出来的意见分歧,不会对此有严重的影响。至于军事形势,我说,从上海、汉口、广州、南京这些地方撤退是早已预见到的。中国最高统帅部采取的战略是避免在十分有利于机械化部队的地方与日本发生正面冲突。目前的军事状况已使日本再也不能集中力量打击任何一点,没有主要的攻击目标。换句话说,再也不能向中国施加压力,迫使中国接受日本的条件。另一方面,中国人此后可以开始将主动权掌握在自己手中。

我接着说,日本方面先是希望用三个月,后改为半年,再后又改为一年时间来结束所谓"中国事变"。但战争仍在继续进行,日本人民的情绪比以往更为低落,开始对军国主义者的诺言表示怀疑。我说,总而言之,这场战争在日本是不得人心的。军国主义者以及政府中的文职官员,对如何结束这场战争束手无策。日本在财政经济上越来越感到拮据不堪。随着时间的流逝,美国和英国的态度越来越强硬,进一步使日本政治家们发愁。我说,日本人不断降低所谓和平条件,是日本急于要结束"中国事变"的证明。但日本近卫首相最近提出的条件仍然不能为中国所接受。中国决心继续抗战,直到赢得体面的和平。

看来这位荷兰公使有所感动,但他还是有些疑惑。于是他问,中国怎能指望日本从其占领的中国土地上全部撤军。我回答说,如果中国继续抵抗,日本除非愿意在一种绝望的局势中越陷越深,最终是不得不撤军的。近卫首相最近提出日本只在华北和内蒙驻军,进一步表明当日本发现其地位由于继续同中国作战而进一步削弱时,会被迫从中国领土撤出全部军队的。

我又告诉他说,日本新内阁为了唤起日本人民对军方的热情,可能会做的一件事就是对苏联进行战争。这一直是日本军队的目的和愿望。我解释说,由于日本财政和经济资源迅速耗竭,人力日益匮乏,只要对华战争继续不停,它就不可能执行其针对苏联的计划。日苏关系一有缓和,日本驻满洲的军队就可以调动,需要在中国本土发动进攻的时候,就能将这部分军队调入关内。

然而,我告诉他,日本陆军与海军之间存在着竞争。我看海军有可能使其观点占上风,进而袭击香港、河内、荷属东印度群岛等地。我解释说,日本海军受陆军和政客们两方面的制约已经一年多了。但是慕尼黑危机及其解决之后不久,它就自行作主,进攻广州而没有引起英国的强烈反应。显然,它便以此来证明海军的观点是有道理的,即向南扩张不会有招致报复或反对的危险,而进攻苏联,则可能意味着一场旷日持久的战争,会进一步消耗日本的资源和力量,危及它的国际地位。

劳东说,爪哇和荷属东印度群岛原来防守薄弱,但近年来采取了充分的措施,所以任何军队都很难攻克它,至少在相当长的时间内不能得逞。(这显然是一种乐观的估计,后来日本人真的进攻时证明这种估计是错误的,因为荷兰的抵抗是非常有限和十分无力的。)劳东的观点根据这样一个事实,即新加坡这个基地,按他的话说实际已经建成了攻不破的堡垒。他认为日本不会轻率进攻荷属东印度群岛,虽然他知道日本为了夺取油田,一有机会就会毫不犹豫地发动进攻并加以占领。

第二天,1月6日,苏利茨按约定再次和我会谈。他先问及近卫首相辞职以及组成平沼内阁的意义。(新内阁由平沼于5日刚刚组成。)我告诉他,我认为这一变动之原因有三:(1)日本军国主义者坚持进一步实施所谓国家资源动员法,对此近卫首相表示反对,因为恐怕遭到日本工、商、财界的反对;(2)近卫首相依赖通过同汪精卫合作,努力同中国实现和平,但他没有成功;(3)因为近卫早在1938年11月16日就已宣布日本政府决不与蒋介石进行和谈,而实际上除非同以蒋委员长为首的中国政府进行和谈,否则是不可能进行任何有成效的谈判的,考虑到日本,包括军国主义者,有要同中国进行谈判的愿望,他不希望因为他留任内阁首脑而使政府为难。

我解释说,至于新首相平沼,虽然他是日本第一个法西斯党的主席,一直为军国主义者所接受,但近年来他与朝廷及政治生活的联系已经使他大大改变了观点。选他主要是作为挂名首脑,而从政党的观点来说,他是一个稳健派。新政府对内需进一步实施国家总动员法,对外,我说,非常可能会追随近卫首相的外交政策。我说,所有内阁主要大臣职位皆无变动,这就进一步证实了上述最后一点。

在回答苏利茨的问题时,我说我尚未接到我国政府关于在日内瓦即将召开的行政院会议上提何建议的指示。接着苏利茨提出了另一个问题,提到美国最近给东京的照会似乎表明美国态度强硬起来了。他认为罗斯福总统几天前在国会开幕式上发表的演说中甚至建议修改中立法,而且还提出要对侵略国采取措施,对被侵略国进行援助。他认为最理想的是邀请美国派观察员参加行政院会议。因为大多数国联成员国对远东没有足够的兴趣,所以,必须有美国的合作,行政院会议才能采取具体行动。

我告诉这位大使我与他有同感。但我指出,美国派观察员参加行政院会议并不容易。我说我本人已经向我国政府提议召集二十三国顾问委员会或者重新召开布鲁塞尔会议,研讨制止日本侵略和援助中国所应采取的具体步骤。苏利茨认为,这两种步骤都可行,都比没有美国参加的行政院会议更有成功的希望。

1 月 11 日我到苏联大使馆拜访了苏利茨,通知他我国代表团在日内瓦将要遵循的纲领,请他支持。我说,总的说来,中国代表团的纲领有三点:(1)对中国实行财政经济援胁;(2)重申 1937 年 10 月全体大会的决议,特别重申要避免在中国对日本侵略进行有效抵抗的道路上设置困难;明确保证为中国政府提供运送军用物资的过境便利;(3)由行政院负责按照 1938 年 9 月由全体大会宣布援用的第十六条,协调各会员国已采取或将要采取的步骤。我说,如果取得一致意见有困难,行政院至少应该将那些对远东特别关注的会员国组成一个委员会,或者敦促他们自行组成这样的一个委员会,以便使他们之间达成协调和合作。

苏利茨问是否要求行政院对日本实行禁运。我回答说这是纲领的另外一点。中国政府希望对日本实行禁运,特别是禁运石油和钢铁。苏利茨认为,想通过任何一种禁运案都会是相当困难的。他说,他们的外交人民委员李维诺夫由于工作繁忙,已经决定此次不来日内瓦,指令他代表参加会议。照李维诺夫的观点,会议不见得非常重要,可能只不过重复一下以前所做过的事情而已。

苏利茨说,他对这一问题不大熟悉,所以他本人对参加会议不太积极。但他要我给他一份中国代表团将要在会议上提出的建议的备忘录,最好能说明中国政府的最高和最低愿望。他说,他这一要求是为了作好准备,以便尽量给予支持。他还说,中国代表团可能会遇到不好更改自己的建议的场合,在这种情况下,由他这样的第三者提出折衷方案是可取的。

我说我很乐于送给他一份中国代表团准备在会上提出的几点要求的备忘录,而将可能作出的让步和最低要求写在第二个备忘录中,我将在日内瓦与各主要国家的代表们联系之后写出来。

在利用近来英、美给予合作以及1月份国联行政院会议的时机寻求国际上对中国共同援助和支持的同时,我继续敦促法国政府给予帮助,特别是给予在印度支那的过境便利。关于此事,巴弗勒夫1月3日在大使馆会见我时,我同他进行了一次很有意义的谈话。巴弗勒夫是海防商会会长,海防港管理委员会委员,印度支那远洋及内河航运公司总经理。

巴弗勒夫向我全面介绍了外国货物通过印度支那运往中国的情况。他解释说,他专程从印度支那赶来是为了会见巴黎当局,以期改进限制中国物资通过印度支那运输的政策。他告诉我,他打算从法国利益的观点出发与法国殖民部和外交部进行交涉。他认为法国无论在政治上还是在经济上都应给予中国经由印度支那过境运输的便利,以此方式提供一切可能的援助。他说,大多数贸易转向缅甸仰光,对印度支那今后的发展是不利的。

随后他讲述了法国驻印度支那官员的态度基本上是不想承担责任。与中国过境运输有关的一切事项,他们都希望并请求给予明确而具体的指示。据他所知,法国殖民部同情并愿意提供帮助,大部分困难是法国外交部的态度造成的。

我指出,法国政府显然需要根据整个国际形势来执行其政策。为了能针对日本提出的抗议为自己所采取的态度进行辩护,他们觉得不便发布明确的指示。我说,正是为了这个原因而经常发出含糊其词的一般指示,以便使地方当局可以享有充分的行动自由。于是我强调,如果地方当局不是太谨小慎微的话,不用再请示就可让许多货物过境。但是正如巴弗勒夫所说的,那正是他们不想承担责任的事情。

接着我告诉他,法国外交部最近对大使馆函件的答复讲得很清楚,只是禁止武器弹药过境。然而,巴弗勒夫指出,关于工厂原材料问题的规定是比较含糊的,可以过境的大量物资既可用来制造武器弹药,也可制造一般商品。我建议印度支那当局对中国所提出的非军用物资申报应该予以承认,而不应向巴黎指明这种物资既可以用于军事又可以用于非军事目的并请其给予具体指示。显然这种要求经常会使巴黎处于很尴尬的境地。海防商会会长告诉我,地方当局不愿冒险,怕承担太大的责任。(这真是典型的官僚主义。)因此我建议,只要过境物资不违反原则指示的规定,作为印度支那行政当局首脑的总督满可以准许这些货物通过。我问他,据报为运往中国的货物卸船、贮藏和转口运输的港口设备不足,真实情况究竟如何。巴弗勒夫回答说,近几个月以来为吞吐大量物资所需的港口设备的确是不太够用,但困难并不是不可克服。至于仓库货栈,情况也是如此。中国代理商已经制定计划购置地皮,修建临时货栈。

至于转口运输和疏散货物,他又说,除了使用铁路外,还有水路可以利用。如果必要,也可以运到云南边界附近的老街,然后再由车队运输。他说,在滇越铁路修建以前,这些水路就被广泛用来作为交通运输的渠道。实际上修建铁路所需的所有物资都是用这条河运送的。他接着说,还有一条通向边境谅山的河,从那里可以通过即将建成的龙州至南宁的新铁路运输,也可以利用从海防或河内到广西边界的公路运输。

我问他关于由印度支那向日本人提供铁矿石、煤、水泥、砂之类的各种物资的情况时,他告诉我说,对日本人获得以上物资的自由并无任何限制。他说,对这一点,他不得不小心谨慎,因为他是法国人,不能泄露可以被用来反对自己政府的情报。我告诉他说,我理解他的立场。我现已掌握的情报足够向法国外交部提一份备忘录。我说这实际上就是我送交法国外交部的一份备忘录的主题,我不过希望再证实一下。

巴弗勒夫后来说,日本人可以获得上述这些物资的自由,的确应该同限制中国物资过境作一比较。他说这是他在即将同法国巴黎当局会谈中想要强调的另一问题。(这证实了我们一向的怀疑,也就是对中国货物过境设置种种限制,只不过有时作些让步,而对日本人在印度支那购买工业原料则根本不加限制。)他又说,他一般每年到巴黎一次,但这次他专程回法国想说服有关各部明确对过境运输的态度,促进当地政府和法国政府在这一问题上的谅解。当我问他设在伦敦的法国邮船公司办事处(这完全是个法国公司)拒绝从伦敦向印度支那装运中国所需铁路物资的原因时,巴弗勒夫答应查问此事,然后告诉我。他很愿帮忙。

一周后我拜访了法国外交部,同法国外交部长博内探讨了援助的问题。开始时我提到了美国政府对日本采取强硬态度以及12月31日美国致东京的照会。我说,正如博内先生可能知道的,照会断然拒绝了日本所谓已在远东建立了"新秩序",因而可以采取单方面行动改变远东的状况的说法。照会还重申了美国政府维护中国"门户开放"原则的决心。我还提到罗斯福总统1月4日给国会咨文中重申美国愿意促进和平事业,同其他国家协商制止国际侵略。我又说,美国参议院外交委员会主席参议员皮特曼最近也敦促美国政府立即对日本进行经济报复,禁止进口日本货物、停止向日本出口原料。

我问美、英、法三国之间是否就对日制裁和抵制日货进行过协商。博内说他对美国照会和我提到的罗斯福总统的声明的内容都不甚清楚,到现在为止,美、英、法三国尚未就向日本施加经济压力之事进行过协商。

我告诉他,我很高兴地看到美、英两国在远东采取同样的政策。每当美国政府发表声明维护条约的神圣不可侵犯性,谴责日本侵略时,英国政府总是要采取某种行动支持美国的观点,以此显示两国的团结。我说,鉴于我了解法国和英国结成的亲密关系,不知法国是否也想发表同英、美类似的声明,以表明准备合作。我说,鉴于各方对法国保持沉默普遍感到不安,法国的声明不仅会受到中国的欢迎,而且也会受到英国和美国的赞赏。

我还告诉博内,如果法国希望谋求美国在欧洲的合作,我认为最好的办法就是在远东同美、英进行有效的合作。我说,三个民主国家结成联合阵线,加以苏联的支持,除了维护他们各自的合法权利和在该地区的利益外,一定能在东方恢复法律和秩序,有助于制止其他地方的暴力和侵略行为。

法国外长完全同意我的意见,不过他指出,虽然法国到目前为止尚未发表明确的声明,但法国曾几次要求美国政府表明对武器过境运输的态度。他还告诉我,他将在国民议会尽早发表声明支持美国的立场。

一提到需要有一条同美国和英国相一致的总政策,我便把话题转到该两大国提供经济援助的具体实例上。我提到美国同意援助中国二千五百万美元并延长中美货币协定以支持中国的通货,还提到英国同意首先提供五十万英镑的经济援助。尽管法国对过境运输问题的政策令人十分不满意,我表示希望法国也能向中国提供经济援助。

博内回答说,按照一般原则,法国政府会参加美国和英国建议援助目前处于危机之中的中国的任何计划。我随即告诉这位外交部长,中国在即将召开的行政院会议上将再次要求国联采取有效措施制止日本的侵略。我说,中国要求对日本采取某些财政和经济报复措施,如抵制日货以及对日本实行禁运,特别是禁运飞机和汽油。中国政府还将请求行政院要求其成员国执行全体大会和行政院以前所通过的决议,特别是1937年10月6日全体大会的决议,向中国提供经济援助,给予中国军用物资过境运输的便利。另外,我说,中国将要求行政院组织一个协调委员会,或者至少组织一个有限制的、包括对远东特别关注的各国代表组成的委员会。我告诉他,中国政府已指示我请法国政府支持这些建议,希望博内能尽力帮助。这位法国外长说,他对中国的事业深感同情。他星期天(15日)到日内瓦参加国联行政院会议时将同哈里法克斯勋爵研究这一问题。

接着我又问到当天早晨报纸报道,法国和日本为缔结商业条约,正在东京进行谈判,以及一名"满洲国"代表为了能参加这次谈判,已同日本外交部联系一事。我问他消息是否确实。我说,鉴于国联对满洲傀儡政权的有关决议,我希望无论如何法国应坚持其不承认政策,拒绝同它发生关系。博内说,他不知道此事。但他向我保证法国政府没有丝毫要改变政策的意思,并且随时准备同美国和英国合作。

在这以前几小时我已在外交部会见了亚洲司前司长高思默,他就要动身去中国任法国驻中国大使。高思默告诉我,他已决定2月3日从马赛乘船去中国。他要先去重庆,然后到上海同高思默夫人会合。他回忆说,他1930年离开中国,最近七年,一直负责法国外交部亚洲司,因此了解远东的情况。并说,他对促进中法合作特别感兴趣,并曾协助推动以法国资金资助修建几条中国铁路的计划。

作为新任驻中国大使,他早些时候曾来看过我,我已向他说明了过境运输问题。这次他说,他已经简单向外交部报告了上次我们关于中国物资通过印度支那运输问题的谈话。他还说,他个人同情中国的观点,认识到形势的紧迫性。但法国在欧洲的当务之急,以及由于日本不断对印度支那进行威胁,大批日本间谍出没该地,迫使法国不得不采取谨慎政策。而从1937年10月通过决议以来,情况并无好转,政策不可能修改。他说法国政府认为,香港和缅甸的地位与印度支那的地位不同,印度支那更易受攻击,而且缺乏足够的防御能力。我反驳说,美、英对中日冲突态度的改进以及最近他们向中国提供出口信贷,应当使法国比较容易地也对日本采取比较坚定的政策。

这位新大使说,美国确实表现出比较积极的态度,他知道美、英、法三国政府正在就保护其在中国的利益以及维护九国公约的效力交换意见。于是我说三大民主强国在远东积极合作,加上苏联的帮助,不仅能恢复该地区的法律和秩序,还会对世界其他地区特别在欧洲产生有益的影响,有助于制止侵略,维护和平。

接着高思默讲了一些值得注意的话。他说,为了有效而公正地解决目前的冲突,既要取得对远东特别关心的国家的合作,也需要争取德、意两国的帮助。他认为这种时机似乎就要到来。他希望各友好国家竭尽全力促成这场战争早日结束。他相信,中国政府可能不会不愿意对日本人实行合理的经济让步。

我很清楚,高思默所说的话反映了外交部长的态度和政策。这一政策是受秘书长莱热(他可以说是外交部常任首脑)的影响,或是得到他的大力支持。换句话说,这三个人都代表右派的观点,对法国左派政治领袖的政策深为怀疑,确信法国的最高利益在于同德国和意大利合作,而不在于同英国,更不在于同苏联的合作。

高思默还说,国际联盟是一个非政治性机构,它对处理重大国际冲突软弱无能是很明显的。他说,要说过去的经验使我们得到什么启示的话,那就是我们不应期待设在日内瓦的这个机构能取得显然超过其能力的成就。他说,中国最好不要对国联寄予过分的信任,不要把国联看成是能向所有利益各异、经常发生冲突的会员国施加影响的强有力的政治机器。

我应该说这是对国联能力的公平评价,我也有同样的看法,实际上我已不止一次向我国政府作出解释。但是对中国政府来说,国联实际上仍然是中国借以将其问题和日本的侵略公之于世以引起国际舆论反响的唯一工具。这是中国把问题提交国联,要求采取行动的目的。中国与其说希望得到什么具体结果,不如说是为了不断引起世界注意这个问题。因为中国,特别是我自己,感到世界舆论是渴望和平、憎恶侵略的,因而毫无疑问会同情中国的事业,如果可能,会敦促他们的政府对中国采取同情的政策。

我向高思默指出,战争是军国主义的日本强加在中国头上的,中国一直在竭尽全力抵抗这场无端的侵略,决心继续苦战到底。不过中国对公正的和平条件是准备予以考虑的,但必须要求日本从中国的领土上撤军。我说,日本经过十八个月的战争已感到精疲力尽,如果各国结成坚强的联合阵线,就有可能说服日本撤军。这位大使认为日本军队在中国有相当大的实力,对各国能否让日本接受他们的意见而撤军表示怀疑。尽管如此,他仍然同意我的观点:如果华盛顿、伦敦、巴黎一起对日本施加压力,日本可能会同意。

高思默接着说,日本正想在中国沦陷区建立傀儡中央政府。如果这一企图获得成功,日本会把中国分成两半,制造像西班牙那样的不幸局势。他认为,外国既得利益都在受日本军事控制的地区,这一点使局势更为难办。

我告诉他,据我所知,日本如果能在中国炮制一个傀儡政府,德国和意大利就会予以承认,因为这会加强所谓罗马—柏林—东京三角关系。新大使同意这是一个不容忽视的危险。然而,我指出,尽管日本千方百计想寻找一个合适的人选充当计划中的傀儡中央政府的首领,他们的努力还是遭到了严重的失败。因为,像吴佩孚大帅(据报日本人已经同他接触)那样有名望的人,没有一个愿意做这个傀儡。大使认为这可是一种前所未有的值得注意的爱国迹象。他在中国人民身上看到了一种真正的精神觉悟,这预示着中国的光明前途。

虽然这次谈话没有涉及汪精卫的活动及其秘密离开重庆,也没有涉及他与日本人暗地里的勾结,但是我已经了解到日本建立傀儡政权不仅想同重庆的中国政府分庭抗礼,而且要使它黯然失色,以致垮台。所有这一切就是日本想迅速解决同中国冲突的政策路线。因为罗马和柏林不断向它施加压力,迫使它这样做,以利于进一步执行他们更为重要的、更野心勃勃的政策——德意统治欧洲,日本统治亚洲。

在这一点上我愿引用 1 月 10 日我所记的日记。《时报》的迪博克先生来告诉我,刚才秘书长莱热告诉他说,"我们将在远东与英国采取同样行动"。迪博克还告诉我说,他相信欧美列强对结束中日冲突终于发挥作用的时刻就要到来。特别是英国此刻要正式表示态度,迫使日本同意解决中日冲突,而日本也在探索同样的道路。

换句话说,迪博克这话表明,各国在远东采取联合行动以及日本想达成和解这两种可能性越来越大。这就使我要提到 1 月 24 日我记的另一篇日记。该日于斌大主教来访,带给我一些有趣而重要的消息。他刚从重庆来。他说,臭名昭著的日本特务土肥原(他能说一口地道的中国话)在沦陷区告诉日本记者说,日本需要和平,陷入中国的局势是犯了一个错误。同时他还要日本记者不要鼓励中国人,以免中国人提出把包括满洲在内的一切都归还的要求。从土肥原秘密告诉日本记者的话判断,由于日本要执行向南亚扩张等意义更大的国策,它的确想解决同中国的冲突。

土肥原是能够了解这些事实的。多年来他一直是日本军部在中国的特务,实际上他是在中国的所谓浪人(也就是为日本情报机构服务的黑社会人物)的头目。日本浪人是群暴徒,当日本外交在中国不能达到其目标时,需要做什么他们就做什么。

于斌还告诉我汪精卫企图促进同日本进行和平谈判的内情。他说对此蒋委员长一直表示反对。前些时候听说汪及其支持者秘密离开重庆时,我就预料到这一点了。

早在1月15日我就抵达日内瓦参加国联行政院的会议,会期不长。就中国而言,我在会议上所作努力的直接结果就是1月20日通过了一项决议,决定撤销1937年10月和1938年2月的决议,并要求各成员国为采取有效措施援助中国进行协商。这至少是朝共同努力的方向迈出了一步。1月21日我签署并向国联发出一份反对匈牙利承认"满洲国"的抗议书之后就离开日内瓦返回巴黎。

我愿意提一下在行政院会议(第104次会议)期间发生的两件事。我国代表团已经准备了一份要向行政院提交的决议草案。我同往常一样在行政院同各成员国代表进行接触,为迅速通过(如果可能的话)铺平道路。同时,按照行政院惯例,首先举行秘密会议讨论此事,也就是说,在举行公开会议进行发言和表决之前讨论中国的决议草案。在秘密会议上我陈述了提出草案的理由。

在我发言之后,英国代表巴特勒立即发言。他称赞我的发言,但对中国的决议草案却表示反对。结果建议成立一个起草委员会详细审阅中国草案。委员会由中国、英国、法国、苏联、拉脱维亚和南斯拉夫的代表组成。委员会发生了剧烈的争论,特别是对我国草案要点之一的决议第一部分,即关于有必要成立协调委员会以采取有效措施的内容。这一段遭到不少公开和暗地的反对。最后苏利茨大使提出他的所谓折衷草案,实际上这也是中国代表团早已准备好的草案,但照他的意见预先交给他的(前已提及），以便作为第三者提出的草案。这一草案稍加修改即被接受，特别是得到英国的支持。我提及这一事件，是为了说明当时苏联在国联是很愿公开同中国合作的。

另外还有一个引起争论的具体问题。在我所提交的中国决议草案里有一段表示赞同英、美分别于1939年1月14日和1938年12月31日的照会中所作的声明。声明提到，日本在1938年11月3日和12月22日所发表的声明表明，日本实际上在干扰各国在中国应享有的经济机会均等。巴特勒先生强烈反对我提请大会赞同这两个声明。最后我们之间的争论非常激烈，以至于陷入僵局。最后我说，为了能向重庆请示，我得请求休会。我的建议好像立即使巴特勒先生感到又惊又怕。因为他立即问国联通常采用什么程序来打破此种僵局，意思显然是问是否可能进行表决，由多数决定。按国联行政院议事规则的规定，这种问题需要全体一致同意而不能根据多数票决定。了解到这一点，巴特勒说，英国实际上是想要帮助中国的，他不想给人一种英国不帮助中国的印象。此时巴特勒的反对态度看来有所软化，至少在言词上是这样。为了打破僵局，我草拟了一份折衷方案，交由苏利茨先生提出，他立即照办了。

在随后的公开会议上，我发言支持西班牙要求对不加区别的狂轰滥炸采取行动的建议。在后来的一次会议上，新西兰的乔丹发言，强烈反对法国企图修改我的建议，该建议表示支持西班牙的请求，并为此提出一个方案。乔丹指出，他们不能把我没有说过的话强加于我。会上，又有些紧张。为了缓和这种局面，行政院主席蒙特斯提议将决议文本交由秘书处进行润色。我当即问"润色"这个词是否的确意味着润色，而不是"涂改"。后来，对于我在方案中特别强调的"要求"一词的法译问题，我只是勉强地接受下来的。我说，就法语的优点而论我当然要以夏维雷先生为权威，他是法国人。如果他认为一定要用三个法语词汇翻译一个英语单词，我也只好满足于此。

为了有利于外交工作，我一贯保持与同事们密切联系的做法，以便互相配合，更好地实现我国在国际领域所要达到的目的。正如我说过的那样，我同我国驻各大国首都特别是伦敦、华盛顿、柏林和罗马的同事经常保持联系。但是有时我感到很为难。其中一次是接到1939年1月13日胡适的电报，内容使我感到困惑，但涉及到我非常关心的一个问题，特别是在当时我正在设法使即将召开的国联行政院会议按照我们的意思通过决议的时候。

胡博士的电报是他主动打来供我参考的。电报说，他于1月8日收到了外交部的电报。他接着引用了他给外交部的回电说，他没有办法找到外交部电报中所提问题和论点的答案，并为此深表遗憾。他说，美国政府领导人的积极态度，全世界都已很清楚。至于美国政府将采取什么步骤来落实此种态度，以及落实的时间表，美国政府不得不绝对保密，因为按照美国制度，美国政府处理这些问题特别困难。例如，当罗斯福总统的芝加哥讲话于1937年10月5日在报纸上发表以后，引起许多推测，认为这是同当时在国际联盟全体大会上发表的观点相配合的一个行动。他说他自己当时也相信讲话的意图就是如此。但实际上当时不仅国联大会没有一个人知道此次讲话，就连美国国务院也不知道要讲这么一次话。他说，这是非常重要的一点，他已要求外交部转告给委员长和孔博士。

我已经说过，这对我来说是个谜，因为我不明白他为何发来这封电报，而且我想他答复的内容对外交部来讲亦不明白。无论如何，胡适是主动发电的，最后还要求我费心转给伦敦的郭泰祺、布鲁塞尔的钱泰、海牙的金问泗和伯尔尼的胡世泽，其中定有原因。电报十分清楚地表明他不想采取任何步骤就外交部所列问题探明美国国务院的观点，或者是他认为这样做是不明智的。好像他是为了这个原因才同我和我在欧洲的同事进行联系的。他的用意可能要表明要他设法从美国国务院获得任何情况都是无用的，因为甚至像罗斯福总统在芝加哥的著名讲话，国务院事前也不知道,所以我们这些驻欧洲的使节应该考虑到这一点。

如果是这样的话,他当时未免有些过分谨慎了。

1939年1月27日从日内瓦回到巴黎一周后,我拜访了法国外交部秘书长莱热。会谈一开始我就提到了法国最近向东京提出的照会与英、美照会中所采取的态度一致,主张维护九国公约。我问是否已得到日本政府对法国照会反应的情报。秘书长的回答是否定的。我又问华盛顿、伦敦和巴黎之间是否正在进行磋商。莱热又说:"没有。"但说法国已经发出的照会是得到华盛顿和伦敦同意的。

话题转到过境运输问题,我告诉莱热,我已及时向我国政府转达了法国外交部1938年12月24日关于过境运输问题备忘录的内容。我告诉他,虽然照会里的解释有助于澄清局势,我很遗憾地说,这些解释都无助于消除重庆和整个中国对法国态度的不满情绪。我说,中国政府已电告对法国备忘录的一些评论。我准备把他们尽早以新备忘录的形式通知法国外交部。莱热说,他准备研究一下这些评论。并说,重庆对法国上次备忘录感到不满是很自然的。他说,从当时的局势来考虑,他很理解中国的观点。

于是我请莱热帮助说服法国政府允许在敌对行动爆发之前在法国订购的一些军用物资过境。我告诉他,我一直认为早在中日冲突开始以前就已订购的军用物资都要作为例外对待。就这点而论,我认为法国政府的政策当然并无变化。我告诉他,我准备交给他一份上述物资的清单,请他费心安排经印度支那过境运输。

莱热不能答复,搪塞说,他不知道殖民部对此有何意见。我提醒他,我一直很清楚关于中国军用物资过境运输的困难是来自外交部而不是来自殖民部。

莱热回忆说,在慕尼黑危机时,殖民部的确曾下令在印度支那禁止航空物资过境。我强调那是慕尼黑危机以前7月份的事。我说,无论如何,上述物资应列为例外,所以我要求他尽力帮忙。

他让我放心,考虑这一问题时一定会给予照顾。为了便于他工作,我告诉他我会交给他一份物资清单,使他可以验明这些都是在中日冲突以前即已订购的。

1月29日就在离开巴黎到里维埃拉度短假之前,我设午宴宴请那齐亚。他在被任命去莫斯科之前,一直是法国驻华大使。他即将前往莫斯科任法国驻苏大使。在简短的谈话里,他进一步证实法国印度支那总督布雷维对中国军用物资过境运输问题很胆怯。他说,布雷维作为文官,不愿意承担不是绝对必要的责任。总是将过境运输问题上交巴黎,请求指示。这种做法,为法国政府,特别是愿意在这个问题上尽量援助中国的殖民部带来不必要的麻烦。

在这次谈话中,那齐亚还劝中国在困难情况下还应坚持直到欧洲战争爆发——他确信一定会爆发。因为到那时中国的问题将会在解决世界全盘问题中得到解决。他的观点同我的以及委员长的观点完全一致。

委员长决心继续抗战。早些时候在1月24日国民党五届五中全会开幕之日,委员长发表了五千字的开幕词,词中强调了抗战到底的决心。两天后开幕词送到大使馆,其要旨如下:

委员长阐明对中国的最后胜利怀有绝对的信心。他首先讲述了日本最终注定失败的几项原因:

(1)日本在巩固其在满洲和蒙古所取得的成果以前对中国发动了全面侵略,从而打乱了它的原有军事计划。

(2)日本原想不用战争即可降服中国,后来又想迅速取得决定性军事胜利,这些企图均已失败。

(3)由于日本过高估计自己的力量,过低估计中国人民的抵抗能力,日本的军事战略遭到惨败。日本孤注一掷,过于深入中国领土,以致难于从泥淖中脱身。

(4)日本的政治战略也遭到失败。在中国由于制造傀儡和利用中国社会败类,促使日本军队更快地腐化;同时在外交方面,日本对外政策又充满了潜在的危险和矛盾,这就进一步导致日本在外交上的孤立。

在另一方,委员长又引用中国历史来说明,无论从政治、地理、文化、精神还是经济的观点来看,中国是永远不会被征服的。委员长宣布中国决不会妥协投降,号召中国人民振奋精神;继续进行抗战,调动一切力量打好决定性的一仗。

提到国际形势,委员长说,国际形势发展的方向,必趋于维护信义与和平,各民主国家亦日益加强其遏止侵略的准备和决心。吾人更应循此公理正义发展的道路,贯彻抗战到底的国策。

他还指出,中国抗击日本侵略的政策从现在开始应该按照下列方针实施:

(1)以我们的统一团结对付敌人的骄妄凌乱;(2)发挥我们农业国家之特长,节约坚持,加深敌人工业国的弱点;(3)利用我们天时地利的优点,加紧战时一切建设,促起敌国社会崩溃的危机。最后他号召国民党员确立负责尽职奋斗到底的誓愿,一致快干硬干、苦干实干来争取抗战的胜利,完成革命的大业。

在这以后不久,我接到委员长1月31日的一封电报。这封给我个人拍来的电报引起我的兴趣。委员长告诉我,全会于1月31日闭幕,共举行了八天。并告我,全会上洋溢着团结一致的精神,并表现出抗击日本侵略的决心。他说,这种团结一致的精神,表现得十分广泛,他认为这种情况是空前的。

然而,电报的主要目的是对我和我的同事们在国外为了国家的利益而从事的工作表示赞赏之意。电报说,在全会期间,讨论了国际形势,也讨论了英、美、法对远东形势所持越来越积极的态度。与会全体人员感到最近的形势发展是令人鼓舞,令人振奋的。最后,他又说,所有这些进展都归功于我和我的同事们的努力和所采取的机巧行动。会议全体同志对此深表满意,并要向我们表示钦佩之意。因此,他说,为了转达这个意思,他特拍发这份专电。同时,他希望我们在国外的同仁继续奋力工作,以求取得最后胜利。

1939年2月6日,我指示大使馆职员向法国外交部递送了中国政府关于过境问题的第二个备忘录,反对对法国内阁1937年10月的决定作更加严格的解释。

2月7日,外交部发来电报,传达显然经过充分讨论,并经政府仔细研究后批准的指示。此电不仅说明政府对提供过境便利十分重视,并表明重庆政府中普遍存在不满情绪,因为电文颇有几处措辞相当强烈。

电报首先提到,对1938年12月24日的法国政府备忘录业经研究,因此中国政府要表明事态的发展对中国抗击侵略的前景将产生重大影响。虽然滇缅公路确已完成,而且已经通车,但是这条通向缅甸的公路仍然存在着许多困难,尽管在修筑这条公路时,英国与中国通力合作,这条公路还是不能提供一切必要的运输便利,也不能代替云南到印度支那的铁路运输。

电报说,法国坚决反对为中国军队的军用物资提供过境便利。中国政府对此深感失望,而且中国国内公众对法国此种态度的反应已越来越强烈。电报说,最近考虑到法国政府对我国抗击外国侵略所采取的阻挠态度和政策,有人已经建议,将法国采取违反条约和国际联盟一再重申的决议的态度的全部事实加以整理,然后广为散发,公布于世,以争取全世界的谅解和同情。然而,我国政府在处理对法关系上不愿走得这样远。政府仍然觉得应该继续与法国当局进行谈判,希望法国政府自觉地、主动地改善目前的局势。

电报继续说:

> 对于法国目前的政策和态度,不仅中国非常不满,甚至英国和美国亦感到惊讶,他们认真而诚恳地表明愿意代表我国与法国当局进行交涉。例如,据来自华盛顿的最新报告说,美国政府已经命令美国驻巴黎大使向法国政府交涉,以便能在印度支那向中国提供充分的过境便利。报告并说,法

国实际上以某些借口为理由,不向中国提供充分的过境便利,美国政府对此十分不满。关于法国要求在美国购买更多的机车车辆和汽车供法国军队使用一事,美国政府坚持以法国向中国提供过境便利作为批准法国在美国购买这些物资的条件。

因此,电报要求我进一步催促法国政府,希望它改变态度。电文说,在这种情况下,法国政府或许会回心转意,改变其对中国进行限制的态度,修改原来的有关规定。

法国备忘录以中法印支协定第七条为借口。至于有关国防的第七条,电报说,中国政府对于法国政府以所谓法国自己国防处于紧急状况为理由所作的解释,表示异议。电报说,政府认为,为中国自己使用的武器弹药提供过境运输便利,不会影响法国自己的国防。所以,从法律上说,法国根据中法条约所提出的借口是站不住脚的。就实际情况而论,法国无需惧怕日本对它的威胁。根据来自各方面的消息,中国政府认为,日本不会对印度支那施加军事压力。电报说,在广州失守以前,香港实际上是为中国军队运输军火和军需的非常重要的基地。近来又有大量军用物资经由缅甸运输。但从未听说英国为此事担心。从另一方面看,法国阻挠中国军用物资过境运输,也就是阻挠中国实施其积极抵抗日本侵略的政策,使日本的气焰更为嚣张,从而有可能导致日本对印支采取军事行动,威胁印支的安全。

电报要求我在这些方面提请法国政府注意,促其改变态度,取消其限制(实际上是禁止)中国军用物资过境的命令。电报要求我根据这几点递交一份备忘录,同时以更强硬的措词口头表示我们的不满,以便说服法国政府重新考虑限制过境的整个问题,取消其原来的决定。电报补充说,外交部也已指示驻伦敦的郭大使和驻华盛顿的胡大使,向英国和美国政府提出这个问题并和他们磋商,促进问题的解决。

我于1939年2月16日与美国大使蒲立德先生进行了一次重

要而有趣的谈话。他刚从美国休假回来。我们谈了中国抗日所需物资经由印支运输这一重大问题,也谈到了中国的局势以及与中国抗战有关的国际形势。

我说,见到他这样健康我很高兴,他说,在9月慕尼黑危机以后,他确实感到疲惫不堪。当时他必须夜以继日地工作。不仅处理与危机有关的问题,而且还要做其他一些工作,如在法国外交部长博内和波兰大使卢卡塞维兹之间进行调解。这两个人之间曾发生过争论,互相拒绝见面,可是这两个人都找到他,请求帮助他们和解。(我谈到此事是为了说明外交事务的复杂性。)

蒲立德对中国的局势非常关心。他问汪精卫试图与日本进行和平谈判是否得到蒋委员长的同意。他说,在华盛顿时,美驻华大使詹森先生告诉他说,蒋委员长的抗日决心很大,中国军队士气高涨,抗战前途是乐观的。但在巴黎,他却听说汪精卫实际上是蒋委员长的代理人,他同日本和谈是一种试探。蒲立德特别想知道,蒋委员长是否是抗日政策的核心人物,人民大众是否因他抗日而聚集在他的周围;蒋委员长是否由于看到人民要求抗日的精神,为了顺从大众的要求而坚持抗日。(正如我前面说过的,日本曾向法国和所有西方国家暗示,委员长是和谈活动的后台。)

我告诉蒲立德,毫无疑问,蒋委员长是坚持抗日的。汪精卫一再向委员长诉说与日本达成协议的好处,但是每次蒋委员长都坚决反对这种企图,认为日本只是唱和平高调,并无诚意。我说,就在汪精卫突然离开重庆去印度支那的那天早晨,他又一次向蒋委员长提出这个问题。但是委员长像以往一样坚定,反对任何条件不成熟的谈判。汪才断定,要想说服委员长接受他的观点已无希望。我补充说,蒲立德先生在巴黎听到的消息一定来源于法国人。他们猜测汪精卫是蒋委员长的代理人,但事实并非如此。

我告诉他,二十七名中国前线将领联名致电蒋委员长,支持他抗日,清楚地显示了中国军队的士气。我说,人民的精神状态仍然是很好的,实际上比预料的还要好。尽管部分知识界对继续抗战的信念偶有动摇,但是人民大众,特别是全国各地的农民,尤其是沦陷区的农民,坚决支持继续抗战,因为他们看到自己的一切都被日本人毁掉了。他们明白,只有把日本人赶出国土,才有希望返回家园。我说,这就说明人民,甚至是沦陷区的人民,为什么全心全意、自觉自愿地与游击队合作打日本。

作为表明这种精神的实例,我提到沦陷区经常有中国农民拆除铁轨以阻止日本军车通行的事件发生。起初日本人妄图以毁灭整个村庄为报复手段。但后来他们发现,这种残暴的手段只会激起中国人民更激烈的反抗。因此,他们改用奖励的办法来找回丢失的铁轨。这样,中国农民就会把铁轨送回给日本人,通常每根铁轨能得五元。然后他们设法在晚上再去拆掉,白天再送交日本人,以领取奖赏。蒲立德深为地方民众的智慧所感动,并为此而感到高兴。

蒲立德询问了中国货物经由印支运输的真实情况。我作了简单介绍,并提到了1938年12月24日法国外交部照会中所阐述的形势。我交给他中国大使馆向法国外交部递交的两份备忘录的副本,即:1938年12月21日和1939年2月6日的备忘录。同时,还给他一份法国外交部1938年12月24日的照会。这些机密文件仅供他本人参考。

然后蒲立德说,罗斯福总统指示他与法国政府商谈此事,以帮助中国解决此问题。他已经见到了达拉第、孟戴尔、博内和莱热。他发现达拉第非常同情中国,并表示愿意帮助。蒲立德认为法国外交部没有将全部情况报告达拉第。他发现殖民部长孟戴尔也表示同情。但是博内似乎对此事不甚感兴趣,好像他把此事完全交给莱热办理。蒲立德认为,莱热是反对为中国提供过境便利的主要人物。他对莱热讲述了美国政府希望看到中国定购的卡车能利用由印支通往云南的铁路运输。他还极力声称,如果法国政府不允许中国利用滇越铁路运输这批卡车,那么订购这批货就毫无意义。但是莱热对他说,中国决定不通过铁路而要通过公路运输这批卡车。蒲立德想了解真实情况。

我对他讲,就中国而论,卡车运进中国越快越好。因为在印度支那积压了大批物资等待运输,所以所有的运输设施都必须动员起来。铁路运输设施是有限的,所以部分物资必须通过公路运输。看来,蒲立德对法国政府的态度很不满意。他说,向法国提出的要求只不过是向中国提供过境便利,他不明白为什么会有这么大的困难。

蒲立德后来谈到有关的欧洲形势,法国曾要求美国在提供军用物资方面予以帮助。美国政府已给予大力帮助,但它仍要求美国给得更多些。他认为,如果法国对印支过境便利问题不能给予满意的答复,美国政府可能也拒绝继续帮助法国。我表示,这可能是让法国看到帮助中国的必要性的唯一办法。我一再对他说:日本对中国以及整个远东的继续侵略,与欧洲的罗马—柏林轴心的政策并非无关。我指出,最近日本占领海南岛一举,其目的不仅是进一步推行它在亚洲的扩张计划,而且也是为了对欧洲的法国和英国施加压力。

蒲立德说,就他看来,形势清楚地表明,在三个轴心国中,意大利和德国的侵略计划实际上已因英、法两国团结合作以及美国对此合作的支持而未能得逞。蒲立德认为,面对这种力量和资源的巨大联合,意大利和德国都不敢轻举妄动,以战争相威胁了。因此,他认为,春季发生战争的阴霾可以说已经消散了。战争的危险有可能在半年之内再次出现,但是,在近期内肯定不会有发生的危险。至于东欧的战争危险和德国对乌克兰的野心,他认为发生战争的前提是德国须与匈牙利、波兰和罗马尼亚三国达成谅解,而要实现这一点,至少需要半年至一年的时间。因此,近期内,在东欧也没有发生战争的危险。

他接着说,形势有如棋盘上的阵势,在当时的情况下,唯一能够自由移动的棋子就是日本。在远东,它尚可为所欲为。这种局面的确危险。蒲立德认为,如果不能有效地牵制日本,它将继续推行侵略政策,进攻南洋,甚至澳大利亚。因此,所有民主国家协同一致,制止日本的侵略行径,对全面和平是有利的。举例来说,如果日本在没有受到任何有效约束的情况下进攻澳大利亚,美国就会被迫对日作战。这样,美国就不得不将其全部力量投入远东,无力兼顾欧洲,援助英、法两国。美国在远东参战,德国和意大利一定会对法国和英国采取行动,而美国又无力同时在两个战场作战。他说,总而言之,如果美国在远东对日作战,美国对欧洲的援助就会落空,法国和英国就要在没有美国援助的情况下与德国和意大利交战。这是不符合法国的心愿的。蒲立德认为,中国是目前牵制日本使之无力他顾的唯一国家。因此,尽力援助中国是符合法国利益的。

我说,据我看英国似乎终于在远东与美国通力合作了。法国看不清远东问题与欧洲问题的关系,因此,它的政策是目光短浅的。我还回忆起蒲立德在夏天对我说的话。他说,在美国采取行动之前,向英国要求援助是徒劳的。我说,事实已证明确实如此。现在美国已开始在经济上援助中国,英国已仿效美国这样做了。

蒲立德说,英国喜欢给人以与美国紧密合作的印象。事实上,他们更加关注的是欧洲形势而不是远东。我说,我知道法国不仅自己不愿意援助中国,而且鉴于欧洲的形势,还极力怂恿英国不要卷入远东问题。蒲立德说,法国的理由是,如英国不得已而同日本交战,在日本进攻荷属东印度群岛的情况下,英国就必须将整个舰队调到远东。果真如此,英国自然会向德国妥协,愿意作出让步,以便腾出手来应付远东战争。在作出让步这个问题上,英国要求法国作出最大的牺牲是很自然的。出卖他人的财物当然是再容易不过了。法国知道,在这种情况下它将会孤立,并被迫作出最大的牺牲。因此,法国迫切希望避免陷入此种境地。

我说,法国人一向害怕日本人会进攻印度支那或破坏滇越铁路。他们拒绝中国军用物资经印度支那过境运输的主要原因是害怕日本会立即占领海南岛。(海南岛是通向印度支那的门户,谁控制海南岛,谁就能实际上控制印度支那最重要的港口海防的入口。)我说,既然日本已经占领了海南岛,使法国人止步不前的考虑已经不存在了。不过事实上我知道,日本人占领海南岛后,法国人更加胆怯。每当要求他们给予中国军用物资过境运输的便利时,他们总是要求得到在日本人进攻法属印度支那时美国给与合作的保证。

蒲立德说,美国是决不会同意这样做的。印度支那是法国的殖民地,美国没有理由帮助法国保卫印度支那,也没有理由帮助它压制别国人民。如果法国愿意继续占有印度支那并保卫它,那是法国自己的事情。但是,中国军用物资过境问题则是罗斯福总统和财政部长摩根索深为关切的事情。他们二位都想知道法国人将采取什么步骤来援助中国。蒲立德相信,如果罗斯福总统在3月初返回华盛顿时,发现此问题仍未解决的话,他一定会亲自找法国大使谈话,表明他希望法国在这个问题上帮助中国。蒲立德让我向他介绍印度支那形势的确切情况,以便他再次向法国人提出此问题。他说,未经我的同意,他当然不会提到情况是由我提供的。他说,他和法国政府人士关系融洽,一定尽力解决这个问题。

然后,蒲立德询问了经滇缅公路和新疆这两条路线向中国运输物资的情况。我回答说,两条路线都在使用。但是,只能运输一些轻型物资,重型物资还须由海上经印度支那运到中国。

法国人一直担心,而我也一再预言过的日军占领海南岛的事是在1939年2月发生的。我最早获悉此事的时间是2月10日。我接到的报告指出,中国驻军几乎没有抵抗日本入侵者。当时,我正遵医嘱在里维埃拉休养。这条消息如同当头一棒,使我丧失了所有的兴致,我也不可能继续在法国南部休养了。这条消息是我的参事从巴黎打来电话告诉我的。

我一直力劝法国人在为中国提供过境便利方面采取放任的政策,因为这样做对法国本身有利,而且从远东形势和欧洲形势的发展之间的紧密联系来看,也应该这样做。而法国人却执意认为,如果他们向中国提供过境便利,从而引起日本人反感的话,日本人除采取其他行动外,会以占领海南岛进行威胁。

我认为,日本人感到时机成熟时,无论法国对过境问题采取何种做法,他们都会占领海南岛的。这也是我国政府的观点。日本人认为,从他们奉行的国策来看,这只不过是个小问题。他们是否采取这个行动,最终还须取决于其他许多因素。在任何情况下,不到条件有利之时,日本人是不会轻率地占领海南岛的。欧洲国际形势的变化,特别是轴心国政策的进展对日本人有很大的影响,因为日本同轴心国的关系已经很密切。因此,我一直设法使法国人认识到,虽然日本对海南岛确实有威胁,然而,法国同意向中国提供经印度支那过境运输便利这一政策与日本人占领海南岛这种危险之间的关系是不大的。另一方面,我还希望法国人对日本在亚洲采取行动的严重性有比较全面的认识,即这一行动如果不直接关系到欧洲形势的话,至少对它有严重的影响。

由于占领海南岛终于成为事实,我急切地希望法国人看清日本人最近的侵略行动与欧洲形势的关系。法国对欧洲的形势更为关注,而且法国当局也总是向我强调欧洲形势的重要,用来解释法国所持的态度及推行的谨慎政策。(巴塞罗那的陷落标志着佛朗哥即将在西班牙获得胜利。不出两周,日本人就在海南岛登陆了。而且日本人这一行动与德国、意大利两国在地中海地区施加压力的高峰恰好是同时的。)因此,2 月 16 日我拜访了法国外交部亚洲司新上任的副司长肖维尔先生。2 月 20 日我又为了同样的目的拜访了法国外交部长博内。

我是在黄昏时分拜访肖维尔的,这是一次回访,他是最近才就职的。我首先询问了法国大使在东京是如何就日本占领海南岛一事与日方交涉的。他说,法国驻日本大使夏尔·阿尔塞纳·享利报告说,日本人的答复与在报端公布的是一致的。也就是说,日本占领海南岛乃出于军事上的需要,是暂时的,日本对海南岛并无领土野心。他还补充说,在法国的要求下,英国也对日本采取了同样的做法,并得到了相同的答复。

我告诉他,据我所知,法国的外交行动并非抗议。我还问他,法国是否还要向日本政府提出正式抗议。

副司长答道,日本政府曾一再向法国保证不会占领海南岛,因此法国在东京所采取的第一个行动就是要求日本对此给予解释。法国并表示,日本无视自己的保证,事先不与法国政府磋商,却通知了德国和意大利,对此,法国深感惊讶。副司长说,下一步采取什么行动尚在考虑之中。不过,他认为,正式的抗议应建立在较牢靠的法律基础之上。他解释说,事实上,1897年中法互换的照会仅仅要求中国不要将该领土割让给第三国。但目前这一行动当然并非源于中国。至于1907年法日签订的条约,并无可以引为依据的具体条文。为了提出正式抗议,似乎需要有更具体的依据。由于这个原因,法国的外交行动着重地强调了日本政府自愿向法国大使及法国政府立下的保证。

不论当时,还是现在,肖维尔的辩解在我看来是一种为法国未能在东京采取强有力的行动进行开脱的遁词。我当时对肖维尔说,日本先前下过保证,如今却违背了所应许的诺言,这就足以作为提出抗议的根据。

肖维尔解释说,日本所下的保证并无正式承担义务的性质,它仅仅申明日本暂时无意占领海南岛。他说,去年夏天,英国向日本政府提出此问题时谈得更深入些。当时日本人告诉英国人,除非迫于军事需要,日本不会占领该岛。英国人随即问,如果发生这种情况,占领该岛的性质与持续的时间如何。日本人回答说,如果发生此事,占领该岛的时间将依据军事需要而定,但日本对该岛并无领土意图。肖维尔补充说,英国的行动实质上也是要求日本将其对该岛的真正意图加以解释和说明。(很明显,英国对日本的占领行动所持的态度更为认真,立场更为坚定。应该指出的第一点是,海南岛离香港比离印度支那近得多。第二点是,英国比法国更清楚地认识到,日本占领海南岛是日本向南扩张计划的第一步。这个计划肯定包括占领香港,威胁英国在东亚和南亚的大片殖民地。)

我问,法国政府对美国政府在占领该岛这个问题上所持态度有何印象。肖维尔回答说,美国政府的态度比较保守。看起来,美国国务院认为日本策划这一行动只是为了阻止向中国大陆输送物资,它并未完全意识到这一行动对法国、英国和美国在远东所处的战略地位有何影响。他说,日本驻华盛顿大使是个有谋略的人,一定是他使美国国务院听信了日本掩盖其占领海南岛真正意图的谎言。肖维尔本人完全同意蒋委员长讲过的话,即日本占领海南岛的目的就是要对欧洲的法、英两国施加压力,并控制法、英、美三国在远东的殖民地的战略地位。他说,如果日本只是想切断交通线和向中国大陆输送物资的渠道,它只要占领海南岛北端的港口海口市就可以了。然而日本占领整个海南岛的行动以及派遣精锐部队在该岛南端的榆林港登陆这一事实表明,日本人的目的具有重大的政治性质。(肖维尔在远东,特别是在中国任职多年,所以他了解中国南部岛屿相互间的战略地位,这些岛屿在日本推行向南扩张政策中所具有的战略价值,以及日本对亚洲所怀有的最终的野心。)

他告诉我,他上午接见了美国大使馆参赞埃德温·威尔逊先生。他向威尔逊表明了自己的观点,强调了日本人占领海南岛的政治意义。他还将此事电告驻华盛顿的法国大使。他认为,目前要促使美国政府采取与法、英两国行动相似的步骤是有困难的,无论这一步骤对于民主国家的团结如何可取。肖维尔补充说,由于美国政府的行动一贯缓慢,所以有必要在美国政府面前反复阐明日本这一行动的政治意义,以促其采取行动。他还希望中国政府采取同样的做法,这样,就会最终说服美国政府采取行动。因为没有美国的合作,在当时的欧洲形势下,其他国家在远东无能为力。

我看到肖维尔对形势认识得很清楚,特别是关于日本这一行动对欧洲形势的影响以及对法、英两国在该形势下所处地位的影响有清楚认识而感到相当高兴。我对肖维尔说,他表明的观点正是中国政府一直向美国政府表明的观点。我说,美国政府目前所表示的保守态度大概是由于美国国会和罗斯福总统在对外政策上,特别是在美国援助法、英两国的问题上存在分歧。由于海南岛事件在美国政界产生了很大反响,美国当局暂时避开海南岛问题是很自然的,以免为反对派提供新借口,起到火上浇油的作用。(当时,美国仍然有许多绥靖主义者。而且,美国舆论大部分主张采取得到美国人民中的孤立主义情绪支持的中立政策。)我告诉肖维尔,我确信美国政府对日本这一行动的影响是清楚的。我还确信目前这场风暴过去之后,美国政府是会采取行动的。我还告诉他,事实上美国政府已经派一艘驱逐舰前往海南岛进行调查。

　　肖维尔说,美国海军部未通知法、英两国政府即派遣了一艘军舰前往海南岛。法、英两国如得到通知,一定会愿意同美国合作并采取一致行动,以便向日本显示法、英、美三国已经结成联合阵线。但是美国不愿意这样做。他回忆说,与此相似,1938 年 12 月 31 日,美国政府发出抗议日本歧视外国在华利益的照会,既未事先与法、英两国政府协商,亦未通知两国政府。(鉴于当时美国舆论,特别是国会的意见,美国政府采取了这种做法。)我说,美国政府也许正在等待自己取得的第一手情报。只要得到情报,它可能在东京采取适当措施。(事实上,不久它的确这样做了。)

　　我说,日本占领海南岛不仅是为了实施向南扩张计划,而且也是根据罗马和柏林的要求向欧洲的民主国家施加压力。我说,日本这一行动的确是在紧密配合意大利和德国推行其在欧洲的政策。我告诉他,鉴于法意两国关系的现状,日本才选择了这个时机占领海南岛,以试探法国的反应。我认为,这次法国有必要作出强烈的反应。如果毫无表示,只会被视为软弱可欺,而且还会使欧洲,特别是地中海地区的形势恶化。(这就是我对日本占领海南岛这一行动的看法,后来证明这正是日本人的意图。)

我说,最简单的报复行动是撤销限制中国军用物资经印度支那过境运输的规定。在此之前,法国政府由于考虑到日本人曾经保证不占领海南岛,所以对向中国提供充分的过境便利一事犹豫不决。我说,既然日本人的行动已使这种考虑完全破灭,法国理应采取报复行动,以免对其意图发生任何误解。

肖维尔说,他也是这样想。因此,对提供过境便利一事,他赞成从宽解释政策,允许更多的物资通过。他向我暗示说,敌对行动爆发前在法国订购的军用物资以及发动机一类的物品大概是会获准通过的。至于完全取消禁止军用物资过境的决定一事,那是一个政治问题。他推测我已经会见过法国外交部长。我说,我已经要求会见博内先生并希望尽早同他见面。

然后,副司长对我说,考虑到取消禁运可能导致的后果以及印度支那防御力量的现状,他对法国政府能否全部取消过境限制一事十分怀疑。他认为,从宽解释政策让更多的物资通过,对日本也是会有影响的。他确信,如果同意在海防的四十台机器过境,第二天日本代办就会找上门来,提出抗议。那么,他就会告诉日本代办,由于日本人占领海南岛使形势发生了变化,法国政府已无义务拒绝向中国提供过境便利。(他泄露了真情。事情已很清楚,法国人之所以时常拒绝向中国提供过境便利,而且事实上采取了停止过境的政策决定,完全是出于照顾日本人的情绪及日本人的反对意见。)他接着说,占领海南岛一事对法、英、美三国态度的影响,最终会使日本认识到它采取了不明智的行动,其结果是搬起石头砸了自己的脚。

2月20日我拜访了法国外交部长博内。一开始,我就告诉他,我希望和他谈谈日本占领海南岛的事及此事的含义和影响。可以肯定地说,日本这一行动意在执行一向为日本海军所鼓吹的向南扩张计划,以便控制南洋以及西方国家在该地区的殖民地。我向博内强调说,日本的这一行动,是受德、意两国的影响,并得到他们的同意的,其目的就是向欧洲的英、法两国施加压力。我说,事实上,一个时期以来,日本一直寻求意、德两国的援助。日本已经从柏林得到了十五亿马克的贷款,用来向德国购买军用飞机以及其他武器装备。日本得到贷款后已向德国订购了一千三百五十架飞机。在提供这笔贷款之前,德国坚持向日本索取交换条件,要求日本海军合作,为罗马—柏林轴心国在欧洲的利益效劳。意大利也向日本提出了同样的要求。我对博内说,日本占领海南岛的政治意义,远远超过切断向中国运送物资的渠道这一目的。

我接着说,我一贯强调,看待远东问题决不能脱离欧洲的形势或认为与欧洲无关。日本此时占领海南岛的行动证实了我的看法。这一行动明显的是企图对英、法两国施加压力,使其采取和解和让步的政策。同时,它也是要试探一下法、英两国对日本这一重大的侵略行动有何反应。

我对博内说,我国政府指示我指出日本这一行动的意义,并要求我强调指出法国政府采取切实的报复行动的必要性。如果法、英两国政府只满足于向东京提出抗议,表现出不准备采取任何强有力的行动,日本及其同伙就会认为这是软弱无能的表现,觉得可以在远东和欧洲走得更远些。我断言,法、英两国对日本占领海南岛所持的态度一定会对欧洲的形势产生重大影响。

我对他说,我高兴地注意到,继法、英两国政府之后,美国政府就日本占领海南岛一事在东京采取了相似的外交行动。我说,美国的行动表明法、英、美三个民主国家的政策的一致性,也表明了美国愿意同英、法两国在远东合作。如果抓住目前这个机会发展这三个民主国家在远东的团结和合作,这也会为三个国家在欧洲的合作铺平道路。因此,我建议外交部长考虑对日本占领海南岛的肆无忌惮的行径采取具体措施进行报复。当然,鉴于欧洲的形势,采取军事行动不是时候,因为这样的行动可能起挑衅作用,并会使形势更加恶化。我对他说,除军事措施以外,完全可以采取贸易和经济措施作为报复手段,这样做不存在挑起武装冲突的危险。

我接着说,首先我要求法国政府立即停止从印度支那向日本提供军事工业必不可少的铁矿石、煤、水泥等原料。第二,我建议法国政府立即向华盛顿和伦敦提议:法、英、美三国共同限制日货进口。我指出,这种措施一定会击中日本经济的要害,而且会迅速产生效果。侵华战争进行了二十个月之后,日本的国债增长了一倍。但是日本政府不顾人民的反对,仍然巧立名目,准备征收各种新税。第三,我要求法国政府取消禁止中国军用物资经印度支那过境运输的决定。我知道,法国政府之所以拒绝向中国提供过境便利,乃是考虑到日本方面一再保证不会占领海南岛。现在由于日本违背诺言,占领了该岛,法国禁止过境运输的理由就消失了。我说,法国政府应该认为自己有根据情况采取适当行动的自由,而且,为了避免产生法国软弱可欺的错误印象,采取某种报复措施也是十分必要的。

我又说,尽力援助中国也是符合法国利益的。我本人一向希望欧洲的形势不会恶化。但是,如果不幸发生冲突的话,就更有必要由中国将日本牵制在中国的领土上,这样,中国就成为第一道防线,不仅可以保住法国的殖民地,也可以保住香港、新加坡、菲律宾以及东印度群岛。

我知道法国是很注意华盛顿的行动的,所以我特别指出美国给予中国相当大的援助,不仅向中国提供贷款和信贷,而且还向中国提供飞机、卡车之类的军用物资。我告诉博内,美国政府曾向中国政府询问通过印度支那运输美国物资是否可靠,并询问法国政府在这方面给予中国政府什么保证。我说,中国当时未能就上述问题给予美国政府满意的答复。

然后,我谈了英国对经缅甸过境运输的态度。我说,博内先生一定很清楚,英国当局毫不畏惧日本的报复行为,他们在仰光公开向中国提供过境运输便利,就像他们在香港所做的那样。我告诉他,鉴于法国在远东的切身利益,中国政府认为,法国应该至少给予中国政府过境运输各种物资的充分自由,以此作为对中国的援助。对中国抗战的援助既符合中国的利益,也同样符合法国的利益。

法国外交部长听了我的长篇陈述以后,表示对我的讲话很感兴趣。关于头两个建议,他表示他一定提出来同有关各部加以研究。他认为,采取商业性质的报复措施可以考虑。关于过境运输问题,他说,法国政府准备允许以往禁运的某些军用物资过境。法国这样做是为了向日本表示法国进行报复的意思。

博内还告诉我,美国大使蒲立德前几天会见过他,并同他商谈了援助中国的一批美制卡车过境运输一事。他作为法国外长已向美国大使保证,一定下令允许这些卡车通过印度支那。关于撤销原内阁禁止军用物资过境的决定一事,博内对我说,他将向政府中其他成员提出这个问题。我再次要求他尽早研究采取商业上的报复措施。他说,他一定会这样做。他还补充说,他觉得这些建议十分有意思。

1939 年 3 月 4 日中国外交部长来电指出,日本占领海南岛,标志着日本征服计划第一阶段的结束和第二阶段的开始。他解释说,日本军事行动的第一阶段并未获得彻底胜利。日本原想在中国采取迅速的军事行动,以便能够在短期内解决所谓中国事件。但是,问题尚未解决,日本目前被迫面对一种与原来的设想完全不同的军事形势。这种形势标志着第二阶段的开始。此后,日本的军事力量不得不向西深入,企图歼灭中国的武装力量。这意味着所有的战斗都将在交通不便,地形险要的山区展开。中国东部的交通比较便利,(那里有公路、铁路和运河,日本人的行动比较方便。)而中国西部则不同,日本人必须在缺少公路和铁路、地形又不熟悉的地方作战。

另外,电报还指出,日本此时内部的政治情况十分混乱。日本政府领导人之间不团结的状况也更为突出。日本的经济也越来越不景气,在外交关系上越来越孤立。与此同时,人民普遍反对将战争继续下去的情绪也越来越引人注目。所以,电报指出,在国外进行宣传工作时,我应该强调指出日本在中国全面失败的日子已为期不远。

外交部长说,日本为了防止事态向上述方向发展,不得不试图迅速解决同中国的整个冲突,因而提出建立所谓"东亚新秩序"作为钓饵。很明显,日本这一行动的目的就是企图控制中国的政治、经济、军事和文化政策,同时排挤欧洲和美国在远东的利益。

电报说,东京已经宣布从3月3日到9日用一周的时间宣传所谓"东亚新秩序"。为了反对这一行动,我国政府已经决定在宣传政策上强调以下两条原则:第一条原则是驳斥日本近卫首相宣布建立"东亚新秩序"的声明;第二条原则是以委员长的声明(对近卫广播讲话的答复)以及他在国民党五届五中全会开幕式上的讲话为基础,进一步强调我们维护九国公约和国联盟约第十六条的决心,以便促使英国、法国、美国和苏联对日本采取更积极的行动。

3月4日外交部长的电报指出,日本的处境越来越困难。为了避免全面的失败,正想解决同中国的冲突。早先,委员长在国民党五届五中全会上的讲话中已提到这一点。前面已经提到,我1月份收到的一些报告也有相同的内容。我想谈谈来自香港的一份报告。这份报告表明日本连保持其在华部队的效忠都出了问题。报告说,在华日军中的反战情绪日益高涨。驻守在汉口附近刘家庙的一支约有一千人的分队于2月13日哗变。随后,哗变士兵和效忠士兵之间展开了激战,双方伤亡达七百人左右。报告还指出,经过二十四小时的战斗,最后才包围了叛乱部队并缴了他们的械。这一事例充分说明日本军队内部是不平静的。

至于日本人想解决中日冲突一事,1939年2月20日外交部通过我国驻伦敦大使馆拍给我一份电报说,日本确实正在制定解决中日冲突的计划。外交部已获悉日本将于1939年3月初在东京召开一次国际会议,并正在向日本驻外使团,特别是驻欧美使团下达指示,要求他们尽力劝说西方国家做解决中日冲突的调停人,修订九国公约,并重新划分各国在华的势力范围。

电报还说,与此同时,日本政府将派出由日本国会议员小山率领的五人代表团访问欧洲和美洲的一些国家。根据同一个报告,德国和意大利已经同意支持日本的这一计划。电报的目的是要求我密切注意日本代表团的活动,并设法了解欧洲各国的反应及所持的观点。

3月3日我拜访了莱热秘书长,想了解法国外交部关于小山代表团的情况已获悉些什么。但是,我的主要目的是想了解法国政府对我2月20日向外交部长博内提出的三点建议采取了什么行动。因此,对莱热讲了三点建议之后,我告诉他,法国外交部长已经答应同有关部门商议此事。我问他究竟采取了什么行动。

莱热说,此事已研究过。法国政府就建议限制进口日货一事,同伦敦和华盛顿进行了磋商。然而,他认为不会有什么结果。他说,日本占领海南岛之后,法国政府立即与英、美两国政府联系,建议共同对东京采取联合外交行动,以示抗议。但是,美国人对此似乎不太感兴趣,认为日本人的行动并无政治意义。因此,他拒绝采取外交行动。我提醒莱热:据报道,在法、英两国采取行动的两三天后,美国驻东京大使曾向东京政府提出此问题。莱热说,美国的这一行动属于质询性质,对日本占领海南岛的行动并无反对的意思。他说,英国在法国的建议下勉强采取了外交行动,但比较和缓。

谈到法国政府,莱热说,当日本人告诉法国政府占领海南岛的期限仅视军事上的需要而定时,法国政府对此答复表示满意,不想采取进一步的行动。我说,日本这一行动确实威胁法属印度支那的安全,因此法国方面有必要采取某些积极措施。莱热说,就法国政府而言,如果英、美两国保证和它合作,它愿意采取任何措施。法国的态度与在布鲁塞尔会议上所持态度是一致的。如果英、美与它合作,法国愿意对日本采取经济制裁,甚至实行海上封锁。法国政府已经决定派一艘军舰前往海口,并向伦敦和华盛顿建议也各派一艘类似军舰前往,以示三国之间的团结一致。但是,英国政府不同意这个建议,美国政府也拒绝这样做。

我说,据报纸报道,美国海军部已经派出一艘驱逐舰前往海南岛。可是他说,这个消息不确实。他接着说,法国政府已经决定在任何情况下都派出一艘军舰。但是,将此事通知日本当局后,日方回答说,对于派往海南岛的军舰,他们不能保证其安全。他说,这意味着法国的军舰要冒触雷炸毁的危险。他还补充说,日本这一说法使法国政府面临困难的局面。法国海军部正在着手考虑派遣军舰前往海南岛这个问题。

莱热认为,说实在的,派遣一艘军舰没有什么用处,不过这样做至少在道义上是维护了法国国旗的尊严。他说,要采取有效行动,英、美两国的合作是必不可少的。法国在远东仅有两艘军舰,没有英、美两国的援助,法国将一事无成。美国在其他地方没有纠葛,因此,它可以毫无顾虑地采取任何有效的行动。英国舰队的实力也比法国舰队强大得多。在目前的欧洲形势下,法国单枪匹马要想采取任何有效行动是没有希望的。莱热补充说,他已经同美国大使蒲立德商谈了此事,美国大使明确向他表示,除了给中国经济援助之外,美国政府不打算再做其他事情,美国对海南岛问题不感兴趣。

我指出,日本肯定不想使日法关系恶化。日本人占领海南岛也是意在试探法、英两国的反应。我说,日本人表现出急于解决香港炮击事件的心情证实了我的看法。莱热表示同意,但是,他再次强调英、美合作的必要。

莱热说,至于建议停止从印度支那向日本提供矿石和原料一事,法国政府已经作出决定,外交部已就此事致函殖民部。将会停止向日本提供原料,但不是公开作为对日本采取的报复措施。这一行动将以一项已经发布的禁止出口某些矿石和原料的法令为依据。过去几个月允许日本人从印度支那出口矿石和原料,违反了法令。现在法国政府决定实施这项法令,不得再有什么例外。因此,他解释说,这个决定不会通知日本人。如果他们再次申请从印度支那出口这些原料,法国政府将不予理睬。但是,如果日本人催逼这件事情,我们将按照上面所谈的回答他们。这样,就可以避免采取被日本人视为冒犯他们的行动,但结果是一样的。由于日本的确是印度支那这类产品的最好主顾,采取拟议中的措施将意味着损失大量的税收和收入,所以印度支那的法国地方当局和商人极力反对这一措施。可是,法国政府出于政治上的考虑,仍然决定这样做。

莱热接着说,法国政府也考虑了关于恢复中国军用物资经印度支那自由过境运输的第三点建议。法国政府认为不可能从根本上取消 1937 年 10 月内阁作出的关于此事的整个决议,但是已经决定将其实施和解释置于一个新的基础之上,亦即采用 1925 年日内瓦公约第一章(关于控制武器、弹药和军用物资的国际贸易)中所包含的武器和弹药清单作为依据。他指出,日本和法国的代表都曾在这个公约上签署过。公约中的清单远不如 1935 年 9 月法国政府发布的禁止出口武器弹药和军用物资法令附件所列清单(旧依据)那样广泛。莱热补充说,这个新依据使法国政府能够批准许多以往被列入禁运的物资经印度支那过境运输。目前,已经允许汽车和卡车通过印度支那,而且关于过境车辆数目的限制已全部取消。

我说,这个新规定或许可以使中国政府多少感到一些满意,并使中国政府在一定程度上清除了对法国态度的极度失望。但是,我要讲明,敌对行动爆发前在法国订购的全部武器弹药仍应准许全部过境。我希望莱热对上述理解加以肯定。因为莱热曾一再向我保证,1937 年 10 月内阁的决定根本不适用于这些订货。我提醒莱热,这些订货的清单我已于 1939 年 1 月 30 日交给他。

莱热说,已经指示部里有关单位批准这些物资过境,不会有什么困难。海南岛问题和中国军用物资过境是两个不相干的问题,法国政府也从未认为这两个问题是互相关联的。不过日本曾一再保证不会占领海南岛,由于它违背诺言,占领了海南岛,这就使法国在中国军用物资过境运输一事上有理由采取更自由的行动。

我向他打听了天津法租界的情况,因为据报道,日本对法、英两国在天津的租界采取了包围和隔离的措施。我问,依他看来,日本采取这一行动的真正目的何在。莱热回答说,很明显,日本是企图向法、英两国施加压力。我又问他,日本人会不会企图用武力夺取租界。他回答说,眼前不会这样做。但是,如果欧洲在一二个月内爆发战争,那么这些租界被日本夺取的危险就会变为现实。

我告诉他,中国政府已经获悉,为了修改或甚至废除九国公约,日本准备在东京召集一次国际会议。为达到此目的,日本已派出由小山率领的秘密使团去谋求意大利和德国的合作,并要影响法、英两国,使他们接受这个主张。我问莱热,是否收到这方面的情报。他说,他一无所知。由于莱热要在总统府参加为丹麦国王设的午宴,他抱歉地向我告辞,并表示只要我有时间,他愿意继续我们的谈话。

我立即拜访了肖维尔先生。我告诉他,刚才和莱热谈话的要点,莱热谈到了日内瓦公约中关于控制武器弹药和军用物资的国际贸易的规定,以及法国利用这个规定来实施和解释关于军用物资经印度支那过境运输的决定。我说,鉴于莱热先生要赶赴爱丽舍宫,我希望同肖维尔先生就此问题以及我想提请莱热先生注意的其他一些问题继续谈下去。我还询问了新旧规定有何明确的区别。

肖维尔让我看了日内瓦公约的原文,并指出日内瓦公约第一章列举了一些武器弹药,比 1935 年法国法令中所列举的项目要少得多。换言之,日内瓦公约只列举了像枪、步枪、机关枪、左轮手枪、手枪这样一些武器以及像火药、炸药这样的弹药。日内瓦公约中没有列举能够用于军事工业的原料和一般军用物资。所以,制造武器弹药的机器和原料并不禁止过境。

肖维尔说,至于飞机和航空材料,外交部已经通知殖民部,不将中国商用航空事业所需要的飞机和航空器材(如欧亚航空公司和其他航空公司所需要的)列为禁运物资。他补充说,这一新的规定可以使中国通过印度支那运送许多目前禁止过境的物资,特别是机械一类的重型物资。他知道这些重型物资是难以通过滇缅公路运送的。至于武器弹药,一般说来都是轻型物资,很容易从仰光运往中国。他认为这两条既分工、又协作的路线,可以为中国军用物资的运输提供一切便利。

我提醒他,在敌对行动爆发前,中国在法国订购了一批武器弹药。我说,在任何情况下,那些物品都应该准许经印度支那过境运往中国。肖维尔说,他已研究了大使馆送来的清单。只要法国商人能向外交部证明这批货物确实是在 1937 年内阁颁布关于过境问题的决定之前订购的,这批物资就可以过境,不会有什么问题。他补充说,办理这件事也是为了满足中国政府的要求。作为外交部行动依据的原有清单,只列举了有限的一些订货。现在,这份旧清单已经作废了,改用大使馆送来的清单作为依据,只要证明是在内阁作出决定前订购的就可以过境。

我告诉肖维尔,日本将派出一个由小山率领的秘密使团,其目的是劝说意大利和德国支持日本在东京召开国际会议以结束中日双方的敌对状况,并修改九国公约。我补充说,据悉日本人是想要劝说九国公约所有签署国中的小国接受日本的观点,以孤立法国、英国、美国这三个主要签署国,使他们只占少数。我说,至于德国和意大利,他们已经不只一次表明他们愿意和日本站在一起。

在这方面我又请肖维尔注意最近哈瓦斯社从东京发来的报道。报道说,澳门的葡萄牙警察总监同日本政府在东京签署了协定,依据这个协定,葡萄牙将承认"满洲国",并在澳门也向日本军队提供一切便利,其中葡萄牙海关也要为它提供方便。我告诉他,如果这个报告属实,则是一个重要情况,因为位于中国南部的澳门可以作为日本行动的一个重要基地。我说,从更大的方面来看,这也意味着葡萄牙追随匈牙利之后,也要加入反共产国际集团。如果情况确实如此,澳门将成为日本危害法国、英国在亚洲这一地区利益的危险中心。

肖维尔说,他对这个报道一无所知。但是,他对此很为关切。他回忆说,美国和英国最近就远东局势向东京发出的照会最后一段都表示,如果日本想建议修改九国公约,他们愿意参加为此而召开的国际会议。当英国人同法国外交部商榷照会草稿时,他向他们指出,召开国际会议修改九国公约的时机尚未成熟。结果,英国人把照会最后一段的措词修改得不那么肯定,但是,这个观点还是写在里面了。法国人则没有建议召开修改九国公约的国际会议。他认为,日本有可能利用英、美的建议达到自己的目的。他说,他将会向我提供他在这个问题上所得到的消息。

当再一次谈到法国政府就印度支那过境运输所做出的新决定时,我问,法国外交部能否送一份声明给中国大使馆。肖维尔说,外交部正在考虑是否以答复 1939 年 2 月 6 日中国大使馆备忘录的形式将新决定通知大使馆。他们不想发出书面通知,原因是向中国发出书面通知后,也必须向日本发出类似的书面通知。因此,法国外交部已指示在重庆的法国代办将此事口头通知了中国外交部长而未发公函。他补充说,如果我要求得到一份声明,法国外交部可以采取正式答复中国备忘录的形式或用便函形式送交一份书面说明,这样就不会具有正式公函的性质。

我说,采取什么形式对我来说都无所谓。我只想了解法国这一决定的性质,涉及的范围及意义,以便中国政府能据此安排运输事宜。如果法国政府不同意就这一问题发出公函,那么便函形式的书面说明也可以。肖维尔说,他要和莱热先生商讨此事,并将设法给我一份书面说明,可能用便函形式。

关于负有日本重大使命的小山使团,我想谈一下 3 月 6 日我和美国大使蒲立德的谈话内容,目的是了解他对日本这一行动如何理解,并就解决中日冲突来说,他认为日本大概会提出什么条件。

我首先告诉美国大使,重庆送来的报告说,日本已经派出由国会议员小山率领的秘密使团。这个使团是要争取意大利、德国与日本合作,以促成在东京召开国际会议,目的是尽早结束中日战争,修改华盛顿九国公约,并影响伦敦和巴黎,使他们支持日本这一主张。我从欧洲得到的情报表明,日本为了实现修改九国公约的目的,正想方设法把葡萄牙、荷兰、比利时这些签署公约的小国争取过来。当会议召开时,法、英、美三国就会发现自己成为被孤立的少数国家。

我还顺便向蒲立德提及哈瓦斯社发自东京的报道。报道说,澳门警察总监与日本政府签署了一个协定,保证葡萄牙承认“满洲国”,并在澳门向日本军队提供一切便利。我说,如果此事属实,这是很重要的情况。因为葡萄牙这一行动表明,它并非仅仅要保住澳门不受日本的占领,而且还有别的用意。我认为,葡萄牙是想步匈牙利的后尘,加入反对共产国际公约,从而成为轴心国的一员。

蒲立德说,他收到了一份来自莫斯科的报告。报告说,日本向欧洲派出了一个使团,这个使团由日本陆军的阿部、海军的胜间和外务省的伊藤组成。使团于 2 月 2 日离开日本。报告还说,这个使团此行的目的是于 3 月中旬在柏林同德国和意大利签署军事同盟条约。他不知道这两份报告是否指同一件事。我对他说,那是两回事。

蒲立德说,这条消息来自苏联,在没有由其他方面证实以前,不应该信以为真。至于葡萄牙和日本在东京签署协定一事,他说,他本人不相信这是真事。他的论点是:英国和葡萄牙关系十分密切,几乎到了像英国的保护国的程度,事先未经伦敦的赞同,葡萄牙是不会采取这一重大行动的。如果报告属实的话,那就表明英国在远东的政策有了重大的改变。他认为发生这样大的变化是不可能的。然而,他答应设法搞清事情的真相。(于是他给威尔逊去了电话,让他给法国外交部打电话问一下这方面的消息。几分钟后,威尔逊回了电话。他说,外交部听到我谈的这个消息后,亚洲司已打电报到东京和伦敦询问,但是至今尚未接到能证实这个消息的报告。)

然后,蒲立德告诉我,苏联大使苏利茨邀请他星期一去赴午宴,可是,他的私人秘书已替他谢绝了。苏利茨又邀请他星期二去赴午宴,他以另有约会为理由,再次谢绝了邀请。于是苏利茨先生表示愿意在蒲立德感到方便的任何一天与他共进午餐。美国大使对我说,他已经有两年没有见到苏利茨了,不知道苏利茨为什么非邀请他不可。我说,我差不多有六星期没有见到苏利茨了。我估计,苏利茨是根据莫斯科的指示要求会见他的。蒲立德也认为是这样。

我说,蒲立德先生对缓和欧洲局势所作的努力已经有了成果。美国给予法国和英国的支持,例如提供飞机,以及罗斯福总统支持民主原则的声明,都使德、意两国不敢轻易挑起另一次世界危机。我提醒他说,他本人在缓和欧洲局势上起了重要的作用,美国所持态度已经成为欧洲未来形势的决定因素,美国对远东形势的影响也将起更大的决定性作用。苏联在欧洲和亚洲两条战线都有重大的利害关系,自然急于要同美国建立更密切的关系。

我接着说,看来,苏利茨先生一再邀请他还另有一个原因。我知道,驻莫斯科的新任法国大使那齐亚已得到指示,要为改善巴黎和莫斯科的关系,恢复法苏互助条约而努力。换言之,近几个月来,法国的态度有了改变。慕尼黑协定签订之后,巴黎和莫斯科之间的关系立即冷淡下来。报界从法国外交部得知法苏互助条约实际上已经被废除了。但是,苏联的政策似乎一直想同西欧的民主国家合作。由于发展与美国的友好合作关系是这些西欧国家的基本政策,所以,为了了解美国的政策,莫斯科急于同美国接触是完全可以理解的。

蒲立德说,与苏联打交道的麻烦之处是,苏联的诺言和保证很难令人相信。为了说明这点,他提到了美国前大使戴维斯在离开莫斯科前夕同斯大林的谈话。戴维斯记得斯大林说,他十分愿意同华盛顿友好交往,并愿意解决俄国欠美国和美国公民的债款问题。但是,后来,当戴维斯同苏联部长会议主席莫洛托夫谈及此事时,他代表斯大林否认有这件事,并说,戴维斯必然是误会了斯大林的意思。

蒲立德又说,他一直在为缓和欧洲局势而努力。可以说,他的工作获得了成功。至少今年春季欧洲不会发生战事。他说,去年夏天在美国时,他发现捷克危机即将出现,虽然罗斯福总统要求他在国内多呆一段时间,但是他坚持立即返回欧洲,以便危机发生时在那里。那场危机出现了,可是要采取有效措施制止这场危机已为时过晚。他说,目前他的努力已经有了较大的成果。那些极权主义国家显然已有所顾忌,不敢轻举妄动,从而使欧洲紧张局势有所缓和。他说,他对远东的形势考虑得很多,他愿意给予远东同样的帮助。他感到自己太无能,因为他想不出什么办法来结束中日战争。他问我他应该怎么办,什么解决办法才能使作战双方均感到满意。

我说,近卫最近的声明提出了日本愿意与中国和解的条件。简言之,双方要在政治上达成协议,这意味着中国要承认"满洲国";同意将内蒙古分离出来成为反共特区;同意在经济上合作,使中国、日本及所谓"满洲国"成为一个经济共同体;另外,还要在文化上合作,这意味着中国应该加入反对共产国际公约,并同日本一道反对传播共产主义思想。我说,中国是不会接受这些条件的,因为接受这些条件实际上就意味着中国将受到日本的奴役。

美国大使表示同意我的观点,并说,日本的所谓合作根本不是什么合作。

我说,如果日本是真心实意和中国进行经济合作的话,中国没有异议,正像中国十分愿意同欧美合作一样。但是,这种合作必须是互利的,而不是日本一方受益。换言之,中国希望在门户开放的原则基础上同日本进行经济合作。为了使解决办法对中国和日本双方都合理,我认为,首先有必要采取一些措施,对日本施加压力。我指出,日本军国主义者觉得对外扩张,对内政治控制方面都一帆风顺,并为取得胜利而洋洋得意,他们向自己的人民指出,任何地方都不存在反对他们政策的危险。他们还说,目前正是实施他们的政策直至得出应有结论的时候了。我说,虽然日本文职人员完全知道军国主义者轻率的侵略政策有陷入国际困境的危险,但是,除非法国、英国和美国在苏联的合作下,以行动表明不允许日本胡作非为,否则日本文职人员是没有希望向军国主义者施加压力的。

我对蒲立德说,我当然知道不能采取任何可能使这些国家陷入严重困难或冒同日本开战危险的措施。不过,还可以采取战争以外的措施,如经济措施,其效果可使日本立即有所感觉,又不会发生对日作战的危险。我又告诉他我在上次同博内先生会见时所提出的建议,并向他概括地介绍了三点建议的实质内容。我着重强调了抵制日货的想法,并要求博内认真考虑此事。我还对蒲立德说,从法国人那里我得到这样一个印象,好像美国对日本占领海南岛的反应使他们感到失望。我说,我从法国方面了解到华盛顿不愿意继法、英两国之后在东京采取相似的外交行动。隔了几天之后,美国驻东京大使采取的某种行动,也只是质询性质。我说,虽然英国向日本表示反对它占领海南岛,但是,英国对日本的答复表示满意。由于英国在这个问题上没有采取坚决的态度,法国人对英国人也不十分满意。

我还对蒲立德说,博内先生已经答应考虑我的三点建议了。

我还向蒲立德阐述了法国对三点建议所持的态度。我说,特别是关于抵制日货这个建议,法国已同伦敦和华盛顿进行过磋商。但是,法国人告诉我,英、美两国作出积极反应的可能性都不大。

这位美国大使说,在远东,苏联的态度是重要的因素。俄国在中日战争中有重要的利害关系,所以理应首先援助中国。但是,其真正意图仍然是个谜,它的话也决不可信。法、英两国被欧洲的事情缠身,不可能在远东采取有力的行动。同其他几个国家相比,美国在远东的利益相对来说是不大的。总的说来,美国人民对中国不够了解。由于两国相距很远,这一部分地区发生的事情,美国人民好像感到特别遥远。他说,苏联近在咫尺,但是它的政策仍然是不可思议的。

我向蒲立德指出,苏联给予中国很大的帮助。依我看来,苏联对日本的态度总是美、英、法三国采取什么行动,它也照样采取什么行动,甚至愿意参加军事行动。在布鲁塞尔会议上中国建议苏联军队在北面向日本示威,英、美、法三国的海军在南面向日本示威。美国代表没有同意这一建议,后来在日内瓦和伦敦,中国又极力要求召开会议,由英、美、法、苏四国和中国的代表磋商此事。但是这个建议还是没有被采纳。

蒲立德说,这个想法没有被采纳是很自然的,因为苏联的话是不能听信的。我极力主张立即采取一些措施迫使日本改变其政策。我说,限制和禁止日本货物进口就是向日本表明西方国家还会采取一些其他措施。这一步骤将有助于削弱日本军国主义者的地位,使赞同在合情合理的基础上尽早解决中日问题的日本文职人员的影响得以加强。

蒲立德说,美国事实上已在实施抵制日货这一措施了。换言之,美国已经采取一些步骤阻拦和减少购买日货。于是我说,据我了解,美国南部棉农反对抵制日货的情绪最为强烈。蒲立德说:"确实。"因为,日本大量购买美国棉花不是用现金而是用日本丝绸支付。他接着说,他总感觉到,苏俄愿意设法使资本主义国家之间发生战争，而它则坐收渔利。他认为，苏俄应该给予中国最大的帮助。如果苏俄真的对日本采取军事行动，这就可以向其他国家表明苏俄真正的政策是什么了。他说，那么，这些国家更坚决地合作来对付日本就不成问题了。

当我问蒲立德，美国国会反对在关岛设防一事对美国的对外政策是否有任何影响时，他说，没有多大影响。美国政府从未提出过这一建议。这一建议只在美国陆军的一个军事计划中提及。由于有反对意见，所以罗斯福总统没有考虑这个建议，以免影响国会审议工作的进程。

第七节　轴心国在欧洲和远东的猖狂活动
　对东西方国家之间的合作所起的作用
1939 年 2 月末—4 月初

佛朗哥于 1939 年 1 月末在巴塞罗那击败共和军之后，共和军的抵抗力量一蹶不振。2 月 27 日，法国和英国无条件承认了佛朗哥政权。

2 月 28 日下午 6 时，恰好在中国驻巴黎使馆外面发生了一件与最近承认佛朗哥政府有关的事情。那时，我的办公室外面一片欢腾，随后我发现这是庆祝佛朗哥的代表从法国外交部代表手里接管西班牙驻法使馆。西班牙使馆是在当天下午 1 时 30 分由西班牙共和国大使马丁内斯移交给法国外交部代表的。

法国的行动表明当时法国对轴心国所持的官方态度动向，以及法国适应德国和意大利的要求对整个欧洲所执行的真正政策。然而，给我以深刻印象的并不是在欢呼的人群中既有西班牙人也有法国人，而是法国政府竟在迁往巴伦西亚的共和政府真正投降之前就对佛朗哥政权予以承认。

在 3 月 6 日的午宴上，美国驻法大使蒲立德清楚地向我指出美国人是怎样看待这个承认行动的。在这次午宴上,西班牙成了谈话的主题。蒲立德当时也是主宾;他抱怨因法国承认佛朗哥政权而使美国为难。

法国外交政策的倾向已经日趋明显,并且不可避免地将对中国局势产生影响。这时候我的注意力总的来说集中在欧洲,特别是在法国。而与此同时,我于3月9日收到外交部来电,指示我于3月12日前往梵蒂冈参加教皇庇护十二世加冕大典。这给我在巴黎的工作带来了困难。因为法兰西共和国总统已接受我的邀请,参观中国一位著名画家的国画展览。此外,美国驻法大使还邀请我于14日和他一起进餐。因此,我必须迅速做出安排。我立即拜访了教皇的使节,要求他通知梵蒂冈,我即将往访。我还到法国外交部政治礼宾司商定由使馆参事郭则范代表我接待总统。郭曾留学比利时,法语讲得十分流利。但我很高兴仍能有时间在当天下午5时参观国画展览的预展。当时在场的有很多是以我的名义邀请来的新闻记者,因此我认为出席一下很有必要。

次日,即10日,我和公共教育部长扎易在网球场参加了正式展出仪式。出席的宾客约三百人,其中除艺术界和知识界的知名人士外,还有一些社会名流和外交界知名人士,如教皇使节、前殖民部长莫泰和法国驻瑞士大使克洛岱尔的夫人等。

同日下午5时,我乘火车前往罗马。我于次日抵达罗马,受到了中国代办和中国使馆全体工作人员的迎接。梵蒂冈的官方代表维图蒂侯爵亦前来迎接并代表罗马教廷向我致意。

中国驻罗马代办对欧洲局势的看法似乎明显地受到意大利宣传的影响。他告诉我,他认为意大利并不愿进行战争,否则他不会看不到备战的迹象。他还听到美国驻罗马大使菲利普斯说,在和意大利外交部长齐亚诺谈话时,后者曾说,他可保证有关意、德、日三国即将签订军事条约的新闻报道是毫无事实根据的;在任何情况下,意大利也不会参加军事条约。然而,在我看来,意大利外交部长的讲话更像是有意蒙蔽第三者以掩盖真相。

12日早晨,我在维图蒂的陪同下和我的随从人员一起前往梵蒂冈。加冕大典庄严肃穆,给人以深刻的印象。典礼从早8时30分开始,教皇先是在阳台上,然后是在圣彼得大教堂内接受红衣主教们的参拜,然后主持弥撒。典礼后,新教皇在阳台上向聚集在广场上的人群祝福。加冕大典直至下午1时30分宣告结束。

同日下午,科隆纳枢机主教举行了招待会,晚上中国代办设宴招待。次日有神圣大学的学生为我举行的招待会。我按照要求身着大使礼服,偕同代办和随行人员在维图蒂侯爵的陪同下赴会。在合影后,我们被引进接待大厅,有位学生发表了一篇热烈的欢迎词,我用汉语和英语致了答词。

13日中午,新教皇接见了我,并和我进行了愉快的谈话。他那满腔的热忱,显著的精神力量和坦率的魅力给我以深刻印象。现在我愿意提一下事后我追记的那次谈话记录。

根据我的记录,我首先表示,我能有机会代表我国来参加加冕大典感到莫大光荣。同时,我转达了中华民国主席阁下对教皇陛下的祝贺,祝愿教皇身体健康,祝愿他的崇高圣职在世界各地获得成功。教皇说,他非常感谢中国主席阁下派遣特使参加加冕大典,并对中国派出如此知名的人士作为特使表示赞赏。他对我能摆脱在巴黎的重要公务前来罗马感到十分高兴。

我说,我愿意借此机会向教皇表示我个人以及中国政府和人民的谢意,感谢天主教传教会在中国对难民和受伤平民进行的出色的救济工作。教皇说,他高兴地得知天主教会在中国进行了有益而令人满意的工作;然而,他们只不过是完成了一项慈善与人道所赋予他们的任务。他希望中国目前正在经历的苦难不久即将结束,并将能再次把全部时间和精力投入全世界都钦佩的文化和文明的工作中去。

我说,我深信教皇的崇高威望将对全世界的和平和正义事业发挥作用。教皇说,他憎恨暴力猖獗,并一定竭尽全力从道德上和精神上施加影响,使人类表现在文化和文明方面的真正优越性重新发扬光大。我说,以武力取得的胜利只能是暂时的,绝不会持久。正如中国圣贤所教导的,从长远的观点来看,得人心才是最重要的。高度文化和文明不是由武力,而是由精神修养和智力发展建立起来的,这正是人类和禽兽的区别。

教皇说,人类的幸福取决于道德力量战胜暴力和混乱。当我起身告辞时,他说:"上帝保佑你。"我站起身来,教皇摇了一下铃,门开了,维图蒂侯爵把使馆工作人员一一向教皇做了介绍。

紧接着,我拜访了新上任的罗马教廷国务卿马利奥内红衣主教。我很了解他,因为他曾在巴黎出任教廷驻法使节和我同行。我们进行了友好交谈。他表示对能接待我这位以中国特使身份来访的、他留驻巴黎时期的老同行感到极其高兴。他询问了中国局势,并表示十分关切。我告诉他,战斗已在中国三条战线上重新开始,中国军队正坚守阵地。面临持续的侵略,中国军民的士气十分旺盛,这一点是很突出的;我说这场战争将是一场长期战争。

马利奥内表示希望中国目前遭受的苦难不久即将结束。然后,他询问了法国的局势。我说自从去年 9 月以来,法国已经迅速恢复信心。达拉第内阁已能统一公众的意见,并在建设工作和应付欧洲纷乱局势的准备工作方面取得了进展。马利奥内说,他听说达拉第有可能继勒布伦当选为总统,但是他认为这会使法国失去一位十分能干的国务会议主席。

我说,达拉第干得这么好,如果他准备竞选,肯定可以当选。但是很多朋友都在敦促他无论如何要暂时保留政府首脑职务,因为如果他当选为共和国总统,很难找一位和他一样坚决果敢和精力充沛的继承人来应付当前局势。马利奥内说,他同意这个意见。他很高兴能有机会和我会晤,并向我保证,梵蒂冈将永远是中国忠实的真正的朋友,并随时准备帮助中国。我对他表示感激,旋即告辞。

在当天早些时候,我访问了美国驻罗马大使菲利普斯。自从上次在华盛顿和他会面以来已经过了二十年。当时他是助理国务卿,我们保持密切联系,因为作为中国驻华盛顿公使,我见到他的次数可能比见到美国国务院任何其他成员的次数都要多。在我们这次交谈中,菲利普斯把他对欧洲当前国际形势的看法做了有趣而清楚的介绍。

关于地中海局势,菲利普斯说,他不相信意大利愿意和法国作战。目前,法、意部队在突尼斯和利比亚集结,并在那里的边界上对峙。局势是紧张的,任何愚蠢的事件都可能引起冲突。然而,在他看来,不存在意大利投入战争的迹象。意大利人不要战争,同时这个国家很穷。虽然最近已建立起石油储备,但仍缺乏重要原料,如铁、棉和铜等,这些原料都必须从国外进口。在这些主要原料短缺的情况下,意大利显然没有能力进行一场长期战争。

我向他询问了有关英国充任调解人的报道以及他所掌握的情报。菲利普斯说,张伯伦所进行的,严格说来不是调解工作。英国首相不过想缓和北非的局势。他准备通过说服意、法双方从前线撤退部分军队,来使局势趋向缓和,并为双方开始谈判造成较好的气氛。据他了解,意大利至今尚未提出任何要求。至于吉布提港问题、通往亚的斯亚贝巴的铁路以及苏伊士运河等问题,那都好办。局势的关键在于意大利有可能提出向突尼斯自由移民的要求。这个要求会遭到法国反对,因为这意味着在一两代的时间内,意大利人将大量涌入突尼斯,人数将超过法国人。就这样,话虽不多,他却向我十分清楚地介绍了意、法两国在北非的关系。

我告诉他,法国对待意大利的态度日趋强硬,而菲利普斯认为意大利对法国的态度,对法国人民来说,实际上是件好事。他解释说,意大利的态度起了促进达拉第加强其实力和团结全国的作用,正是意大利对准法国的那个枪口,促使法兰西民族精神振奋团结;而有了重新联合的阵线,法国就可望在对意谈判中获得成功。但是只要枪口依然对准法国,它就不会开始谈判。因此,目前的问题是设法劝使墨索里尼把枪口转移开,而这正是张伯伦的意图。

他接着说,意大利的局势特殊。这是一场独角戏。法国、英国和美国在与意大利打交道时,实际都是在和墨索里尼一个人打交道。墨索里尼的为人摇摆不定,喜怒无常。近来,他变得容易激动而好发脾气。西班牙局势的发展,对于他是事与愿违。意大利在西班牙已伤亡一万余人,但一无所获。在菲利普斯看来,墨索里尼实际上被一个四人小集团所包围,这四个人是外交部长齐亚诺、人民文化部长阿尔菲里、法西斯党总书记斯塔拉切和该党前总书记法里纳奇。墨索里尼的国际形势情报均来自这些人。这些人都是亲德的,齐亚诺也不例外。他们的亲德思想促使他们向墨索里尼只提供合乎他们自己目的的情报。意大利人是反战的,并对这个小集团包围墨索里尼感到厌烦。他们对领袖仍是十分钦佩,十分爱戴的,但是他们对这个小集团控制国家事务的做法不满。因此,墨索里尼可能有朝一日会突然决定向法国挑起冲突。这一切都取决于他的脾气。菲利普斯的这些话我觉得是对罗马局势的精辟分析。

我问菲利普斯,意大利和德国的关系如何。他回答说,他不相信德国会替意大利打仗。希特勒的全部政策是通过战争威胁而不必通过实际战争以获得他所想要的一切。如果说希特勒在实现德国野心方面尚且避免战争,他肯定不会为意大利从中获利而冒战争的风险。

菲利普斯认为,意大利和美国的关系并不甚好。墨索里尼因美国报界不断对他个人进行攻击而极为恼火。菲利普斯解释说,在美国,墨索里尼和希特勒是同义词;人们不可能批评一个政权而不批评代表这个政权的人。但墨索里尼对此不能理解,也不喜欢,因此,他对美国大发雷霆。菲利普斯在回答我提出的有关意大利和莫斯科的关系这个问题时说,最近两国已签署了一项贸易协定。两国之间确实不存在发生冲突的直接原因。

我离开美国使馆前往会见意大利外交部长齐亚诺。我在中国时就和他相当熟识,这次发现他较前胖多了。我们进行了足足一小时的坦率友好的谈话。尽管他的见解清楚地表明他是同情和支持日本的,但始终声称他是中国的朋友,同情中国的事业。也许如他自己所说的那样,从他个人和内心来讲,他可能确实更同情中国人,因为他在担任意大利外交官时曾和他的妻子齐亚诺伯爵夫人在中国度过了许多年。另一个很不寻常的事实是在中国的所有外交使团中,他们夫妇认识的中国朋友最多,在中国官场和社交场合与中国人建立的友好关系也最多。

在和齐亚诺相互寒暄并谈论在华共同友人的消息之后,我说,虽然我这次访问罗马极为短暂,但是我不愿未和他见面畅谈就离开罗马,特别因为这是我初次来访。我说,我仍然记得他曾为促进中意两国关系的发展而努力工作多年;但是令人遗憾的是自从我和他在中国分手后,情况发生了许多变化,他的工作成果似已化为乌有。更为令人遗憾的是,这些变化是从他出任意大利外交部长以来出现的。我这番话是以一种间接的方式告诉他,他对两国关系的恶化负有部分责任。

我对他说,如果意大利认为有必要增进其与日本的友谊以推行其欧洲政策,那当然是意大利自己的事,我不想加以评论。但是为了对中国公正起见,意大利不应该把同日本合作的愿望作为反对中国的理由。我说,我不时注意到意大利政界的言论和意大利报纸的文章公开祝愿日本在对华战争中获胜,并声称中国注定要失败。这一切都伤害了中国人民的感情。中国人民仍然记得意大利以及齐亚诺本人过去对中国的友谊。我这篇开场白可以说是为了诱使他向我透露他的真实意图和意大利的真正政策。

于是,齐亚诺说,意大利和日本友好,完全是为了便于在欧洲推行意大利的政策,意大利并不想反对中国。他认为他自己仍然是中国的朋友;事实上他曾在中国度过了最令人愉快的岁月,并把中国看作是他的第二故乡。他有两个子女是在中国出生的,他在中国有很多朋友。他曾为加强两国的友谊而努力工作,但是他愿坦率地说,中国在制裁问题上和其他场合是推行一种针对意大利的错误政策。(他自然应首先考虑他的祖国意大利的利益。)

我回答说,中国有关国际制裁的政策不含有任何对意大利不友好的感情。中国只不过是针对满洲问题和日本在华行动而采取了保护其本身利益的行动。任何其他国家处于中国的地位也会这样做,因此不能期望中国推行另一种相当于放弃其国际地位的政策。

齐亚诺随后说,这当然是过去的事情,他不想再细谈。然而,作为中国的好朋友,他愿敦促中国政府尽快和日本达成协议。日本力量强大,中国继续抗日是无济于事的。他知道某些大国一直劝告中国继续抵抗,正如他们劝告阿比西尼亚那样。但是他们本身并没有真正援助中国的抵抗,而只是希望看到中国做出更大的牺牲。他的这些话在我看来是他的真心话,而不是托辞。他心里有这种观点是很自然的,因为他首先是一个意大利人。他说,阿比西尼亚皇帝现在又哪里去了呢。中国抗战的时间越长,结局越糟。中国唯一应该遵循的政策是与日本合作。只要中国决定与日本合作,意大利就将随时向中国提供援助;但是在它继续抗日期间,意大利是无法提供援助的。他如此坦率地发表意见,我要以同样方式给他答复。我向他指出,目前的中日战争是强加在中国头上的。日本是侵略者,中国为了保卫自己的领土和独立,必须进行抵抗。任何其他国家处于中国的地位都会这样做。事实上,没有一个国家敦促过中国继续抵抗。抗击日本侵略以保卫自己是中国的本分和决心。如果日本提出一项对双方都体面而又合情合理的解决方法,中国政府和人民随时准备和日本进行和谈。但是,只要日本执意统治中国,中国就继续抗战。目前日本侵略的目的在于置中国于死地,受害者为了谋求自身解放而作拼死斗争,这完全是理所当然的。

齐亚诺说,他不了解日本要提什么条件,因为他不大好向日本询问,但是他愿意了解什么条件能为中国所接受。我说,我不能代表我国政府讲话,但是我本人可以断定,和平谈判的唯一原则是尊重中国的独立和主权。与日本合作必须在平等互利的基础上进行。如果日本认为合作就是统治和支配,中国当然不能接受。为了使真正的合作成为可能,日本必须从中国撤退全部军队。

齐亚诺立即说,日本是决不肯撤退军队的,它不会这样做。我说,只要日本不能接受这个条件,战争就将继续下去。他接着询问满洲怎么样。我回答说,这个问题可以讨论,正像内蒙古是可以讨论的那样。换句话说,作为中国领土的一部分,就可以讨论。他又问及北京。我说,日本必须把北京交还给中国。中国将为收复北京等大城市而继续战斗。

我接着说,如果意大利出于其欧洲政策的缘故,愿意看到中日冲突尽早结束,从而使日本得以保留其实力和资源,以防不测,那么意大利就不该用站在日本一边反对中国的办法来鼓励日本。在我看来,意大利发展同日本的友谊,是为了让日本揪住英国这头狮子的尾巴和使法国困在印度支那,从而意大利得以在欧洲对英、法施加压力。如果是这样,意大利就没有必要鼓励日本侵略中国,日本不乏在远东对这两个大国施加影响的其他方法。

然而,我表示深信,日本在远东的这种行动不会对欧洲产生决定性的影响。就是说,日本的行动危及各大国的利益,日本的压力威胁着他们在那个地区的殖民地,但是,如果欧洲同时发生战争,他们是不致分兵去对付日本的。英、法两国在这个地区的利益的最终命运是清楚的。如果日本由于和德、意结成联盟而得以占有西方民主国家在远东的属地和利益,它肯定不会让德、意两国分享。

我说,说到底,意、日两国没有互利合作的基础。在经济方面，两国都是高度工业化的国家，都依赖于为制成品开拓国外市场。意大利所缺的，日本不能供应。意大利和日本合作只会对日本有利，并不会给意大利自身带来物质利益。所以意、日合作实际上是只对日本单方面有利。

我接着说，据我了解，反共协定的三个缔约国将把这项协定变成军事联盟。从我刚说的一切，我看不出这样一个联盟对意大利或德国会有什么好处。

齐亚诺的回答既很有趣，也很重要。他说，日本确实不能在欧洲给意大利帮忙，意大利对日本也没有这样的指望。但是在远东，日本所能做的不只是揪住英国狮子尾巴或拽住法国的脚。日本陆海军的力量是强大的，如果在欧洲发生冲突，它的帮助就不会只限于欧洲，甚至可以伸展到非洲。有德国和意大利在欧洲，日本在远东就不会遭到任何大国的进攻，而且行动有完全的自由。

关于军事联盟问题，齐亚诺说，谈这个问题为时尚属过早。他们现在可能正在柏林讨论这个问题。但就意大利而言，他知道并没有缔结任何联盟。然而，这并不意味着今后也不会缔结。反共产国际轴心是由意大利、德国、日本、"满洲国"和匈牙利等成员国组成的强大集团，没有其他集团能与之抗衡。所以他敦促中国参加，并且带着讥讽的口吻问道，战后将剩下一个什么样的中国来与意大利合作呢？

我对他说，有四亿五千万人口的中国是日本无法吞并的。中国目前正在继续抗战，而日本则已显出疲惫不堪的迹象。日本力尽财穷自动叫停的日子必将到来。

齐亚诺说，他不相信日本在对华战争中会精疲力尽。没有一个国家曾因经济力量不足而停止过战争。中国抵抗越久，命运越糟，最后只会落得成为另一个阿比西尼亚。

我对他说，中国不是阿比西尼亚，日本也不是意大利。意大利在阿比西尼亚的冒险活动，有统一的意志，还有对阿比西尼亚的文化影响,这些都是它的雄厚资本。反之,日本目前在对华政策方面,分歧很大。陆军内部意见分歧,和海军陆战队的意见也不一致。在军方和文职人员之间,在政客和外交官之间,意见也有分歧。

齐亚诺说,日本外交官是无足轻重的,决定政策的是陆军,而陆军决心把战争进行到中国屈服为止。他同意中国是无法吞并的,因为它比阿比西尼亚幅员广大,人口众多。但是如果只进行了二十个月的战争,中国就失去包括上海、南京、天津、北京、汉口和广州在内的所有大城市和港口,并把政府迁往与世界其他地区隔绝,当地人民生活贫困和资源有限的重庆,那么,日本清除后方的捣乱分子和重建社会秩序就只是个时间问题了。他说,他还听说蒋委员长已经失灵,将领之中也已产生分裂,中国从国外再也得不到武器供应,因为所有交通线均被切断。另一方面,日本已使某些地方担负其部分开支;满洲则日益富裕和繁荣。

我指出,看来齐亚诺的情报完全来自日本,而方才他所讲的中国局势恰好与事实相反。中国远远没有被打得疲惫不堪,濒于绝境,而是决心继续抗日,同时全体军民的士气极其旺盛。就在前线战斗进行之时,经济建设以及诸如修建铁路和公路等发展交通的工作仍在进行,这是千真万确的。团结精神从来没有像现在这样得到发扬。蒋委员长不但没有遭到中国任何将领的反对,而且还倍受崇敬,人们服从他的指挥,公认他是领袖。过去一向反对他的将领,如山西的阎锡山及广西的李宗仁和白崇禧,在这数月以来,也都一直和蒋委员长忠诚合作。

我还对他说,我没听说在沦陷区有哪个地方已经恢复了繁荣并能承担日军的部分费用。相反,日军发现必须从日本和满洲把一切物资运来,甚至包括日军士兵的口粮,因为中国的焦土政策使他们在当地什么也得不到。这也是事实。这是政府经过深思熟虑而采取的政策,也是背井离乡从日军占领的乡村和城镇外逃的中国人所欢迎的政策。他们在离开家乡之前,出于对侵略者的深仇大恨,破坏了一切,使得敌人无法利用。至于满洲,仅两个月前,离沈阳二十公里处就有战斗。最近中国人民的反抗精神是空前高昂的。

由于齐亚诺所掌握的远东情报失真,所以我在谈话结束前,提到了意大利新任驻华大使在上海虚度时光。我敦促齐亚诺指示大使前往重庆担负起他的职责,以便全面而准确地向意大利政府汇报中国局势。我告诉他,几乎所有欧美各大国都让他们的大使馆驻在重庆。我认为在中国政府所在地没有外交代表,无论是对意大利大使的个人威望,还是对作为一个大国的意大利的威望都没有好处。齐亚诺反驳说,重庆有意大利领事馆,因此,不能说意大利没有代表。对此,我说,这和有一位大使直接和中国政府进行接触不是一回事。除非为了取悦日本政府,我看不出为什么让新大使在上海逗留,参加当地的大量社交活动,而不在中国政府所在地执行重要任务。

齐亚诺显然有所触动;他沉思了片刻,然后说,中国尚未承认意大利帝国。苏联和中国是世界上还未给予这种承认的两个国家。他又补充说,他并非要求中国和苏联承认,因为意大利政府认为这个问题无足轻重。我对他说,就中国而言,不承认并不意味有意对意大利不友好。问题之所以悬而未决,只不过是因为中国为了抵抗日本的侵略和面对世界其他各国,需要维护一种特殊地位。但是我认为,肯定能够制定出令人满意的方案来克服这个困难(我未作具体说明)。

然后,我问齐亚诺对欧洲的最近将来有哪些看法。他说,他并不悲观,他相信意大利的政策是会实现的。他认为不论怎样,在几周之内将会更清楚地看出欧洲局势将怎样发展。西方民主国家总认为意大利虚弱,但是意大利对自己的力量是充满信心的。当我提到斯洛伐克事态的严重发展以及据报道匈牙利动员了一部分军队集结在斯洛伐克边界时,齐亚诺说,意大利对此局势没有什么特殊兴趣,同时他认为局势也不会发展成为严重争端,因为德国没有提出反对意见。

为了说明我们双方这次开诚布公、毫无保留地交换看法绝不是一次紧张的会见,而只不过是两位朋友之间自由交换意见,我应该补充一下,在我告辞时,齐亚诺向我保证,如果需要他帮助,他希望我毫不踌躇地找他。他表示他为我当日就离开罗马去法国而感到遗憾。他向我保证,在我重访罗马时,他一定安排对我正式接待。

回想起来,我觉得这次谈话反映了我当时对中、日两国力量的看法。齐亚诺提出了日本强大的论点;他的印象是日本在中国可以为所欲为,日本的经济地位和军事地位已经加强。我提出大量事实作答;我记得这些事实似乎给他以深刻印象。我并不认为中国对日本处境的看法和结论是单纯的宣传,尽管中国外交部长在来电中所表达的,其中有些是宣传性的。

中国政府实际上对有关日本实力和发展的消息是十分灵通的。我们有日本和沦陷区的情报渠道,以及党政的几个情报部门。外交部有一个部门,由情报司司长掌管;委员长侍从室有一个专门的局,由一位曾在日本受过训练的中国人负责。他曾在东京外交部门工作过,日语讲得就像日本人一样。他和日本政界和军界许多首脑人物有私交,能建立有效的情报渠道。据我知道,他甚至雇用数名日本人为他工作,他们当然都得伪装。

我记得,我在重庆时,这个人一天两三次到我屋里来交换意见,讨论他所获情报的意义,以便听到不同的见解。他比我熟悉日本和远东,同时他想知道欧美人怎样看待这些情报,而我对欧美人的观点比较熟悉。

试举一例足以说明他的工作是何等有效,我们从他那里获得一件确切的情报,说日本海军将袭击珍珠港。我们还将日本海军携带秘密指令出发的日期也通知了华盛顿,尽管起初华盛顿并不十分相信。这是在11月中旬左右通知华盛顿的。

13日下午,我拜访了马利奥内红衣主教之后,参加了教廷国务卿举行的招待会。招待会的地点是距罗马约二十五英里教皇的美丽的夏季官邸。晚上，在参加中国代办为我举行的宴会时，我收到孔祥熙的来电，指示我就催促意大利新任大使前往重庆一事谒见墨索里尼。当然，我回电称，我已向外交部长齐亚诺着重提出了这个问题。

次日，在我乘火车返回巴黎途中，赫斯特报系记者卡尔·冯维根来到我的车厢。他是我不久以前在巴黎认识的。我们进行了一次坦率的私人谈话。他所谈的颇为有趣。他说，希特勒是个神秘主义者，还一再说他活不长。他说，所谓希特勒是色情狂的说法简直是荒唐透顶。希特勒研究过公元前 3 世纪的中国《孙子兵法》。希特勒并曾在某一场合对他（冯维根）说，在外交方面，就像打仗那样，应该出奇制胜，而上策是不战而胜，这正是孙子的名言之一。

冯维根还告诉我，德国陆军仍然是一支坚强部队，对希特勒并无亲切的感情，因为他出身卑微，没有受过什么教育，方法也都是独出心裁的。冯维根说，在慕尼黑事件期间，六位将军去劝谏希特勒停止行动，但是希特勒却说他们准是成立了一个失败主义者俱乐部；说完话就突然离去。

我于 15 日早晨 9 时 25 分抵达巴黎的里昂火车站，并从法国报纸上看到了斯洛伐克在希特勒的支持下宣布独立。中午 12 时，参事和秘书都向我汇报说，合众社记者刚打来电话，德国人已进占了布拉格。

当天下午 1 时，我参加了外交学会举办的午餐会。席间谈话集中在中欧局势以及法国内阁的命运这两个问题上。女主人是这个学会秘书长弗朗居里的夫人。她告诉我，仅仅在四天前，捷克斯洛伐克驻巴黎公使奥苏斯基曾要求她丈夫在下一次学会举办的午餐会上把他的座位安排在德国大使附近。这清楚地表明这位捷克斯洛伐克公使对布拉格即将发生的事态一无所知。

奥苏斯基为人干练，很有才能。我和他过去经常就欧洲国际局势交换意见,特别是法捷关系及捷德关系。他显然同情民主国家,并非常怀疑德国对捷克斯洛伐克的政策。在捷克他是贝奈斯的莫逆之交和合作者,但后来因意见不同而闹翻。奥苏斯基总认为贝奈斯的政治观点不够坚定,并认为他在原则问题上易于妥协。不过我料想奥苏斯基未必会想到贝奈斯后来因捷克斯洛伐克被德国占领而遭到的坎坷命运。

次晨,即3月16日,所有报纸都以大字标题报道捷克斯洛伐克灭亡的消息。波希米亚和摩拉维亚本是斯洛伐克和喀尔巴阡乌克兰(即罗塞尼亚)宣布"独立"后捷克斯洛伐克所剩下的两个省,现在则成了德国的两个省。希特勒已进入布拉格,住在具有历史意义的大别墅中,这个大别墅一天前还是捷克斯洛伐克共和国总统的官邸。

当晚,我参加了亨利·罗斯柴尔德的姐妹科恩夫人在她华丽的巴黎寓所举行的宴会。我们在一起闲谈时,她说她认为希特勒是可怕的疯子。一位罗马尼亚人瓦卡雷斯库对我说,法国军队总司令甘末林将军最感不安的是德国解除捷克斯洛伐克军队的武装,因为法国曾经保证过捷克斯洛伐克的安全。甘末林认为,德国必已从捷克斯洛伐克的军事档案中发现了法国的全部军事秘密。他认为这件事可能造成法国内阁危机,但是达拉第是会坚持到底的,他或许会起用博内为外长。

在宴会上,我见到的法国人都说德国突然袭击布拉格将会提高法国的警惕,要不就说将会加强英、美、法三国的团结。独无一人提到有什么积极行动可为。他们都认定慕尼黑协定已经决定了捷克斯洛伐克的命运。如果法国目前作出反应或采取行动,人们就会问,既有今日,何必当初。在德国吞并捷克斯洛伐克之际,法国所采取的无所作为的态度,就是如此。

有些法国领导人,特别是右翼领导人,对法国的软弱以及缺乏对付突然战争的准备,忧心忡忡。而左翼人士,则不怎么意识到这点。正如一位法国朋友告诉我的,左翼的主张很不合逻辑。

一方面,他们反对采取和实行应急的军事准备计划,反对高额军事预算;另一方面,他们极力要求政府对轴心国采取强硬的外交政策。

总观全局,我认为缺乏内部团结确实是导致法国始而无所作为,继而在战争真正爆发时垮台的基本因素之一。有些在政府身居要职的人,不是没看到风云即将突变,例如殖民部部长孟戴尔,甚至达拉第在一定程度上也有所预见。然而达拉第摇摆不定,观点一时一变。例如,在慕尼黑协定期间,他附和了博内,尽管最初他认为并不十分同意博内的过分屈从。及至飞回法国,看到机场上聚集了一大群人时,他又担心国内的反应而十分紧张。他以为他将受到群众的袭击。但是实际上,人群是在那里为他的成就而热烈欢迎他。这使他改变了想法和信念。换言之,法国缺乏坚强的领导,这或许可以从根本上说明战争爆发后法国迅速崩溃的原因。在崩溃之前,则表现为法国外交政策举棋不定,左右摇摆。

很明显,在一段时期内,法国力图通过对意大利在地中海的野心做适当的让步来换取意大利的支持。但是在意大利看来,法国还走得不够远;而当意大利果真加紧推行其在地中海和北非的扩张政策时,法国又未能做出有力的反应。

关于军备问题,当 1936 年德国军队进军莱茵兰时,法国确实准备很差;1937 年也是如此。但是到 1938 年中,法国军备有了很大的改进。如果德国仍试图胁迫法国,法国就会做出反应,不会一味屈从柏林。但是政府再次束手无策,这不只是因为内阁内部缺乏团结,当然也因为法国议会中缺乏政治团结。左翼分子对达拉第的行动提出各种各样的反对意见。总之,那个时期的法国全部历史对外界观察家来说,确实令人沮丧。我认为,这是法国终于未能在反对轴心国侵略中起重要作用的原因。

首先,在慕尼黑事件时期,法国用各种协议和保证来说服捷克斯洛伐克接受丧失体面、割让领土和减少人口的条件,只不过是为了使捷克斯洛伐克同意慕尼黑协定。这些协议和保证绝非当真意味着如果今后德国胃口越来越大,提出越来越多的要求时,法国(或英国)会出面支持捷克斯洛伐克。即使法国人当时这样说了,他们也不再把实践诺言放在心上。

1939 年 3 月法国的态度可以用这样一个问题来表示:今天如果打仗,当初何必签订慕尼黑协定? 这种态度似乎非常消极,但却是客观而合理的。因为事情一直十分清楚,一旦在苏台德问题上对德国让步,德国决不会就此罢手,而必定得寸进尺,直至吞并整个捷克斯洛伐克而后已。我可以肯定,法国的政治家当时并不像鸵鸟那样,把头埋进沙堆里而无视现实。但是他们,特别是法国外长博内,对苏俄十分怀疑,强烈反共。他一向认为法国的真正利益最终将有赖于不仅和意大利而且和德国合作,以维护欧洲并保持欧洲的强权地位。此外还应考虑到法国当时深受张伯伦绥靖政策的影响。法国乐于追随英国,因为法国认为,假若可怕的欧洲危机突然爆发,只有法英合作才能予以制止。法国为获得英国的合作和支持,几乎愿付任何代价。这或许就是博内在慕尼黑乐于屈从德国要求的另一原因。

至于法国对苏俄政策的怀疑以及法国对共产主义的潜在固有厌恶,则和伦敦张伯伦的态度及政策如出一辙。英国首相从内心里同样反对和苏俄进行任何形式的合作。他不信任莫斯科,事实上也不愿意和莫斯科进行任何形式的合作,因为他觉得苏俄领导人的话不足置信。

临近 3 月的最后一周,德国虽然在不久前吞并了整个捷克斯洛伐克,但是仍不满足,又对立陶宛施加压力,结果吞并了立陶宛的领土梅梅尔。同时,希特勒就但泽和波兰走廊向华沙提出苛刻要求。然而此时,英国已经开始畏缩不前。即使张伯伦也曾对德国攻占布拉格真正感到过愤慨。但是,这时要使对捷克斯洛伐克领土完整的保证生效已经为时过晚。英国人已经把他们的注意力转向波德问题了。

在介绍英国的作为在欧洲所产生的后果之前,我愿先谈一下中国国内财经方面的某些发展情况,以及中国向国外,特别是向西方民主国家谋求财政援助的尝试。

日本自沿海向中国内地推进,其结果使中国的财政经济和国库岁入日益困难。中国沿海地区的经济发展较其他地区迅速,中国国际贸易也都集中于沿海地区。沿海地区失陷后,除国家岁入蒙受巨大损失外,还产生了很多新问题,因为日本侵略者已在其统治的各省采取步骤控制货币和市场。

很明显,日本除了进行军事行动以摧毁中国武装力量外,还试图有步骤地对中国施加经济压力,破坏其财经体系。当然,日本有其双重目的,一是对中国施加财经压力,迫使中国求和;二是尽可能利用沦陷区的财力,以减轻其自身的财政负担与部分解决在中国进行军事冒险的费用。当然,日本同时希望排挤其他国家在中国的利益。

抱着这两个目的,日本进行了两方面工作。首先,在南京和北平两地建立傀儡政权之后,颁布了一系列法令,以控制关税收入;第二,日本采取步骤宣布在沦陷区使用中国法币为非法,并建立日本人所谓的联合准备银行,发行伪币以代替中国法币。这两方面的进攻是密切相关的,因为日本发行的新货币依靠关税为准备,而在过去关税是用来担保外债的。

针对日本危害中国财经资源的利用和流通的措施,中国不得不采取反措施。关于赔款及外债,政府必须重新考虑其继续偿付的政策。中止偿付外债是一个复杂问题。自从卢沟桥事变中日冲突开始以来,中国竭尽全力继续支付债款。尽管由于需要反抗日本的侵略,财经情况极度紧张,中国仍一直维持支付债款。困难之大,自不待言。外债不仅包括根据贷款合同分期偿付的本息,而且还包括庚子赔款。日本侵占了几乎所有沿海各省,而中国正是主要依靠在这些省份征收关税才得以履行其支付外债的义务。此外,日本还在其占领区内关闭了中国正常的有收益的机构,扣留税款,并且用特殊手段夺占海关征收的关税。再者,日本侵占了沿海各主要港口,中断了中国商品出口,从而剥夺了中国赚取外汇并以外币支付债款的能力,而这些日益缩减的外汇储备,还为各方面所急需,要用来维持货币的信用和购买战争物资。

政府最后不得不宣布延期偿付部分债款。这一措施的性质和目的可从财政部长孔祥熙1939年1月15日的电文中得到解释。电文中附有重庆同时发表的一项声明:

> 一年多以来,日本当局不顾其多次承诺,于其军事占领区截留我国为保证清偿外债而征收之全部税金,仅去年六月江海关之一宗汇款除外。为弥补各该地区所应汇交之总额,中国政府已垫付一亿七千五百万元,而且中央银行为此提供全部所需之外汇。但日方不断扰乱中国通货,强行流通日元、军用券及伪币,致使收款中之合法通货缩减,而此项通货则为政府履行义务之保证。

> 中国政府虽困难重重,仍偿付其债务,以示对债权人应有之尊重。

> 中国政府迫于目前形势,不得不认为上述情况实难维持;为此,对海关总税务司有关续予预付之请求,不得不予拒绝。惟自本日起,政府愿于中央银行之特别帐户内另立长期债务拨款,按不受日本干扰地区之收入比例摊提,作为中日冲突前未偿债务之保证金。中国政府希望,日本军事占领区对保证金应摊之份额将源源汇来,对中国通货之扰乱将告终止,俾能如期偿付债款。此项措施系目前非常情况下之暂时安排。

次日,我接到外交部来电,通知我外交部已于1月15日向英、美、法等国大使馆发出照会,并附有上述有关中国政府债款支付问题的声明。中国政府在照会中对不得不采取这一行动表示遗憾,但表示相信有关政府能够谅解这是由责任不在中国的事件造成的。中国政府处于目前困难时期,对各国所表示的同情深为赞赏,并希望有关政府继续努力,本着现行条约和协定精神,在中国和友好国家互利原则的基础上扭转当前局面。

为了在沦陷区禁止流通中国法币,日本当局制订了一项计划。根据孔祥熙2月2日的电文,这项计划大体包括以下措施:日本打算成立一家新的中央银行,资金一亿元,由日本人儿玉掌管,并发行纸币,外汇率则固定为八便士折合一元。这就是日本统治区的联合准备银行,其纸币为联银券。日本人用从市场上获得的约三百万英镑的外汇和关税收入来支撑联银券,以期新纸币能有效地排挤中国法币。新纸币并不依附于日元,因为最初的目的是设法提高公众对新纸币的信任。

孔祥熙来电接着说,日本控制沦陷区的金融业务,将使贸易和商务停顿,从而使外国利益蒙受严重损失。他因此要求包括驻法使馆在内的各驻外使馆敦促各有关国家的政府尽最大力量阻止实现这些措施。他更具体地要求各友邦政府反对日本提出的计划,特别要求外国政府敦促他们的银行和商人拒绝接受这种货币。此外,孔祥熙已得到消息说,天津的外国银行已经表示愿意用日本控制的联银券取代中国的法币。因此,他嘱我要求各国大使向各有关政府交涉,尽一切努力阻止这一行动,并协助维护中国法币的地位。

接到这个电报后,我派参事郭则范去见法国外交部亚洲司副司长肖维尔。2月16日,我亲自就日本占领海南岛问题拜访肖维尔,我提到了他和郭所谈的北平日伪政权明令禁止使用中国法币,而代之以所谓的联合准备银行的纸币问题。

肖维尔告诉我,法国政府已经就这件事在伦敦和英国政府联系,但尚未得到回复。他认为这个问题很棘手。在天津的外国租界和北平使馆区内,外国厂商可以坚持使用中国法币,但是这样的地区终究很小。而且这些地区都处于日本控制区的包围之中,他们的食品必须从外部购买、而外部地区禁止法币流通。我说,如果外国银行一致拒收新纸币,他们的联合行动或可制止北平政权公布的法令生效。

肖维尔对我说,他已与东方汇理银行商量,并得知困难甚多,长期坚持抵制新纸币实际上恐不可能。此外,天津的几家英国银行已经开始接受新纸币。如果中国政府有某种具体计划阻止这条法令在华北执行,他表示乐于合作。但是他在早晨收到一份报告称,日本控制下的北平政权发布了另一法令,命令今后一切新的商业合同都应以新货币为单位,2月10日前签署的旧合同,也应折合成新货币。如果外国银行拒绝遵守新法令,势将提交当地法院,而当地法院必然维护新法令。这进一步说明阻止执行新法令的困难。诚然,情况极其复杂,并且表明日本人在加强对华北的控制方面是多么坚决彻底。

3月初再次见到肖维尔时,我偶尔问起天津英、法租界的情况。他回答说,日本行动的目的是迫使租界当局接受北平政权有关使用新联银券的命令。他还说,正如我上次访问时他所告诉我的,很难抵制新货币的流通。因为,例如必须到租界以外的地区购买食品,这就迫使在租界中居住的人不管怎样总要使用新货币。他最近曾向伦敦询问英国对此问题的态度,但是未能得到答复,这或许表明英国并不热心于为制止新货币的流通而采取行动。然而他再次向我保证,如果中国政府提出建议,他将研究任何阻止新货币流通的具体措施;同时,他将再次设法了解英国政府的意见。

2月24日中国驻伦敦大使馆来电,其中包括路透社2月23日发自北平的一则报道。报道说,据日本人称,首先,华北海关当局将从3月10日起拒绝批准出口许可,除非出口商执有证件,证明出口所得外汇已售予日本控制下的联合准备银行。第二,将立即颁布法令,责成海关当局将所收的全部外币存入横滨正金银行。联合准备银行的日本顾问宣布,虽然该行已经积累了相当多的准备金,并正在积累更多的准备金,但是肯定需要进一步采取措施以平衡外汇收支;为此,该行将在适当时候按一先令二便士的价格买卖外汇。由于沦陷区的经济发展需用大量外汇,银行对进口提供的信用贷款将不得不进一步加以限制。

因此,孔祥熙来电要求大使馆向法国有关政府部门提出交涉,指出上述路透社的报道清楚地表明,日本的意图是实施外汇管制,使海关成为日本阴谋破坏中国金融结构的组成部分,排挤除日本以外的各国厂商在中国从事经济活动。孔电还要求大使馆敦促法国政府以及其他政府抵制严重损害外国利益的停止支付规定。

中国外长王宠惠在3月8日的广播讲话中,也提到日本鼓吹所谓"新秩序"清楚地表明他们看不到人类的智慧和理想最终定能获胜;事实说明日本决不可能打赢这场侵华战争。

他接着剖析了最近日本对外国在华利益所采取的经济措施的含意。他说,日本为了达到其目的,宣布要建立"亚洲新秩序"。其他方面姑且不论,"新秩序"需要一个傀儡政权统治中国,这个傀儡政权将把全部资源奉献给日本人,其目的首先是便于日本帝国为进一步扩张而进行战争;其次是迫使其他大国承认日本在亚洲的霸权;第三是实现闭关主义,用以取代门户开放的原则,从而使外国只有经过东京批准才能与中国进行贸易。

关于日本在华北的新的货币管理办法对国际贸易的具体影响,上海总商会负责人在年度报告中讲得很清楚。报告主要论述了日本歧视他国利益。3月23日重庆来电转述这篇报告说,大量日本商品输入华北及华南引起许多第三国的不平。对贸易以及商业和金融活动等领域强加了很多限制,这些限制是完全不必要的,并将严重阻碍敌对行动已实际停止的地区的各项重建工作以及正常秩序的恢复。在远离大多数通商口岸的各省也出现同样情况。

这篇报告还说,就各第三国而言,日本当局实行的限制,已使各种形式的贸易停滞。如果在日本当局尚未对货币实行管制的上海和江南地区尚且如此,那么,已经在日本控制的联合准备银行管理之下的青岛和华北其他港口的情形就不难想象了。

这篇报告接着说,汉口业已彻底与外界隔绝,同时,除非长江重新对贸易开放,否则上海的贸易仍将是微不足道的。这篇报告还提到外商航运遭到歧视,以及诸如沪宁、津浦等外商投资经营的铁路情况亦日益恶化。某些铁路借助日本装备,营业情况比较满意,但是这些铁路是由第三国修建的和由外国贷款提供资金的,这些贷款尚未偿清。可是这些铁路正由日本经营,而对各该股票持有人的债券却分文不予偿付。

3月24日财政部长孔祥熙致电受中国部分延期偿付影响的各国使馆,概述了延期偿付计划。在电文的序言中,针对自1月15日宣布延期偿付以来的发展情况,阐明了中国政府的态度和意图。

序言又说,中国政府尽管处于前所未有的困难情况下,仍一直十分关心继续偿付债务的问题,而且只是在迫不得已的情况下才于1月15日宣布不能全部偿付以海关税收为担保的债务。现在鉴于日本对盐税的干扰,政府不得不对以盐税作担保的债务采取类似措施。政府已就此对盐务管理局发出临时指示,要求该局拨出一定的款额存入中央银行的特别账户,作为偿付盐业借款之用。这一措施不久即将正式宣布。

序言接着说,中国政府不希望这些措施所造成的局面持续下去,而愿致力于商定合理的办法,以尽可能地继续偿付债款。中国政府考虑到本国的非常局面,以及必需从事战争和保持财经稳定,已同各债权国代表开始就以关税和盐税为担保的借款问题进行谈判。

序言后的声明指出,目前的债务情况完全是由于战争所造成。1937年以前,中国在财经方面本有很大进展。税收不断增加,财政管理不断改进,货币稳定。旧债大部偿清,国家预算平衡在望。铁路、公路以及航空运输正在改进和扩展,新的工业部门正在发展。但是日本的侵略行径一下子摧毁了中国经济发展进入新纪元的前景。尽管在可利用的资源和设备方面,敌我相差悬殊,但中国独力作战的时间已远较一般的估计为长;而且直至目前,除了美国购买中国白银给予我们以宝贵援助外,中国一直是在几乎毫无外援的情况下进行战斗。中国没有重工业,而且出口不断下降。因此,必要的进口物资不得不以现金支付。日本的侵略战争严重地破坏了中国的经济。然而在最近数月中,财政体制居然没有崩溃,这的确是个奇迹。

声明说,尽管如此,政府仍竭尽全力维护币值及对外信用。中国在国外以外币偿还债款一直延续到战争爆发后整整一年半之久。现在政府不得不决定谋求外国的债券持有人的合作。因此,中国政府决定在今后的一年内,对持有以关税或盐税为担保的债券的公众,凡享受全息的债券持有人一律按息票全额支付,凡根据结算办法不付全息的债券持有人一律发给年息的一半。

声明指出,事实上外国的债券持有人在过去二十个月战争的情况下,其所得已比通常可望得到的为多。目前提出的计划只是暂时的安排,政府还是打算尽早恢复全部偿付。声明说,对居住在其他国家的债权人代表也提出了同样的建议。声明还说,为了避免拖延时间,政府对于继续偿付外债从一开始就提出了所能做到的最大限度,而不是把它提出来作为讨价还价之用。声明说,这些贷款年息的一半约为四百七十万美元,与非沦陷区用作担保的税收款总额,即五百一十万美元大致相等。这个数字大约相当于关税总额的 20% 和盐税的 35%,这是仍可得到的收入。中国政府不希望将此计划与实收盐税的份额联系起来,因为中国政府不愿作任何可能有损于其在沦陷区主权的表示。

孔祥熙嘱我就这个问题和法国政府进行交涉,也要求在伦敦以及其他地方的同僚向各驻在国政府进行交谈,因此,我于 3 月 29 日访问法国外交部秘书长莱热时,亲自向他提出了这个问题。

首先,我提到 1 月份暂停支付海关担保的债款,并称中国政府目前不得不对以盐税作担保的外债也采取一定行动。然后,我强调了在过去二十个月的战争期间,中国政府为继续支付这两项债款所做的真诚努力及其成就。我解释说,目前暂停支付债款确实是迫于战争所造成的紧张形势,但这只是一项临时措施。

我说,与此同时,我国政府愿意尽力坚持部分支付债款以证明其对国外的中国债券持有人的绝对守信,因此中国政府是在这个意义上提出建议的。我表示希望法国政府能予以善意的考虑,特别是根据中国政府直到目前为继续偿付全部债务所做的努力和所取得的成就来考虑。之后,我将事先根据接到的指示准备好的备忘录递交给莱热,并请他对提出这个建议的精神予以考虑。莱热粗看了一下备忘录后说,法国政府已在若干经济与军事问题上表示了同情和予以援助的友好愿望,他向我保证,法国政府将以同样精神考虑目前这个问题。

4月1日孔祥熙再次来电嘱我进一步向法国政府申明,中国政府十分抱歉,因形势所迫,不得不采取1月15日宣布的有关支付庚子赔款以及有关外国贷款的措施。来电还嘱我要求有关外国政府同意在战争期间暂缓支付赔款,但在比利时募集的1928年贷款除外,此项贷款可能按议定办法予以支付。电报称,政府就暂缓支付赔款问题也正和美、比、英、荷等国政府联系,并称在伦敦成立了一个债权人和债券持有人的委员会以代表英国的利益。

4月21日孔祥熙来电,对部分延期偿付的实施办法及现有贷款和债券的偿付范围作了说明。在重申政府决心一俟条件允许即将偿还未付的债款之后,电报解释说,目前日本截留和干扰沦陷区作为担保的关税和盐税,同时干扰法币,这种情况是暂停偿付贷款以及付息暂时不能超过百分之五十的原因。因此,中国政府希望友好国家能劝说日本允许以沦陷区的关税和盐税作为担保的税收偿付债款。电报接着说:

中国政府就未偿之债款,提出暂定计划如下:(一)对本计划项下之贷款,中国政府将按未偿债款之总额发行无息国库债券。国库债券将作为临时支付,且不构成对尚未支付的附加息票之偿付义务。(二)国库债券持有人所得外汇额与非日占区应摊份额之差额按比例以现金偿还。(三)国库债券还将以来自日占区的现金偿还。各债权国政府于敦促日本允许使用日占区之税收时,不得有任何如接受伪国库券等危害中国主权或承认伪政权之行为。(四)国库债券及现金可委托海关总税务司及盐务稽核总所会办联合代管,并在其共同管理下予以封存。(五)未经中国政府同意,不得自托管金项下直接或间接以外汇支付。(六)国库债券及现金将按自由市场汇率支付,并随时予以调整。

中国政府切望本上述计划及其说明早日达成协议。

换言之,直到当时,中国一直是信守条约的。不论是辛丑条约,还是与外国银行和外国债权人缔结的协议,中国都履行了偿付债款的义务。中国政府全力坚持偿付全部债款,甚至在 1937 年 7 月卢沟桥事变爆发后仍然如此。现在,由于日本不断干扰关税的征收,命令将此项税收存入日本横滨正金银行,以及在华北成立所谓联合准备银行以发行伪钞替代法币,中国政府感到无法继续履行其职责。最后,日本还截留沦陷区的盐税。盐税和关税二者都是用来担保外国贷款的。由于日本军事当局的干扰而暂时丧失这些税收,中国坚持全部偿付赔款和债款本息自然受到了严重影响。因此,中国提出一项履行其义务的临时安排,即以非沦陷区的税收部分地偿付债款,同时答应一旦日本交出在沦陷区截留的税收,中国将按同样比例增加以现金支付所欠外国债权人的赔款和贷款本息。政府要求我和驻伦敦及其他各地使节向各驻在国政府交涉这件事。

在此期间,中国政府在向西方寻求财政援助方面取得了一定成果。在前一年,孔祥熙的代表即我的财务参事郭秉文一直在郭泰祺的直接指导下,在伦敦和英国财政部的贸易委员会谈判英国财政援助问题,并谈判通过新成立的工业设备有限公司执行一项援助计划。实际上,法国的意见是对华大量财政援助应采取由法、英两国金融界组成公司的形式。但是,郭秉文在伦敦主要是和英国财政部贸易委员会进行谈判,不过有法国的参加而已。最初的想法是这家公司将从国外购买原材料,向中国提供诸如制造火车、卡车、吉普车以及其他工业产品所需的机械和部件。事情进展相当迅速,特别自1938年秋后更是如此。

最近交通部长张嘉璈在重庆和英、法两国驻重庆的代表小组就由新成立的公司修建一条铁路的计划进行了谈判。拟议中的铁路将连接四川的成都和云南,并和缅甸南北铁路干线相连接。1939年2月17日,我会见了中法银行董事比西。他是来向我报告在华谈判情况的。他简单介绍了1939年1月13日至1月17日举行的三次会议情况,内容与张嘉璈来信大体相同。讨论的问题主要涉及资金来源,所需的总额,以及担保的性质等。

比西说,中国交通部要求的总数九百万英镑可以作为考虑的基础。他说,一般说来,法、英两国将出资各半经营这家企业。但是英、法之间的实际分配以及中国国内和国外需用款项的百分比却取决于多种因素。在云南、四川两省的一些地区任用中国工程师比较便宜,他们都能胜任工作。在其他地区需要大量开凿隧道和架设桥梁,因此有必要聘请高水平的欧洲专家,当然他们索取的薪金较高。

至于所需提供的材料,比西说,通常认为法国在桥梁工程方面最有经验,因此桥梁材料以及建桥工程师最好都来自法国。他还说,分别代表法、英两国驻重庆小组的弗朗索瓦和达维森即将向巴黎和伦敦发出报告。接到报告后,法国人即去伦敦和英国人共同研究,并根据技术报告提出的工作量及所需器材制订方案。

至于资金,比西说,已与法国财政部联系,但尚未获复。(这里,我必须说明,法国金融机构所提供的信贷只有经法国政府担保才会支付。这就是提出法国财政部担保问题和与该部联系的原因。)比西说,法国财政部告知他的代表,法国政府已向中国承担了大量保证,而中国国库债券期票还有拖欠。关于这一点,我告诉比西,就我所知,国库债券的支付确实从来没有拖欠。有一两次,款已汇到,但暂由法国工厂的法国代理人截留,等待为订货签发出口许可。

比西说,他并不因法国财政部的目前态度而认为没有希望了。过去,他们曾遇到更大的困难,但最终都克服了。他秘密透露,前往财政部联系的代表认为,最好不要要求财政部予以全部担保;在开始时,只要求担保一小部分。事实上,开始时也没有必要要求全部担保。随着修路工程的进展,较大的路段一完工就可交付先行营运,这样就开始有了收入。此外,在建设过程中,新地区会得到开发,过去无法获得的材料即可就地取得。所有这一切都将减轻企业的资金负担。

比西继续说,此外,分期拨款比一开始就全部拨清更容易和财政部商定,因为最近公布延期偿付外债一事已使法国财政部产生不好的印象。但是事实上,财政部已得知1898年的贷款业已偿付,下一期息票也已发出。至于1925年的黄金贷款,下一期息票7月1日才到期。他希望当时正在伦敦进行的谈判能在此之前商定办法。我告诉他,我也认为伦敦谈判一定会商定各方都满意的解决办法。

次月初,英国公开宣布他们愿意和中国政府合作,为稳定中国货币设立基金。经过一年多的谈判、呼吁以及提出一系列建议之后,英国政府最后决定向中国提供五百万英镑的资金专门用于稳定中国货币。稳定计划将在英国的合作下进行。结果是在重庆成立了一个有英国代表参加的委员会。其后,美国政府也同意为此目的向中国提供财政信贷,派代表参加了这个委员会。这是外交部1939年3月9日来电通知我的。来电还通知我,英国政府的决定将由首相当天在伦敦宣布。电报还要求我与法国政府联系,争取法国给予同样的资助。

英国给予财政资助的具体行动使中国政府喜出望外。财政部长孔祥熙于 3 月 10 日举行记者招待会,对英国政府前一天在伦敦宣布对稳定中国货币计划给予信贷表示非常满意。孔祥熙说,这笔信贷有助于中国继续保持法币的稳定。他把英国的这一援助看作是英国关心中国财政经济形势的又一证明,并看作是英国有政治远见的行动,这种行动显然对两国都有利。他说,中国政府和人民对此深为感谢。

向大使馆通报记者招待会情况的来电引用了一段《时事新报》原文。该报称,英国的贷款进一步证明各第三国现在认为向日本空喊抗议的时候显然已经过去,各国在华的合法利益只能用对华的积极援助来保护。《时事新报》进一步指出,英国经过长时间深思熟虑终于做出了决定,说明英国终于认识到日本不可理喻,而只能采取果敢行动。该报为此希望民主国家进行有效的合作,以制止日本的侵略。

我补充一下,这份电报还指出,日本在华军事行动正在汉水流域从汉口向西推进。距四川省界不远的长江沿岸的宜昌已在过去三天内因日本的四次空袭而成为废墟。平民伤亡惨重,估计约有三千人,美国教会和苏格兰教会学校以及很多外侨住宅也被炸坏。

根据中国政府希望法国也参加稳定货币计划的愿望,及时和法国政府进行了联系,但先是以半官方的方式进行的。这是为了防止出现尴尬的局面,唯恐法国政府从一开始就认为有必要拒绝中国的建议。

中国建设银公司的法国代表德尼在李石曾的陪同下,于 1939 年 4 月 1 日来向我报告他们和法国当局进行半官方商讨的情况。他们访问了法国外交部亚洲司司长肖维尔,以试探法国外交部对法国参加拟议中的稳定货币计划的态度。他们报告,肖维尔首先对没有及早将这件事通知法国外交部表示不满,因为他得知中国已和法国财政部联系。肖维尔说,关于法国参加问题是一个和法国银行进行安排的问题。至于资金的技术管理问题,就他本人来说,他原则赞成。但是他指出,这个问题还必须从政治方面加以考虑,而这只能由外交部长和法国政府决定。德尼说,他已向肖维尔解释了未与法国外交部联系的原因。肖维尔明白这点后,他说,既然如此,中国大使馆在法国政府能够表示赞同前,不宜向法国外交部正式交涉。他也认为对中国大使来说,现在提出要求而得到否定的答复,是相当尴尬的。

德尼继续汇报说,伦敦派来的英国各银行的代表罗杰士已会见过法国财政部长雷诺,并向他试探了法国参加稳定中国货币贷款的可能性。他们会谈时,英国政府还没有对这个问题做出最后决定,因此,罗杰士是以假设的口气谈话的。然而在贷款的管理和使用方面,罗杰士告诉雷诺,法国人最好不要参与,而只是为基金提供款项。后来李石曾接到宋子文电报而访问雷诺时,发现雷诺的印象是英国不希望法国参加这项基金。对这种错误的印象,李向法国财长指出,英国肯定希望法国参加这项基金,但是强调参与管理这笔贷款的人越少越好,管理办法越简单越好。

据德尼说,法国各银行很不满意,因为中国事前不曾同他们商量,他自己也不曾和他们谈过。德尼解释说,罗杰士当时要求他不要把这件事告诉法国银行(当时这一切均需慎重从事),可能是因为罗杰士想先和法国政府在管理问题上达成谅解。但是结果发现不让法国银行知道是不可能的。当法国外交部收到法国财政部来函建议参加拟议中的稳定中国货币贷款时,法国外交部立即召集各银行开会,征求他们的意见。德尼说,那时反正银行已经知道了,他于是前往法国外交部和各银行商谈。

关于法国提供的贷款数字问题,我对两位来访者说,我曾表示须在一百万英镑左右。然而李石曾要求法国向中国提供二百万英镑,并敦促德尼不要建议削减。但是德尼认为法国由于欧洲局势需要部分动员及购买武器和原材料,以致国库十分紧张,可能至多提供一百万英镑。事实上,德尼从罗杰士那里得知,罗杰士主要想的不是让法国拿出一笔巨款,而是在援华方面英、法团结一致的象征。

很清楚,这件事有两个方面,一是为基金提供贷款,一是参与管理。因此,我问当前的困难是否并不在于法国参与基金的管理。我向两位来访者解释说,中国驻伦敦大使郭泰祺嘱我和法国外交部联系,因为英国人刚告诉他,现在在巴黎提出正式要求的时机业已成熟。换言之,英国人认为中国驻巴黎大使馆现在应该正式要求法国政府参加这项基金。与此同时,外交部也来电嘱我办理此事。然而,正如我对德尼和李石曾说的那样,在我尚未访问法国外交部时,驻伦敦的郭泰祺大使又来信建议我在英、法两方达成谅解之前暂勿进行。由于这些建议前后不一致,我要求德尼告诉我他所了解的情况。

德尼说,郭泰祺肯定是由罗杰士授意而给我写第二封信的,罗杰士一直在等待法国的消息。德尼认为,就原则问题而言,法国同意参加基金(即提供贷款)的可能性很大。但是参与管理使用问题,他能理解为什么罗杰士不愿意让别人参加。他说,在技术上,管理需要绝对保密,参与的人越少,计划越容易执行。罗杰士本人多年来一直为各银行担任管理外汇市场的工作,实际上掌握了管理外汇的大权。因此,可以理解,罗杰士现在不愿和他人共同管理。此外,罗杰士作为外汇管理人是没有法律依据的。那主要是因为他和中国政府和英国金融界的重要人物,如英格兰银行的安吉尔爵士和英国财政部的李滋罗斯爵士有个人联系。具体到目前这件事情,罗杰士既不能自称在法国正式代表中国政府,也不能代表法国政府。

德尼认为,法国银行可能不坚持共同管理基金。不论怎样,他认为能够制订一个方案,以避免法国因未获允参与管理基金而提出反对意见。在这个方案中,罗杰士将由法国人任命为代表,如同他是英国银行代表那样,因此他也将如同他向英国人汇报工作那样,向法国人汇报工作。德尼说,不论怎样,管理问题最好留待原则问题解决之后再谈。如果在法国人同意原则问题之前提出管理问题,法国就难以连同原则问题一起予以同意。他的这种看法完全正确。

德尼说,他已据此向罗杰士汇报,并告诉他,不可能使法国在同意提供贷款的同时放弃参与管理,因此最好把这一问题留待法国同意提供贷款之后再说。那样,法国银行就可以和代表英国银行的罗杰士磋商切实可行的安排办法。据德尼说,罗杰士接受了他的建议。

我告诉他,我间接听说在法国人的印象中,英国因向中国提供五百万英镑的稳定货币基金而在经济方面获得某些特殊照顾。然而事实并非如此。德尼曾说法国人肯定是指为中国在海外销售钨的代理权。这两个问题有一定联系,但并不是依存的。对此,李石曾解释说,在提出为拟议的成昆—滇缅铁路筹集资金问题时,法国人曾要求铁路沿线的采矿权,以及代表中国向国外销售钨的权利。法国银行曾要求居斯塔夫·莫泰前往中国谈判销售钨的代理权问题,莫泰甚至也已经买好去中国的船票。但是当博内否决法国为修建铁路提供资金的意见时,法国银行要求莫泰取消这次旅行,并明确表示法国拒绝资助拟议中的铁路,因此也就不可能获得代销钨的特许权。

德尼说,如同他向法国银行解释的那样,国外代销权问题并不重要,因为中国政府为控制钨的生产销售而建立的垄断企业从未起实际作用。他曾亲自访问尤金金属工厂的董事长,要求他共同制订垄断中国钨的计划。那位董事长告诉他,这是一个难题,并称尽管中国政府建立了垄断企业,那个厂一直能从独立经营的私商手中购进中国供货量的十分之九。因此,那位董事长认为他没有理由协助中国组织一家更为有效的垄断企业,以提高他一直毫无困难地从中国购进的货物的价格。

德尼认为,重要的问题在于如何在中国实现有效的垄断。他说,英国从中国获得的代销权并无实际价值,中国交给英国的外销数量,相对来说是很小的。李石曾向我证实了德尼所讲的有关法国银行对真实情况的了解,并证实从那时起他们对钨的问题比较放心了。

换言之,不论是从英国还是从法国争取财政援助,重要的是懂得银行放款并不是单纯为了利息,而总是要求得到特殊好处,例如以中间人身份代中国销售钨。法国银行和英国银行一样,也急于染指。但是德尼向我介绍的实际情况表明,实际效果和英、法两国银行所想象的大不相同。

在这同一时期,即1939年3月至4月初,西方民主国家、苏俄和中国前此即已开始的为促进合作和共同防御所做的努力得到了加强,并开始获得成效。这是欧洲局势发展的结果,特别是由于德国吞并其他国家的领土和人口的行动,以及如本节开始部分所述,英国对德国的巨大野心已恍然大悟。

3月17日,中国驻柏林大使陈介来到巴黎,我们就中国及欧洲局势多次交换了看法。他告诉我说,根据来自重庆的消息,孙科再次被派往莫斯科,让他试一下他自己的对苏政策。

记得孙科关于苏俄对华政策的看法总是十分乐观的。而中国驻莫斯科大使杨杰对苏俄愿意援华的程度以及苏俄有关中日冲突的真实政策则深表怀疑。事情的发展证明,杨杰是正确的。孙科前往苏俄五个月后,苏俄和德国缔结了互不侵犯条约,这消息使世界各国为之震惊,但是我猜想杨杰则不会感到意外。

我回想起在这之前,杨杰访问巴黎时和我的一席谈话。他以为:孙科认为苏俄会同意通过法国间接援华二百架飞机——即名义上法国是根据法苏互助条约的精神从苏俄手里接受二百架飞机,而以此项飞机援助中国——这个指望是没有充分根据的。杨杰认为苏俄肯定不会同意,而莫斯科最后果然拒绝了。

3月12日下午,张彭春由伦敦赴美途中抵达巴黎,他当时负有一项半官方使命。他给我带来消息说,他在郭泰祺大使陪同下会见了苏俄驻伦敦大使迈斯基。他发觉苏俄大使对英国的态度颇为洋洋得意。苏俄大使认为,英国政府终于在欧洲寻求苏俄的合作了。

张彭春还告诉我,英国总参谋部正试订一项计划,考虑一旦欧洲发生战争,如何利用中国人力。此外,当时英国外交大臣的顾问范西塔特爵士正根据在欧洲爆发战争情况下进行合作的总体规划制订一个使中国进入欧洲舞台的方案。

在法国政府中不少人也有这种想法,特别是在我指出下述各点之后更为如此,即在中日冲突中法国更加积极地支持中国对法国有利;这不仅因为日本已明确表示在欧洲站在轴心国一边,并和他们一起反对法、英两国以及其他民主国家在亚洲的利益,而且因为如果欧洲爆发战争,中国能够像在第一次世界大战中所做的那样,在向法、英两国提供某种援助方面,发挥重要作用。

诚然,中国不会派出军队赴欧洲参战。但是中国能像第一次世界大战所做的那样,向英、法两国提供大量援助,其方式是派遣十万左右的劳工在欧洲联军防线一侧进行劳动。此外,中国还能向法、英两国军火工业提供所需的重要矿石及其他原料。

张彭春还把他对英苏合作的可能性所得的印象告诉了我。在这方面,回忆一段往事是饶有趣味的。3月25日蒲士培来和我交换意见,他是和我有联系的著名英国下院议员。他表示深信实现英苏合作是绝对必要的。如果这一合作得以实现,他相信,这会制止希特勒的进一步侵略。他如此自信,竟在致英国报界的公开信中要求西蒙爵士辞职。大家记得,西蒙爵士所宣布和执行的对日本和对德、意的政策总是模棱两可的。

1939年3月21日外交部来电称,鉴于欧洲局势危急,英、法政府必定正在研究战争一旦爆发的准备问题。他们必然研究如何保护其在远东的领土和其他利益。中国在这方面愿意和这两个国家进行全面合作,因而中国诚恳地希望两国政府能预先提供有关保护这些利益的计划,以利于同中国进行讨论和谈判。为此,外交部要求我立即和法国政府接触,秘密交换意见。

三天后,即3月24日,外交部就上述电报通知我,发报当日,中国外长直接向法国驻重庆大使提出三国在远东进行合作和联防的意见。法国大使本人表示十分赞同,并已致电巴黎。

外交部来电还告知三方面合作原则的草案如下:

(1)关于中、英、法三国在远东进行军事和经济合作问题,三方应在适当时候邀请苏俄参加,并且通知美国,要求他们采取相应的行动,以便为共同保护各自在远东的利益而制订对敌统一行动的计划。

(2)在参加对日战争中,三方不得单方面与日本缔结停战协定或进行和平谈判。

(3)在军事方面,中国承诺尽力提供作战人力和物资,而其他两方则应承诺尽可能多派各自的海军和空军在远东联合作战。至于详细计划及其实行办法,缔约各方应派出全权军事代表进行磋商,并共同决定如何付诸实施。

(4)在经济方面,缔约各方承诺在货币和贸易方面相互支持,并联合制裁共同的敌人。至于详细计划及其执行办法,各方应该指派全权经济代表进行磋商、决定并付诸实施。

电文最后说,这件事是蒋委员长首先提出来的。由于欧洲局势正迅速发展成为危机,因此拟议中的计划届时有实现的可能性。至于上述四项原则,委员长均已同意。因此,要求我立即秘密和法国政府商谈此事,而郭泰祺将在伦敦向英国政府提出。

3月29日,我会见了法国外交部秘书长莱热,就外交部来电提出的想法交换了意见。我做了谈话记录并于当日将谈话内容电告外交部。我愿把二者都提一下,因为二者目的不同,因而重点亦异。

根据谈话记录,我首先告诉莱热,中国政府一直以极其关切的心情注视欧洲局势,并一直希望欧洲和平不受威胁。我通知他,我奉命指出,倘若冲突不幸在欧洲发生,法、英两国在远东的利益和属地可能受到危害。然而,中国政府相信,法国政府必已想到出现这种局面的可能性,并可能已经制订保护法国利益和属地的计划。中国政府方面十分愿意和法、英两国进行充分合作，以保证法、英的利益和属地的安全。我奉命向法国政府转达中国政府的意见，并询问法国政府是否已制订合作计划。

莱热说，他对中国政府对法国的友好表示以及对爱好和平国家的共同利益的关注表示赞赏。鉴于欧洲局势，法国政府已考虑到在远东和中国合作的问题，并在原则上赞同这个意见。但是由于在欧洲有许多事务急待处理，所以法国政府尚未制订具体计划。问题的重点在于其可行方面，即如何把意见变为可行的行动计划。

我告诉莱热，我知道外交部长王宠惠已和法国驻中国大使高思默谈过此事，而且法国大使已电告法国政府。我想知道是否已给法国大使回复。莱热证实已收到法国驻中国大使的来电，但这件事仍在研究中，答复尚未发出。

我说，如果法国政府愿意更详尽地了解中国政府的意见，我乐于在任何时候予以说明，因为重庆已就联合行动计划提出一些具体意见。在莱热认为合适的时候，我乐于口头或书面把这些意见告诉他。莱热说，他愿意见到书面材料。他说，这个问题很可能须由内阁或国防最高委员会予以考虑，而考虑的结果将取决于为实现共同愿望而制订的具体计划。中国政府提出的任何具体意见对考虑整个问题都有很大价值。当我说我将乐于送给他一份机密的备忘录时，他说，如有必要，我可以送给他一份非正式函件。（这显然是一项考虑周到的建议，因为他或许感到中国政府可能还不愿意承担过多的义务。）我说，无论如何，我将送给他一份机密的备忘录。我还说，中国驻伦敦大使已向哈里法克斯提出同样的问题，哈里法克斯答应予以研究。

然后，我提到另一个问题，就是报纸上有关法、英、俄、波延期缔结四国条约的报道。我询问实际情况如何。莱热回答说，磋商仍在伦敦进行，但是原来缔结四国条约的意见没有得到波兰的赞同，波兰拒绝签署任何这类条约。波兰的立场是它曾拒绝参加东欧互助和互不侵犯条约,因为那个条约打算包括苏俄在内。此外,波兰和罗马尼亚已针对可能来自苏俄的进攻结成防御联盟。如果波兰现在签署伦敦拟议中的四国条约,必将增加其对德关系的困难,因为签订这个条约是针对德国的行动,这一点过于明显。莱热还说,虽有互助的意见,但尚未具体化,目前磋商仍在进行,目的在于找出一个克服波兰所指困难的方案。互助的形式可能是:一面由英、法达成协议,另一面由英、波达成协议,还可以有波、罗之间的协议,以及以后英国和苏俄之间的协议。他指出,法国已和波兰结成联盟。整个问题仍在讨论中,谈判或许要到贝克访问伦敦和巴黎之后才能结束(贝克上校当时是波兰外交部长)。

接着,我询及地中海的当前形势和法意关系。莱热说,法国的立场依然如故。一如达拉第所宣布的那样,法国绝不会放弃一寸国土。我说,墨索里尼的讲话给人们的印象是他希望法国能率先建议谈判,因为意大利渴望的目标已经在 1938 年 12 月 17 日的照会中讲清。莱热说,法国不会率先建议谈判。正是意大利宣布废除和法国签订的有关北非的 1935 年条约,而且意大利去年 12 月的照会并没有讲清意大利的要求。

我告诉他,根据来自伦敦的情报,希特勒这次已敦促墨索里尼对意大利向法国提出的要求持强硬态度。但是墨索里尼的讲话仿佛表明希特勒的压力并未成功。我说,如果确实如此,则这又表明墨索里尼对德意轴心的热诚可能有所减弱。莱热不同意这种印象。他指出,意大利人民的思想和言论影响不了墨索里尼。他说,人们在伦敦听到的只是意大利人民的思想感情,但是意大利政府仍和过去一样和德国政府密切合作。

我还趁机告诉莱热另一件事。我说,根据中国政府已经收到的但是未经证实的报告,日本政府打算最迟在 9 月份在远东召开一次反共产国际的会议,并拟将暹罗列入被邀请国。由于暹罗所处的地位,不仅中国而且法国也关注其态度和政策。因此,这种行动势必不仅在中国而且也在法国的远东殖民地产生不利影响。

中国政府希望法国能运用其影响，说服暹罗不参加这种会议。

莱热记下了我的话，并称法国尚未获得有关在远东召开反共产国际会议的情报。法国驻曼谷公使最近的报告表明，暹罗完全意识到日本的远东政策的危险性质，因而执行一种审慎从事的政策。换言之，在过去数月期间，暹罗的态度大有好转。然而，他告诉我说，他将再次电告法国驻暹罗公使，注意这个报告并进一步提供消息。（在这方面，中国政府分明比法国或英国政府更为密切注视暹罗的局势，并且了解可能出现的发展。这种发展后来不仅为日本在暹罗的阴谋活动所证实，而且也为暹罗政府对日本的军事策略和行动准备默认甚至合作的态度所证实。）

我向我国外交部长报告这次谈话的去电中说，莱热感谢中国对法国所表示的友好情谊。至于一旦欧洲爆发战争，法国和中国应如何进行合作的问题，他说，法国政府对这个问题也已考虑，并在原则上完全同意中国的意见。但由于欧洲的紧张局势需要优先处理，法国政府尚未制订处理远东问题的具体计划。

我在电报中说，对此，我根据外交部3月24日来电，把中国、英国和法国可以怎样合作告诉了莱热。我还说，届时三国应该邀请苏俄参加这个合作计划，并建议美国政府采取相应行动，以便协调步伐共同对敌。我还告诉莱热，郭泰祺大使也在伦敦和英国政府商谈此事。莱热担心难以使美国参战。我说，现在还不是向美国提出这个问题的时候，我们必须等待适当的时机再建议华盛顿采取相应的行动。

我在电报中还说，当我问到法国政府是否已经答复法国大使有关他和中国外交部长王宠惠谈话的报告时，莱热说，这件事尚在研究中。对此，我说，如果法国政府愿意了解中国政府的具体意见，我愿意口头或书面予以说明。莱热回答说，这件事须在内阁及最高国防委员会会议上进行秘密讨论，因此，最好有一份书面的具体计划以供讨论。或者，假若我愿意的话，可以面交他一份备忘录，以利政府进行讨论。我对他说我乐于送交他一份机密的备忘录。

4月4日我将备忘录送交莱热,同时送去有关暂停偿还外国贷款和赔款的第二个备忘录。我在备忘录中,除提到外交部来电告我的四项原则外,当然还做了补充说明。

在向外交部报告上述情况的电报中,我最后询问了政府是否已和莫斯科及华盛顿联系。我解释说,鉴于欧洲局势紧张,英、法两国总是先把远东出现的问题向华盛顿提出来,并且总是愿意按照美国的态度行事。因此我说,我推测英、法两国已向华盛顿提出了这个问题,并把我国的建议通知美国政府。如果我们自己还不曾通知华盛顿,我建议政府可将我国的建议密电胡适大使,由他秘密通知美国政府。我说,如果外交部同意,我可以通知美国驻巴黎大使,并且要求他直接呈报罗斯福总统,以表明我们对美国和对法、英两国同等信任。

最近国际局势确实更紧张了。战争成了人们的主要话题。3月31日,英国终于认识到采取强硬立场的必要性之后,宣布了对波兰的单方面保证,这意味着对德国发出了警告。与此同时,英波互助条约的谈判取得了进展。4月4日我和立陶宛驻巴黎公使就此进行了讨论。我们的谈话清楚地说明了欧洲局势的严重性。

立陶宛驻巴黎公使这次来访的目的是就立陶宛要求瑞典驻华使馆照管在华立陶宛公民一事向我说明立陶宛的立场。当瑞典使馆宣布瑞典已接管在华立陶宛公民的保护工作并将把在华立陶宛公民视同瑞典公民予以保护时,重庆的中国政府颇为震惊。中国政府对这项宣布不满的原因有二:首先,瑞典政府事前未通知中国政府;第二,瑞典使馆保证使立陶宛公民在华享有瑞典公民根据当时仍有效的中瑞条约所享受的权利和特权。中瑞条约和许多与其他国家缔结的旧条约一样,规定外国在华公民享有领事裁判权和治外法权。但是在近期,中国一直执行与此截然相反的政策。中国试图废除不平等条约,并已和其他缔约国在中国签订了许多排除治外法权的条约。事实上,多数国家已不再享有这种特权,而且根据立陶宛最近和中国缔结的友好条约,立陶宛人当然不享有这种特权。

立陶宛公使解释说,立陶宛政府从未打算根据从中国旧政权获得的特权来保护立陶宛公民。立陶宛政府要求瑞典政府照管在华的立陶宛公民,是因为瑞典是社会党执政的国家,被认为是公正开明的国家。现在瑞典政府仍坚持那种过时的对瑞典公民进行保护的特权,他本人听后感到十分惊讶。他重申立陶宛政府并不想使立陶宛公民享有同样特权,并且说现已把立陶宛政府在这方面的意图通知了瑞典政府。

在结束这方面的谈话之后,我提出了欧洲局势问题。我问他,英国制止侵略的新政策是否能产生遏制德国扩张的效果。立陶宛公使说,英国的新政策是否能产生理想效果取决于英国是否真正打算言出必行。他自己认为德波局势并不危险,因为波兰人中有很多斯拉夫人,他们会为反对德国侵略而战斗;而且一旦开始战争,他们就会战斗到底。波兰的国内局势当然相当混乱,因为乌克兰人很多。但是德国知道波兰定会还击,而希特勒的政策是不战而胜。他说,真正的危险是在巴尔干半岛各国。匈牙利似乎即将加入德意轴心,并帮助德国进攻罗马尼亚。特兰西瓦尼亚原属匈牙利,匈牙利一直打算收复它。当他前一年在匈牙利首都布达佩斯时,曾发现各界人士都表示希望看到特兰西瓦尼亚回归匈牙利。罗马尼亚大约有一百五十万匈牙利人,但是紧张局势的真正原因在于特兰西瓦尼亚的天然资源,特别是诸如镁等矿藏。德国和匈牙利都对这些资源垂涎三尺。

立陶宛公使克利马斯说,如果英、法联合确实意味着在波兰或罗马尼亚遭到德国进攻时,将拿起武器同德国作战,那就有可能对希特勒产生威慑作用。但情况是否如此,尚须拭目以待。希特勒总是秘密进行准备,一旦准备就绪,就向他觊觎的国家提出要求。以梅梅尔为例。德国首先通过宣传工作在梅梅尔人民中挖墙脚,威胁农民和商人,迫使他们接受德国的观点或恐吓他们,接着在立陶宛边界集结大量军队之后,就要求立陶宛交出梅梅尔,不是通过最后通牒而是要求立即照办。这比最后通牒还坏,因为最后通牒通常还有数小时或者数日的时限。他确信希特勒会对他觊觎的其他领土诸如丹麦的石勒苏益格采取同样手段。德国要求当事国立即同意其要求,使得其他国家没有多少机会前来援救。

克利马斯认为希特勒对进攻波兰是会踌躇不前的,因为看来英、法肯定会拿起武器同德国作战。对罗马尼亚则还是未定之局。他认为目前这种未定之局倒还不如战争。因为战争一起,前景就明确了。不论是三年还是五年,人们总可以指望战斗到时结束。而当前的局势虽然叫做和平,却是令人难以忍受的。没有一个国家能制订和平建设的计划。所有国家因担心遭受侵略而花费巨款以维持其武装力量。他说,他自己宁愿打仗,也不愿意目前这种变化无常、使人忧心忡忡的局面持续下去。

现在我愿意提一下 1939 年 4 月 6 日我前往加拿大驻法使馆回访新任加拿大驻巴黎公使瓦尼埃时的会谈情况。我们的谈话也涉及欧洲的当前局势,并反映出当时人们全神贯注于爆发战争的可能性。新任公使在回答我一开始提出的问题时说,加拿大对欧洲局势以及英国改变对欧洲局势的态度很感兴趣。但是他自己并不因在伦敦谈判反侵略条约而较过去忙碌。他说,他的处境有些特殊。在巴黎,代表英国国王的不仅有英国大使,而且还有加拿大、爱尔兰和南非联邦的公使。各自治领虽与英国外交政策的主要目标一致,但他们的利益并不总是和英国的欧洲利益一致。因此,如果英国根据条约义务卷入欧洲大陆的战争,各自治领并不就得参战。例如,加拿大政府在英国与另一国交战时,执行什么政策须听取加拿大的公众舆论。

我说,有些法学家以为,如果英国国王对另一国宣战,各自治领就必须参战,否则情况就很难维持。国王不可能在同一时间内,一方面和一个国家进行战争,另一方面又保持中立。我说,这当然是法学家的狭隘观点。实际上,自治领政府并不总是按法律细节行事的(我这番话是为了使他吐露他对形势的看法)。

瓦尼埃说,实际上,并不存在困难,因为加拿大政府可以告诉国王,加拿大将不参与实际战争行动。加拿大当然不可能严守通常所说的中立而同等对待英国及其敌国。恰恰相反,加拿大必将在物资和设备方面尽量协助英国,尽管它不积极投入战争。这种中立状况自然会引起敌人的不满并招致敌人对加拿大的进攻。在那种情况下,加拿大将被迫投入战争。

我当时曾认为而且现在仍然认为这种解释非常有趣,因为它说明了英联邦各组成部分之间实际的复杂关系。鉴于他见多识广,为了了解英联邦中一个自治领所处特殊地位所造成的局势的各有关方面情况,我接着说,如果美国参与欧洲的战争,那就可能出现不同的局势,因为在那样情况下加拿大将更难不和美国站在一边参战。但我认为,美国只要能想得出办法,它是不愿意参加欧洲战争的,可是我觉得如果战争拖下去,美国迟早会为环境所迫而参战。

瓦尼埃的答复很有趣。他认为,如果战争在欧洲爆发,美国想置身于战争之外并不十分困难。这完全取决于战争是怎样开始的。如果极权主义国家在战争开始时轰炸像伦敦和巴黎这样人口稠密的城市,杀戮大量无辜人民,则这种野蛮残暴的行径将强烈地激起美国的义愤,使美国人民受到很大的震动,那么美国人民势必会要求美国参加反抗侵略者的战斗。然而,他认为,任何国家,甚至是德国或意大利,都不会蓄意通过肆意轰炸人口稠密的城市来激起全世界的极大义愤,尤其是因为如果另一场战争打起来,空袭绝对不会对其结局起决定性作用。

我说，这恰好是中国过去二十个月的经验。日本的狂轰滥炸和杀害无辜中国人民只能加强中国人民继续反抗的决心。很清楚，敌人轰炸大城市的目的是恐吓人民，然而其效果却适得其反。瓦尼埃完全同意这个看法，并说，当今空袭甚至失去了恐吓作用，因为人们很容易疏散到内地去。如果大城市的人无处可逃，那么空军武器也许可能通过制造恐怖而达到其目的；但是情况已不复如此。

我想就 1939 年 4 月 5 日法国的总统选举略说几句。根据法国宪法或者至少根据法国的惯例，法国总统只能任一期七年，而不得连任。但是由于 1939 年法国的政治局势，执政党即达拉第总理的激进党却设法要使在爱丽舍宫任职的勒布伦再次当选。这个行动虽然得到达拉第的党以及与之合作的其他政党的支持，但是遭到社会党和共产党的反对。

4 月 5 日选举在凡尔赛宫举行。勒布伦在第一次投票中再次当选，在九百零九票中，他获得五百零六票。选举之前，各执政党宣传说，勒布伦再次当选将是再次体现全国团结一致的精神。换言之，他们希望他能获得一致同意票重新当选。但是最后计票说明，勒布伦实际得票远不足三分之二。事实上，社会党人和共产党人在凡尔赛两院联席会议宣布选举结果后，要求达拉第辞职，因为他们怀疑达拉第让勒布伦再次当选是为了一年半载之后自己登上总统宝座。

相比之下，英国显得更为团结，同时也显得更为坚决。张伯伦于法国总统选举的次日，即 4 月 6 日，宣布英波互助条约已在伦敦缔结。这表明英国尽可能防止欧洲局势恶化的坚强决心。英波互助条约于 4 月 6 日在伦敦缔结，从表面上看，事态有所好转，但是紧接着报刊即以大字标题报道意大利军舰轰击阿尔巴尼亚港口的消息。两天后，即 4 月 9 日，就传来了意大利入侵阿尔巴尼亚和阿尔巴尼亚国王佐格逃亡的报道。英国内阁在伦敦召开特别会议研究新局势。

第八节　促进中、英、法之间的合作

1939 年 4 月—6 月初

1939 年 3 月下半月,蒋委员长和中国政府决定正式和英、法两国政府就军事和经济合作以及在远东地区英、法两国和中国之间的联合防御问题进行接触。1939 年 3 月 24 日外交部来电把三方合作的四项原则草案通知我,并期望最终能包括苏俄和美国在内。

我可以指出,这是中国方面作出的一项十分果敢而又及时的建议。可以说,在那时,中国推行着一项积极的外交政策,当然这是由中国的战争形势所促成的。中国有关实现中、法、英三国之间军事合作的想法一开始就颇为灵活。中国深信,这种合作是制止日本进一步侵略和迫使日本合理地解决中、日冲突所必需的。但是,关于执行的方式和方法,中国并无固定的想法,因为中国很了解每个国家都有其自己的观点和抉择,并且每个国家不仅在其国内政治形势方面,而且在外交政策以及与其他国家的关系方面,都各有自己的问题。为此,中国有意识地把方式方法以及条约的形式都留待共同商定。

因此,在向法国提出这一问题时,我向他们讲明,我在伦敦的同事也在进行同样的步骤。中国强烈希望英、法两国在军事上和中国合作,同时希望这两个西方国家彼此保持联系。至于是否要达成一项三方协定,或者协定是否应采取双边条约的形式,在目前是无关紧要的。在最初阶段,当我应法国外交部的要求以书面形式的备忘录送交他们时,我在伦敦的同事郭泰祺却以不同的方式提出此事,尽管我们得自重庆的指示完全相同。他把中国的想法向英国外交部做了口头概述;据他讲,英国代表只是将他所述的内容记了下来,他未就这一问题提出备忘录,因为英国并未要求他这样办。

郭泰祺在 1939 年 4 月 12 日信中通知我,英国外交部告诉他,在英国看来,远东局势尚未达到需要研究中国建议的阶段。但是,英国人说,他们将把中国的建议与英国政府对政治及国际总形势的考虑联系在一起而牢记在心。郭泰祺说,这正是他差不多预料到的那种不明确表态的答复。他问我是否已得到任何有关法国反应的答复。我在访问法国外交部秘书长莱热之后,于 4 月 14 日给他写了回信。

我问莱热,法国政府是否已就此事做出决定。他说,我给他的备忘录现仍在研究中,但是由于欧洲局势严重,未能予以必要的关注。我向他提出,中、法在欧洲爆发战争的情况下进行合作和互助的问题不能排除在欧洲的总形势之外。我认为这个问题要结合对欧洲总形势的考虑来研究,这尤其是因为近来已很清楚,德、意、日轴心国一直在密切合作以推行其扩张和侵略的共同政策。我说,日本作为反共产国际协定缔约国,它在远东的军事活动一直是密切配合德、意两国在欧洲、特别是在地中海的活动的。我指出,日本吞并南沙群岛正发生在意大利入侵阿尔巴尼亚的前夕,值得注意。

我还告诉莱热,我曾利用最近访问梵蒂冈的机会和意大利外交部长齐亚诺会晤,并向他指出,意大利在推行其政策方面寻求日本的合作不会有什么效果,因为不能指望日本在欧洲援助意大利。我告诉莱热,齐亚诺答称,恰恰相反,日本海军相当强大,如果欧战爆发,日本能够有助于柏林—罗马轴心,甚至在非洲也是如此。我说,这一陈述进一步证实远东局势和欧洲局势之间的密切联系。

我问莱热是否收到过有关报道日本和德、意两国之间已结成军事联盟的消息。莱热说,这项计划已成泡影,因为日本政府内部意见分歧,高级的文官和天皇的侍从反对这种联盟。我说,这也是我所了解到的日本的情况,但是,我指出,这并不意味着问题业已解决。日本军国主义者继续鼓吹这样做,并肯定将尽力实现他们梦寐以求的目的。因此,我要求他,一俟法国政府研究了中国提出的互助条约的问题并得出结论,立即告我。莱热表示同意。

接着,我向莱热谈到法国政府在财政上援助中国的问题,并把美、英两国政府在资助中国方面所做的工作通知他。我略述了中国政府指示我提请法国政府考虑的三种援助办法:第一,为稳定中国货币和外汇提供基金;第二,给予信用贷款以便于中国西南地区某些铁路和工业企业筹集资金;第三,降低经印度支那运交中国政府的供应物资的过境税。我交给他一份备忘录,说明中国的看法和要求。

莱热说,前两种办法取决于政府的实际财力,而由于欧洲局势紧张,政府财政负担大大加重。至于第三种办法,他问应降低哪种供应物资的过境税。我向他指出,根据有关印度支那的1930年中法条约,供中国政府用的军需物资以及武器弹药在通过印度支那转运时,可享豁免一切关税的权利。我说,中国政府希望把豁免的适用范围扩大到诸如中国军事工业所需的汽车、石油和矿石等其他供应物资。莱热说,他愿将不同问题分别向有关部门转达,要求他们予以仔细而同情的考虑。

我转到了另一话题。我问莱热有关被日本占领并吞的南沙群岛的局势。我告诉他,据我了解,法国人已在日本提出了一项抗议,不知是否已得到令人满意的答复。莱热说,未曾得到答复。他在回答另一问题时说,法国政府没有派遣军舰前往这一群岛,因此,他不能断定这一群岛是否确实已被日军占领,尽管他知道在群岛上有法国人。

当我问及英国的态度时,他说,英国政府在东京采取了相似步骤,但同样毫无结果。我说,也许这个问题和很多其他问题一样,在全面解决问题的时刻到来时,才会得到解决。莱热同意这一看法,并称这正是法国政府愿意保留其态度的原因。

话题回到欧洲总形势上来。我说，自从我和他上次谈话以来，发生了另一严重事件，即意大利征服了阿尔巴尼亚。我说，据新闻报道，伦敦和巴黎已同意发表保证希腊和罗马尼亚的独立自主和领土完整的政策声明。我又说，如果发表这样一项声明，我认为可能起到阻止进一步侵略的作用。

莱热说，声明刚刚发表，而且把罗马尼亚也包括在内。但是声明是否会起到预期的遏制作用，则还须等等看。但就法国而言，已在欧洲以及非洲所有的战线上进行了必要的军事部署。法国已经做好了一切应急的准备，即使明天爆发战争，法国也不会措手不及。战争是否会在最近的将来爆发取决于下周的事态发展。如果德、意两国继续认为法、英两国没有战争准备，并由于相信英、法集团会在两个月内被击败而认为目前是进攻的最好时机，那么，希特勒和墨索里尼很可能会立即进攻，这也就意味着爆发战争。（这说明当时的形势是多么紧张。）

我说，我很高兴地注意到罗马尼亚被包括在保证之内，因为罗马尼亚比希腊似乎更可能成为下一个目标。但是，为了更好地控制局势，似乎有必要和俄国合作。因此，我问道是否已和莫斯科达成这样的谅解，即如果罗马尼亚的独立遭到侵犯，俄国将和英、法两国一起支持罗马尼亚。莱热回答说，已和莫斯科达成了谅解。俄国将参加英、法保卫罗马尼亚独立的任何行动。

接着，我谈到德国。我说，根据来自柏林的消息，德国军队这次赞成立即进攻，这一态度和1938年9月军队所持的态度迥然不同。因此看来，如果希特勒现在想发动战争，军方不会成为阻力。莱热认为，英、法两国的声明业已清楚地讲明英国和法国是认真的，这个声明应能起到遏制的作用。

最后，我愿提一下，莱热在我们会谈临近结束时提出了一个问题。他说，东京流传着一则报道，而且法国大使也已将这个报道通知法国外交部，内容是蒋委员长的代表一直在和日本政府进行和谈。我要求他不要相信这个报道。我说，我不能设想蒋委员长会有这样的代表。我说，报告所说的可能是高宗武的活动。高曾在外交部任汪精卫的秘书，他和近卫一直有联系。但是，正如莱热所知，汪精卫由于进行和平活动，已与重庆断绝联系。蒋委员长和整个中国政府继续反抗侵略的决心比以往任何时候都更加坚定。报纸关于中国军队在各战区加强行动并取得很大胜利的报道，证明中国决心继续战斗。

我对郭泰祺大使询问的答复于次日发出。我通知他，前一天我走访了法国外交部。法国人回答说，最近几天欧洲事态的严重发展，使他们未能对合作问题予以应有的充分研究，因而尚未得出结论。他们还说，在此期间，他们已征求伦敦对这个问题的意见，但是尚未得到答复。我在给郭的复信中指出，法国的答复也是不表示明确的意见。我补充说，我把这看作是委婉的拒绝，至少暂时是如此。

4月11日，斯克里普斯—霍华德新闻服务公司和联合报业公司的董事长罗伊·霍华德前来访问我。他是我的一位老朋友。我们讨论了国际形势以及战时西方各国的合作问题。我告诉他，根据中国的看法，重要的是鼓励苏联和西方国家合作以有效地制止日本对远东的侵略。他的看法不同，有趣的是，他说苏联依然是一个未知数。他以为苏联在工业上仍落后于其他国家，在政治上由于不稳定，不能有效地参加战争。他的看法是值得注意的，然而我仍然相信，在任何制止日本侵略的行动中和苏联合作是必要的。

回想起来，令人吃惊的是过去对苏联在军事、政治、工业等方面的潜力所做的估计都是错误的，不是估计过高，就是估计过低，霍华德就是一例，甚至那些消息灵通的人也是如此。我认为原因之一在于苏联的保密制度。因此，对外界来说，难于获知必要的事实，对它的真正潜力无法做出确实可靠、正确无误的估计。此外，外界人士，特别是新闻记者，往往不是像做研究工作的学者那样首先深入实际，而是随意发表看法。另一方面，在中国，对苏联的可靠性可能有疑问,但是对它的潜力却有适当的估计。其原因是由于两国在地理上毗邻,有一条绵延约 4000 英里的共同边界,因此和苏联不可避免地有广泛的接触。

事实上,中国和俄国打交道远比和西方其他国家打交道更有经验,因为俄国是中国必须对付和打交道的第一个西方国家。

4 月 14 日我会见了保加利亚新任驻巴黎公使巴拉巴诺夫,这是他对我的一次礼节性访问。在寒暄之后,我立即提出欧洲局势的问题。

巴拉巴诺夫认为,英、法两国终于发表了态度鲜明的声明,支持罗马尼亚和希腊反对侵略,这是一件好事,因为在他看来,这对德、意两国将产生遏制作用。他说,保加利亚是一个小国,不愿意卷入大国的竞争和阴谋。虽然一直被认为是属于对凡尔赛和约不满的国家集团,但是它只想和平生活和掌握自己的命运。它未签署巴尔干条约,但是和罗马尼亚的关系不坏。如果罗马尼亚能做出友好姿态,把多布罗加地区归还保加利亚,这将进一步加强两国之间的良好关系。多布罗加地区是在上次巴尔干战争中强行从保加利亚夺走的,这一地区的居民主要是保加利亚人。他又说,保加利亚和德、意两国关系友好,但是并没有承担和德、意一起推行它们的政策的特殊义务。

当我问到有关多布罗加地区的情况时,巴拉巴诺夫说,这个地区土壤肥沃,是保加利亚的主要产粮区,因为保加利亚多山,粮食生产不能自给。而另一方面,罗马尼亚却盛产小麦和其他粮食,因为多布罗加南部地区都是平原,土壤亦甚肥沃。接着,我问到保加利亚对于获得通往爱琴海的出口的愿望。他说,这是保加利亚的另一热切希望;它希望能像多布罗加问题那样,不是通过战争而是通过和平谈判,获得通往爱琴海的出口。

我说,和平谈判是应受到鼓励的一种方法,如果保加利亚这种精神得到尊重,那么不难在方才提到的两个问题上得到满足。巴拉巴诺夫表示完全同意,并称,破坏国际法和条约义务原则的黩武政策到处动摇人们的信心,散播忧虑和恐怖的种子,结果国家不论大小,现在都在狂热地武装自己以防遭到突然袭击。

我然后问道,一个月前捷克斯洛伐克总统前往柏林,并签署了断送国家的文件,这是怎样发生的。巴拉巴诺夫回答说,在整个危机时期,他正在布拉格。慕尼黑协定后不久,德国向捷克斯洛伐克提出了以下一些捷克政府无法接受的要求:第一,肃清所有受旧政权和贝奈斯影响的人;第二,允许德意志少数民族参加德国的政治组织;第三,在捷克斯洛伐克实行德国的反犹政策。他说,哈查(他继贝奈斯之后出任捷克斯洛伐克总统)及其政府无法接受德国的这些要求,或者毋宁说是命令。但是当谈判仍在进行时,里宾特洛甫有一天突然通知捷克斯洛伐克政府说,希特勒将于某日率领军队抵达布拉格。这使捷克斯洛伐克政府十分震惊,哈查总统决定亲自前往柏林劝阻希特勒执行其计划。这就是哈查总统访问柏林的背景。当时他没有想到会被迫签署一个无异于宣判其国家死刑的文件。当然,他到达那里后,不啻羊入虎口。

巴拉巴诺夫在回答我下一个问题时说,德国保护人掌握着捷克斯洛伐克政府的实权,尽管所谓的捷克斯洛伐克总统同时存在。但是,实际上,哈查总统是保护人的奴隶。政府的所有重要法令都可能遭到德国保护人的否认,所谓捷克自治只是徒有其名。

4月18日,我和美国大使蒲立德在美国大使馆进行了一次重要谈话。我首先把大约两周前我交给莱热的有关中法合作问题的备忘录的内容告诉蒲立德,并说,我曾建议我国政府把一份副本交给他(蒲立德)转呈罗斯福总统。中国政府批准了这一建议,并指示我要求美国大使,同时也请求罗斯福总统,如属可能,对此建议设法予以支持。

蒲立德翻阅了一遍备忘录,并问是否这就是送交莱热的备忘录。我回答说,送交莱热的是他正在翻阅的英文本的法文译本。

我在回答另一问题时解释说,中国驻伦敦大使已采取了类似步骤,但未向英国政府送交备忘录,而是由英国政府把中国的建议记了下来。我说,哈里法克斯告诉在伦敦的郭泰祺说,与欧洲局势相比,远东局势还未达到需要立即考虑中国建议的严重地步。但是英国政府极为重视中国的建议,并将予以仔细考虑。我又说,莱热告诉我,法国政府由于集中精力注视欧洲局势,所以还未能对备忘录中的建议加以研究,但是他们肯定是会研究的。

蒲立德说,根据备忘录的第四点,似乎中国希望让英、法两国对日宣战。他问,中国的意图是英、法两国立即向日本宣战并参加对日本的军事行动,还是在欧战爆发的情况下才进行这种合作或者参战。我回答说,是后者。中国并不要求英国或者法国立即对日宣战。

蒲立德进一步问道,如果和法国或者英国达成任何协议,中国政府是否即予公布。我说,我认为不会。协议将保密,而于时机到来时执行。我说,我国政府的意图不是要使英、法两国卷入对日战争,但是由于欧洲的严重局势有爆发武装冲突的危险,中国政府为了表示对英、法两国长期坚持的和平事业的忠诚和同情,准备与他们通力合作,以保卫他们在远东的属地和利益。我说,中国政府认为英、法政府当然一直在考虑欧洲爆发战争时保卫他们各自在远东的属地和利益的问题。而且我问过莱热,法国政府是否已制定了这种计划。我从莱热那里得知,这个问题已予仔细考虑,只是尚未制定计划。我说,因此,按照他的希望,送交他一份书面的备忘录以便于法国政府研究和考虑这一问题。

蒲立德认为中国的建议是切合实际的,并问英、法两国是否将此建议转告美国。我说,就我所知没有转告。我从上次和莱热谈话中得知,法国政府已向英国探询它对中国建议的看法。在伦敦的郭泰祺认为英国政府尚未就这一问题同美国政府接触。我又说,中国政府嘱我请求蒲立德把中国的建议转报罗斯福总统,因为胡适博士病体尚未完全康复,目前不能晋谒罗斯福总统。蒲立德问道,可否由外交信使传送,因为他认为密码电报从来不是绝对安全的;信使将于19日出发,24日抵达华盛顿。我说,这件事耽搁四五天关系不大。至于把文件送到华盛顿的最好方式,可完全由他酌定。

我说,中国政府之所以提出这一建议,乃是基于深信日本在远东的侵略和欧洲的局势确实密切相关(这一向是中国政府的观点,当然也是我本人的观点)。我告诉蒲立德,必须把制止侵略和保卫全面和平当作有关世界和平的统一问题来对待。日本最近吞并南沙群岛以及前两三天日本军队在海南岛重新活动,都是旨在配合其反共产国际协定的伙伴恶化欧洲局势。

我告诉蒲立德,当我在罗马参加教皇加冕大典时,我和意大利外交部长齐亚诺进行过一次谈话。在谈话中,我曾说,意大利不能期望从日本得到任何利益,既得不到日本在欧洲对意大利的援助,也分享不到日本在远东掠夺的财富。齐亚诺在回答我的上述看法时,说了一番令人震惊的话,大意是日本海军强大,肯定能在远至北非的地区援助轴心国。我说,我认为如果战争在欧洲爆发,日本无疑会乘机推行它向南扩张的计划,因为日本海军一直在追求荣誉,以免与陆军作比相形见绌。

蒲立德完全同意我的看法。他感到遗憾的是他最近和法国政府成员就欧洲局势所进行的谈话中,他们未曾提到远东问题。他向我打听英、苏两国在伦敦谈判互助条约的进展情况,并问其中是否包括远东。我说,就我从我在伦敦的同事那里搜集到的情况而言,英国态度趋向于接近莫斯科的这一转变使得苏联大使颇为满意,他一直为达到这一目标而进行工作。我还说,我不能确定他们的谈判是否包括远东,但我本人倾向于认为不包括。

我表示希望蒲立德一旦得知美国总统对我致法国外交部的备忘录中所提问题的反应,就立即通知我。他说,他肯定照办,不过恐怕要过些时候他才会接到华盛顿的来信。

接着,我向蒲立德谈了中国希望得到法国财政援助的问题,并给他一份我在前一周送交莱热的备忘录的抄件,供他个人参考。我提到向法国要求的三种援助,并说,中国政府认为法国应该作出类似美、英两国那样的姿态,美国已经开了头,英国也跟着办了。我要求蒲立德有机会时就这一问题向法国人美言几句。

蒲立德说,他不仅要说几句好话,而且还要和法国人谈一谈这件事。他赞同我所说的,法国人非常重视美国大使对他们讲的话,因为法国在很多方面有求于美国。他表示希望那些要求法国提供信贷的中国西南地区的工业企业是制造军火的。我告诉他,我预期在两三天内会见法国殖民部长孟戴尔。我说,中国政府一直在为装运到中国的货物支付大量过境税。相当大的一笔款项是用来支付经由印度支那转运的汽车的过境税。我说,孟戴尔应该是能够给予帮助的,尽管我了解他和政府里的同事们讨论准予提供更大的过境便利时,所持的论点之一是这将为法国财政部和印度支那政府带来一大笔税收。我说,然而通过印度支那转运的物资数量很大,中国政府支付过境税的金额是中国财政部的极大负担。根据 1930 年 5 月的中法条约,凡属中国政府的军需物资,一律免税。如果类似的免税能适用于其他物资,这也是一种援助方法,因为它将减轻中国政府的财政负担。我说,无论如何,减少费用将使财政负担轻一些。

在这部分谈话过程中,蒲立德说了一句话,我把它作为谈话记录的后记写了下来。他谈到法国对远东的态度时,开玩笑地问道,会不会是法国外交部长博内忘记了地图上还有一个中国,而又懒得去找一找地图。

我和蒲立德照例讨论了欧洲局势和战争威胁。他在回答我的问题时说,他认为在 4 月 28 日希特勒向德国国会发表演说之前战争不会爆发。当我问到哪里可能出现麻烦时,他说德国的策略是首先把意大利和西班牙推入战争,而后自己再参战。我说,这在希特勒来说,是一个很自然的行动,他显然是从上次世界大战中吸取了教训。

我说，我知道法国政府已经采取一切必要的措施，以免这次再遭到出其不意的攻击。蒲立德确认了这一情况，并说，英国政府也同样采取了一切预防措施，因而倘使战争在明天爆发，他们也能够对付。当我问他，是否美国政府也已为参加战争做了必要的准备时，他回避了我的问题，而是说，我当然知道在这种情况下美国政策会怎样演变。

三天前，也就是 4 月 15 日，罗斯福总统以致函希特勒和墨索里尼的方式向德、意两国发出呼吁。这封信要求保证不侵略三十一个被指名的国家，并建议讨论裁减军备。我在提到罗斯福的这封信时，对蒲立德说，这封信非常好，逼得希特勒和墨索里尼无法回旋。蒲立德说，这封信逼得他们进退无路，使他们不得不暴露其真实目的。

接着，蒲立德说，他高兴地从上午的报纸看到有关中国军队和日本人作战的消息，特别是有关中国军队几乎完全包围了广州，从而使日本有丢掉这座城市的危险。我说，中国局势一直在朝着有利于中国的方向发展。但是所谓新攻势，严格说来并不是攻势，它只不过意在使新近接受训练的后备役军人有机会获得一些战斗经验。广州周围的战事一直十分激烈，人们希望能收复该城。蒲立德问中国政府是否当真打算收复这座城市。我说，中国军队系由赫赫有名的张发奎将军率领。张发奎以前虽倾向于共产党，但是他一直以英勇善战而著称，被誉为铁军。

次日，我在苏联大使馆与苏利茨大使会见。一开始，我就告诉他，英、法、苏三国有关欧洲目前局势的互助条约的谈判结果将对中日冲突和远东的总形势产生重大影响。因此，我想知道缔结条约的前景如何，条约范围是否真的只限于空军支援，援助是否为相互的，以及立即缔结条约有哪些障碍。苏利茨回答说，会谈一直限于一般性问题，还没有涉及任何具体计划或建议。至于报载援助范围只限于空军领域或只限于物资和经济方面，这些只不过是猜测而并非事实。

他接着说,英国迄今只是向苏联提出一些假设的问题,以期弄清楚苏联的态度和意图。英国先问,假如罗马尼亚遭到德国进攻,苏联将给与什么援助,以及假如波兰遭到类似进攻,苏联将采取什么行动。然而,苏联政府总是相信集体安全的原则,并且坚决主张任何互助的协议都应该是全面的,应该包括所有的当事国在内。莫斯科最初曾建议在布加勒斯特召开一次会议,但是这一建议未被接受。当伦敦建议以四国宣言代替这次会议时,莫斯科表示可以考虑,但是后来毫无结果。他说,目前,英、苏两国谈判的中心在莫斯科,而法、苏两国谈判的中心却在巴黎。

　　苏利茨认为法国的态度表明他们对形势更为理解。他说,博内最近的讲话和保罗-彭古的观点一样。(这一点十分有趣,因为到那时为止,法国社会党人领袖之一保罗-彭古所持的观点比博内远为进步。)我说,我从法国外交部得知,法苏互助条约一直有效,法国因而认为他们对待莫斯科的态度与英国不同,并渴望扩大条约的基础以应付当前局势。苏利茨同意这是法国的观点,并说,他们最近认识到集体安全原则的重要性,而且显示出比英国更为迫切期望和苏联达成协议。

　　他接着指出,法国一直和英国保持密切联系,苏联代表和英国政府之间在伦敦的谈话内容,法国政府同一天就能在巴黎得知。他了解到法国政府一直在运用它的影响说服英国要比过去走得更远一些,步子大一些。他还说,看来哈里法克斯在立即和苏联恢复友好关系方面是真心实意的,但他对张伯伦的真实意图并无十分把握。在他看来,张伯伦内心里仍愿推行绥靖政策。张伯伦之所以采取以集体安全制止进一步侵略为基础的新政策,只是由于公众舆论以及他自己的政党成员的压力。苏利茨说,伦敦的商界和财政金融界对和苏联打交道总是多少有所怀疑。我说,张伯伦在英国内阁中也受约翰·西蒙和塞缪尔·霍尔的影响,这个三人小组实际上是保守主义的堡垒。

　　接着,苏利茨说,他不能肯定目前的谈判最后是否能取得成果。他说,至于法国,达拉第热切地希望在当前的欧洲危机中争取苏联的合作。他一直不热衷于慕尼黑政策,只是由于公众赞许以及他从慕尼黑回来后受到热烈欢迎,他才遵循这个政策。但是他是一位爱国者,信守"危险来自德国"这个法国传统观念,并且急切想为法国的利益尽力。但是,苏利茨又说,达拉第最近一直是在右翼的影响下,因为他依赖右翼投票支持。为此,他总怕维护任何可能被右翼看作是对左翼让步的措施。在他更换外交部长的问题上,也是如此。但是,苏利茨说,他最近没有理由指责博内的态度。博内现在非常渴望寻求苏联的合作。但是是否由于他认识到慕尼黑政策已经失败而这样做,苏利茨就不得而知了。

关于法苏互助条约,苏利茨说,这个条约的范围似嫌狭窄。代表法国签约的是赖伐尔,他故意缩小条约的适用范围和降低它的重要性。当我谈到弗朗丹和赖伐尔最近相当沉默时,苏利茨说,他们在法德谅解这一得意见解上固然沉默了,但是他们在设法阻止政府实现与莫斯科合作的新政策方面,却从未沉默不语。

接着,我问和英国或者和法国为缔结互助合作条约所进行的谈判是否涉及远东的局势,远东局势终究是一个明确的国际侵略问题。苏利茨回答说,就他所知,没有涉及远东。会谈只限于欧洲的一个地区,甚至不包括整个欧洲。但是,他认为如果这个有限的条约缔成了,必将对远东产生有利的影响。然而,他重申条约能否缔结,仍然有点难于断定。

关于罗斯福总统致希特勒和墨索里尼的信,我说,它当会使独裁者在执行进一步侵略计划时踌躇不决。苏利茨说,这是一个迫使德、意摊牌的极好的姿态,而他们回答这封信,是很困难的。但是,与此同时,苏利茨担心它将引导人们,特别是那些反对与苏联合作的人们,宣称罗斯福总统的信件使得和德、意重新谈判有了可能,因此应该努力争取和极权主义国家达成和平解决。他知道,抱有这个目的的人们正在努力,并正在对法国政府施加影响,尽管他怀疑博内是否愿意在这方面进行尝试。他说,自慕尼黑协定以来,法国人民已开始认识到法国被孤立了,并认识到法国有必要与苏联合作。他们意识到威胁着他们国家的危险,并准备不惜任何代价来对付这种危险。因此,他说,法国人要比英国人镇静得多,在英国似乎是普遍地更为紧张不安。

我说,如果英、法和苏联建立联合阵线,并以美国作为最终要参加的伙伴,则这种联合的力量将强大得足以使德、意两国在进一步侵略之前要再三加以考虑。苏利茨说,民主国家集团的物质资源不仅比轴心国丰富,而且他们的联合军事力量占有这样大的优势,和平阵线的国家取得战争的胜利成果是不成问题的。他相信,如果和平阵线能够建成,希特勒和墨索里尼是不敢发动战争的。

我说,意大利的态度并不总是和德国完全一致。我认为墨索里尼内心或许愿意改变政策,如果他这样做能不冒风险的话。苏利茨说,墨索里尼与德国合作的政策是和意大利的传统完全相反的,而且这个政策已经导致德国不仅把多瑙河流域而且把巴尔干半岛各国都置于其控制之下。意大利从这种合作中所得无几。意大利实际上已成为德国的仆从国,正像阿尔巴尼亚是意大利的仆从国那样。苏利茨相信,如果发生战争,意大利将首当其冲,而且如果轴心国战败,意大利势必要付出大部分代价。他还认为,如果和平阵线未能组成,那么战争就不可避免。

在我们谈论德国时,苏利茨说,他怀疑张伯伦一直在想把德国的侵略矛头转向东方,从而使英、法免受战争的苦难。张伯伦有关德国占领布拉格的第一个声明使苏利茨感到张伯伦对这件事早有预见,并且在签署慕尼黑协定时希望德国将会心满意足,不再觊觎西欧。苏利茨说,但是德国的野心是迫使英、法屈服,希特勒最注意的目标正是西欧。希特勒对西班牙的兴趣和在那里的活动是他的真正目的的又一证明。苏利茨的看法是,甚至所谓的反共产国际协定,其加害于英国的企图甚于其加害于苏联的企图。这表明英国人和俄国人对欧洲局势的看法是多么不同。这种不同或许能说明为什么人们所盼望的以集体安全原则为基础的互助条约未能缔结,这个互助条约或许能使欧洲避免最终爆发的那场战争。

为推动实现中国提出的与法国合作的建议,我的习惯做法是使法国内阁的重要成员随时了解情况,以增加成功的可能性。因此,我设法争取雷诺的支持,他当时是法国内阁的财政部长,并且是一位重要而有影响的内阁成员。同样,后来我也和殖民部长孟戴尔交谈。据我了解,孟戴尔在内阁中和雷诺密切合作,这至少在很大程度上受到达拉第总理的谅解和支持。

法国外交部的态度和观点并不总是同情中国的。因此,我的这种做法就更加重要了。法国外交部长过分受他个人的观点和他在部里的主要合作者莱热的态度的影响。莱热认为欧洲局势是压倒一切的大问题,而宁愿无视法国在远东的利益。我一再感到有必要争取法国内阁其他成员的合作,使他们施加影响,以促使法国内阁对中国的某些具体要求做出有利的决定。

我在 4 月 20 日会见雷诺时,一开始就提出了中、法合作问题。在以前的一些场合,我更多的是作为个人看法和他谈论这个问题的。这次我向他提出这个问题,是以我对法国外交部的陈述和我送交法国外交部的备忘录为基础的。我曾向法国外交部概述了中国有关中、法合作的具体意见。

我告诉雷诺说,在中国政府看来,欧洲局势已到了有必要把这个问题提请法国政府正式考虑的地步。我还说,应法国外交部的特殊要求,我已送交了概述中国政府见解的备忘录。然后我给他看了一份抄本。

雷诺缓慢又仔细地阅读了备忘录,然后说,他完全同意备忘录的论点。他说,轴心国即德、意、日早就进行合作以实现他们的政策,最近佛朗哥领导下的西班牙也参加了反共产国际协定。他说,最近的报道表明,佛朗哥打算在北非挑起争端,目的在于把一部分法国军队拖在西班牙边界上。他问我,法国外交部的反应如何。

我告诉他,他们考虑了中、法两国进行大范围合作的可能性。由于欧洲的紧张局势,他们尚未能对这个问题给予足够的考虑,但是他们将继续进行研究。我还告诉他,中国驻伦敦大使已向英国政府采取类似步骤,并曾和哈里法克斯进行了一次会谈。后者非常重视这个建议,并答应予以仔细考虑。我说,法国外交部于一周前告诉我,他们已向伦敦征询意见,正在等候答复中。

在这里说一说下面这一情况,或许是值得注意的。在和法国政府交往的经验中,我发现有一个事实曾多次得到证实,那就是,在处理政府的对外政策中,法国外交部大概比西方其他国家的外交部具有更为突出的决定作用。我屡次发现,某项重要的建议,例如中国的重要建议或有关中国政府向法国外交部提出的正式要求,法国外交部往往没有通知内阁的其他部长。内阁的其他重要成员如财政部长或殖民部长,都不知情。他们要向我打听我提出了什么问题以及法国外交部有什么反应等等。他们解释说,外交部长根本没有将问题提出来讨论。时常有这种情形,即当我因法国外交部迟迟不给我答复而向殖民部长提出一个问题时,例如关于中国为抗击日本侵略而急需的军用品经印度支那过境问题,他会告诉我说,外交部长没有把问题提出来讨论,他不知道外交部长有什么看法。有时甚至在殖民部长已经得到总理对一个特定问题的肯定答复之后,他还会告诉我说,内阁会议未予讨论,因为外交部长未提出这个问题;或者,他会告诉我说,当他(殖民部长)提出这个问题时,外交部长未作反应,所以实际上没有讨论。

所有这一切向我清楚地表明,在决定对外政策方面,法国外交部不仅发挥着重要作用,而且实际上完全控制着法国的对外关系。这就使我有必要和内阁的其他成员接触,以及经常和国民议会的重要成员,特别是外交委员会的成员接触,以引起普遍关心并间接地对外交部施加影响,使之对中国方面提出的某种要求更迅速地采取行动或给予更多的同情。

雷诺在谈到中、法在财政经济方面合作时说,这是在欧洲的危急局势下以及在对法国财政部和法国的资源提出众多需求的情况下,实际能提供多大财力的问题。他说,美国现在拥有价值六千亿法郎的黄金,无疑是财力最为雄厚的国家。他还说,他一直在尽最大努力以恢复人们对法国经济的信任和回收法国黄金,而且已成功地收回了三分之一的黄金,其余三分之二则已流入美国。

我向他祝贺他的努力取得成就,然后说,我愿意给他一份递交法国外交部的有关财经合作的备忘录抄件。我要求他翻阅一遍。雷诺缓慢而仔细阅读备忘录内容之后说,关于第一项为稳定中国货币和外汇基金提供资金问题,这件事已予注意。他询问中国的财政货币情况,以及美国对中国有何援助。

我告诉他,中国货币保持稳定,得到人民的信任。事实上,自从 1935 年 11 月货币改革以来,一直如此。在国外的外汇储备,中国需要充实,因为从国外大量购买物资和供应品,外汇甚紧。至于外国援助,我说,美国政府一直在而且继续在购买大量中国白银。此外,美国政府在实际购买之外,还提供了一定数量的信贷。1938 年 12 月,美国政府给予一笔二千五百万美元的贷款,供在美国购货之用。随后,英国政府仿效美国,同意保证由英国银行提供五百万英镑,作为稳定中国货币和外汇的资金,同时还提供一笔五十万镑的出口信贷。此外,他们通知中国,可以期望得到另一笔三百万英镑的信贷。

我希望法国能作出类似的表示。我还说,中国各家银行准备提供二百万英镑,期望法国提供类似的资助。雷诺说,由于追加的军费开支庞大,他认为有必要制订新的财政改革计划以增加国家收入并应付当前危机。这个计划包括为稳定中国货币提供资金。他还说,每当试图革旧立新时,总有可能遭到反对,因此,他预料在前进中必有困难。他说,他知道革新者是从来不受欢迎的,但是局面是严重的,改革势在必行。他强调说,改革一定要实行。他要求我给他几天时间,然后他才能对这个问题讲得更明确些。

关于供建造铁路用的信贷问题,他说,他原则上已表示赞成。关于中国供应物资经过印度支那的过境税问题,他问我已否见到孟戴尔。我回答说,我将在两三天后会见这位殖民部长。

我在回答雷诺提出的关于为某些工厂筹措资金的问题时解释说,这些工厂不是制造军需物资的,而只是生产制造军需物资所需的半成品。我说,据专家们讲,如果工厂管理有方,企业将会自给有余,因此,投资不会有多大风险,因而为此提供的信贷是有保障的。

于是,雷诺建议我和基金调拨司司长鲁夫进行一次会谈。

谈到远东的国际局势,雷诺说,苏联可能对远东的冲突非常关心。他问,苏联为援助中国做了些什么。我告诉他说,苏联向中国提供了大量物资援助,其中有价值五亿卢布的军需物资。他又问,目前莫斯科是否愿意提供更多的援助。我说,苏联正和中国大使在莫斯科商谈进一步援华。

我在回答另一个问题时说,军事形势很好。在日本人侵占的十一个中国省份中,均已恢复战斗,而且中国军队已取得一些成功。广州周围的战斗十分激烈,这座城市实际上已被中国军队包围,只给日本人留下一条出路,即珠江。在山西省,中国军队已迫使日军北撤。我告诉他,据当天早晨的伦敦《泰晤士报》报道,一支中国游击队曾在上海郊区和日军一个支队交战。

雷诺听到这种有利的军事形势,表示高兴,并询问了总形势。他说,他听说中国情况不很好,某些将领已背叛政府。我告诉他,实际情况完全相反,团结一致的精神从来没有像现在这样强烈。同时就我所知,中国将领无一人背叛政府。甚至在中日敌对行动发生之前一直反对蒋委员长的那些将领现在也都和蒋委员长密切合作,共同对日作战。于是雷诺说,他没有注视中国局势,因此他不了解真实情况。

两天后,我会见了殖民部长孟戴尔。我对他谈了许多问题,其中之一是中国政府提出的中法军事合作问题。我告诉他,我曾就中法两国在军事领域进行合作的可能性与法国外交部秘书长莱热会晤,并按照莱热的希望,送交了一份有关这一问题的备忘录,其中概述中国政府就这个问题提出的具体意见,请法国政府考虑。

　　我还告诉他,莱热当时就给我答复说,这个问题最后将提交内阁讨论。我表示希望在内阁讨论时,他能支持这项建议。同时,我把一份备忘录的抄件交给他。孟戴尔非常仔细地阅读了备忘录之后说,4月9日最高国防委员会曾举行一次会议,他本人参加了这次会议,但是外交部长根本未谈这个问题。孟戴尔又说,殖民军总监布吕尔将军出席了那次会议。布吕尔说,鉴于欧洲的严重局势,可能导致战争,有必要考虑到不测事件。布吕尔还说,如果发生冲突,中国的合作对保卫法国利益和法属印度支那将是必不可少的。布吕尔主张应考虑这个问题,着手谋取中国的密切合作。但是,孟戴尔告诉我,外交部长看来是持怀疑态度而未加评论。孟戴尔估计法国外交部将持否定态度,但是他说,如果中国的建议提交内阁,他肯定将全力予以支持。

　　接着我对孟戴尔谈了法国向中国提供财政援助的问题,并把我送交法国外交部备忘录的抄件给了他,前此我也给过雷诺一份。他看完之后,我们就其中各点进行了讨论。

　　关于降低经过印度支那的中国供应品的过境税问题,他说,这是一个对印度支那政府的财政会产生什么影响的问题。远东的局势使得印度支那有必要把陆军增加到五万人并建立一支空军,他已为此向荷兰订购了五十架飞机,不久即将交货。这意味着大量增加支出。多亏增加了收入,他才得以就地解决这些防务措施的开支,而不用求助于宗主国的财政部。他说,虽然如此,他想尽可能帮助中国。因此,当他最近知道总督一直在对经过印度支那的中国供应物资征收4%的过境税时,他由于认为太高而加以干预,结果将某些供应物资的过境税降低到 1%。

我说,由于经过印度支那的物资在数量上不断增加,中国政府付出的税款也达到了很大的数字。仅装运汽车一项,付出的过境税就相当可观。他问到为汽车付出多少过境税,我回答说,我已打电报询问付给印度支那政府的过境税的精确数字,正在等候答复。但是我的印象是在一百万美元以上。我还说,对即将通过印度支那的供应物资,中国政府是用美国贷款支付的。我知道美国政府也迫切希望征收的过境税越低越好,以便中国可以从美国贷款得到最大的实惠,因为美国的贷款也是为了援助中国。

关于军需物资,我说,根据 1930 年 5 月的中法条约,中国确实有享受免税的权利。我请他注意这样一个事实,即备忘录所附的供应物资清单都是中国军队使用的物品。他说,他已经注意到这张清单。他觉得中国的财政不是很紧张,支付过境税算不上一项重负。可是,他将研究一下这个问题。如果他查明这笔过境税在印度支那政府收入中不占很大部分,他将乐于降低。

关于 1930 年条约规定对中国的武器、弹药和军需物资免税的问题,他说,他曾尽了很大力量来扩大过境便利,以便把其他种类的军需物资包括进去,这些物资以前是不得通过印度支那转运的。我说,我了解新的根据改用 1925 年的日内瓦公约,它比原用的根据即 1935 年的法令宽得多。于是孟戴尔说,无论如何,他愿设法在下周给我一个明确的答复,一个他相信可使中国满意的答复。

关于在云南设立某些工厂以制造爆炸品和火药以及制造为生产军需物资所需的某些中间产品问题,我说,我希望孟戴尔协助促其实现。我又说,这件事曾经是我们过去多次谈话的主题。他回答说,鉴于欧洲局势,法国政府的需要与支出日益增加,以致财政拮据;并鉴于执行这项计划所需款额所占的比重如此之大,他认为不易安排。我随即给他一份中国专家精心制订的规划,并说,我知道这些工厂如果经营有方,是有利可图的,投资能在数年内收回,因而为银行贷款或信贷提供保证不会有多大风险。

孟戴尔问谁是代表,他们代表哪些部门。我解释说,他们一共三人,一位代表兵工署,另一位代表经济部,第三位代表中国建设银公司。我说,交给他的规划是由这三人在某些法国专家协助下制订的。我要求孟戴尔第一步先指定一位或几位专家和中国专家一起审查规划内容,同时设法获得必要的财力援助。

孟戴尔说,这项规划确实意味着法国应提供财力以促其实现。我指出,所需的一小部分款项可以在中国国内解决,因为有很多中国实业家被迫把他们的工厂从上海迁往内地,或者他们在上海的工厂已停产,因此,他们很愿意投资于真正殷实的企业。此外,规划还考虑了印度支那的战时需要和平时需要。我要求他抽时间看一下这个规划,在我看来,这个规划制订得很周密。他说,他一定仔细阅读,而且虽然他感到难于要求政府提供更多的财政援助,但是他仍乐于和我合作,看看怎样实现这项规划。他希望能在下周提出较为具体的意见。

我们随后讨论了欧洲局势。在叙述我和殖民部长的这一部分谈话之前,我愿意先提一下,在设法解决财经援助与合作问题过程中,我要求德尼和李石曾两天之后来大使馆报告。从德尼对情况的叙述看来,关于稳定中国货币基金,法国政府似乎已经解决了原则问题。法国财政部一直在等待法国外交部的正式答复,法国外交部则又就为稳定中国货币基金提供资金问题征求法国驻华大使的意见。据德尼谈,高思默的电报在 4 月 22 日到达。电报同情中国的要求。

我问,为什么有必要向高思默大使询问这件事。我这样问是因为我知道孔祥熙已在重庆向高思默提出过这个要求,并请他转告法国外交部,法国外交部正是就这个要求探询财政部的意见。德尼说,他也曾提出这个问题,所得答复并不十分令人信服,但是不管是真是假他把答复告诉了我。财政部曾通知法国外交部,它准备赞成此事,而法国外交部则又征求法国大使的意见。他猜想真正的原因在于法国外交部想要使人们认为这件事是由他们主动提出来的。显然在两个部之间有些争功心理。

德尼还透露,东方汇理银行由于在若干业务上已和中国进行合作,又由于它是印度支那的货币发行银行,它的地位和信誉使它理应领先,因而它本来是很可能由财政部指定负责和中国各银行谈判的。但指定的是中法银行。他指出,中法银行实际上是号称银行团的东方汇理银行、巴黎荷兰银行和拉扎尔兄弟银行等三家银行的子银行,其中东方汇理银行是中法银行的最大股东。

我问及法国政府原则同意后的正常程序如何。德尼说,无论如何,在法国各银行着手处理这件事情之前,必须先经法国政府同意,这是主要的。这也是为什么法国各银行直到法国政府同意给予保证之后才行动的原因。他们起初因中国没有向他们提这件事而似乎有点不满。所以他认为在中、法两国银行能够达成谅解的条件下,法国政府一定会把它原则上批准的意见通知大使馆。他说,这是中国方面必须和法国各银行着手进行谈判的原因。他指出在伦敦,中国各银行是由中国银行代表的,中国银行的经理签署了和英国各银行的最后协议。他说,同样,中国各银行应指派一位代表和法国各银行进行谈判*。

下面回到 4 月 22 日我和殖民部长孟戴尔的谈话上来。我们讨论的最后一个问题是欧洲局势。我问他对欧洲大陆的当前局势如何看法,英国、法国和俄国之间有关缔结互助条约的会谈进展如何。按照我的观点,我极力主张这三个国家缔结的任何互助条约最好把远东包括进去。孟戴尔对我说,他认为欧洲战争最终是不可避免的,但未必是由于希特勒和墨索里尼想要发动战争。他说,危险来自他们两人仍然认为,如果他们对英、法两国施加压力,英、法两国现在还会像在慕尼黑时那样屈服。然而,孟戴尔相

---

* 原编者注:关于此问题直到李石曾和德尼谈话时为止的发展情况的摘要,见本册的附录三之甲,即顾维钧博士的谈话记录的后记。

信,如果战争果真爆发,德、意两国会彻底被打败,而且也不会是一场长期战争。

关于上述三国之间的谈判,他说,谈判仍在拖延,不是由于有实际困难,而是由于那些正在进行谈判的人并不真心打算把谈判推向结束。他认为,英、法两国的谈判人仿佛内心并不真正急于和苏联缔结这样一个条约。他表示同意我的说法,即远东应该包括在条约之内。但是,他说,目前英、法两国仍反对把合作范围扩大到他们自己不能对之负责的地方。虽然如此,他相信美国对太平洋和远东非常关心,并愿意把远东包括进去。他认为,如果美国坚持,是会缔结一个包括远东在内的条约的。

4月28日,我再次走访孟戴尔。关于英、法与苏联之间互助条约的会谈,我再次告诉孟戴尔,我认为把远东包括在这样一个条约之内,不但对维护欧洲和平有益,而且有助于印度支那的安全。我说,互助是任何保卫和平的计划中最为重要的一项,但是要真正有效,它就应该基于把世界看作一个整体的集体安全原则。我说,现在更为如此,因为日本已被公认为反共产国际协定中德、意的伙伴,并积极和它的欧洲的两个同伙一起活动。我说,为了使苏联忠于拟议中的互助条约,应向苏联保证不必担心在远东会由苏联单独去抵抗日本侵略。

正如我所预料的,孟戴尔表示对这一点原则上完全同意我的看法,尽管他说他不知道苏联曾否要求把远东包括在拟议中的欧洲互助条约之内。他说,基于政治思想对立而出现的意见分歧已经产生出反对同俄国进行任何合作的意见,甚至对于在欧洲合作也是如此,而这种反对意见正妨碍着谈判的进展。他确信,如果要把和俄国的合作范围扩大到包括远东,这样一个建议在目前情况下一定会使问题更加复杂化,将更难于达成圆满结果。因此,他认为最好以现实主义态度来应付局面,把同俄国的合作限于欧洲一个指定的地区作为开端。

我对孟戴尔说,我在3月份访问梵蒂冈时,曾和齐亚诺交谈。

齐亚诺为意大利与日本合作的政策辩解说，日本海军很强，如果欧洲发生冲突，它能援助意、德两国，甚至远至北非。孟戴尔说，他看不出日本海军怎能安全地驶往北非，而不被英、法的联合海军打垮。无论如何，他认为日本舰队将会发现有英、法军舰在前，是难以通过苏伊士运河的。在他看来，英、法联合海军十分强大，意大利的地中海舰队一定会在冲突开始的几天内就被击败，而使法国和英国掌握完全的制海权。

我说，日本舰队可以不经苏伊士运河而驶向北非的东岸。其次，英、法海军不先摧毁意大利舰队，就难于派遣一部分舰队前往印度洋。但是孟戴尔认为，意大利舰队即使不被摧毁，也会被驱赶到亚得里亚海躲避起来，而不敢迎战英、法联合海军。孟戴尔相信，日本舰队至多能驶往莫桑比克，但这一行动终归不能决定全面冲突的胜负。他问，日本怎能输送军队而不受英、法战舰的袭击。

这次会见时，布吕尔将军在座。他和我有同感，认为日本的商船队是世界上最大的商船队之一，日本海军可以很容易地抽调部分力量护送军用运输船到北非，所以日本用不着到欧洲来帮助意大利或者德国。例如，日本能够在过去的德国殖民地提供大量帮助，那里的防御力量不堪日本远征军的一击。他说，美国太平洋舰队回到原基地自然对日本舰队的调动有抑制作用，但是日本舰队只需要部分舰只护送军用运输船到非洲的东岸。他说，英、法海军不先消灭意大利舰队，就不敢离开地中海，驶往印度洋去和日本海军的分遣舰队作战。换言之，他同意我如下的说法，即任何包括远东的、与俄国合作的计划，会对日本产生很理想的抑制作用。我于是说，我也知道有困难挡道，但是无论如何，从较小的范围开始和苏联合作也比根本不和它合作更可取。

关于日本的目前形势，孟戴尔说，根据在美国获得的情报，日本的态度现在似乎比较合乎情理，因为日本已开始感到黄金储备枯竭和原料特别是钢铁短缺。他说，美国现正设法尽量向日本出售非军用物品,以增加它的重负,同时,正削减日本军事工业所需原料的供应。他说,可以设想,再过四个月,日本疲弱的形势将进一步吃紧,日本将不得不谋求中国问题的解决。

几天前,法国外交部一位代表曾打电话告诉我,印度支那过境税已经获准取消,而且印度支那总督已经得到指令。我自然和孟戴尔谈到此事,并代表我国政府和我个人对他表示感谢。我还说,这一友好帮助的新姿态肯定会使我国政府感到十分满意。

我问孟戴尔是否已看了拟议中的云南省工业发展规划,特别是关于以法国财政和技术援助建立的某些工厂的那部分。他回答说,他已经看过规划的大部分,并发现其中提到的某些企业已在或者正在印度支那建立。例如,他说,根据指示,一家制造子弹、炸药和爆炸品的工厂不久即将安装设备,半年后即可投入生产。一家制造飞机和飞机零件的工厂也正在兴建。另一家制铝工厂已经设计,十个月后即可开工。一家子弹工厂不久就能每天生产五万发,如有必要,产量还可提高一倍。孟戴尔接着说,因此,中国的规划似乎和已经设计的或正在印度支那建造的法国企业重复了。他本人就需要各种技术人才,如果有中国技术人员,他也想利用他们来帮忙。

我认为,鉴于印度支那和中国西南地区之间的利益是一致的,中国规划强调的主要目的是促进中法合作。因此,规划本身也考虑到印度支那的需要。如果孟戴尔已经开始经营如他方才所提到的某些企业,我对此感到高兴,并认为中国对此也会表示欢迎,因为它们将有助于供应中国的需求,特别是在目前情况下,更是如此。中国能够也愿意成为主顾。

孟戴尔说,他的目的不是让中国仅仅成为主顾,而是欢迎中国在这些企业中进行合作。对此,我说,这正是我为什么要求孟戴尔指定一些法国专家和中国专家一起研究我交给他的规划的原因。我解释说,中国政府主要考虑的是推行一项对印度支那和中国均为有利的工业发展计划。这项计划,把原料和劳动力来源,销售的可能性,总之,拟议中企业获得成功的一切必要因素通通考虑周全,从而使其从商业或国防观点来看都具有成功的前景。我说,我从中国专家处得知,拟议中的项目将在云南兴建,因为可以从接近原料、劳动力和燃料来源中得到好处。如果在双方专家全面审查之后,发现部分企业设在印度支那更为有利的话,那就没有理由不可以转移;反之,原打算设在印度支那的企业也可以转移到云南。

孟戴尔说,在这种情况下,他愿意指派两名专家代表他的部门。他派人把布吕尔将军找来参加会谈。孟戴尔和布吕尔商定了代表殖民部的人选,同时,他们都建议中、法两国专家于 5 月 5 日与殖民部举行会议。

在此,我就中、法、英军事合作问题补充几句。4 月 22 日,也就是我为这件事第一次正式会晤殖民部长的那天,我派郭秉文参事访问了法国外交部亚洲司的肖维尔,为的是从那里了解一下是否事情有新的进展。郭秉文回来向我汇报说,肖维尔称,推动中、法、英三国军事合作的准备工作的时刻已经到来,如果我们已将我们的愿望告诉美国,法国就将与华盛顿联系。

4 月 27 日,我收到李石曾关于这个问题的私人来信。李石曾以非官方的身份在中国大使馆和法国政府之间的关系中充任重要的联系人。记得他曾在法国度过多年,而且在第一次世界大战期间和法国人谈判派遣大约十万名以上华工去欧洲为协约国工作,并在签署协议后被任命为招募华工和安排遣送他们赴欧的组织的负责人。李石曾本人是社会主义运动活动家,在法国左派中有很多朋友,特别是曾任法国殖民部长多年的莫泰和赫里欧。他是国民党中央政治委员会委员,经常来往于中、法两国之间。我想,他是以半官方的方式向蒋委员长和国民党的首脑人物汇报。他还随时告诉我他在办什么,并经常来问我有关某一特定事情的情况。我发现他很有帮助,因为他在巴黎能很容易地接近人,并可以不负官方责任地谈话。在很多情况下,他都是非正式讲话。

但是,宋子文还亲自要求他随时汇报欧洲特别是法国发生的事情,以及研究某些经济问题。事实上,他还是中法银行董事会的中国代表。

不管怎样,他给我写了一封私信,我于 4 月 27 日收到。来信说,他认为积极和法国谈判以实现中法合作的时机已经成熟。为了了解他这一观点的依据,我于次日走访了他。他告诉我说,他曾于 4 月 25 见到莱热。关于李石曾提出的构成中法军事合作条约的三点,即互不侵犯、把争端交付仲裁和互助,莱热评论说,在互助方面,法国政府曾不时地尽力而为。但是,当问到目前是否可以认为进一步谈判的时机已经成熟时,莱热说:“是的。”据李石曾说,当他问到谈判将在巴黎还是在重庆举行以及中、法两国可以采取何种形式互助时,莱热的意见是,中、法两国在地理上相距遥远,因而只有在保卫印度支那边界方面,中国能对法国有所帮助。

李石曾告诉我,他对莱热回答说,中国还可以往欧洲派遣军队,这是蒋委员长在重庆对他谈的。他还告诉莱热,头年夏天,蒋委员长、宋子文、李石曾本人以及外交部长王宠惠在汉口和法国大使那齐亚就这个问题进行了一次会谈。那齐亚曾说,这件事超越了大使的职责,因此他不愿意继续会谈。

在这背景下,我于 1939 年 5 月 2 日再次访问莱热,特为催促他对中国提出的中法英合作的备忘录给予答复。总的来看,莱热对我提出的问题所做出的各种答复清楚地表明,法国外交部至少对远东局势的重要性,或者对把这个问题包括在三国合作的总协议之内的可取性没有深刻的认识。

关于这次会谈,据我的记录所载,我先问他,法国政府是否已更仔细地研究过我送交给他的备忘录,他能否简略介绍一下法国政府的反应。从莱热的为难神色来看,我推测,还没很好地注意这个问题,因此我连忙又说,如果莱热希望得到有关这件事的讨论程序,或者中国政府心目中的合作性质和范围的进一步解释,我将乐于电请重庆提供更多的情况。由于莱热好像还不准备给我任何答复,我就问法国政府是否已向华盛顿谈了这件事,以及是否已从伦敦得到了任何表示。

莱热回答说,美国政府的态度如何,我和他都是熟知的。对华盛顿谈军事合作是不可能的。迄今为止,只向美国政府提出过经济措施问题。至于伦敦,他说,未接到答复,但是为了准确,他把亚洲司副司长肖维尔叫来参加会谈。在回答莱热提出的问题时,肖维尔说,未收到伦敦的答复,只不过从法国驻伦敦大使馆那里了解到一些迹象,这些已转告中国驻巴黎大使馆的参事。

接着,莱热说,法国的态度已在布鲁塞尔会议上表明(这是一年半以前的事)。从那时以来,法国已先行采取了两三个步骤援助中国。但是,关于在远东的军事合作问题,只有在英国和美国也同时参加的情形下,法国才愿意进行。事实上,他说,如果欧洲发生冲突,欧洲将迫切需要英、法两国的海军和空军,以致没有军队可以派往远东。唯一能向外派出军队的国家是美国。因此,最后如果发生这种武装冲突,在太平洋和远东的实际行动只有依靠美国。(我的印象是他在清楚地说明,从实际的观点看,法国的合作是做不到的。)

我说,中国政府已将送交英、法的建议通知美国政府。莱热说,鉴于美国对军事合作的态度,法国政府本身认为不宜向美国谈这件事。

于是我说,如果法国政府因面临欧洲紧张局势而认为在远东进行军事合作问题最好等欧洲战争爆发后再办,那么,我愿意建议,关于拟议中的条约,其缔结或签署可推迟至适当的时候,但是对条约条款的讨论和拟定,则无妨尽早进行。我指出,欧洲局势如此动荡莫测,难于预见何时发生动乱。但是,如果把远东合作问题在发生动乱之前完全搁置起来,事到临头就可能发现仔细制订令人满意的合作计划已为时过晚。我说,我国政府一直在询问此事的进行情况,以及法国政府的态度如何。因此,我再次要求予以答复。鉴于莱热所述，我补充说，我唯一可向重庆报告的是此事法国政府仍在考虑中，莱热立即表示同意。

在谈到另一个问题时，我提到有关英、法、苏三国谈判缔结互助条约的新闻报道。我说，我知道尚未达成协议，同时我理解莱热可能感到他在目前阶段不能把任何具有机密性质的消息告诉我。然而我还是愿意表达尽早达成协议的希望，因为我觉得它肯定将对远东局势产生有利的影响。

莱热说，几次会谈都专门讨论欧洲局势，与远东无关。他说不准能否在最近的将来缔结一项条约，因为不是谈判一项条约的问题，而是谈判包括三国以外的其他国家的一系列条约的问题。所能够说的是他深信在不远的将来，整个问题将获得令人满意的结果。

我于是指出，我所说的并不含有把远东包括在目前正在谈判的条约之内的意思，尽管在我看来，把远东问题看作影响和平事业的整个世界局势的一部分，是非常可取的。但是在目前欧洲的紧急局势下，并鉴于在前进的道路上困难重重，我认为最好在开始时，仅限于欧洲，而不要企图谈判一个把远东也包括在内的包罗万象的条约，这样做反而达不到目的。莱热说，拟议中的条约甚至不是针对整个欧洲的，而仅涉及东欧各国的安全。

4月28日当我就三方合作问题访问李石曾时，他同时告诉我，我的武官唐将军曾责怪他要求杨杰再次来法讨论与军事有关的问题。杨杰定于4月30日由莫斯科抵达巴黎。李石曾说，事实真相是杨杰是奉蒋委员长命令而来的，李石曾并就这项命令的来由进行了解释。

前面曾经叙述过，继柏林召回军事顾问之后，邀请法国军官来华担任军事顾问的问题，就曾向法国政府提出过。但事情办理得过于拖拉，我曾就此事直接向达拉第和他的内阁成员提出。当时我的印象是，殖民部长孟戴尔完全赞成，甚至达拉第在一定程度上也赞成，而法国外交部的态度则颇为冷淡，而且或许因担心引起日本的猜疑和怨恨而倾向于拒绝。最后殖民部提出了派遣法国军事顾问来华的某些条件。

李石曾说,当殖民部提出这些条件时,他没有先向蒋委员长报告或获得蒋委员长批准,就自行予以接受。事后,他想起宋子文告诉过他的话,那就是有关军事的事,蒋委员长是不喜欢任何人插手的。因此,在后来向蒋委员长报告时,李石曾坚决主张由蒋委员长指派一位特别代表负责谈判法国军事顾问的问题,以免他可能被蒋委员长怀疑他干预军务。

为此,杨杰从莫斯科来到巴黎,于4月30日抵达。他的使命显然是作为蒋委员长的特别代表为聘请法国军官来华问题进行谈判。谈判是和国防部的军事当局进行的,这就使杨杰得以结识法国的最高级军界人物。不久,杨杰在和法国最高军事当局就重庆授权的问题进行谈判中,似乎就趁机利用他的交往,也提到了中法军事合作问题。

杨杰已经担任了蒋委员长的参谋长,并且知道(我估计是通过李石曾)中法两国的军事合作问题曾向法国外交部、殖民部和国防委员会提出,而且法国外交部仍在考虑中。因此,他在负责处理这个问题时,不只是提出问题,而且要制定详细的计划。我猜想他觉得作为蒋委员长的参谋长,这样做是在他的职权范围之内的。但是我怀疑他曾否得到采取这种行动的直接而具体的指示。如果他得到过,那么,为什么我后来接到的蒋委员长来电,对杨杰谈判并签署协议草案表示如此惊讶,又为什么蒋委员长在指令他的参谋人员研究该草案并提出意见之后,竟未答复杨杰或者把对草案的修改意见送交给他。与此同时,从法国外交部的拖延来判断,法国军事当局方面也未得到授权达成协议。事实上,法国政府作为一个整体从未在原则上表示同意。

所有这一切后来都暴露出来了。我将在后面叙述杨杰这一附带进行的活动及其所造成的复杂与困难情况。这里,我只谈他的到来和各国之间以及各国与中国之间的合作问题。

杨杰由莫斯科抵达巴黎的次日,我约他到巴黎郊区塞纳河畔午餐,以便能安安静静地谈一谈。他告诉我,孙科最近抵达莫斯科的主要目的,首先是谈判苏联援助的第三笔贷款,其次是谈判缔结一项互助合作协定。他说,孙科曾在重庆和苏联大使就互助合作协定讨论了四个月而无结果,因此,他此行除其他目的外,也是为了加速谈判并缔结协定。

　　关于第三笔贷款,杨杰的看法是不会有任何大的困难。他认为第三笔贷款协议的达成是耽搁了,但是,这可以解释为事实上并不急需。第二笔贷款的款项尚未用尽,或者至少是用该款购买的供应物资尚未全部发运中国。他说,事实上,只有五分之二的物资已经运出。

　　杨杰还说,至于合作协定,孙科已将备忘录和协定草案通过苏联驻重庆大使提交苏联政府。再则,孙科有签署该协定的全权。他到达莫斯科后,再次把同样内容通知了苏联外交人民委员李维诺夫和副外交人民委员。但是由于苏联方面有困难,因此李维诺夫在过去四周中拒绝接见孙科。

　　我和杨杰谈论的第二个话题是苏联对待中国建议国联成立协调委员会的态度,这个建议将由我在日内瓦提交国联行政院会议。

　　事实上,我在 4 月份接到重庆指示,敦促在国联设立协调委员会,以便在 5 月份的国联行政院会议上对日本实行制裁,而且我于 4 月 19 日和苏联大使苏利茨会晤时,曾提请他予以注意。苏利茨对这项建议是赞同的,因为他认为,赞成这项建议就是坚持集体安全的原则。当时,他认为,鉴于英、法新近表现出来愿意考虑对可能受到威胁的国家给予保护,国联采取有利行动的可能性或许比以往任何时候都大。

　　当然,协调委员会问题已在日内瓦提出并讨论了一段时间。在 1938 年 9 月和 1939 年 1 月的两届国联行政院会议上都宣称协调委员会进行有效工作所必需的因素尚不具备。正如我 5 月 2

日提请莱热注意这件事时告诉他的那样,鉴于美国态度最近有所改进,中国政府认为,促进对日本实行某些经济制裁的时机已经到来。美国态度的改进,可由以下事实证明,即参议员皮特曼建议参议院授权总统对侵略国采取除战争外的任何手段,还有继德国入侵并占领捷克斯洛伐克之后,对运往美国的德国进口货物课以25%的附加税。我向莱热要求法国政府在日内瓦予以支持。不出所料,他表现很不积极。他说,实质上是不管国联如何,法、英、美三国正在做并将继续做他们能做的事情,以帮助中国。他实际上是说,国联的决议没有什么意义。

杨杰将他所知道的李维诺夫对设立协调委员会的意见告诉了我。他说,李维诺夫的想法是,原则是能得到支持的,但是他肯定英、法两国没有恢复国联威信的愿望或意图。即使这样一个委员会能够设立,这两个西欧国家也不打算对日本实行制裁。因此,中国的建议将一无所成。苏联难于单方面宣布支持制裁。关于和其他国家发表联合宣言,这样一个宣言如果不继之以有效的行动,也只能是弊多利少,并只会出丑和招致蔑视。

杨杰和我谈论的第三个话题是英、法、苏缔结互助条约的可能性。其中涉及的一个问题就是选择一个有力的中间人。杨杰告诉我说,苏联政府最初认为罗马尼亚会感到有可能在一年后与德国达成协议,但是最近查明,情况并非如此。至于波兰,波兰外交部长本人基本上是个亲德派。因此,不能指望波兰起有力的中间人作用来实现三方协议。同样理由也可以用来解释波兰不愿意和苏联合作的原因。据杨杰说,这种希望只能在波兰本国内部发生巨大变化后才能实现。然而,他说,英、法两国只有当波兰愿意反抗德国入侵时才愿意用武力保卫波兰。

至于要求苏联提出把远东局势包括在英、法、苏互助条约之内的问题,杨杰说,他和孙科曾联名致电外交部,大意说,苏联将记住这个问题,不会忘记它,但将视谈判过程中局势发展如何而定。

我和杨杰谈论的最后一个话题是,苏、日两国关系和莫斯科对日本的态度。他说,据俄国人得到的情报表明,日军下级军官逐渐对战争感到厌恶。他们之中甚至有不安情绪,有对当局反叛的倾向。因此,日本对苏联一直在采取和解的态度,这一点从两国的渔业谈判中可以清楚地看出来。杨杰说,当东乡作为日本特使前往莫斯科和苏联谈判,并试图以威胁和高压手段迫使苏联政府接受日本的条件时,李维诺夫的答复使得他头脑清醒过来,知难而退。李维诺夫要求把东乡所说日本打算诉诸武力以解决问题的种种陈述写入正式记录。如果所述属实,则苏联政府只能得出以下结论,即诉诸武力不仅适用于个别问题,而且适用于日、苏两国之间的全部关系。因此,苏联不能把目前讨论中的问题看作是局部问题。杨杰说,李维诺夫的回答显然使东乡吃了一惊。第二天日本就同意了苏联的观点。据此,杨杰断定,日本无意招惹苏联,而是想博得莫斯科的好感。杨杰说,莫斯科当前的注意力正集中于土耳其的局势。因此,莫斯科曾派外交副人民委员前往安卡拉以对付德国驻土耳其大使的活动。

杨杰扼要介绍了苏联政府对各种外交问题的态度,使我获得一个清楚的印象,即对莫斯科来说,远东局势只是它的多面外交问题中的一个方面。因此,难以指望苏联政府会把中日冲突置于欧洲局势或其他国际冲突焦点之上而优先加以考虑。

为促进实现美、英、法、苏在远东合作的政策,重庆政府和在法国的我本人都迫切希望知道美国对这种合作的态度如何。4月23日和29日,我曾电询我在华盛顿的同事胡适,并于5月3日收到了他的机密复电。他对我去电中提到的一些看法表示赞赏,并把情况告我,这些情况他也已电告重庆。从外交部随后的来电判断,他给重庆的电报更为详尽。因此,我想谈一谈外交部的来电,该电将胡适给重庆的报告转告了我。

外交部这份电报的日期是1939年5月6日,即我接到胡适来电后三天。外交部来电称,关于四国合作的原则,胡适于5月2

日从美国政府获得口头答复,大意是美国政府对于和所提到的其他国家合作及采取平行行动的态度已在白宫和国务院发表的各项文件中表明,而且美国政府认为中国大使馆应已注意到这些文件的内容。(纯属避免正面回答的外交辞令!)

外交部来电续称,胡适报告说,美国人士在非正式谈话中说,按其政府体制,美国无法批准这种合作,并认为英、法两国政府必定了解美国政府体制在这些方面的限制。华盛顿的观点是,如果英、法两国认为他们自己必须等待美国的合作才能采取行动,这种态度实际上等于逃避责任。至于"平行行动"一语,胡适报告说,美国认为,它的意思是不受其他政府行动的任何约束而采取的行动。对美国来说,它必须根据在美国政府看来是某特定局势下之所需。换言之,它完全取决于美国政府领导人的自由选择和决定。

胡适还说,他本人认为美国政府的两位领导人(想是指总统和国务卿)的政治手腕比史汀生任国务卿时的态度和手腕高明得多。胡适用了一句中国谚语提出意见说,与其"打草惊蛇",在美国国内激起不必要的反对,不如待机而发,以便获得更好的效果。作为一位学者,他这种个人建议和观点是十分典型的。

外交部来电接着分析了胡适的报告。它说,从美国各方面告诉胡适的话中探寻其背后的指导思想,意思似乎是,只有英、法两国先采取措施并做到适当程度,美国才可能决定采取某种相应行动。但是,由于美国政府体制的固有限制,它无法在这种情况下事先就承担义务。外交部的看法是,英国方面应该在了解美国政府体制的基础上予以理解及合作。至于美国,只有在华盛顿认为时机到来时,中国才能指望其合作。据此,我们应立即设法促使英国行动,至于美国,我们只能在适当时刻方能敦促它合作。来电最后希望我自行斟酌决定以推动此事。可惜,胡适的电报和外交部的指示都是言之无物,无所裨益。

英国的态度和促使英国行动的成功可能性又是怎样的呢?

虽然我在努力谋取法国支持促进互助或三方合作方面所遇到的困难是很大的,但是困难并不完全是由于法国方面固有的阻力,而往往是由于法国国外出现的情况。例如,法国当时根据欧洲局势,特别是面临德国和意大利的威胁,极力谋求缔结法英互助条约。但是英国有自己心目中的利益和自己的问题,这些利益和问题甚至在英法互助条约问题上也阻碍了谈判的进行。伦敦和巴黎出于不同的原因,至少在达成诸如中国提出的合作建议方面,踌躇不前。因此,了解伦敦对这个问题的真正态度和意图是十分重要的,特别是因为它在远东的利益不仅远远超过美国,而且甚至也超过法国。

1939 年 5 月 6 日,我和厄瓜多尔驻巴黎公使克维多的谈话很能说明这一点。他谈的情况并不使我感到惊奇,而是证实了我一向对英国的真意的猜想。这位公使告诉我说,他最近在伦敦任职期间,曾和好几位英国政治家交谈,所得的印象是,支配英国对中日冲突政策的心理是,既怕日本获胜,也怕中国打赢。

克维多解释说,他们唯恐中国一旦战胜,英国在远东的利益就会受到损害,特别是因为中国正在而且很可能将来也会和苏联合作。他说,伦敦的商界和金融界是保守的,仍惧怕共产主义在世界任何地方传播。他说,英国大体上仍是保守主义和资本主义的中心。它既怕日本取胜,又怕中国取胜,这也说明对中国的援助为什么如此勉强而又为数不多。

他的看法和印象令人颇受启发,而且,正如我所说的,证实了我已听到的情况。例如,我曾从私人谈话中听说过香港总督的态度。这位总督在和一个第三国人谈话时,曾表示同样的看法,即英国必须考虑在远东的利益,日本获胜或中国获胜对这些利益可能产生的后果都应考虑到。

克维多在评论英、苏谈判的进展和英国反对苏联提出的政治同盟的建议时,表达了这样的观点,即英国踌躇不前的真正原因是唯恐把日本赶到德、意两国的怀抱中去。他说,三个轴心国的军事同盟会使英国在远东的利益难以维护。他说,英国想使日本不参加轴心国,而作为一张可用以对付苏联的牌。我说,我同意他对英国态度的看法,并指出,正是出于这种考虑,英国曾在本世纪初和日本联合反对俄国。我说,很可能英国的保守势力仍然相信,为了在远东牵制俄国,和日本共事最终是有好处的。对此,克维多说,英国在远东和日本保持良好关系以期牵制俄国,这正是它在欧洲推行的同样政策,即设法和意大利友好相处以期孤立德国。

在这一点上,我认为 5 月 15 日我和《曼彻斯特卫报》驻中国记者田伯烈谈话的记录很能补充说明英国在保护它在远东和欧洲的利益方面处境是多么复杂。田伯烈当时刚从中国回国,他是在 4 月上旬离开重庆,中旬离开香港的。他告诉我说,他在重庆受到蒋委员长接见,并把他和中国政府首脑会谈的要点告我。蒋委员长要他把中、英、法三国更加紧密合作的可取性与必要性告知英国政府。在蒋委员长看来,欧洲战争不久必然来临,英、法两国在远东的属地肯定会遭到日本进攻。蒋委员长问,英、法两国是否想为保卫远东属地做出安排?并说,在这方面中国愿意帮助他们。田伯烈说,他的意见是安排办法应事先磋商,一旦需要,能够立即予以执行。中国为援助英、法,不仅可以派军队保卫香港和印度支那,甚至还可以保卫新加坡。如果缔结一项政治协议尚非其时,蒋委员长的意见是三国的军事当局应该开始讨论联合防御计划。田伯烈接着说,蒋委员长的意图是一俟互助条约签订,即应予以公布。公布的本身对日本侵华的军事行动会产生遏制作用。如果欧洲发生武装冲突,蒋委员长相信,这一公布还会有助于使日本不敢进攻英、法在远东的属地。

田伯烈说,他于 4 月 11 日从重庆动身前往香港并会见了赴重庆途中的英国驻华大使寇尔爵士。田伯烈把蒋委员长的建议告诉了大使,并说,蒋委员长将在新任大使抵达重庆时和他谈论此事。大使虽然为能事先得知此事因而能在去重庆途中有时间加以考虑而感到高兴,但是他告诉田伯烈说,他认为,当前欧洲局势如此,英国恐难安排此事。新任大使还说,英国驻日大使克莱琪爵士最近曾在上海告诉他说,他(克莱琪)一直在尽最大努力阻止日本进一步和罗马—柏林轴心合作。寇尔唯恐任何和中国合作的安排都会把日本进一步推到敌对阵营中去。

田伯烈对我说,他当然不能和英国大使辩论,因而只是注意到他的反应。但是在上海,他见到了《巴黎晚报》记者夏杜纳,并把蒋委员长的想法告诉了他。夏杜纳建议他(田伯烈)到巴黎和孟戴尔谈一谈,还写信给孟戴尔的秘书,请他为田伯烈求见孟戴尔进行安排。

接着,田伯烈告诉我说,他认为蒋委员长的愿望是完全可以理解的,因为如果欧洲发生冲突,美国迟早势必参加进去,中、英、法互助条约会使中国和他们站在一边,还将为中国在战争结束时参加和会作准备。但是他认为蒋委员长并不十分熟悉欧洲的实际局势,也不熟悉影响着英、法两国对远东态度的国际事态发展趋势。

我告诉田伯烈说,我很高兴他去会见孟戴尔。概括地说,孟戴尔个人会赞同这个想法,而他(田伯烈)要说的话对孟戴尔不会完全陌生。然而,我提出,现在就说条约一经达成立即予以公布,未必恰当。我解释说,我深信英、法两国仍在设法防止日本对德、意两国作进一步的承诺,特别是关于缔结日、意、德三国军事同盟条约,并深信他们因此不愿意激怒日本。此外,他们深怕和日本公开对抗,因为唯恐远东利益和属地立即遭到打击报复。

我说,在我看来,英、法的这种想法是错误的。日本有它自己的征服和统治计划,不论可能做出什么保证,它也不会允许这种保证妨碍自己在合适的时候执行已定计划。英、法两国似乎没有认识到这一点,他们对日本仍在执行一项谨小慎微的政策,以期使日本在欧洲爆发战争时保持中立。由于这个原因,任何有关立即公布与英、法两国缔结条约的建议,只会进一步把他们吓得不敢行动。我的看法显然与蒋委员长对田伯烈谈的不同,但是我不想让田伯烈把蒋委员长的立即予以公布的想法讲出去。在我看来,这将引起英、法的反感,而又无补于促成拟议中的一项或几项条约。

田伯烈说,英国政府在 1931 年及其以后所采取的对日讨好政策是一个错误,他总是对英国人指出这一点。但是看来他们并未认识到他们观点的错误所在。他又说,甚至在财政援助方面,克莱琪一直反对英国提供稳定中国货币的贷款。正是由于克莱琪的反对,才推迟了贷款的实现。他说,过了好些月之后,克莱琪才开始认识到继续拖延对中国援助并不会使日本对英国表现得好一些。田伯烈说,他将尽力推动实现缔结条约的想法。但是他给我的明白印象是这件事不容易实现。

我愿就英国当时的态度补充一点。约两周前,在 5 月 1 日,著名的法国新闻工作者塔布衣夫人告诉我说,伦敦的商界及金融界在谈到欧洲局势时说,除了打仗以外,没有其他办法,做生意是不可能的了。她指出英国商界已被轴心国弄得濒于绝境。在高级阶层中早已有一种说法,只要是商业利益需要,战争随时可以发生。

当然,我经常惦记着欧洲的局势,并从我所有的交谈中进行了解。首先,欧洲局势不是法国官员,更不是任何法国当权者所能够忘怀的事情。所以,我着意地仔细观察欧洲局势的发展及对远东局势可能产生的影响。其次,当时局势确实异常紧张。

5 月 13 日我和希腊驻巴黎公使波利蒂斯进行了一次会谈。在会谈中,他表明了对欧洲局势的看法。我说,尽管紧张的欧洲局势使他以及其他很多人工作甚忙,然而看到他健康无恙感到十分高兴。这时,波利蒂斯说,使他感到烦恼的与其说是局势带来的繁忙工作,倒不如说是局势造成的忧虑和不安。每天都有人来问他在这黑暗的时刻他们应该做些什么,他一律劝告他们照常工作。他说,不知道战争是否会爆发使得人人心情沉重,而且难以制订任何计划。在他看来,如果目前动荡不安的局势结束,战争仍会在一年后或至多两年内爆发。

他说,英国舆论已开始表现出日益相信与其继续生活在动荡不安之中,还不如来一场战争打出一个分晓来。我说,我知道伦敦的商界及金融界已开始感到不安,并认为在目前情况下,不可能做生意。但是法、英两国的日益团结,以及他们建立和平阵线的成就,显然已使轴心国在推行其侵略政策时更加谨慎。

然而波利蒂斯认为,和平阵线可能使希特勒和墨索里尼感到绝望,从而导致他们发动战争。在他看来,只有三条可能避免战争的途径:通过革命改变政权;暗杀这两名或者其中一名独裁者;这两名独裁者在来年内自然死亡。否则,战争与和平的或然性将迅速倾向于战争。接着,我问,希腊对英、法两国的保证反应如何;据我所知,这些保证不是相互的。我还问,希腊如何看待最近宣布的英土互助临时协定,以及希腊是否也欢迎这条消息。波利蒂斯回答说,英、法两国的保证是,如果希腊无端受到进攻并拿起武器进行反抗,英、法两国将援助希腊。这种保证不是建立在相互的基础上,而是和对罗马尼亚的保证完全相似。他说,事实上,相互性不可能也不必要。例如,如果英国或法国的属地遭到德国或意大利进攻,指望希腊援助,那是可笑的。另一方面,如果希腊本身遭到进攻,保证是否生效取决于它本国先拿起武器自卫。

至于英土协定,他说,那实际上不是临时协定,而是明确的联盟。宣布它是有待缔结最后条约的临时协定只是出于考虑免伤苏联的感情。事实上,所有的细节都已取得一致,英、土两国总参谋部之间已经在交换意见。法国也将宣布一项法土协议,它之所以耽搁是由于设法消除有关亚历山大勒达问题的困难。

在回答我的提问时,他说,英、苏会谈和法、苏会谈将圆满结束。他期待着下周在日内瓦宣布他们的协议,届时,这三个国家的代表将为参加国联行政院会议而相遇。他说,他们将在国联所在地宣布他们的协议,以便在某种程度上恢复国联失去的威信。

波利蒂斯认为,英国、俄国、土耳其和希腊的四国联合是十分牢固的,能有效地防止对东地中海地区的任何侵略或侵略威胁。他认为,它们的利益是完全协调一致的。他说,对希腊来说,它的爱琴海岛屿和南海岸的安全是必要的。意大利在阿尔巴尼亚——希腊边界和多德卡尼斯群岛各集结六万军队,这一事实使得建立这个新集体成为必要。对俄国来说,小亚细亚沿岸必须予以保卫。对土耳其来说,达达尼尔海峡和小亚细亚的地中海沿岸的安全是十分重要的。对英国来说,苏伊士运河和埃及的安全必须予以保证。

我问及保加利亚的态度与保希关系。波利蒂斯说,保加利亚仍在谋求恢复通向爱琴海的出口。但是,他认为把萨洛尼卡海岸划归希腊的纳伊条约仍向保加利亚提供一切商业和经济上的便利以及通向海上的通道。问题是保加利亚至今没有利用这些便利,而总是期望恢复失去的领土。它目前的希望是在土耳其和希腊之间获得一个紧靠爱琴海的狭长地带。波利蒂斯认为正是这种"为一公里土地而拼命"的领土梦仍然支配着保加利亚民族主义者的思想。但是,他说,希腊对此绝不能同意,因为希腊和土耳其为了共同安全合作,是以他们彼此接壤为前提的。此外,希腊与土耳其团结得如此紧密,使得土耳其决不愿意希腊把萨洛尼卡让给保加利亚。

谈到德国的领土野心,波利蒂斯说,德国目前正像 1914 年那样走向灾难。他说,上次大战前夕,德国依靠自身的力量和威望本来可以为经济扩张获得一切必要的利益和便利,但是它选择了战争作为达到目的的手段。他认为在目前情况下,德国本来可以从捷克斯洛伐克获得一切经济利益而不必占领布拉格。甚至在目前,如果德国只以和平合作的方法行事,仍能在经济和商业方面获得英国的一切让步。但是,显然这不是它的政策。

在此期间,我曾再次去法国外交部商讨中、法、英三国在欧洲发生冲突时为保卫远东的共同利益而更加密切合作的问题。5 月

10日,我访问了外交部长博内本人,并在一开始就告诉他,中国政府希望欧洲能够避免发生冲突。但是万一冲突不幸发生,英、法两国政府想必愿意采取步骤以保卫其远东及其他各处的利益和领地。我向他解释说,我国政府的意见是在冲突实际发生以前,最好就开始会谈,以商定通过各种方式进行更密切的合作。而且我国政府认为,如果把问题留到最后时刻,那么,由于情势紧迫,问题难期周密探讨。我说,我应莱热之请,曾给他一份备忘录,概述中国政府对这个问题的一些具体想法。我问外交部长,是否看过那份备忘录,以及是否能把法国政府的意见告诉我。

博内最初看来有点为难和窘迫,然后他说,他记得看过那份备忘录,但是他想重新回忆一下并和莱热谈一下这个问题,然后再给我明确答复。我接着说,中国政府已将这个建议秘密通知华盛顿;同时,我在伦敦的同事已就这个问题和哈里法克斯谈过两次。我说,哈里法克斯曾向中国大使保证他并未忽视这个问题,而且准备仔细研究中国政府提出的意见。我说,从莱热处我还得知,法国大使曾向英国政府了解他们的意见。我想博内是愿意了解英国的想法然后再做出结论的。如果是这样,我希望博内能利用哈里法克斯途经巴黎前往日内瓦之机和他谈谈这个问题。

博内说,他当然会这样做,并问我本人是否也去日内瓦。当我给他以肯定答复时,博内说,最好由他安排我、哈里法克斯和他自己在日内瓦会见,时间在14日星期日或15日星期一。我说,在日内瓦一切听他之便,因为我将在13日晚到达那里。

我还和博内讨论了即将召开的国联行政院会议以及中国将在会上提出成立协调委员会的建议问题。这个委员会将协调各会员国根据盟约第十六条所采取的措施。然后,我还和他谈到狂轰滥炸问题,这个问题他比较乐于马上回答。

1939年5月,日本力图迫使中国政府求和,加强了军事行动,特别是轰炸重庆,以期把战争恐怖带到中国政府领导人身边。据外交部5月8日来电称,日本空军轰炸了重庆市内各处,造成了市民大量伤亡。英国大使馆院内落下了三颗炸弹,其中一颗炸伤一名英国工作人员。英国领事馆落弹两颗,但没有爆炸。法国领事馆也落弹两颗,其中一颗爆炸,同时德国领事馆也被击中。

据外交部9日来电称,日本违反战争法规轰炸不设防城市的平民,而却诡辩说,轰炸重庆及外国使领馆,是因为中国在使领馆附近设置了高射炮。外交部说,这绝非事实。在外国使领馆附近不仅没有设置高射炮,而且甚至连监视和报告来犯敌机的中国空军哨兵也没有。

为此,在10日我和博内的谈话中,我告诉他,日本最近轰炸重庆,主要是以平民为目标,而且平民死伤惨重。我说,我知道法国政府已经向日本政府提出抗议,但是我不知道抗议是以轰炸法国领事馆为根据,还是以违反国际法和人道主义原则这一较广泛的理由为根据。我告诉他,我从伦敦的同事处得知,英国政府也提出了抗议,但是他们的抗议是以英国领事馆被炸这一狭隘理由为根据的。在我的同事的请求下,哈里法克斯同意向英国驻东京大使发出新指示,要求英国大使与法、美两国大使商议采取一致或平行行动,向日本提出第二次抗议。因此,我请博内向法国大使发出相同指示,要求他与美、英两国大使商议后,根据违反国际法和人道主义原则的较广泛的理由,向日本提出强有力的抗议。我指出,这样行动更为恰当,因为国联曾多次通过决议对这种狂轰滥炸进行谴责。

博内说,法国人一向谴责轰炸不设防的城镇。他同意我的意见,即抗议应以人道主义和国际法原则这一较广泛的理由为根据。他表示完全同意我的看法,并说,他将对法国驻东京大使发出必要的指示。

在那星期的后半周,我收到重庆来电称,东京散布了可笑的谣言,说空袭重庆已经在中国公众中产生反战情绪,同时国民党元老们正试图把舆论的趋势转向赞成和平解决。来电要求大使馆指出,残暴地空袭重庆非但不能使中国民众厌战,反而进一步加强他们反抗侵略的决心。

来电还回顾了英国政府曾建议和法、美两国在东京提出联合抗议,并通知我,胡适大使报告称,美国政府已向美国驻东京大使发出指示,以人道主义为理由抗议日本的狂轰滥炸。(我愿补充一下,在东京向日本外务省提出的这些抗议,并未产生效果,因为5月26日日本空军恢复了对重庆的轰炸。)

多利韦先生5月16日对大使馆的访问以及我和他的会谈,清楚地使我了解到关于援助中国及与中国合作、特别是与中国缔结合作条约方面法国一方的情况。多利韦是国际和平大联盟的秘书长,陪同他的梅南是法国国民议会的援华集团秘书长。

多利韦向我解释说,他来访的目的是和我商量促进中法合作的方法。这是由于法国政府人士真正对集体安全原则发生兴趣,这已由目前正在进行的以缔结互助条约为目的的会谈得到证明。这种会谈是以英、法两国为一方,其他某些国家为另一方进行的。他说,国际和平大联盟的领袖们认为推动实现中法合作的想法或许正合时宜。他说,这种想法是要在法国议会中的援华集团中形成统一意见。这个援华集团已有二百零五名成员,并能增加到四百名左右,这将构成国民议会中的绝对多数。

他进一步解释说,援华集团正在安排在不久的将来召开一次会议,并将把纲领提交会议批准。他指出,在目前议会的其他十四个议员团中有十三个在援华集团内有代表,但是他们都是作为个人而不是作为集体的代表参加这个集团的。他说,法国人民社会党是一个反法西斯的议员团,它是唯一没有代表参加援华集团的议员团。他还说,总的来看,人们普遍对中国问题表示同情,尽管活动只限于个别的议员团。

多利韦接着说,即将提交援华集团的纲领包括下述内容:

1.同意拨款四百万法郎。这笔拨款国民议会在两年前即已通过,但是被参议院财政委员会主席卡约搁置起来。多利韦说,这笔拨款原打算作为捐款赠给国联筹划的防疫基金。他说,在人道主义援助项下,法国储存价值一亿法郎的医药用品,这些物资由于其性质关系,不能无限期地放置不用,否则即将迅速变质。因此,建议法国政府授权将这批物资送往中国,而不送往西班牙共和国,因为后者已不存在。

2.增进中国和印度支那之间的商业上的便利,鼓励双方之间的贸易。

3.引用美、英两国向中国提供财政援助的范例,敦促法国政府提供同样的援助,特别是为稳定中国货币提供援助,并给予中国以商业信用贷款。

4.缔结中法政治合作条约以促进共同安全。

5.将中国包括在法、英两国和其他某些欧洲国家之间当时正在谈判的集体安全总计划之内。

多利韦还说,法国的政府领袖和一般民众似乎没有认识到远东局势和欧洲局势之间的关系。因此,他们的目的是通过国民议会中的援华集团展开一场法国对华政策的辩论,从而引起国内普遍关心,和认识中、法两国为共同利益而合作的必要性。他认为,其结果还将会对法国政府的政策产生影响。

我说,我一直坚持认为中国抗击日本侵略把日本拖住在中国,实际上是为欧洲的和平事业以及英国、法国和西方其他爱好和平国家的利益做出贡献。我说,日本作为反共产国际协定的伙伴,和德、意两国密切合作,推行共同的侵略政策。多亏中国的坚决抵抗,日本才不得脱身去和它的欧洲盟友充分合作,在欧洲对法、英两国施加压力。如果中国一开始就投降而不是拿起武器反抗入侵,那么,局势就会严重得多,因为德、意两国的地位在日本的人力物力支援下,将会强大得多。事实上,日本在中国被捆住了手脚。再者,削弱日本也就意味着削弱轴心国,而法、英两国则得到相应的好处。

梅南说,这也是在国民议会辩论中要强调的一点。多利韦指出,还有一个论点可以用来对法国政府施加压力。他说,他刚从美国回国。在美期间,他曾和美国国务卿以及一些其他美国领导人交谈。他发现,他们对中国百分之百地同情,而且他从未遇到任何人在支持中国事业方面犹疑不决。他说,另一方面,美国对欧洲的兴趣并不是普遍的,尽管最近美国的舆论趋向于支持欧洲和平事业。但是他仍认为,由于美国对太平洋和中国深感兴趣,因此,法国最好尽量援助中国,以表示同意美国观点。美国不能与法、英两国缔结支援中国的协议,因为这是违反它的传统的。但是国务卿告诉他,美国乐于看到法、英两国和中国缔结向中国提供全面合作的协议,而美国方面也将对中国提供援助。

我完全赞成这个看法,并说,保证美国在欧洲合作的最好方法是通过英、法、美三国在远东的合作。一旦能保证采取有利于中国的团结一致的行动,这种团结一致就会自动延伸到欧洲。

多利韦说,他在美国时,美国领导人一再对他说,尽管美国不能同意帮助法国或英国保卫他们在远东的某个殖民地或领地,它仍然准备提供援助,以维护美国人民认为是保持世界和平所必需的某些原则和理想。

多利韦然后就下述做法是否适宜征求我的意见,由国际和平大联盟派遣代表团前往日内瓦,在即将召开的国联行政院会议上访问国联行政院主席并敦促国联行政院支持中国的呼吁。他说,由于对国联的兴趣锐减以及某些法国人士对于设在日内瓦的这个机构缺乏同情,这次是否宜于派遣代表团的问题就提出来了,尽管国际和平大联盟过去一直是这样办的。我说,如果派遣代表团不存在任何不便或困难,那肯定是很有益的,尽管代表团过去的努力并未对国联行政院的态度产生多大影响。但是,如果由于费用或其他原因而在这次不易派遣代表团,则我认为不是非派不可。我建议由国际和平大联盟写一封信给国联行政院主席,敦促支援中国。如果这封信在国联行政院会议初期送达国联行政院主席,则也能达到同样的目的。多利韦认为这一建议非常正确,并说,除了给国联行政院主席写信外,同样的信将同时送交法、英两国代表团。

多利韦说,在国民议会的援华集团商定纲领后,他愿意促使这个集团或它的代表访问我,向我致敬并表示同情中国。我说,虽然我认识援华集团的很多成员,但是我很愿意再次和他们见面,也愿意结识我还不认识的其他人。我告诉他,事实上,不久前我和援华集团主席阿奇博曾谈到我想在大使馆为援华集团成员举行招待会,而我现在仍想这样做。因此,关于招待会的日期我完全听援华集团之便。但是我建议,为避免因招待会而引起任何怀疑,以在国民议会辩论之后而不是在那之前举行为宜。多利韦和梅南表示完全同意。

当然我一直想着中、法、英三国合作,并千方百计地加以推动。因此,当几天之后我在土耳其大使举行的午宴上见到前总理勃鲁姆时,我就借机向他提出中国有关这种合作的建议,并且要求他给予支持。他立即应允向法国政府领导人进言。次日晚,我在为法国网球协会及参加戴维斯杯比赛的中、法两国网球队队员举行的宴会上向阿奇博也谈了这件事。阿奇博是我邀请来参加宴会的宾客之一。他十分友好地对我说,国民议会在支持西班牙的问题上总是意见分歧,而对中国则是一致同情。

我在其后和法国国民议会的援华集团秘书长梅南的会谈,和我们的前次会谈一样,揭示了法国政治舞台的真相。梅南于6月2日再次来访,把法国国民议会的援华集团成员的名单交给了我,当时约有三百五十人。据他早些时候告诉我,这些人代表法国国民议会中除法国人民社会党以外的所有其他议员团。名单上的人构成了国民议会的绝对多数。梅南说,他愿意再补充申明一点:援华集团之成立,是为了援助中国,但是在援用这些成员的名字时必须十分谨慎,因为议会外的一些组织,如中国人民之友协会,在处理问题时,往往鲁莽行事,结果使得法国议员感到十分尴尬。就法国国民议会的援助西班牙议员团来说,其成员多次因他们的名字被任意援用而感到极其烦恼。

关于中国,梅南继续说,他们是同情的,是愿意援助的。但是他们必须依靠他们所属各省的选民,这些选民中有些人十分保守,并不总是赞成共和政体的法兰西。他说,具体到中国问题,虽然感情几乎是一致对中国友好,但是援华集团名单上的成员所代表的选民却属于各不相同的性质,有些人十分开明,另外一些人比较保守,甚至属于右派。他说,很明显,能从这个集团获得的最大帮助就是让它运用对政府的影响,以便为中国获得更具体的援助。他还说,正由于此,他劝告阿奇博不要为最近召开的一次讲演会主持会议,因为那个会实际上是由一个共产主义组织"中国人民之友协会"主办的。我说,我完全同意梅南的观点,并且说,我的愿望总是想得到法国政界的所有团体的合作,这特别是因为中国所主张的事业是整个法国所同情的。

梅南说,援华集团的一个代表团曾访问达拉第和博内。达拉第的答复是,他完全同情这个集团援助中国的想法,而且政府将尽一切力量实现这一目的。但是援助能力受到一些情况的限制,其中之一是在欧洲目前局势下法国可用于支援的物力不如美、英两国雄厚。法国政府将在可能范围之内给中国以财政援助。

关于过境问题,梅南说,达拉第强调了日本轰炸滇越铁路的危险。达拉第把滇越铁路称为真正的艺术巨作,其桥梁与隧道都会因空袭而遭到破坏。达拉第说,如发生这种情况,铁路就将瘫痪,并使通往中国的全部运输工作陷于停顿。

据梅南说,关于和中国进行更广泛的合作问题,法国总理指出,法国政府的态度,自从布鲁塞尔会议以来,没有改变。在那次会议上,法国政府曾建议通过印度支那援助中国,其条件是如果法国因援助中国而遭到日本进攻,美、英两国应援助法国。但是美、英两国作了否定的答复。

梅南说,和博内的谈话表明,法国外长不像达拉第那样有同情心或对远东那样感兴趣。但是博内的确说过,法国政府准备以不使法国政府在对日关系方面感到为难的方式进行援助,这在目前不得不对付日本的情况下尤为如此。博内说,把日本进一步推到德、意两国的怀抱里,肯定是不可取的。博内还告诉援华集团说,政府已决定提供五亿法郎的财政援助,这是法国政府同情中国的很好表示。

梅南还说,援华集团提出了由法国议会通过拨款四亿法郎在中国开展救济工作的建议问题。应达拉第的要求,他(梅南)将给达拉第送去一份答复。梅南给我带来一份原先提出的法案的抄件。

梅南还说,他将在法国国民议会就远东形势安排一次质询。他说,援华集团主席阿奇博曾主动表示愿意向政府提出质询,但是由于他可能被认为太倾向左派,他也愿意让一个中间派或者右派来质询,因此,将要求泰利埃参加质询。

梅南回顾了我打算为援华集团举行招待会的建议,并提出意见说,在质询后举行招待会比在质询前好。由于议会即将在夏季休会,他建议,倘若质询安排在秋季复会之后,如果有必要的话,招待会可以在不久的将来举行。我说,这样安排我也同意,因为我考虑到质询不宜紧接在大使馆的招待会之后。如果这两件事在时间上能安排得相距远一些,我认为那是个很好的主意。

在我和法国议会援华集团代表的第一次和第二次会见之间,我前往日内瓦参加了国联行政院会议。我是在 5 月 21 日到达日内瓦的,并逗留到 5 月 30 日。在我动身前往日内瓦之前,我很高兴能和墨西哥驻巴黎公使巴索尔斯会谈了一次,因为我将在日内瓦代表中国要求成立协调委员会以尽可能地贯彻执行盟约第十六条,把其中具有制裁性质的措施应用于日本。

在我们以前的谈话中,由于我们讨论了停止向日本供应石油的问题,他曾答应利用他即将启程回墨西哥一行的便利,就墨西哥石油的可供数量及出口数字尽量搜集资料。这次他告诉我说,他刚从墨西哥回来,并带来了有关这个问题的最新资料。他说,墨西哥政府已于 1938 年 3 月 7 日把墨西哥的石油企业,不论是外国的,还是墨西哥的,全部收归国有。在这之前,英、美两国的公司所经营的石油产量,每年约为六百九十万吨。1938 年的产量则仅为四百二十七万吨。换言之,墨西哥政府在接收石油企业之后,大幅度地降低了产量。几乎百分之五十的产量是由国内消费的,计约三百四十五万吨。把这个数量从 1938 年的实际产量中减去,剩下不到一百万吨供应出口。这就是总的情况。

接着,他说,具体到日本,销售过一批石油,由三井洋行分两批运往日本,一批是 75,749.65 桶燃料油,价值 34,844.84 美元,另一批是 73,136.47 桶燃料油,价值 33,642.78 美元。他解释说,这是一个相当小的数量,但是由于中国表示极愿了解确切情况,所以他认为有必要向我提供最新资料。我立即感谢他提供的资料。我说,我认为这些资料消除了我的疑虑。

巴索尔斯还告诉我,墨西哥作为一个产油国,其产量过去一向仅次于美国而居世界第二位,目前则在罗马尼亚之后而居第七位。罗马尼亚在前一年生产了七百多万吨。但是罗马尼亚的石油产量几乎已达到极限,而居第七位的墨西哥却处于最低产量状态。他继续说,如果欧洲发生冲突,石油问题将比过去严重得多。例如,法国深恐罗马尼亚的货源断绝,而不得不依赖其他货源。他说,到那时候,如有必要,墨西哥能够很容易把产量每年增加二千五百万至三千万吨。他的国家完全同情所谓民主国家,因而不打算向法西斯集团供应石油,尽管墨西哥为了国家岁入不得不出售石油。

他还说,罗斯福总统现在正在和墨西哥总统谈判解决石油收归国有的案件。他相信,如果和美国做出令人满意的安排,英国也将予以接受。他使我了解到美、英、法三国会同意承购墨西哥生产的石油,从而可使墨西哥不必外出寻找石油销路。

我说,我了解法国政府准备获得部分石油作为储备。我记得,当中国代表团在布鲁塞尔会议上提出对日实行石油禁运时,法国代表团表示完全赞同,同时,为了使得美、英两国代表团接受这一建议,还表示愿意购买美、英两国通常输往日本的部分石油。
这位公使说,他觉得法国政府仍有意那样办,而且法国政府响应
他的建议,一直在对美、英两国运用影响,以利于墨西哥石油收归
国有案迅速解决。

第九节　日本对中国政治和经济的
猛烈冲击所引起的反应

1939 年 7 月—8 月中

　　1939 年 6 月 15 日早晨,几乎所有法国报纸都在头版以大字
标题报道了日本封锁天津英国租界的消息。这是一起严重的事
件,日本竟敢在英国太岁头上动土。在伦敦,根据那天早晨报纸
的报道,英国首相张伯伦对于日本的冒犯显然认为十分严重。他
在下议院暗示,除非日本解除封锁,有可能对日本进行经济报复。
　　第二天,我接见了美国驻巴黎代办威尔逊先生。威尔逊来
访,是询问我在日本封锁天津外国租界方面有什么消息,以及我
的反应如何。我告诉他,虽然我还没有从重庆获得任何正式消
息,我知道中国政府正十分关注这一情况。我相信,日本要求引
渡四个中国人,只不过是一个借口。日本的真正目的,是试探英
国的意向,即当日本进一步侵犯英国在中国的权益时,英国会抵
抗到什么程度。我告诉威尔逊说,我同样可以肯定,如果英国这
次屈服,必然会发生更多的麻烦,因为日本确实想要夺取中国其
他地方的外国租界,著名的有上海和鼓浪屿的租界。我说,日本
当前正在集中力量打击英国,同时给人以礼遇美国和法国的印
象。但是我认为,在日本方面,这只不过是玩弄花招而已,其目的
是要全部取代外国在中国的权益。
　　我说,因此,我希望美国政府支持英国,并显示出对日本形成
了联合阵线。我还说,根据报纸报道,英国政府显然正在考虑这

样一个问题,即如果日本在天津继续坚持强制手段,英国就要进行经济报复。如果英国采取这样的措施,我希望美国政府能设法予以支持。我问威尔逊,英国是否已与美国接触以及美国政府的态度如何。

他说,他还没有从国务院收到直接的信息。他只是得悉,国务卿在记者招待会上曾经说明,美国政府正关切地注视着局势。然而他深知其政府的传统政策,所以他确信,如果英国要求美国政府事先同意对日本采取经济行动,以全面保卫外国在中国的权益,美国政府将不会同意。因为天津英国租界问题,首先关系到英国的权益,美国政府不会也不能承担义务,采取平行行动。因为这样一种事先的谅解将受到美国舆论的严厉指责。他说,美国舆论中总有那么一派,对于英国的行动深抱怀疑,唯恐美国政府被愚弄,为英国火中取栗。但如果英国为保卫其在中国的权益,做出决定,并确实采取对日本进行报复的经济措施,威尔逊确信美国政府会采取一项单独的平行行动。

于是我告诉威尔逊说,法国政界许多重要人士认为,天津危机可能是终将爆发的欧洲战争序曲。而且,事件是在日本与德国和意大利密谋下挑起的,其目的是限制英国在欧洲的行动自由。我问威尔逊听到什么消息没有。

他在回答我的问题时,表示的是一般流行的说法,即战争即将爆发。他说,他曾听到一些与我所听到的内容相同的消息。他深信日本的行动是在柏林和罗马的同意下策划的,其意图是向在欧洲的英国和法国施加压力。如果这场在中国使英国卷入的危机继续下去,按威尔逊的意见,德国和意大利将有可能认为这是他们在欧洲制造某些危机的有利时机。但是他不相信天津事件必然是欧战爆发的先兆。他认为8月份在欧洲会发生危机,但在最近的将来则不会。他说,欧洲的前景十分暗淡。虽然表面上有些缓和,但所有的严重问题还都没有解决。而且欧洲的双方都在狂热地进行准备,调兵遣将,使自己处于有利地位,或者在谈判桌上，或者必要时在武装冲突中进行摊牌。

四天以后，即 6 月 21 日，我去法国外交部拜访了莱热。我同他谈了几个问题，其中我也提出了日本封锁天津英国租界问题。我告诉他说，中国政府以极大的关切看待日本的封锁。要求交出四个被说成是与某些暗杀有关的中国人，仅仅是日方的一种借口，其真实意图是试探英国的政策和实力。如果英国这次屈服，它在天津的租界就要丧失。而且这将是日本进一步进攻中国其他地方的外国租界的开始。日本所以要挑出英国来进攻，而暂时对法国和美国礼貌相待，纯粹是一种策略。毫无疑问，如果英国的利益受到损害，法国和美国的利益也将遭到同样的命运。

我告诉他说，据我从伦敦收到的消息，英国政府仍然希望就地解决。但是，如果这个希望不能实现，而且日本仍然蛮不讲理，则英国政府有意对日本采取经济报复措施。因此，中国政府希望法国政府能与英国合作。我还说，英、法团结一致在欧洲很有效，在远东也需要这样。我并告诉他，虽然我从报纸上看到一些关于法国政府在这件事情上持保留态度的报道，但我并不相信，而且确信法国政府完全了解天津局势的重要性。我问他，法国政府最近是否已在东京采取外交措施，以显示其在天津问题上与英国团结一致。我也问及天津法国租界的情况，特别是关于食品供应的情况。

莱热回答说，日本在采取封锁措施之前，其驻法代办曾通知法国外交部说，日本打算在天津采取一些限制性的措施。该代办曾解释说，由于法国租界与英国租界毗邻，有必要同时封锁法国租界。但是法国侨民，在由日军把守的几个租界入口处，既没有受到干涉，也没有受到搜查。同时法国租界从海河对岸意大利租界获得食品供应，并无困难。莱热说，事实上，法国租界因而还能够向英国租界提供一定数量的食品。天津的日本当局一直在向当地法国当局道歉说，这个问题仍然是英国同日本之间的地方事件问题。所以法国政府没有采取任何步骤来表示其与英国政府的团结一致。然而,莱热继续说,如果日本坚持要英国接受一种总的政策改变,从而影响列强在中国的权益,法国政府一定要与英国一致行动。法国政府甚至准备不仅在经济报复而且在其他方面与英国合作。

莱热接着说,然而作为一个熟朋友,他愿向我指出,英国和法国在远东所采取的任何行动,除非有美国的合作保证,都不会有效。日本军事当局封锁英国租界的目的,显然是要迫使英国放弃其亲蒋介石政策,也就是以贷款和物资帮助中国国民政府的政策。他说,如果日本在这方面坚持下去,情况必然变得更加恶化。那时英国可能采取措施对日本实行经济报复,而法国政府也将同英国一起行动。但是,如果日本诉诸武力,不论是英国还是法国都不可能派他们的部分海军到中国去。能够自由而有效行动的强国是美国。根据莱热的意见,实际上远东的局势关键在于美国。没有美国的合作,就没有什么有效的办法来阻止日本进一步损害列强的权益。相反地,这将意味着日本能够切断所有中国海岸线的供给来源,局势会因此而变得比目前困难得多。

莱热提起在日本并吞南沙群岛以后,法国政府曾在一些矿产品如铁砂等方面对日本实行禁运,并与伦敦及华盛顿联系,要求采取类似措施。英国的回答是,要是没有美国的合作,他们无能为力,而美国政府则不愿意采取同样的行动。我说,据我了解,禁运实际上已经解除。莱热说,禁运并没有解除,但是法国政府不久就会解禁,因为以前从事矿产品贸易并从中获利的印度支那商人,抱怨由于禁运而遭受损失。而且他认为此事毫无意义,因为日本正从美国和英国殖民地源源不断地获得供应。他还说,华盛顿和伦敦都把日本并吞南沙群岛看作是只对法国有影响的事。他并且说,如果这就是当时的情况,那么,目前的天津危机就只是一个英日事件。

我追忆了莱热曾亲自对我说过的话,即法国要实行禁运,英、美的合作是十分必要的。我提醒他,在我把这事向重庆报告之后,中国政府曾电告中国驻伦敦和华盛顿的大使,要求英国和美国采取行动以支持法国的倡议。我记得英国的答复是,这种经济报复不会有效。英国不愿意合作的真正理由,也许是当时英国要以温和的态度对待日本,以期日本不致投入德、意的怀抱而结成军事同盟。然而英国的政策是缺乏远见的,这已被当前的天津危机所证实。不过我同意莱热的意见,局势的关键在于美国。我并告诉他说,我一定要向我国政府报告,敦促政府按照他所提出的内容,向英国和美国进行交涉。

事实上,郭泰祺已于前一天深夜打电话告诉我,他曾于当天下午会见哈里法克斯。他从哈里法克斯那里了解到,英国正设法使事件就地与东京直接解决,甚至放弃由美国居中调解的想法,尽管美国已经同意居间调停。不过哈里法克斯也告诉郭说,要是日本坚持英国在政策方面作更大的让步,英国就不能屈服。(我之所以要提这一点,是要说明这件事在伦敦的进展情况,同时要说明我国驻巴黎大使馆经常同驻伦敦大使馆保持密切联系。)

关于法国、英国同中国之间订立互助合作条约问题,郭大使告诉我说,英国政府的意见是应该先将英苏条约谈妥。基于这一点,我接着就向莱热打听英、苏为缔结互助条约而进行的谈判进度。我告诉莱热说,我了解当前俄国人对谈判的结局有些悲观,而我则希望谈判不致陷入僵局,因为如果达不成协议,那将是不幸的。我告诉他,中国政府正在以极大的兴趣注视着这次谈判,并且急于看到谈判获得成功和及早结束。我希望法国政府在消除伦敦和莫斯科之间的困难方面已经做了许多工作之后,能够继续努力,以取得最后的成功。

莱热说,由于俄国人的不妥协态度,谈判实际上已陷于停顿。英国所要求的仅仅是俄国参与保证波兰和罗马尼亚的独立,而俄国则要求保证俄国在欧洲的边界不受任何侵略。法国提出了一项折衷办法:如果苏联由于对波兰和罗马尼亚的帮助而使其领土遭受侵犯时,英国应立即帮助俄国。这个折衷办法被英国接受了,这是英国的一项重大让步。但是,他说,这一点刚一解决,俄国人就要求保证俄国的整个边界不受直接攻击。英国认为这个要求很难接受,而法国则解释说,莫斯科一向是采取不信任态度的,因而要求在这一点上予以保证。法国接着又敦促英国认可这个全面保证,英国政府实际上也同意了这项建议。莱热认为对英国来说,承担这样一种性质广泛的许诺,实际上是从根本上背离了英国的传统作法。但是俄国人仍不满足,并坚决要求一项关于波罗的海各国独立的明确保证。

按照莱热解释,困难在于这些国家本身一再宣称,他们都不愿接受这样一种保证,他们担心因此而伤害德国的感情。不论是英国还是法国,都不希望把这样一种保证强加给那些不愿意接受的国家。而且,即使保证,他们所能做的也不能超过他们对瑞士、荷兰或比利时所能做到的那样。如果瑞士、荷兰或比利时等任何一个国家遭到德国进攻,法国和英国可能给予援助,但是英、法不能违背这些国家的意志而对他们强加一项保证。对波罗的海各国也是这样。如果这些国家遭到德国进攻,根据最近向莫斯科建议的方案,法国和英国将立即配合俄国所采取的军事行动,对德国西部边境发动进攻,从而迫使德国把一大部分武装力量从东线转向西线。可是俄国仍然坚决要求一项对波罗的海各国的明确保证。

莱热接着说,俄国这样的顽固态度,使得英国怀疑俄国人究竟是否真有签订条约的诚意。他们也开始猜测,苏联政府由于认为战争很可能于两个月后在欧洲爆发,所以故意在谈判中拖拖拉拉,这样,当战争真的在欧洲爆发时,苏联就不致卷入。他说,当初是俄国怀疑英国的诚意,现在是英国怀疑莫斯科的真实意图。即使是在法国,人们也在自问,俄国是否真的想签订英苏条约,而俄国的姿态又使那些自始就反对同俄国恢复邦交的人们获得了极好的口实。如果俄国坚持目前的做法,英国有可能认为再延续下去毫无用处,并毫不犹豫地放弃其全部计划。

于是我说，从整个和平事业来看，这样发展下去确实会是很不幸的。我希望仍能找到使双方都满意的方案。我说，我指望法国政府完成这项棘手而重要的任务。

6月21日进行的这次谈话中所提到的英苏谈判的进展是具有重要意义的。当时俄国一定是已经在向德国暗送秋波，正像德国里宾特洛甫正试图同苏联达成某种谅解那样，以便使德国在西线发动进攻时，可免受背后的苏军的威胁。仅仅在两个月后，苏德互不侵犯条约就签字了。

这个事实说明，英国怀疑莫斯科在谈判中是否真有诚意是有道理的。当然，在开始时，正是英国的商业界和金融界反对和不信任同苏联的合作，致使英国在谈判中裹足不前。张伯伦本人就不信任莫斯科。但是，虽然英国人颇不愿意达成任何协议，英国政府仍然感到，关于维护欧洲和平这个总的问题，它必须争取缔结一项互助合作条约，以防止战争的爆发。既然法国在这方面敦促英国，英国也就有所行动，只是行动得很迟缓，而正是这种迟缓的行动，肯定引起了苏联的怀疑。例如，当我与苏联驻巴黎大使苏利茨和在日内瓦与苏联外交人民委员李维诺夫的几次谈话中，这种怀疑都曾清楚地显露出来。最后，俄国的怀疑显然增大了，以致决定最好寻求其他途径，以免使战争在它的边境发生。

在此期间，德国在战略问题上，意见分歧。是按照军队的意见，首先进攻苏俄呢，还是按照希特勒本人的意见，首先进攻西方？我相信，莫斯科是知道这种意见分歧的。由于缔结英苏条约的进展很慢，俄国利用了德国的意见分歧，并终于成功地鼓励了希特勒进攻西方的意见。在当时，无论如何，希特勒的意见比德国军事当局所主张的政策，自然具有更大的成功机会。所以可能有很多原因导致战争最终在西线爆发，使苏俄得以坐山观虎斗。

从另一方面说，我相信苏联起初比英国更急欲签订一项互助条约，因为它很明白德国在东欧的野心；而英国，特别是张伯伦本人，在商界和金融界（伦敦的华尔街）的支持下，从根本上反对共产主义,对苏联持怀疑态度,因而对推进谈判犹豫不决。尽管如此,英国终于决定进行谈判,并且,如果可能的话,同苏联签订条约。这主要不是为了从条约本身获得好处,而是因为英国可以以条约为工具,使德国更便于同英国达成协议。

至于法国方面,巴黎对此也犹豫不决。因为达拉第在某种程度上反对与任何共产主义国家合作,博内则肯定如此,并且法国国内右派势力对这种前景并不欢迎。但是达拉第不得不与英国携手,而且事实上甚至一度要求英国同苏俄进行一项三方条约的谈判。因为,从国外讲,法国需要这样一个条约。所以达拉第一直在走钢丝,而且他如果想使政府不倒台,就必须在政治局势的潮流中保持平衡。这些是达拉第和张伯伦都面临的国内问题,尽管张伯伦从根本上说,比达拉第更加保守和更加反对共产主义。

6月23日,我再次到法国外交部同博内部长探讨天津危机问题。开始,我主要重复了我曾经向莱热讲过的话,即我对英、法继续团结的希望以及日本的实际政策和意图。博内回答时说,自从天津局势紧张以来,他已告诉英国说,法国政府愿与英国一致行动。但为使英、法行动有效,他曾向伦敦建议说,美国的合作是必要的,并曾解释说,他的意思并不是要伦敦采取主动去谋求美国的帮助。他告诉我,结果是法国和英国都同华盛顿进行了接触,并向美国政府力陈他们的看法。

据博内说,起初美国助理国务卿韦尔斯表示了保留态度。韦尔斯说,首先,天津问题仍然是英国与日本间的地方问题,其中根本不牵涉美国利益,而英国领事却不必要地过分强调了其重要性。韦尔斯随后指出,中立法修正案正在国会讨论中。美国政府的任何时机不成熟的行动,都可能激起美国的孤立主义分子反对正在国会辩论中的中立法案。因此韦尔斯极力主张,为了有利于新的中立法案的通过,以不扩大天津问题的重要性为宜。不过博内又说,最近美国的态度似乎已经改善了。

因为博内要知道我得到了什么消息,于是我告诉他说,这次日本在天津的行动，是在德国和意大利事先赞同和怂恿下进行的。我说，事情很明显，柏林—罗马轴心要日本在远东制造一种紧张局势，以便牵制英国在欧洲的行动自由，这样他们就可以利用机会在欧洲推行其政策。所以，我告诉他，为了有利于欧洲的和平事业，两个民主国家有必要保持团结一致的坚定立场。法国外交部长说，他也明白日本的行动是在与德国和意大利的共谋下进行的，而天津的局势是与欧洲的局势密切相关的。

随后我问他对中欧目前局势的看法，并说我已经收到关于德国军队在德国东部积极调动的消息。博内说，虽然在德国境内有大量活动，他以为德国还没有真正准备好行动，也就是说，至少在最近的将来，不会对西欧采取行动。

于是我提出一个问题，这个问题在当时似乎与日本的行动所引起的天津事件的发展有一些关联。我告诉法国外交部长说，我已从报纸上注意到，法国同日本就要签订一项新的商务协定。我说，我希望这件事没有政治意义，并且希望所传法国将向日本提供大量军事工业所需的矿产品并不是真实的。

法国外交部长说，他知道报纸上曾有不少误传，享利·德·凯利里已经在《秩序报》上写文章谈论过这件事。但是事实的真相是，这并不是谈判一项新商务条约的问题。他解释说，旧的商务条约由于某些困难而暂时中止了，这些困难影响了法国支付从日本大量进口的货款，例如丝。为了对商务条约的这一方面进行安排，谈判已进行了一年多。这并不是新的进展，只是谈判碰巧在当前完成罢了。但是，鉴于天津的局势，他已经向东京去电，建议在可能情况下把签订协定推后一个星期。他说，法国政府方面无意向日本军事工业增加矿产品的正常供应量。即将签字的协定只是商业部掌管的普通商务协定，它没有任何政治意义。如果英国由于天津事件决定对日本采取经济制裁，法国政府将会采取一致行动，以示与英国的政治团结。签订这项协定，对法国政府没有影响，决不能引用这项协定来阻止法国政策的执行。因此，他说,法国同英国的团结,不能也不会因签订当前这项协定而有所动摇。在我向他告辞时,他再次要我放心,并说我可以向政府报告,法国对远东的总政策仍然是与英国团结一致。

三天以后,即 6 月 26 日,我去殖民部访问孟戴尔讨论几件事情。其中之一是建议中、法、英的军事合作。我告诉他,我在刚要离开大使馆之前,收到了蒋介石委员长的一份电报,电中谈到了一旦欧战爆发时,在中国、法国和英国之间安排军事合作的问题。委员长注意到在新加坡举行的法国和英国在远东的陆海空军司令官会议,并希望从法国政府了解这是不是一个同中国政府商谈合作计划的适当场合,以便万一战争在欧洲发生时,中国方面也能做好必要的准备。

我告诉孟戴尔说,这件事情我曾同外交部长博内谈过一次,并同外交部的秘书长谈过两三次,但是迄今还没有得到令人满意的答复。我说,现在得悉孟戴尔先生作为一位对世界局势具有远见卓识的政治家,领导着参加新加坡会议的法国代表,并主管印度支那事务,我在把这件事再次提交法国外交部之前,愿同他密谈一次。

孟戴尔说,法国外交部并不熟悉他所进行的事情,而且在他这方面,他从来没有把他与我之间的安排告诉过外交部。按他的意见,我没有必要把我们从前所商讨的,以及我们当天所谈论的告诉法国外交部的人。我说,我既没有向法国外交部提到过我的访问,也没有提到过我同他的谈话内容。

于是孟戴尔说,新加坡会议由于美国记者的耸人听闻的报道,引起了不寻常的注意。这也许是因为如果日本在远东对民主国家发动战争,美国的和平主义者和孤立主义者可能要责怪那是法国和英国挑起的。事实上,新加坡会议是在吉布提、亚丁和开罗等许多地方所举行的一系列会议之一,而且为了东非问题还要举行这种会议。这次在法国和英国陆海空军代表间举行的会议,是根据甘末林将军和科尔特将军在伦敦的会议,法国和英国海空军参谋长会议,以及他本人和英国殖民大臣麦克唐纳的会谈而召开的。他说,召开会议的理由是法国和英国都感到如果这次在欧洲爆发战争,战争将会在世界范围内进行。为了做好准备,最好,同时也有必要,事先制订计划,以共同保卫英国和法国在世界各地的殖民地。

我说,这正是中国政府三个月前向法国政府所提建议的目的。这项建议就是要商讨中国、法国和英国的合作计划,以共同保卫英、法在远东的权利和属地。我曾就此对孟戴尔本人谈过一次。我说,我仍然相信,这项讨论应该尽快进行,而鉴于欧洲的危急局势,我感到在当前进行更为有益。

孟戴尔说,在新加坡会议上,各种可能性都曾设想过,合作的方式也曾研究过。诸如谋取中国的合作以及同中国的何种合作最为有用等问题也都考虑过;还考虑了暹罗、荷属东印度和澳大利亚在这种局势下能起的作用等。他同意我的说法,应该尽快同中国商谈合作的可能性以及商定进行此项合作的计划。他认为如果事先制订一项计划,一旦欧战爆发,至少可节省十五天讨论和达成协议的时间。

我说,依我所见,如果部长能指派一位全权的高级军官同蒋介石委员长的同级代表进行商谈,向合作问题迈出第一步,那是可取的。不言而喻,这种商谈应当秘密进行,不能泄露一点消息。我不知道孟戴尔能否指派比如说马丁将军。马丁在新加坡会议上是法国政府的代表,而且,据我所知,是驻印度支那军队的总司令。我说,河内可能是一个合适的会晤地点。如果部长能够做出这样一项机密的委派,我肯定蒋委员长将乐于指派一位同级的代表。

孟戴尔说,他准备为此目的而指派一个人。关于地点,他认为在巴黎举行会谈是适宜的。因为,如果会议在河内举行,那肯定会引起人们的注意和招致不必要的猜测。而且,他对这样的一位官员的指示,就必须假手于总督,那就意味着事情不能完全保密。对新加坡会议,他就是在部里同布吕尔将军商议后直接向马丁将军作指示的。因此他认为在巴黎举行会谈较好,因为在巴黎会谈可以悄悄地进行。我说,我一定立刻将此事电告蒋介石委员长。孟戴尔说,他等待早日得到回音。

然后,我借此机会探询这位部长,他认为英国对于天津局势迟迟不采取坚定立场的原因是什么。孟戴尔说,英国的态度是可以理解的。英国政府害怕,如果他们在远东花费精力过多,他们就不能对付欧洲的局势。英国的当务之急是在欧洲保持其战斗舰队以应付德国和意大利,而把太平洋和远东留给美国舰队照应。它不能同时兼顾两个区域。

我说,如果英国人要在欧洲避免战争,他们就有必要对日本表示强硬。继续显示因循软弱只会招致、而不会阻止德国和意大利在欧洲制造另一次危机。孟戴尔说,他同意我的观点,但是英国内阁的看法是不统一的。像张伯伦、约翰·西蒙和塞缪尔·霍尔等人,对维护和平、继续促使英国发展商业利益和增加财富等想得多些。他们不是一些有为的人物。他们最近设法同俄国达成协议以及最近同波兰、土耳其、罗马尼亚和希腊缔结保证和互助条约,这些都是迫于英国公众舆论不得已而为之。他说,归根到底,英国公众舆论是英国政府的决定性因素。由于大选即将来临,情况更为如此。他们最近所做的都是不得已的。

孟戴尔认为,英国应采取的一个有效步骤是抵制日货,并对日本军事工业所需的必要原料实行禁运。他本人过去曾对日本所需的某些矿产品实行禁运。法国政府曾与英国和美国政府联系,要求他们采取类似行动,但是没有得到赞同。英国政府说,为了使禁运有效,有必要对整个问题进行研究,即研究日本的需要及供应来源,而这样的研究要花费好几个月的时间。而且,孟戴尔说,英国认为,拒绝提供少数几种矿产品,不会对日本有多大作用,而实行全面禁运,没有美国的合作也不会有效。英国和美国的这种态度,使他(孟戴尔)处于非常困难的境地,因为他发现,没有英、美合作,法国在这方面的行动是不可能有效的。这只能驱使日本商人到英国和美国市场去寻求一向由法国提供的货源。他知道在目前情况下,没有美国的合作,英国政府是不会采取行动的。

我说,我理解在当前的情势下,美国的合作是绝对必要的。我还说,作为机密消息,我可以告诉他,最近中国政府曾经同美国政府接触,要求它和英、法合作。中国政府坚决主张在天津危机中支持英国政府。中国政府甚至建议授权美国远东海军总司令与英国合作,指派美国大使与英国合作处理当地局势并亲自访问天津。美国大使方面的这种行动,作为美国合作的重要姿态,将给日本留下深刻印象。

孟戴尔说,这当然是很有用的。但是他怀疑美国政府是否真的准备开展有效的合作。他说,美国的和平主义者还很活跃,而美国人民则怀疑欧洲列强的政策。他们愿意不惜任何代价置身于欧洲战争之外。至于远东,美国是颇感兴趣的。他说,这也说明了英国政府为什么认为和希望美国愿意照应太平洋和远东。

同一天,我接见了印度支那总督瓦伦纳。他是一位对中法合作深感兴趣的人。他告诉我的一件事是莱热赞成他(瓦伦纳)为讨论中法合作而访问重庆的计划。他说,他也将对达拉第谈及此项拟议中的访问。但是他又说,孟戴尔反对他复任印度支那总督,名义上是因为他年事已高,实际上是因为他的不受约束精神,也可能是因为任命了他会引起日本的反对。

早在6月初,为促使法国提供贷款以稳定中国货币而作的努力,似乎在成功地向前进展。代表宋子文办理此事的李石曾和德尼定期向我报告,而我自己则作了安排,订于6月6日为此拜访法国财政部长雷诺。6月4日,我同财政部基金调拨司司长鲁夫简短地讨论了此事。我是在美国大使蒲立德在尚蒂伊举行的一次招待会上碰到他的。

鲁夫告诉我,法国向中国货币平准基金贷款一事,目前实际上已无问题,只有一些技术问题尚待解决。我表示希望现在已经取消雷诺提出的由中国政府保证的问题,因为中国政府认为很难同意。鲁夫说,李滋罗斯从罗马尼亚返回伦敦途中在巴黎停留时,曾同他会谈,并达成谅解,使雷诺能着手进行。鲁夫还说,他自己曾与法国各银行联系,以便制订一些技术性质的细节。

第二天中午,德尼来向我报告说,他同东方汇理银行的洛朗曾在法国财政部访问基金调拨司副司长并在谈话中提到了以下几点:

(1)金额问题已经解决,即二亿法郎。要求把总额增加到二百万镑也是可能的,但是,因为据他了解,已经做出决定,他自己感到确实不能再坚持增加了。

(2)讨论了这样一个问题,即,是否由财政部先发布一项政令,宣布政府准备保证由法国各银行向中国货币平准基金提供二亿法郎,其条件是在法国和中国各银行之间达成有关使用这项基金和最终清算这项贷款的令人满意的协议;还是将此项政令延至上述性质的协议达成以后再予发表。

据德尼了解,法国财政部已经选择了第二个方案。所以选择后者,是因为法国愿意有机会先探明英国的意图并与之取得谅解。此外,对法国来说,重要的是避免采取可能与英国安排的条件相矛盾的步骤。英国的安排分为三个部分:第一,一项议会法案;第二,英国各银行和政府间关于对银行保证的协议;第三,英国和中国各银行之间的一项协议。他还了解到,基金调拨司司长将在同一天(6月5日)与英国大使馆的经济参赞接触,以解决他们之间的问题。

德尼说,他已经准备好一份法国和中国各银行之间的协议草案,以满足法国参与基金使用和最终清算的愿望,而且不必修改英国安排的内容。英国的安排已定,并已施行了两个月。他说,任何同英国的安排不相一致的重要修改,都会导致复杂局面,因为英国政府必须再次提交议会修改。

至于法国参加基金的管理,德尼说,已建议不论是英国政府还是中国政府,都可以撤回一个本国在委员会中的现任成员,另指定一个法国人去代替。因为,按照英国的安排,中国政府和英国政府都可以自由指定一个任何国籍的成员。

关于清算的保证问题,德尼说,可以设立一项辅助基金,以满足法国的要求,这也会得到中国和英国的赞同。如果法国和英国在哪一天达成协议,他愿去英国为法国创造条件,以促进他们之间的谅解。事情之所以复杂,是因为有三个政府、三个银行集团以及罗杰士,而罗杰士是由中国政府指定并经英国政府同意,负责基金的使用的。

我说,情况既然如此,当我见到雷诺时,我可以向他解释,中国政府认为任何保证均难同意。我还要表示希望雷诺不要坚持这一点。德尼认为事实上已同英国解决了这一问题,同时法国也不再提这一问题了。所以他怀疑我提出这一问题是否还有必要。

第二天,即6月6日晚上7点,我在雷诺的部里拜访他。基金调拨司副司长也在座。雷诺首先向副司长询问有关中国货币平准基金借款的进行情况,副司长汇报说,已经做出一项原则上的决定。现在他们正在同英国磋商一些有关法国参加基金的技术问题。他指出,中英基金已经使用有日,因此,当前的一项主要困难就是如何做出安排,把中法基金增加到中英基金中去,而这一安排,一方面既不需修改英国政府与英国各银行之间的协议;另一方面又不必修改英国各银行与中国各银行之间的协议。

他接着说,这两项协议,最初都是以英国的一项议会法案为基础的。原法案授权政府对英国各银行为稳定中国货币向中国各银行提供的贷款作出担保。如果由于中法终于达成协议而引起什么重要变化,致使英国政府需就该项法案提出修正的话,则在议会通过此项修正案将很困难。他还说,法国正在等待英国方面的答复。

关于程序问题,副司长接着说,如果依照英国的做法,就有两项协议需要准备,一项是法国政府和法国各银行之间的协议,一项是法国各银行和中国各银行之间的协议。另外还有一些关系到基金最后清算的问题。

随后我问,给中国各银行的贷款总额是多少。财政部长回答说,将是一百万镑。副司长说,当然是以法郎支付。这时,我提醒雷诺,在我们上一次会晤时,我曾提到希望贷款总额是个整数,即二亿法郎。雷诺说,他不敢说总额准是二亿法郎,并问及保证问题。

我说,正如我上次会晤时告诉他的那样,中国政府实难考虑保证问题。首先这个问题可能会危及同英国的现有安排。副司长说,英国政府五百万镑的保证是一个没有任何附加条件的单纯保证。问题的困难在于,如果对法国的贷款实行保证,那么,在英国贷款和法国贷款之间安排合作的问题就会复杂化,因为那将需要有两套条款来作为两项贷款的基础。

由于雷诺没有再谈保证问题,我就问道,我是否可告知我国政府,贷款将是二亿法郎。雷诺回答说,他要找机会和政府中的同僚们谈一下,然后再给我一个确切的答复。他们曾要求他提供资金,但他拒绝了,所以他们曾问他为什么他能够为别人弄到钱,而不能为他们提供资助。但是,他说,他要在同僚面前坚持这一问题的立场,以表示法国对中国的同情,而且也证明他本人对中国事业的同情。

雷诺询问中国的军事局势。我回答说,自从采取新战略后,形势良好。我说,通过在所有各条战线同时抵抗日本的侵略,中国已能阻止日本人集中兵力进攻某一中心区并对这一地区施加压力。雷诺说,这是一个很好的战略,在拿破仑进行侵略时,西班牙人曾予采用。他又说,这的确是在消耗战中唯一可行的战略,可以消耗侵略者的实力。我说,新战略的实施已证实其正确性,因为中国在抗战中必须借助于时间因素。

我于 6 月 27 日飞往伦敦。此行是为了 28 日在英国经济学家科布顿诞辰一百周年(？)纪念会上发表演讲①。演讲之前,中国大使馆为我设午宴,出席的人中有随后主持演讲的李顿爵士,还有英国财政部的李滋罗斯爵士。

李滋罗斯向我提起有关法国参与中国货币平准基金问题。尽管他语调轻松,但却明显地表示出法国当时的处境。当谈到他和他的代表罗杰士到当时为止同法国联系所取得的进展时,他说,法国已就二亿法郎的贷款提出了二亿个问题,这表明在取得法国的合作方面是有很大困难的。

7月1日,我回到巴黎后,李石曾证实了这一困难。他告诉我说,虽然法国财政部长赞同法国同中国货币平准基金的合作,但因法国外交部的关系而暂时停顿了。

在伦敦访问期间,我拜会了外交常务次官贾德幹爵士。我们经常在日内瓦共事。我想探明英国对一些悬而未决问题的明确的态度和立场,但特别是为了促成中、法、英的三方的合作。郭泰祺大使陪我前往。

贾德幹先问了中国的形势。他说,郭泰祺随时向他提供一般情况。可是,他很愿知道我的看法。我告诉他,在当前情形下,中国的形势就像我们所能期望的那样令人满意。团结的精神以及军队和后方人民的旺盛斗志是主要因素,其价值是怎样估计也不为过分的。全国上下决心继续抵抗,而日本方面却已表现出厌战情绪,而且急于寻求脱身之计。贾德幹完全同意这一看法。

我谈到了天津的局势,并说,在新加坡举行的英法陆、海军当局会议可能对日本政府有一些影响,使它决定与英国谈判解决办法。可是,我又说,英国政府对日本保持强硬的态度是必要的。任何软弱的表示定会带来日本的进一步挑衅和侵略。

郭泰祺说,他已经向哈里法克斯勋爵谈及蒋委员长想知道在

---

① 原文在"一百周年"后有问号,经查 1939 年为科布顿诞辰一百三十五周年。——译者

中、英、法之间讨论密切合作问题是否时机已经成熟。鉴于欧洲局势的日益恶化,郭坚决认为商谈合作计划是合乎需要的。我说,我在巴黎获悉新加坡会议曾讨论了如果欧战爆发邀请中国合作的可取性,同时还讨论了如果可取应采取什么合作方式的问题。

郭说,如果这一次欧洲爆发战争,那么它将是世界性的战争并会遍及所有的殖民地。贾德幹完全同意这一看法。但是他说,就英、法来说,局势并不像第一次世界大战那样艰难。当时德国的海军仍是一个强大的因素,而且其基地遍布世界各地。现在则不必对德国海军活动担心,而地中海的英、法联合海军力量能够轻而易举地挫败意大利海军。

然后郭接着说,一位知名的英国将军曾经告诉他,英国政府是在牺牲其远东利益的情况下,过分地加强了英国在欧洲的防卫。郭说,据这位将军说,英国应分出一部分海军力量派往远东对付日本。对付了日本,欧洲形势就会缓和。贾德幹不同意这一见解。他说,如果战争在欧洲爆发,基本上就必须在欧洲解决。如果在欧洲取胜,远东的局势就能恢复,尽管在战争初期,英国必须牺牲其利益。他说,英国政府不能贸然分散其欧洲的海军力量,从而削弱其保证欧战胜利的攻击力量。

这时,我告诉贾德幹,齐亚诺在和我谈话时暗示,日本可能派遣部分海军力量远至北非和东非。贾德幹对这一可能性表示怀疑,因为他确信日本人不会那么愚蠢,以致甘冒舰队中途被击毁的风险。他说,从日本海军基地到新加坡至少有二千英里,而从新加坡到非洲大概又有三千英里。任何规模的舰队不依靠中途的基地,都不能航行这么远的距离。贾德幹认为,现在欧洲是否爆发战争,完全取决于希特勒,而日本人肯定会从欧战中得到好处,但是,他们仍将只在远东地区活动。

我说,美国舰队停留在太平洋,一定会对日本起遏制作用,而且假如欧洲发生武装冲突,日本在远东的行动将在很大程度上取决于美国舰队是否仍在太平洋。我说，因此，美国的态度对于远东的局势也是一个决定性因素，鼓浪屿和汕头事件就是很好的例证。

然后，我提到报纸上的一些报道，即英国政府将和日本政府就天津事件商谈解决的办法。我问，如果日本方面在会谈中不讲道理，英国政府是否仍不使用经济报复手段。我说，在经济报复方面的明确行动，将对日本的态度产生有益的作用。贾德幹说，他们仍在考虑经济制裁的问题，但是他认为，如果没有美国合作的保证，就不易使用这一手段。

我说，我知道如果英国采用经济制裁，法国将予支持。事实上，在日本占领海南岛和并吞南沙群岛后，法国就将印度支那和新喀里多尼亚出产的一些矿产品对日本实行了禁运。但是法国政府对于英、美政府的不予响应感到失望。他们指出，他们发起对日本禁运一事已引起那些有利害关系的法国商人的抗议风暴，而如果伦敦和华盛顿不接着采取类似的行动，法国的禁运将不会达到任何目的。我告诉他，如果再不实现合作，法国不用多久就会被迫取消所采取的行动。贾德幹不大记得这件事。他把我所说的记录下来，说要查一下。

然后，我就谈起美国行动问题。我说，贾德幹爵士一定已经知道，中国政府已同华盛顿和巴黎进行了接触，促使他们支持英国对日本可能采取的任何行动。我说，虽然要美国政府事先承诺与英国采取一致行动是不可能的，因为这不符合美国的传统，但有一点几乎可以肯定，即一旦英国着手采取明确的经济报复手段，美国也会这样做。

贾德幹说，这就是问题所在。美国政府和罗斯福总统看清了局势，并有意行动。可是，在美国，正像在其他民主国家一样，公众舆论是最终的决定因素。在当前形势下，美国国会正在对中立法进行辩论，美国政府对采取行动就犹豫起来，唯恐进一步加剧孤立主义者和和平主义者的反对。但是，如果没有美国的合作，英国所采取的经济措施就不会有效。英国也不能甘冒被迫同日本开战的风险。因为,一旦对日本进行制裁,则不管发生何种情况,都必须进行到底,因而就会导致同日本发生冲突。在当前欧洲的局势下,英国将极力避免发生这样的冲突。

谈到三百万英镑信贷时,郭泰祺说,孔祥熙再次要求他促成信贷一次总付协议。郭说,他愿意得到英国外交部的信息,确认三百万英镑的出口信贷肯定会拨给中国。贾德幹说,他将设法给郭这样的信息。

就在6月29日那天下午,我飞回巴黎。第二天,我在中国大使馆设午宴招待法国外交部长博内。结果在这个场合出现了几段有趣的谈话。例如,来宾之一罗马尼亚驻巴黎大使塔塔列斯库告诉我说,他已把中国大使馆参事代我拟订的两件外交文件提交给罗马尼亚政府。这两件文件是有关中国和罗马尼亚建立外交关系的。他说,他期望几天之内得到他的政府的回答。我告诉他说,中国政府打算任命现驻布拉格公使梁龙为驻布加勒斯特的公使。鉴于捷克斯洛伐克的局势,我国政府要求现在布拉格的公使尽早前往布加勒斯特。我说,我愿意知道,塔塔列斯库是否准备把梁龙的名字转达给他的政府以获外交上的"同意"。塔塔列斯库说,他想他很快就可以得到他的政府对此一问题的答复,因此,他让我再等几天,不必忙于提出公使姓名。他又说,罗马尼亚外交部长在周末要到巴黎进行一次私人访问,如果他那时还没有从布加勒斯特得到答复,他将和部长本人谈论这一问题。

随后,我又和博内谈话。阿根廷大使参加了我们的谈话。法国外交部长详细地叙述了希特勒占领捷克时布拉格所发生的一切,听听他的叙述是很有意思的。

在谈到欧洲局势和武装冲突可能爆发时,博内说,所有有关希特勒的神秘主义和迷信的报道都是不正确的。他说,他的驻柏林大使曾报告说,在1938年5月的危机之后,形势发展不利,希特勒非常厌烦,他甚至嚼碎了书房中最珍贵的地毯的一角。可是他

（博内）本人并不相信这一说法。他认为，希特勒是制订德国所有重大决策的人物。他不能想象希特勒是个傻瓜，被周围的人包围和支配。不管有关里宾特洛甫和戈培尔等人的传说如何，作出决定的还是希特勒。因此博内说，欧洲是否会发生战争，完全取决于希特勒。他相信，无论如何，在今后三四周内不必害怕会发生什么意外。他说，极权主义国家发动突袭都在秋收之后，这已成为一个惯例。（这是一个非常重要的因素，我在对形势的估计中也强调这一点。秋收给一个国家提供粮食，而当这个国家正在策划一场战争时，充足的食物供应尤为必要。）

博内继续说，新闻界的报道和公众舆论并不代表真正的局势。一年以前关于慕尼黑危机及其解决，大多数人都谴责最后的协定。他们说，迫于巴黎和伦敦的压力，贝奈斯不得不屈从于那些条件。然而，事实却正相反。一个星期五的夜晚，大约十一点半，他（博内）收到他在布拉格的公使的报告，说贝奈斯曾通过一位中间人通知他，割让给德国七百平方公里的领土和一百万人口势在必行，而且他（贝奈斯）反对公民投票，因为那样做可能会激起政治动乱，倒不如干脆割让为好。（这和一般所想的情况恰恰相反。）然而，鉴于强烈的公众言论，如果没有法、英的强大压力为背景，他（贝奈斯）是不能这样做的。捷克的武装部队司令西若维将军曾经向他报告说，捷克军队只能抵抗几小时，这样的抵抗等于自杀。时间是重要的，贝奈斯催促巴黎和伦敦迅速行动。

博内说，收到这个消息之后，他打电话给达拉第，并决定在爱丽舍宫召开内阁紧急会议。他和达拉第前往爱丽舍宫并和勒布伦总统磋商。他们三人决定立即把布拉格的最新消息通知伦敦。博内解释说，贝奈斯难于说服伦敦方面放弃公民投票的意见，因为英国人一向是主张自决的。所以当伦敦当局最终同意时，博内立即与布拉格取得联系。他们把这次外交行动做得尽可能强硬，以满足贝奈斯的愿望。外界人士只知道英、法的这一外交行动，但对这以前的情况却一点也不了解。他们谴责英国和法国不支持捷克斯洛伐克抵抗德国。

博内补充说,他准备发表一份黄皮书,以披露在慕尼黑危机发生以前及当时实际发生的真实情况。阿根廷大使有几点疑问。他询问捷克政府是否曾把请法国大使转告博内的同一内容通知英国驻布拉格代表朗西曼。博内说,他们一定是这么做了,但是,当他半夜给张伯伦和哈里法克斯打电话时,他们似乎并没有接到这一通知。

博内的话给我留下了相当深的印象,因为他没有理由精心编造这样一个故事。贝奈斯毕竟还活着,满可以反驳他。而且,贝奈斯的部长和亲密的合作者奥苏斯基,因贝奈斯扮演了投降的角色已和他决裂。别人不可能摸透贝奈斯头脑中的想法。人们疑惑不解,当国家处于存亡关头,贝奈斯怎么会做出这么一个决策。在日内瓦他毕竟一向被公认为反对侵略、维护法律秩序和国际正义事业的领袖之一。他还是一个支持集体安全的强有力的鼓动家。那么,为什么在他的国家的命运处于危急的时刻,他竟如此轻易地屈从于德国侵略的威胁,甚至连抵抗的表示都没有?

7月5日,我和博内外长又进行了一次谈话。我这次拜访的主要目的是与他谈天津局势,以及为解决这一问题而即将在东京举行的英日会谈。我再次对外长说,日本人制造了天津事件,显然是为了试探英国政府的态度,看看英国政府是否有意抵抗日本进一步侵犯其在远东的利益。中国政府认为,英国保持强硬态度是很必要的。因为任何软弱的表示或任何对日本的让步,都会直接怂恿日本人在上海和中国其他地方制造有损外国利益的同样局势。

我接着说,日本声称意在迫使英国改变其亲蒋政策,那只不过是一个借口。其真正目的在于制造一种局势,使英国和西方其他民主国家不得不帮助日本结束中日冲突。两年的军事努力已使日本取得可能得到的最大成果,而现在,它希望巩固其地位而在人力物力上用不着作出更大的牺牲。我说,日本现在不能要求中国和它议和,也不能以武力使中国屈服。所以设法对英国施加压力,使它出来承认日本人在中国的所谓既成事实。这是日本孜孜以求的,因为两年的战争已耗费了它极大的人力和资源。

我说,中国政府认为,当前的时刻是中日战争的转折点。从一开始,中国就依靠持久战以消耗日本。今后有了新组织起来的而且经过训练的军队,以及随着后方军工生产的发展,中国可以更有效地抵抗日本的侵略。我指出,中国经历了两年的痛苦和牺牲进行消耗日本的战争之后,如果英国向日本屈服,只能是有利于日本。此外,这次英国在天津与日本谈判的行动,不可能不在欧洲引起直接的反响。英国和其他民主国家只有保持强硬态度才有希望为这一局势找到一个令人满意的与和平的解决办法。我说,另外,中国政府认为,法国同英国的利益实际上是一致的。正因为如此,同时也因为他们在欧洲团结一致,中国政府希望法国政府向英政府施加影响,并强调在即将来临的东京会议上对日本采取强硬政策的必要性。

博内说,那天上午他收到法国驻伦敦大使科尔宾的报告,大意是前一天哈里法克斯第一次和他谈到为解决天津局势而即将召开的东京会议。哈里法克斯告诉科尔宾,日本已提出天津的新的中国货币问题,并期望英国政府接受日本的观点,支持日本主持发行的中国货币。他还说,科尔宾从哈里法克斯处得知,英国政府决不会接受日本的这一要求。即使日本人坚决要求,也不会妥协。

博内说,这种观点是使他满意的。他指出,这也会使我和中国政府放心。他还说,他本人完全赞同我刚刚表达的观点。他可以即刻向我保证,法国政府同样希望英国对日本保持强硬态度。

博内指出,美国政府的态度并不尽如人意。他说,美国政府似乎认为,因为美国在天津没有租界,所以就不能像在上海那样坚决地同英、法合作。我同意他的关于美国的合作确实非常必要的观点。我说,中国政府已经采取步骤以敦促美国政府支持英、法在天津的政策。我告诉他,华盛顿在天津支持英、法的友好意图是无可置疑的,但是当时在美国国会进行的中立法修正案的辩论,使美国政府感到有必要对天津形势持一些保留态度。我告诉他说,依我之见,这种保留态度仅仅是暂时的现象。

然后我提出了法国对中国货币平准基金提供款项问题。我指出,会谈一直进行了两个多月。我说,我知道财政部长现在完全倾向于对中国提供款项,而这件事有待于外交部做出最后的决定。我强调说,由于美国在早些时候向中国贷款二千五百万美元并购买了中国的白银,并由于英国早在 3 月份也向中国贷款五百万英镑以稳定中国的货币,中国行政院长兼财政部长孔祥熙渴望法国为同一目的尽早地提供款项。这位法国外长好像对这件事并不完全接头。他说,他将在肖维尔先生帮助下查询此事。

由于法国方面对三方军事合作和经济合作问题的拖延,我认为,有必要安排一次同前法国总理、法国参议会财政委员会主席卡约先生的会谈。7 月 9 日下午,在吕德尔侯爵家中,我们举行了一次长达一小时十五分钟的会谈。谈话的范围很广,特别是涉及远东局势问题。我首先向他说明了中国的军事形势,包括中国的新战略,中国的游击队活动,和日本因为有生力量的消耗难以再向中国大量派遣所需的增援力量以及在满洲与西伯利亚、外蒙古的边界保持四十万兵力也发生了困难。

卡约想了解当前苏联的局势,并对此提出一些问题。他问苏联会怎样行动以及其战备状况如何;如果欧洲发生武装冲突,苏联如何才能援助英、法;为什么它一再忍受日本对其边境的不断进攻而不采取果断立场反对日本。卡约担心,苏联处决了那么多高级军事将领,已经大大地削弱了红军的力量。他问,苏联是否在真正帮助中国,是否已给中国运去了大量的物资。他还问,中国最需要什么。

我告诉卡约,第一阶段的阵地战已经过去了,第二阶段的游击战已经开始。中国已在进行一些主动的进攻。双方没有开展重大的战役,但是中国通过同时在各条战线上牵制日本兵力,阻止了日本人在某一地区集中大量兵力,并且阻止了日本人消灭中国主力部队的企图。日本认识到不可能对中国部队发起大规模的攻势,因此就借助空袭,以期吓倒中国平民并迫使中国停止抵抗。我接着说,因为中国缺少足够的飞机,中国军事统帅部并不总能派飞机迎战空袭的敌机。中国的高射炮并不总是有效的,因为其射程超不出六千英尺的高度,而敌机由于了解这一情况,总是在这个高度以上盘旋。我说,现在中国最需要的是高射炮、飞机、重炮和轻型坦克。

卡约说,欧洲的高射炮要先进得多,可以拒敌机于一万英尺之上。他想知道为什么还需要坦克。我回答说,轻型坦克可用于攻击作战行动。卡约认为游击战是切实可行的。

关于苏联,我说,我相信红军有强大的战斗力。我告诉他,中国政府的一位要人*刚从莫斯科到达此地。根据他所说的以及其他情报来源的消息,苏联的航空工业已发展到一个非常可观的阶段。它的产品至少相当于德国的产品,如果不是更好的话。

卡约说,他知道俄国的飞机很好,但重要的是飞行员,没有飞行员,再好的飞机也没有用。他同意我的观点,即虽然现在英国每月能够制造一千架飞机,但是英国空军的弱点是缺乏飞行员。他说,虽然法国飞机生产仍未达到指标,可是法国有大批的飞行员。

我说,如果欧洲战争爆发,苏联的援助是必不可少的,他的空军可以飞越海洋支援法国和英国。卡约认为,空袭在任何战争中都不会导致决定性的结局。大多数人都过分强调了一旦战争爆发,德国和意大利空袭法国的严重性。他认为,苏军中如此众多的高级指挥官被处决肯定削弱了红军的力量。对于一个军队,没有有效的指挥而能作战,他感到困惑不解。

---

* 原编者注:这里指的是孙科博士。他于 1939 年 7 月 4 日由莫斯科抵达巴黎。

我告诉他，我理解第一流的总参谋部不可能在一夜之间培训出来。毋庸置疑，法国军队有着世界上最好的总参谋部。但是，我认为红军中对某些将领的清洗，有助于加强而不是削弱了苏联红军。因为那些被清除的军官对斯大林的忠诚已成问题，而这次清洗增强了红军的团结和力量。我接着说，莫斯科没有站在中国一方反对日本，因为只要欧洲的局势仍不稳定、甚至是危险的，苏联就不想在欧洲和在远东同时进行两场战争。但是，我告诉他，俄国对中国的援助是相当可观的。援助中的大多数轻武器是经由陆路运到中国的。

　　卡约说，他认为最近欧洲不会发生战争。法、英两国的防御准备状况对德、意是一个警告。我提到中国方面向法国外交部提出的建议，即实现中、法、英三方的合作，以共同保护法、英在远东的殖民地和领地。我告诉他说，中国愿把人力和资源交由法、英两国来支配。

　　卡约说，如果欧战发生，必须牺牲印度支那，但这不是永久的而是暂时的。英国在远东的殖民地和领地也是如此。在他看来，只要欧洲有战争危险，英国或法国都不应派出自己的舰队去对付日本。他确信，印度支那和英国远东的殖民地的最后命运，取决于谁在欧战中获胜。如果英、法获胜，他说，索回日本在战争初期以武力夺走的一切是轻而易举的。

　　我说，如果实现三方合作，则日本的暂时占领即使不是不可能的，至少也是很困难的。我对他说，我从法国殖民部长处获悉，法国政府已采取措施，以增强其在印度支那的防卫，因而一旦战争爆发，印度支那的军队可以增加到十万人。但是，我认为如果三国能共同合作，就有可能完全阻止日本在印度支那登陆。

　　卡约说，他明白这一点。简而言之，这一提议是打算形成中、法、英三国联盟。他赞同我的说法，即事先制定合作计划将是很有用的。他对这一想法很感兴趣。

　　关于原由英国提供五百万镑而设立的中国货币平准基金拟

请法国参加提供款项问题,我问卡约,如果政府成员对他谈起此事,他能否设法予以支持。卡约说,他知道曾考虑援助中国的问题,但没有人和他谈到任何具体的援助方式,而且肯定没有对他谈到有关稳定货币的问题。

他问我,在中日战争结束后,怎样才能使日本进入文明国家的行列,防止现在在远东进行的严重冲突再度发生。

我说,当前的侵略战争是由日本的军方发动、怂恿和指挥的,文职人员并不是完全赞同他们的。极端军国主义者左右着日本政府,而文职人员对此是没有发言权的。但是,毫无疑问,日本前途在很大程度上将依赖同西方民主国家的合作,特别是在经济和财政领域方面。我说,当前日本在国际上处于孤立和危险的境地,所有有头脑的日本政治家都明白这一点。虽然它加入了反共协定,无论是德国还是意大利都不能给它很大帮助,因为如果日本同民主国家或俄国发生战争,德、意是不愿意也不能够派遣任何兵力援助它。因此,就日本本身利益而言,它应该和西方民主国家及中国合作,而不是像现在这样,与这些国家作对。

我继续说,日本需要原料和资金以进一步发展,可是原料和资金只能够通过谈判和合作得到。如果日本放弃它的武力政策,中国方面就准备同它合作。日本需要中国丰富的棉、铁、煤和其他矿产品。另外,当日本开始进行经济建设和修复因战争而造成的经济创伤时,法、英、美的财政援助是必不可少的。我说,通过这种对有关各方都有益的和平合作,就有可能增强日本文职人员的力量并开拓在亚洲实现永久和平的道路。卡约说,这是日本所有有识之士应该选择的唯一道路,而且这将有利于日本,也有利于世界的和平事业。

随后的一周,又传来一些关于法国援助中国货币平准基金的不利消息。我于 14 日派参事去见肖维尔,得到的答复是有必要推迟稳定货币贷款。他问,中国是否可以建议采用其他办法使用已允诺的款项。19 日那天,德尼来访并说了同样的问题。他说,作为一个专家,他无法催促法国财政部采取行动。他说,法国的地位可以概述如下:中国货币贬值,英国有可能把储存在天津各银行的白银移交给日本,以及在东京召开的天津事件会谈中英国的政策难以捉摸,所有这一切都使法国有理由不愿付出这笔早已备妥的款项,特别是因为法国提供的一百万镑对阻止中国货币崩溃不会起什么作用。德尼解释说,这笔款项最多也不过可能使中国货币维持一两天。他说,根据法国方面的看法,在进行稳定货币之前必须先澄清政治局势。同时,英国也越来越顾虑,怕催促法国提供贷款,就不得不回答一些难以解释的问题。

我指出,当前英国不可能承诺第二批稳定货币的贷款。德尼说,李滋罗斯认为,作为一个权威人士,他的名誉已由于中国货币这样早崩溃而遭受损失。但实际上,面对不利的政治局势,一千万英镑的数目是不够的。他说,基金本身实际上已枯竭,而法国财政部对这一点是清楚的。

前此,我曾于1939年7月6日设晚宴招待法兰西共和国总统勒布伦和夫人。自1875年以来,这是中国外交代表第一次能够在巴黎招待法国元首。为此,我很想把宴会安排得尽可能丰富多彩一些,因而我在晚宴后为贵宾组织了音乐和戏剧节目。碰巧有一个中国戏剧团体的几位成员,于旅美演出回重庆途中在巴黎停留。我急切地请他们帮忙,并且邀请了几位中国大使馆人员的夫人来客串。由于缺少专业角色,我还不得不请我的第二仆役长帮忙。他是北京土生土长的,有一副好嗓子,童年时代就醉心于唱京戏。我听说,他甚至多次在北京票友演出中登台。经过这一拼凑,我才能够开演一出戏和规模不大的中国音乐节目。除了勒布伦总统和夫人外,客人中还包括苏联和英国的大使及他们的夫人以及法国的空军、经济及殖民各部部长和他们的夫人等等。

总的说来,虽然准备的时间有限,而且许多乐师和演员缺乏专业经验,可是节目却相当富有感染力。我这一印象是当客人们前来向我和我夫人祝贺时感觉到的。他们特别提出那晚演出之前一定进行了出色的组织和准备工作。

7月8日，我接见了太平洋学会会长卡特先生。他是在周游东京、香港、重庆、加尔各答、莫斯科和伦敦后返美途中访问我的。他此次来访的目的是根据在各个重要首都所得到的印象，概括地谈论一下远东的局势。我当然非常高兴听他谈这些印象。

卡特说，在东京时，日本最高军事当局建议他不要去重庆，因为当他到达重庆时，蒋介石可能已在西藏了。他说，有几位日本知识分子向他提出的问题是，日本怎么才能结束同中国的战争。但是厌战情绪在日本并不是很明显的。事实上就劳动阶级来说，特别是那些从事军工生产的工人，工资增加了，购买力增大了。他们看电影和下饭馆。重税落到了那些靠固定薪金的人和农业人口的头上。虽然日本经济状况无疑是困难的，而且有些紧张，卡特却不相信日本濒于经济崩溃。

他告诉我说，在中国的日本军队正试图以地方供应满足其需要，同时又在努力减少其对日本和日本人民的需求。他了解到日军在这一方面已取得了一些进展。他在日本听说，百分之六十的军需是间接地由占领区的中国人民支应的。他相信，日本能够把战争再延续两年。

（顺便提一句，日本人炫耀他们在中国能就地解决百分之六十的军需，这实际上意味着强加于中国人民的重大负担。人所共知，在中国的日本人向中国人民勒索粮食和其他物资，横征暴敛，所有这些都是沦陷区的中国人所无法忍受的痛苦。）

卡特说，在香港，他从日本记者处获悉蒋介石将军和夫人都累垮了，一天只能工作一小时。然而，他在重庆访问时，曾和蒋氏夫妇交谈了几次，他发现他们非常健康，精力充沛。当他把在东京和香港的耳闻告诉他们时，委员长纵声大笑。（这一切都说明日本战时宣传的程度，这种宣传不仅为了欺骗中国被占领区的人民，而且也为了欺骗其他国家的人们，因为这些国家对于中国人民的抗日斗争是抱有极大同情和钦佩的。）

卡特说,在重庆人们问他最多的问题是,中国怎样才能更有效地把战争进行下去。那里向他提出的问题和在日本向他提出的问题在精神实质上是截然不同的。他发现到处都充满信心,人民的斗志非常旺盛。他说,中国人民遭受的痛苦和牺牲是巨大的,但是,他们似乎在默默地忍受着,坚信抗战才是当时情况下唯一可行的道路。他告诉我,他在重庆逗留期间,日本飞机曾多次轰炸。在猛烈的空袭中,人们所表现的纪律性和秩序给他留下了深刻的印象。自来水厂、发电厂和电话三天内先后被炸毁,但是很快地就恢复了,有的是在二十四小时之内恢复的。(这一切叙述很使人发生兴趣,因为它出自一位目击者之口,他不带任何成见地到远东去,只是为了探求局势真相和事实。)

在莫斯科,卡特发现苏联百分之百地支持中国,并且真诚希望中国打赢这场战争。这主要有两个原因:第一,日本不仅是中国的敌人,而且也是俄国的敌人。如果日本成功地征服了中国,它就将转向俄国;第二,莫斯科相信四亿中国人民主张世界和平的影响是一笔巨大的财富,苏联和中国形成一个集团并互相合作,就能够对世界发生巨大的影响。换句话说,苏联确信,和中国人合作要比和日本人合作有用得多。卡特相信,苏联会继续在物质上援助中国,以便使中国能把抗战进行下去。但是苏联不想公开宣扬它的援助,以免世界各国认为它在进行一场反日的战争,而且也免得英、法、美退缩不前而不再援助中国。他说,莫斯科认为,中国应努力从这些民主国家得到尽可能多的援助,而它总是愿意提供比这些国家中的任何一个国家略多一些的援助。(这是颇有趣味的,而且似乎代表了当时俄国当局的真实想法和真正的心理。)

卡特说,他发现在伦敦,人们是同情中国的,他们想让政府帮助中国。但是张伯伦和他的保守党同僚认为,他们的手脚被欧洲的局势束缚住了。卡特认为张伯伦不会在非局部性问题上向日本屈服。卡特先生曾和哈里法克斯共进午餐并对他说,就天津局势而言,英国面前有两个选择,要么采取强硬态度抵制日本的政治性要求,要么把英国在远东的舰队凿沉。因为假如英国在天津屈服于日本,它在远东的阵地就会防守不住,还不如破釜沉舟,撤离远东。据卡特说,哈里法克斯听了他的话大为感动,自称从来没有感到局势像卡特先生描述的那样糟糕。

7月13日听到了另一目击者勒内·卡森教授的叙述。他是著名的法学家,也是法国国联促进会的主席。他刚从重庆回来,并想和我谈谈他的印象。据他说,在重庆尽管防空措施不足,斗志和士气还是旺盛的。他说,中国飞机没有起飞和敌机交战。(这自然是因为当时没有足够的飞机。)他接着说,蒋委员长撤换了某个将领。新的滇缅公路设施尚不完善,路基也经不住大雨冲刷。因为缺乏修理设施,许多出了故障的卡车弃置在路旁。他敦促通过互换教授以及在印度支那各大学接受中国学生和设立奖学金来增进法中之间的文化合作。他还提出了如何发表他的言论的问题。我表示很乐意帮助他以小册子的形式发表他的言论。

同一天,两个小时以后,我参加了巴黎卫戍司令比约特将军所设的午宴。几位英国陆军和空军的军官也在座。使我感到有趣的是一位印尼籍的仆役长对我说的话。他用地道的法语对我说话,说到远东局势,他因我不是海南的皇帝而大失所望。主人卫戍司令告诉我妻子说,一旦欧洲爆发战争,他们就放弃印度支那,但是,他们在欧战中取得胜利后,就会收复印支。

7月24日,英日会谈在东京已进行了三四个星期,一个令人极为失望的协定公布了。这个协定的内容与天津争端的本身无关,而是另一些背景问题。7月25日在中国大使馆的一次午宴上,我同美国大使蒲立德谈论了这一问题以及其他许多问题。孙科于7月4日由莫斯科抵达巴黎,他也在座,并参与了谈话。

一开始,我提出了英日协定问题。我说,这一协定使我感到惊讶和失望,因为它表明英国没有区分侵略和自卫。不管英国的意图如何,它的这一行动只会鼓励在中国的日本人和欧洲的侵略势力。可能是英国意在妥协,以便打破僵局并开始解决天津事件的谈判。

蒲立德说,他仔细研究了下议院公布的协定全文,并发现协定中的几乎每一句话双方都可以根据自己的见解加以解释。他说,协定并不表明英国改变了它的对华政策。他担心这个协定只会导致进一步的争端,因为日本可能按照协定条款提出令人无法接受的要求,而英国也会根据同样条款与之争论。我同意蒲立德的这个见解,并说,在我个人对协定的公开评论中,我曾经指出关键在于如何解释和引用。

接着蒲立德向孙科询问满蒙边境局势的真相,苏日冲突是在哪里发生的。孙科回答说,他没有来自中立方面的情报,但是据苏联的报道,冲突是以相当大的规模展开的。日本报道取胜的消息是大大夸张了的。

孙科在回答蒲立德关于苏联提供给中国多少物资援助的问题时说,援助是相当大的,而且肯定要比西方各民主国家提供的援助大得多。我说,如果美、英、法能够同时在南方进行海上示威,则这样的行动结合苏联北方的活动会对日本发生很大的作用,也许会促使它改变其对华政策。可是,蒲立德说,除非进行这种示威的各国政府确实准备贯彻始终,这是不能也是不该做的。换句话说,如果这种示威导致纠纷或冲突,三国必须有进行作战的准备。没有这样一个决心,进行示威是不明智的和危险的。我说,日本无力对这样一个四国军事示威挑战。我总觉得配合苏联在北方的活动来一次示威,就足以给日本的温和派以有力的口实来支配局势,把极端军国主义分子压下去。

接着谈到英、法、苏会谈问题,蒲立德表示和苏联人打交道是困难的。他怀疑俄国人是否真正想要达成一项协议。孙科说,他本人并没有感到和苏联人谈判有什么困难。关于谈判三国互助条约,他认为苏联的看法是有根据的,因为事实上波罗的海各国原先是苏联领土的一部分,而他们从内心是反对苏联的。因此,俄国人自然要得到这样的保证,即不建立在德国的影响下敌视苏联的政权。

我们转换了话题。关于欧洲局势,蒲立德说,没有出现什么好转,而且局势仍像以前一样不稳定。接着我提出了关于对中国援助采取什么措施这一紧迫的问题。我说,中国当前最需要的是财政援助。军事局势可能保持现状,而没有发生重大变化的危险。日本因为缺少有生力量,而且忙于满洲事务,没有能力向中国本土派遣大批增援力量。中国军队的一个很大的不利之处是缺乏空军。满蒙边境的冲突,特别是空战,对中国有极大的帮助。我说,我倒是认为苏联在边境与日本的空军交战,实际是想间接地帮助中国。至于当前日本人的意图,无非是想要巩固其在中国本土的占领,并对中国施加财政和经济压力,以削弱中国的抵抗。因此,中国的财政,特别是中国的货币应得到支持,这已成为紧迫的事情。我告诉蒲立德,中国货币的贬值肯定会削弱中国人民的士气,而这正是日本人所期望的。

我继续说,因此,困难在于缺乏美、英、法三方的合作和协调。这三个国家在不同时间和以不同的方式都对中国进行了援助,平准基金没有达到预期目的,这说明了合作和协调的必要性。美国政府曾一直以购买白银来帮助中国,英国政府提供了五百万镑的贷款,法国政府则同意提供类似的贷款,而正在要支付这笔贷款的时候,中国的货币贬值了,基金实际上已经不存在了。我说,令人很感遗憾的是,因为这几方面的措施缺乏协调,所以这些援助没有能够对中国发挥出最大的效益。因此,我坚决主张,三国政府应互相协商。如果达成一个公开的协议不可行,那就达成一个默契也好。

蒲立德说,就三国之间援助中国的默契来说,实际上已经存在。美国政府不时同伦敦和巴黎对话,而且他们抱有相同的目的。我说,听到这一情况我感到高兴。我问,那么是否有可能由美国政府向伦敦和巴黎表示它愿意进一步提供款项,同时要求英、法共同作出同样的努力。如果采取这一步骤,我肯定法国人会很快支付对中国的援助,因为法国人知道他们的资助较小,如若不敷,其他两国就会给以补足。如果没有这样一种谅解,要求法国人付款是困难的。他们认为,法国提供中国的款项,如果没有进一步支援,至多也不过维持中国货币四十八个小时。

蒲立德表示他愿意采纳我可能提出的一切建议。他说,他一切听从我的吩咐,并且乐于把此事电告华盛顿。他又说,每个国家都有不同的组织机构,问题在于如何按每个提供援助国家的组织机构寻求可采取的措施。

于是我提出两项建议:第一,一个从中国购买白银的新协定,由双方达成一项谅解,规定购银款项立即向中国支付,而白银则在较长的时期以较长的间隔运往美国。这样,在形式上又是一桩白银买卖,而实际上却是对中国政府的一笔贷款。第二,另给一笔进出口信用贷款,其款项可用于稳定中国货币。

蒲立德说,他不知道第二项建议是否可行。他本人没有研究过进出口银行的章程,这家银行是为了向苏联提供信贷而设立的。因为他本人必须前去法国外交部签署一项有关双重税的条约,他建议派美国大使馆的财务参赞马修斯*前来继续探讨有关美国政府帮助中国所可能采取的措施。

几小时后,马修斯先生来访,并与我讨论了可能采取的援助中国办法。除了谈到我所提出的建议之外,我还询问是否有可能使用进出口银行的信贷购买黄金以用于稳定货币。马修斯先生认为这恐怕是办不到的,因为美国人不得持有黄金,而且除政府外,禁止从美国出口黄金。关于我所提出的增加购买白银的问题,他说,财政部长有权批准我所建议的这种安排。

他重复了蒲立德先前提出的两个问题:第一,目前陈光甫在

---

* 原编者注:在记载顾维钧博士与马修斯8月3日谈话的《记录》中,马修斯的职别为美国大使馆的一等秘书。

华盛顿与美国财政部谈判的问题是什么？第二，美国对中国的两千五百万美元贷款已经使用了多少？我提不出情况，答应给孔祥熙打电报。

接着，我提出了中国存在天津租界的白银问题，并且建议极有必要不使这些白银落到日本人的手里。我说，法国人有意帮助中国取出这笔存银，如果美国也愿意帮助，就可以说服英国也这样办。因为没有确切的消息，我和马修斯都同意各自打电报给本国政府以得到进一步的消息和对所提出的建议的反应，以及有关提供财政援助的具体措施的建议。

7月26日法国新闻界的塔布衣夫人前来探听我对英日协定的反应。她刚从法国外交部获悉，英、苏实际上已经缔结了一项英苏条约。但是，她猜想，英国主要是为了利用这项条约同柏林讨价还价，而不是为了真正与苏联合作。

午夜，我接到郭泰祺从伦敦打来的电话，他赞同我对英日协定的评论。他还告诉我，外交部电告他，我们评论这项协定的基调应该是"竭力压制不满情绪"。当我们讨论了当前是否还能从英方借到一笔稳定货币的贷款之后（郭告诉我没有这种可能性），我把我和蒲立德大使谈话的要点告诉了他。郭说，孔祥熙从来没有任何具体的计划而只是要求援助。

在同一天，即7月26日，美国方面发生了相当惊人和令人鼓舞的进展，那就是美国政府宣布废除它和日本1911年签订的商务条约。这意味着六个月的通知期届满后，只要愿意，美国将有权禁运对日本的任何出口货。废除条约的消息于7月27日传到巴黎，我最先是从新近由中国返回巴黎的皮科先生那里听到的，他是法国驻中国大使馆参赞。他按照预约于7月27日上午访问了我，并叙述了他在中国的观感。

在谈话过程中，皮科在回答一个问题时说，中华民族团结一心，士气高涨。他相信游击战将使厌战的日本人筋疲力尽。他刚听说，美国废除了美日商务条约，并确信，这会对日本产生有效的影响。他认为这一行动只是有些太迟了。我们一致认为,这一行动的意图,是告诉日本,并向仍陷于天津冲突之中的英国表示,美国不愿向日本屈服,并愿支持英国。

当谈到中国货币贬值时,皮科担心,这可能对中国的士气产生不利影响。但是就财政和经济情况而言,他说,货币贬值关系不大,因为中国的大多数进口是在日本占领区,只有极少部分是进口到中央政府有效控制下的各省的。但是中国货币在全中国流通是一个团结的标志。如果被排斥在日本占领区之外,有可能使那里的中国人意气消沉,而且会对团结的情绪产生不利的影响。

皮科确信,日本人肯定将在东京会谈中提出通货问题,而英国则将要求把当时按期付给横滨正金银行的海关税收用于偿还外债,因为外债对这些税收有优先占用之权。他说,这家日本银行手中积聚着这么多的中国货币,对中国货币的稳定是个极大的威胁。他说,中国货币新近的贬值,无疑是由这种畸形集中的冲击而引起的。他又说,当然海关总税务司可以动用这笔款项,但是他并没有这样做,因为他怕日本会威胁海关并破坏海关的完整性。皮科看出存在着一种以日元取代中国货币作为海关征税单位的阴险企图。因为当前的税收是按关金征收的,其价值不受利用中国货币进行投机的影响。

7月27日下午,我会见莱热,和他研究了英日协定问题。我告诉他,我国政府曾要求我同外交部长谈谈有关天津局势以及为此即将在东京举行的英日会谈等问题。我说,英日协定使中国大失所望,因为这个协定似乎并没有对日本侵略和中国抵抗的性质加以区分。另外,英国政府好像忘记了按照九国公约、国联盟约以及国联大会和行政院的决议它所应负的责任。我不知道英国政府在同日本签署这一协定之前是否曾同法国政府磋商,法国政府的态度如何,以及按照莱热的看法,英国政府是否会对日本作进一步的让步。

莱热说,在协定签署之前,法国政府毫无所知,而英国政府到那天也没有把原文告诉法国政府。他说,英国政府在前一天通知法国驻伦敦大使说,英国对中国的政策保持不变,而且协定是一个暂时解决办法,目的是为了渡过难关,以便开始解决天津事件的谈判。除了张伯伦在众议院的声明之外,法国政府对这一协定一无所知。他问,英国政府是否已把协定原文通知中国政府。我说,哈里法克斯已召见驻伦敦的中国大使,并给他以保证,其内容与他对法国大使的保证非常相似。

莱热然后又说,美国政府刚刚宣布了废除它和日本签订的商务条约。他认为这是极好的行动,尽管为时稍晚。他说,如果早些采取这一行动,英国也许不至于被迫和东京达成这一协定。他指出,美国政府的态度总是令人费解的。法国政府在采取积极的措施以帮助中国对付日本方面,曾多次寻求美国的合作。例如,在日本侵占海南岛时,以及其他一些场合,法国政府曾在布鲁塞尔会议上提出建议,但美国政府却没有做出赞同的反应。据他了解,在天津事件初期,英国政府也曾与美国政府接触以寻求支持,可是美国方面的答复反映出极大的保留。

莱热接着说,无论在远东问题上还是在欧洲问题上,美国的态度总是令英、法难解的。每当英、法提出一项联合行动的建议,美国政府总是拒绝合作。对于天津事件,英国政府曾建议美国政府采取外交行动,但没有得到美方的同意。法国政府确实曾研究并制订对日本实行经济制裁的计划,甚至已经采取了一些措施,可是美国政府却拒绝照样做。尽管如此,每当英国或法国对远东或欧洲的立场有所缓和时,美国就立刻不满意,并且总是说,他们不应当软化。可是,当他们提出一些具体措施时,华盛顿又总是拒不赞同。

我说,英国人大概并不总是理解美国人的心理的。在美国人看来,天津事件只是关系到英国的一个地方事件,而且美国政府不愿公开支持英国,因为那时美国国会正在辩论中立法的修正案。美国政府所采取的保留态度是出于不愿危及这一修正案的结局,特别是由于国会当中有一股非常强烈的和平主义和孤立主义情绪,这在政治考虑上对于总统本人也是很大的反对力量。但是罗斯福总统和美国政府是真诚地渴望帮助和平事业的,并将遵循一项积极的政策。不过,因为有一个难以对付的国会,谨慎地处理对外政策的每一个问题是必要的。

我说,在欧洲问题上,和平主义者和孤立主义者集团抱怨美国参加上一次世界大战,只是给美国带来了非议、伤亡和一大堆债务。这是一个煽起反对同欧洲合作的极好论据。但是,我接着说,就中国和远东来说,情况就不同了。美国公众舆论对中国表示强烈的同情,而且这种同情正在稳步上升。在美国最近的一次民意测验中有百分之六十五的人赞同美国政府采取积极步骤帮助中国抗日。我指出,废除与日本的商务条约获得美国公众舆论的赞同,就足以说明美国公众对中国的广泛同情。

我接着断言,为了促进美国在欧洲的合作,英、法有必要就有关远东问题同美国密切合作。我说,我确信商务条约的废除不仅会使日本考虑一下美国的政策,而且也会引起一些欧洲国家的注意。美国政府针对日本所采取的每一个行动都将对其他地方的侵略势力产生有益的影响。我告诉莱热说,我把废除条约的行动看作是肯定罗斯福总统在世界上维护法律和秩序的一个证明。我进一步说,美国政府的传统政策使得它不能事先同意采取一致行动。但是如果英国和法国采取明确的方针反对日本和侵略势力,美国政府是肯定会附和的。

莱热大体上同意我的观点。然后他说,假如罗斯福总统不能在国会中获得多数票,就不可能实行他的政策,不管他的政策是多么合宜。英国和法国必须考虑,从美国那里可能指望什么以及美国政府不可能做什么。在当今的世界形势下,如果美国不能保证合作,英国就不得不在欧洲和亚洲之间进行选择。如果战争爆发,若能在欧洲取得对德国和意大利的胜利,就能解决整个问题,并使英国能够转向亚洲以对付日本,那时日本就会发觉自己孤立无援。在这种情况下就不难使日本让步了。

莱热认为,假如英国这次不曾屈从于日本,就可能被迫处于必须派部分舰队到远东去的境地,而德国就会趁英军力量分散之机,把战争强加于欧洲。莱热的看法是,法国的局势几乎和英国相同。最明智的策略是集中欧洲的全部兵力以取得全面的胜利。这可能意味着英、法会失掉其在远东的领地和殖民地,因为日本可能在欧战爆发后就把它们攫取到手。然而,这种丧失只是暂时的,因为在欧战胜利后,不难收复失地。这次英国是屈从于东京了,可是它原来的意图如果实现,将使局势更不利于中国。他解释说,他知道英国曾打算和日本进行交易,并打算为保持在中国的英国租界而付出代价。他说,中国方面值得庆幸的是英国的这种意图没有实现。

莱热说,英国曾经抱怨没有从中国方面得到合作,因为租界里的中国人继续从事抗日活动,从而使英方的处境更加困难。我对他说,这种说法并不完全正确。英国一经要求蒋介石设法使租界内的中国人停止抗日活动,委员长就立刻为此采取了步骤。我补充说,这是蒋委员长在前一天发表的声明中提到的。

莱热说,老实讲,在欧洲目前的局势下,不论英国还是法国都不能帮中国多少忙,也无法对付日本。拥有强大舰队和没有急务在身的美国,如果愿意的话,是唯一可在远东起作用的国家。依他的看法,如果美国愿意调遣舰队到夏威夷群岛以西地区,这将对日本产生直接的抑制作用。英、法对中国事业的同情是毋庸置疑的,然而在当前局势下,仅仅对中国同情是不够的。他说,起作用的是行动,而美国是唯一能采取行动的国家。美国的任何主动行动,英、法肯定都会欣然追随。

他说,因此他建议,中国应将其全部努力集中于美国,以一切可行的办法激起美国人民对中国的关注,派遣中国知名人士访问美国,与美国知名人士商讨问题,互派教授以及尽可能多地增加中、美两国之间的接触，以助长有利的美国舆论来支持罗斯福总统积极帮助中国的政策。他说，解决远东问题的关键掌握在美国手中。

我说，这当然也是我的看法。美国在远东的主动行动，加上英、法的合作，将形成三大强国的团结，这对于欧洲也是极其有用的。我补充说，我一直有个想法，即获得美国在欧洲的合作的捷径是通过远东。然后我提出了存在天津租界的白银问题。

我说，日本也许会在解决天津事件的谈判中向英国提出中国在天津租界所存白银的问题，并要求移交给日本。我知道法国政府已向英国政府暗示，如果日本有此要求，不应予以满足。我希望法国政府对英国施加影响，使其不向日本屈服。莱热说，如果英国认为它不得不将白银移交给日本，而美国又不肯给予帮助，则法国政府除追随外，别无他法，因为法国无力单独和日本抗争。接着，我说，我有理由确信美国政府已经清楚地告诉英国政府，他不愿意看到英国把白银移交日本。

我们还议论了英、苏之间的谈判。我向他打听了有关情况。莱热说，最近的进展充分表明，协议终将达成。实际上，所有重要之处均已取得一致意见，但是草案仍在斟酌。报界有关协议即将签字的报道尚为时过早。但是，他说，英、法两国政府确实打算派军事代表团去莫斯科与苏联总参谋部会谈，并制订战争时期的合作计划，而且两国政府可能在四十八小时之内为此作出决定。我说，发起由参谋人员会谈肯定会加强谈判将获得满意结束的前景。莱热说，虽然如此，外交谈判仍有待完成。

当我提出与梵蒂冈建立外交关系问题时，我说原因是中国有大量的中国天主教徒，以及新教皇对世界和平事业非常关注的事实使中国政府重新研究了这一问题。但是，莱热说，他为听到中国政府重新考虑和梵蒂冈建立外交关系而感到遗憾。他说，如他以前所曾指出，法国在世界上保护天主教会利益不会损害中国利益，而这种保护关系则是法国公众极为重视的。他指出，法国对中国事业的同情主要来自天主教会。如果中国向梵蒂冈另再单独派驻使节，那么，法国天主教会将认为这一行动是企图损害法国的尊严。他说，法国已有些人、甚至在政府中也有人反对支持中国而赞同与日本和解。他们的论据是，日本是强大的，假若应付得当，可以把它从轴心国分离出来，而一旦欧洲发生战争，可使日本的军事力量中立化。他们的说法是，中国已经丧失了几乎所有的重要港口和沿海、沿江城市，而法国在中国的利益大都在当前被日本占领的地区。他说，他一直在同这种观点进行斗争，并被人指责为站在亲华立场，可是他并没有屈服。每当他提出援助中国的措施时，他就会遇到许多不易克服的反对。因而，假若中国执意实现其所熟虑的行动而损害法国对天主教会的保护，这只能失掉法国的同情，使他本人维护和支持中国的工作更加困难。

据莱热的看法，梵蒂冈在任何情况下都会支持正义与和平事业，这是它的本分，至于有没有中国使节，区别不大。我说，我为听到他对此问题的个人见解而感到高兴。我提到莱热以前对同一问题所表示的看法，曾使中国政府推迟对这一问题的考虑。我说，我肯定他现在说的话同样会引起中国政府的极大重视。我告诉他，我一定要把他的话完完全全地报告给我国政府。

那天早些时候，外交学会秘书长弗朗居里先生来访。谈到新签订的英日协定时，他说，他为英国屈服于日本在天津的恫吓和势力而感到遗憾，但他不能肯定说，英国已改变了对中国的政策。无论如何，既然英国已做出和日本和解的姿态，就会要求日本讨论远东一般局势。英国将能够坚持主张，保持中国的独立是保护英国在华利益的必不可少的条件，而日本对保护英国在华利益是已经同意了的。换句话说，没有一个独立的中国，就不可能维护英国的权益。英国应该采取这一立场，并坚决要求日本承认这一逻辑。因而当前的英日谈判，就可能产生一个有利于中国独立的协定。

他认为，中国也可以强调多年来同英国的一贯友谊，强调日本与其轴心国伙伴密切合作已损坏英国在远东的声望和利益。他说,尽管现在英国和日本达成了一项协定,但是一旦欧洲发生战争,日本不一定遵守这一协定。他回顾在第一次世界大战期间,当日本还是英国的同盟国时,就曾尽其一切可能来损害英国在远东的利益。

他指出,就远东问题制订对日政策的欧洲国家只有英国,其他国家只不过是追随英国而已。他说,英国人还在按几个基本的概念考虑问题,并着手付诸实施。他认为这是国际关系中一个很重要的因素。他希望这些天我留在伦敦。他补充说,他并不是在议论中国驻伦敦的代表,可是他确信在当前这样对中国的一系列危机中,两个人总比一个人强。

7月28日,美国大使为罗斯福总统的母亲罗斯福老夫人举行了午宴。在那多事的日子里,这是一次愉快的插曲。在我的日记中有这样的记载:"罗斯福老夫人以八十四岁的高龄,身体非常健康,精力旺盛。"她告诉我说,她的父亲在中国呆了三十年。他的儿子即现任总统是美国海军之父。当他任海军助理部长时,做了大量的工作。我对此也很了解,因为我那时是中国驻华盛顿公使。当时,他是威尔逊总统内阁中最年轻的成员,而我是华盛顿外交使团中最年轻的使节。所以我们经常见面,成了好朋友,并就各种问题无话不谈。她还告诉在场的法国外交部长博内说,她全家都全力支持中国,每当她的儿子在百忙中有些空闲时间,他就研究中国的艺术。

午宴上的另一位客人,美国驻梵蒂冈代表泰勒先生对我说,他真的愿意看到日本灭亡。他为中国坚持得这样好而感到高兴。法国海军上将达尔朗谈起他对日本和中国的访问,记忆犹新。他说,日本人既没有文明,也没有幽默感,只不过是模仿他人而已。蒲立德大使打趣地说,他们是小事物的伟大模仿者。达尔朗上将说,有一次一位招待他的日本副官拒绝向他透露"DP"两个字母是什么意思,因为那是秘密。于是,他告诉那位副官说他已经知道这个缩写的意思了,其意即"港口指挥部",是机要的地方。这位海军上将又说,在日本人举行的宴会上,他吃了烧山鸡,但没有喝那种叫"波儿多"的酒,这种酒是日本人模仿波尔多葡萄酒酿造的,那些喝了这种酒的人事后都感到不舒服。海军上将又说,上述招待他的那个日本人还问他为什么头发这么少。他回答说,因为他戴没有帽檐的软帽戴的。他肯定这个日本人是为特务机关工作的,定会把他所说的话记录下来,汇报给他的上司。海军上将说,日本人看问题并不敏锐,而中国人有自己的文明,和日本人截然不同。

戴高乐在华盛顿的私人代表、法国军队的标兵加拉将军说,只要中国坚持下去,中国最后终会获得胜利。达尔朗海军上将也这样说。内阁空军部长尚布尔也对此表示同样见解。

我和美国大使馆的财务参赞马修斯(当时也是蒲立德午宴的客人)讨论了对中国提供财政援助的问题,这个问题是我于 7 月 25 日在中国大使馆和蒲立德共进午餐时提出,随后又和马修斯单独讨论过的。他说,他刚从伦敦返回,他在伦敦会见了英国财政部人士,并获悉当前英国不能对中国提供更多的财政援助。不过他并没得到英国关闭进一步援助的大门的印象。他说,他告诉英国财政部的一位人员说,美国方面已废除美日商务条约。这位先生听到这一情况时几乎从椅子上跌下来。马修斯还和美国驻伦敦大使馆的财务参赞讨论了对中国的财政援助问题。他说,那位参赞认为,美国可以用购买白银作掩护而进一步资助中国。鉴于美国政府购买白银的财政权力是相当大的,他(驻伦敦财务参赞)确信能够找到一些途径向中国提供援助。

在同一天,即 7 月 28 日下午 4 时,蒲立德打电话告诉我说,他收到了摩根索给他的回电,告诉他财政部已决定再次从中国购买六百万盎司的白银,而且立即向中国付款。至于应交付美国的白银,中国在任何时间交付均可。据蒲立德了解,摩根索已通知中国驻华盛顿大使馆办理必要的手续。我对他表示谢意,感谢他提供这一信息和他的努力。我说,我确信这一令人高兴的结果很大部分是蒲立德在这件事上所起的作用。蒲立德要我不要把他的作用看得太大了,并且祝中国一切顺利。

随后,我向在重庆的孔祥熙作了汇报,并在接到他的回复后,我又在安排好的一次和马修斯谈话中告诉他,孔祥熙在回答中说,进出口银行的资本将予增加,并表示希望能够通过该银行安排一项大宗信贷,因为二千五百万美元的信贷已经用完。

马修斯说,总统的借款和费用议案,已首先被众议院削减。这一削减包括拟议中的该银行增资,从一亿五千万美元减到七千万美元。在前一天,国会已决定把这一议案推迟到 1940 年 1 月,从而连减少后的该银行增资也扼杀了。马修斯认为,无论如何,该银行信贷项下的任何款项,都必须用于向美国购买物资。鉴于国会中的事态发展,他对总统的议案能否顺利进行表示怀疑。然而与他的怀疑和预料相反,显然财政部找到了一个按照我所提议的条件购买白银的方法,这从它提出向中国购买六百万盎司白银一事得到了证实。

我说,虽然这只是一种姿态,但是它为进一步利用这种可能性开辟了新的途径。我说,孔祥熙希望能与美国财政部达成协议,由美国购进二亿盎司中国白银,价款整笔支付,而白银的交付则按中国的交货能力,安排一个较长的时期。我强调了支持中国通货的必要性和当前的严重形势。我证实了马修斯关于平准基金已经用罄的看法,并且指出,由美国再次采取主动是必要的,这是为了一方面说服法国支付已允诺的两亿法郎,另一方面吸引英国对平准基金提供第二次款项。

然后我说,我认为购买白银协定所得的收入可以用来购买黄金。据我了解,美国拥有的黄金数量如此之大,以致有一部分是被封存的。我问,按照马修斯的技术观点,是美元还是黄金对稳定中国的通货能起更大的作用。马修斯认为,由于对英镑的需求量一向大于美元,所以为此目的而拥有黄金更为稳妥。

他答应立即把我的想法和建议向蒲立德汇报,他相信美国大使必将通知华盛顿。马修斯补充说,财政部长已于昨日启程去北欧,虽然摩根索今年不可能访问法国和巴黎,可是预计他约在9月上旬访问伦敦。马修斯建议,如果我能安排在伦敦同摩根索会谈,那肯定会有助于此事。

我说,所有决定下来的事,原则上都可以在这里安排,而必要的会谈却必须在华盛顿举行,因为中国的出口货物在那里,财政部较易处理。马修斯表示这也正是他的想法。

然后我说,我继续寻求蒲立德的帮助,因为如果在国外有任何人能给我国以帮助,那就是他了。马修斯说,蒲立德不仅在财政部有影响,而且在罗斯福总统周围也是有影响的人物。

同马修斯的谈话是在8月3日早晨进行的。一周后,我和蒲立德本人就同一问题进行了长时间的讨论。一开始,我告诉蒲立德,首先,我愿意转达蒋委员长和孔院长对他的助人为乐精神表示感谢,他是以这种精神商讨美国对中国的财政援助的;同时也为美国财政部对中国的友好姿态表示感谢,美国财政部友好地提出购买六百万盎司的白银,由中国决定交付时间,而蒋委员长和孔祥熙都确信这一友好姿态是由蒲立德发起和推动的。随后,我对蒲立德说,中国目前局势所急需的是维持中国的法币。这个问题具有比表面上看来更为深远的意义。

我继续说,中国的军事局势已经形成一种相持的局面。日军不从国内增派大量援军,就不能打破这种相持局面。然而,日本军事当局对此是无能为力的,因为他们必须使自己随时准备应付北方可能发生的任何紧急情况,以对抗苏联。因此,自春季以来,日本的方针已经是力图巩固他们所占领的地区,而不是企图向前推进并对中国抵抗者发动更多的进攻。他们想发动外交和经济攻势,对中国施加压力。他们的蓄谋之一是打击中国的法币,并且强迫英国、随后是其他国家接受日本在华北开办的联合准备银行的钞票。我说,如果他们在这方面取得成功,他们一定会把这一做法强加到华中地区。

我接着说,中国法币新近贬值没有影响中国作战部队的士气,但是如果不加制止的话,那就可能影响到全中国人民的情绪。通货贬值自然已经增高老百姓的生活开支,并因而给沦陷区的人民增加艰难困苦。为此,中国政府认为,努力稳定法币是当务之急,这样可以挫败日本巩固其在沦陷区地位的企图。为了使法币维持在四便士的汇率上,就需要一笔一千七百万镑的新的平准基金,大约相当于十亿元中国法币。我说,有了这样一笔储备,这项基金就能应付任何像最近日本军队和银行用横滨正金银行积聚的二亿中国法币对中国通货所进行的打击。

蒲立德说,他听说法国财政部长也对中国法币进行投机,并已获利。可是,当我告诉他我并没有听到有关此事的消息时,他说,他很高兴传说的这回事不实。但是他问,第二笔平准基金设立后,怎样保证它不被新的投机打击所耗尽。

我说,蒋委员长最近声明,现已制订更加严格的管理办法,以便在重庆集中审查和批准外汇的申请。以前,中国政府通过平准基金只是对外汇申请人行使配额的权力,而现在批准外汇要在重庆受到严格的审查和控制。这样将可保证国家对进口的需要,同时又将防止投机者从中获利。然而,就上海地区而言,中国政府将听任其货币自流,绝不会为了投机者的利益而维持其价值。

蒲立德询问伦敦方面有何行动。我说,我刚和郭泰祺通了电话,他曾会见哈里法克斯并再次请英国提供第二笔援助款项。哈里法克斯答应考虑此事。我补充说,正如蒲立德早已知道的那样,法国政府已备妥一百万镑,并将在拟议中的平准基金建立后立即支付。我告诉他,我相信,如果美国政府肯于带头,英、法两国政府一定照办。我说,我愿看到美国政府提供一千万镑或五千万美元,英国再提供五百万镑,法国二百万镑。关于美国提供的款项,我建议美国政府同意向中国政府购买二亿盎司白银,由中国政府在几年内的任何时间交付,而购银价款则立即支付,使平准基金得以立即设立。

蒲立德笑着说,如果财政部长继续从中国购买白银并且付了款而又见不到白银,则美国公众得知此事后,可能要把摩根索投入监狱。他曾怀疑这个方法的可行性,但是摩根索显然是决定要冒一下险。不过对于二亿盎司白银这么大的一个数目,蒲立德不知道摩根索会怎么想。我说,那么还有另一种办法。美国进出口银行可以按照类似1938年12月第一次信贷二千五百万美元的方式拨给中国五千万美元,但是这次所给的信贷将用以购买黄金,以加强中国货币的储备。这些黄金可储存在纽约,而不一定非转移到美国之外不可。

蒲立德说,几天前,莫勒先生见到了他,并谈到美国政府向中国购买锡的可能性。蒲立德本人对此一无所知,但是愿意多了解一些有关这个问题的情况。他说,他知道莫勒本打算见我。正如我告诉蒲立德的那样,我曾会见莫勒,而购买锡的问题正是我所想的。从1926年到1934年,中国平均每年出口八千吨锡。1936年的出口数量为一万二千吨,1937年估计为一万六千吨。蒲立德(他从不忽略抓住要点)说,美国政府有一笔二千五百万美元的资金,那是国会授权用来购买原料以建立战时的物资储备的。他知道锡是美国最需要的物资之一。他觉得美国政府从中国购买锡是个可行的建议。

我说,现在的开采和生产方法是非常原始和浪费的。但是,我认为以每年一万吨的速度,五年之内可以交付五万吨锡。如果美国同意购进这个数量,并立即向中国付款,则按伦敦市场每吨二百三十镑的现行价格计算,约为五千五百万美元。这个数目中的五千万美元可用于稳定通货,其余的五百万则用于购买机器以及聘请美国采锡专家,以帮助中国发展和改进采锡工业。我说,随着采锡工业的改进,产量即可增加,每年交付一万吨就不难完成,也不至于影响正常的出口贸易。

蒲立德对我所提供的材料表示了很大的兴趣,并要求我把材料写成备忘录,由他予以研究并转给华盛顿。我问,摩根索这次是否能访问巴黎? 蒲立德说,据他所知,财政部长今年不打算访问巴黎。但是如果他和我能够制订方案,他可以要求摩根索前来巴黎举行会谈。于是我答应把他所要的备忘录于下周初交给他。

就在 1939 年 7 月底,我为了弄清英、法、苏条约的情况,拜访了苏联大使苏利茨。告诉他,我听说条约的谈判进度很快,而且几乎可以认为是缔结了。我不知道苏联大使能否证实这一消息。苏利茨说,条约几乎已经完成,现在实际上所有要点都已取得一致意见,只有起草问题尚待办理。然而在谈判过程中,遇到了这么多来自英国方面的出乎意料的困难,以致他不能说现在条约已经完全谈成。谈判进行了几个月,但是他认为拖延实际上完全是由于英、法方面缺乏诚意。以苏联建议保证波罗的海各国的独立问题为例,英国反对这一保证,使人感到惊奇。他说,反对的真正原因,是英国想要拥有一些东西,以便同德国讨价还价,求得和平解决。也许英国打算把波罗的海各国让与德国,作为德国的势力范围。

我询及有关即将开始的军事会谈的消息。苏利茨回答说,一个政治条约必须伴以军事条约,否则政治条约就不会起任何作用。这就是为什么苏联一贯坚持在签订一个政治条约之前必须签订一个军事条约作为补充。但是,英、法集团似乎希望先签订一个政治条约,而且试图敦促苏联接受他们的主张。英、法的论点是先签署一个政治条约,可以使他们能够以一个有力的文件来对抗德国,而且可以大大引起德国的注意。但是,苏联从过去的经验中体会到,没有明确的军事条约伴随的政治条约不可能有多大价值。

我说,我从某个尽管不是权威性的消息来源得知,张伯伦和法国外长确实打算把这样的政治条约作为他们同德国谈判全面解决的手段。苏利茨大使认为这很有可能,并可以从下述事实来判断。英国就在催促苏联签订互助条约的同时,同东京签订了一个协定。他说,日本实际上是英国的敌人,但是英国竟然毫不迟疑地牺牲中国而同日本达成协议。他对我说,他说不出英国对日本投降的真正原因,这确实是投降。幸而美国政府废除它和日本的商务条约的行动及时地挽救了局势,而且肯定有效地阻止了法国步英国的后尘。

苏利茨大使继续说,他与德尔博斯(前任法国外交部长)曾谈过一次话。德尔博斯说,英国之所以屈服于日本,是由于美国拒绝在天津事件上支持英国。他声称,法国、英国和美国之间缺乏协作并难以达成谅解,这使两国在帮助中国方面存在着困难。据苏利茨说,德尔博斯谈到了布鲁塞尔会议,在那个会议上,英、美未能就采取什么步骤来帮助中国达成一致意见。德尔博斯说,法国关于采取积极行动的建议遭到这两国的反对。(这当然就是莱热最近告诉我的话。)

苏利茨大使问我,英国在决定向东京让步之前,是否曾试探美国的看法。我说,在天津事件开始时,美国政府曾通知英国不要陷入危机,因为当时美国国会正在辩论修改中立法的问题,美国政府不希望这个问题得到满意解决的前景受到挫折。当参议院外交委员会随后否决了这个议案,而罗斯福总统决定不强求本届国会重加考虑时,英国得出如此结论,即在几个月内没有希望赢得美国的有效合作。苏利茨说,这也是法国的解释。法国人进一步指出,英国不可能同时照顾欧洲战线和亚洲战线,它必须进行抉择。苏利茨实际上认为,这也是法国的态度,而且他确信法国对英日协定并未感到不高兴,至少博内是如此。他还说,当然,美国的行动挽救了中国的处境。

当我问起拟议中的英、法、苏条约对远东有何关系时。苏利茨说,任何一方都没有提出远东问题。苏联没有提出这个问题,是因为不愿被人指责使会谈更加复杂化。但是他确信,一旦条约缔结而且欧洲三大强国的合作得到了可靠的保证,就会在远东产生有利的影响。

我说,苏联实际上必须照顾欧洲和亚洲两条战线,我不知道在莫斯科开始军事会谈时,远东问题是否会被提出来。苏利茨认为不会。他说,他已从博内处得知,如果进行军事会谈,法国将任命迪歇纳将军出席;讨论的问题将是关于在欧洲发生武装冲突时相互援助的性质和方法问题,以及在一定情况下,援助是限于物质方面还是包括军事行动的问题。

　　我问及有关满蒙边境的情况。苏利茨说,冲突的规模确实很大。每一方都出动了几千兵力。莫斯科7月27日电讯报道了最近的战斗。当我问及欧洲局势时,苏利茨说,局势仍然不稳定。除了但泽和波兰走廊的问题外,还有上西里西亚问题,这可能也是一个危险场所。他说,波兰问题确实是欧洲问题的关键。

　　苏利茨还说,希特勒日益显得迟疑不决。不仅英、法、苏会谈的进展使得他犹豫,而且英、法重新武装的计划也在迅速进展。他听说到10月份,法国的飞机生产将达到德国的水平,以后也许会超过它。他说,在国内,希特勒对德国的控制已开始显露出减弱的迹象。人民的不满情绪和经济状况的削弱,已开始影响到这位"元首"。苏利茨还认为,意大利从战略上来说,极易受到法国在地中海和越过陆上边境的进攻这一事实也使得意大利犹豫不决。另一方面,苏利茨说,正由于这些困难,德国和意大利为了保持他们的势力,也许会感到不得不冒险。时间因素永远是一个应作重点考虑的事情。到了10月份,阿尔卑斯山脉将开始降雪。法军司令部认为希特勒正设法把战争推迟到那时。

　　我于是问他,如果欧战在拟议中的英、法、苏条约缔结之前爆发,苏联将采取什么态度? 苏利茨回答说,现在很难说。在法律上,苏联不对英国或法国承担现有义务之外的义务。然而,实际上,苏联的根本利益将受到影响,因而一定会根据其根本利益作出决定。

　　当我问到传闻的苏德会谈时,苏利茨大使说,会谈限于原苏德商务协定所涉及的一些商业问题。会谈在苏联驻柏林的商务参赞和德国政府经济部的一名低级官员之间进行。他说,这些会谈是绝对不带政治色彩的。(我不知道他是有意撒谎,还是确实一无所知。)

8月2日,我到殖民部访问了孟戴尔并继续和他商谈中、法军事合作问题。这里可以回顾一下,我曾在6月26日提出过这同一问题,当时两国军事代表实际上正开始会谈,而且孟戴尔曾同意这步棋走得好。

我们的会晤一开始,我谈到了过去和他就一旦欧洲爆发战争时,中、法在军事和其他方面进行合作问题所举行的会谈。我说,我曾向蒋委员长汇报,而且现在已接到他的回复。蒋委员长赞赏他(孟戴尔)同我讨论这一问题的好意。蒋委员长将在找到合适的人选后,立即指派一名代表开始拟议中的会谈。他(蒋)正在物色一位军人,这个人不仅要能得到他的信任,还要会讲法语,特别是因为会谈将按孟戴尔的要求在巴黎举行,而不是在印度支那。我说,蒋委员长同时让我问明孟戴尔是否能提示关于准备讨论的中法合作的性质和范围。我说,我推测这一合作将不是严格地限于军事范围,而是适用于更广泛的范围。孟戴尔点头表示同意。

我说,要使这样的合作有效,就应包括双方人力和物力的统一使用。孟戴尔说,"那当然"。他又说,拟议中的合作的确切性质将取决于事态的实际发展。例如,假使日本站在轴心国一边参加战争,这样的合作就应在远东进行,而且中、法应该结成一条共同战线。另一方面,如果日本保持中立,就不宜在远东实现这一合作,以免导致日本侵犯法国在那个地区的利益。在这种情况下,中国最好是通过向欧洲提供人力和物力来进行合作。

我问孟戴尔能否透露一下新加坡会议的结果,这个会议当然和拟议中的会谈有关。孟戴尔回答说,新加坡会议是法、英两国陆、海、空三军举行的一系列会议中的一个,只是由于美国记者在他们报纸上予以特载才引起公众的极大注意。会议达成的决议之一是,假如欧洲发生战争,远东的法军将听从英国的统一指挥。

邀请中国参加合作的问题,取决于日本对这场战争的态度。如果日本在战争中加入轴心国,中国的合作将是必不可少的。如果日本保持中立,情况就不同了。他说,对于暹罗态度的可能演变,也采取了类似的观点。如果暹罗站在日本一边卷入战争,应该采取的必要步骤也已在会议上作了决定。

我们这次长时间的会谈还包括一些其他问题,诸如在法国政府的合作下,在云南建设某些化学工业;由法国合作在印度支那和新加坡训练中国飞行员以驾驶苏联同意向中国提供的大量飞机;从印度支那政府获得设备,使新近聘请的美国运输专家得以完成他们在中国西南各省份帮助改进运输的使命。我们还讨论了暹罗日益恶化的局势。

孙科于 8 月 16 日启程去莫斯科,他从 7 月初以来一直在巴黎。8 月 15 日我为他饯行。席间,我们又讨论了苏联援助中国的政策以及中国对苏联寄予的期望。孙科重复了他以前对我讲过的话。到那时为止,苏联向我们提供了三笔贷款:第一笔,五千万卢布的信贷,第二笔,另外五千万卢布的信贷,第三笔,一亿五千万卢布的信贷。孙科说,现在的问题是究竟买什么。(总的来说,贷款是用来向苏联购买武器和军用物资的。)孙科说,陈志兴(音译)将军可能在月底到莫斯科,去讨论中国在准备反攻方面所需要的物资和武器。反攻预定在 1940 年底进行。苏联愿意提供飞机和大炮的技术人员,而重庆则要求制订一个直接轰炸日本的计划。孙科还说,杨杰就要启程去中国了,而孙科自己返回莫斯科,是为了使杨杰有可能返回重庆。

我告诉孙科有关我与蒲立德和孟戴尔的会谈要点。孙科说,杨杰和布吕尔已经讨论了一个中法合作以保卫印度支那的具体计划。他还说,委员长急于想从杨杰那里得到这次谈判的更详细的情况。我敦促孙科说,最好的计划是配合苏联在北方的军事行动,在中国海域进行一次英、美、法三国海军力量示威。因为我认为仅仅显示这几国有足够的军事力量,就会迫使日本妥协。

第二天我在巴黎市外机场为孙科送行之后,返回大使馆并接见了李平衡。他是陈公博的密友和私人代表。李首先给我看了一份汪精卫和日本人签订的秘密协定的抄件。这份抄件是陈公博供我参考的。然后李说,汪精卫想要我当新政权的外交部长,新政权将于1940年1月1日成立。据李说,陈公博本人的态度是等待我对这一协定性质的意见。汪已决定孤注一掷。我看了看协定,发现其中所谓对中国有利的三点,其实全是空谈,而且只是表面上有利。进餐的时候,我仔细地研究了协定,然后对李说,我认为整个内容似乎是以日本的愿望为基础的,即汪和他的同伙应为日本效劳,巩固占领区,以便继续进行对国民政府的战争。我说,协定中没有提到停止敌对行动或从中国撤出日本军队。我告诉他,接受这一协定就意味着挑起中国人打中国人的战争,并为日本人征服和永久统治中国铺平道路。日本制造这个协定的整个意图,无非是给它自己以时间,来消化已经抢到手的掠夺物。

附录一　1938年11月3日日本政府声明（即近卫内阁第二次对华声明）[①]

今凭陛下之盛威，帝国陆海军已攻克广州、武汉三镇，平定中国重要地区。国民政府仅为一地方政权而已。然而，如该政府坚持抗日容共政策，则帝国决不收兵，一直打到它崩溃为止。

帝国所期求者即建设确保东亚永久和平的新秩序。此次征战之最后目的，亦在于此。

此种新秩序的建设，在于以日、满、华三国合作，在政治、经济、文化等各方面建立连环互助的关系为根本，希望在东亚确立国际正义，实现共同防共，创立新文化，实现经济的结合。这就是有助于东亚之安定和促进世界进步的方法。帝国所希望于中国的，就是分担这种建设东亚新秩序的责任。帝国希望中国国民善于理解我国的真意，愿与帝国协作。固然，如果国民政府抛弃以往的一贯政策，更换人事组织，取得新生的成果，参加新秩序的建设，我方并不予拒绝。

帝国深信，各国也将正确认识帝国的意图，适应东亚的新形势。特别对于各盟国的一贯厚谊，深致谢意。

东亚新秩序的建设，渊源于我国的建国精神，完成这一建设，是现代日本国民的光荣职责。帝国必须在国内各个方面坚决进行必要的革新，以谋扩充国家的整体力量，排除万难，为完成这一事业而迈进。

政府声明，此乃其一贯的方针和决心。

[①]　本声明译文转引自《日本帝国主义对外侵略史料选编》第276页。——译者

附录二　1938年11月3日
近卫首相的广播讲话

我现在荣幸地宣布日本政府关于在东亚建立持久和平的观点。建立东亚持久和平这一宏图大业是盛德煊赫令人永志不忘的明治天皇赋予我们的重任。

继皇军占领广州之后,中国的心脏汉口亦被攻克。至此,支撑现代中国生命之中原地区及其七大城市均已落入我军手中。中国古语云:"得中原者王天下",因此蒋介石政府今后仅为一地方政权而已。此番日本未曾动用过多军力,即获斯赫赫战果,尚保持充裕国力足以防止任何外来干涉。吾人从未像现在这样,对天皇陛下之庄严圣德及皇军官兵之英雄业绩满怀感激之情。

每一念及此等辉煌胜利,吾人不禁首先对万千死伤将士致以最深切之敬意。彼等之高贵献身精神使吾人承担了双重义务:第一,吾人应追随忠烈之后,不惜任何代价实现彼等为之而战的最后目的;第二,尽最大努力抚恤照顾他们的家庭,以报答他们的尽忠之事。

中国命运的关键现确已在吾人掌握之中,但吾人并无毁灭中国之意,只望其繁荣、进步;吾人并无征服中国之心,只愿与之提携共荣,通过与中国人民携手合作,以唤醒他们作为东方国家的新意识。吾人将建设一个真正和平、稳定的东亚。我敢说,没有一个国家比日本更能充分意识到中国人的强烈民族抱负,也没有一个国家比日本更能深刻感到中国应该维护其作为一个完全独立国家的应有地位。

中国、满洲国和日本这三个享有主权独立的伟大邻国紧密团结,共同承担保卫东亚的任务本是历史的需要。但因国民党政府奉行错误政策,致使实现这一目的受到阻挠,不仅令日本深感痛惜,也使整个亚洲为之扼腕。国民党政府的政策乃由第一次世界大战后时髦思潮中移植而来,并非来源于中国固有文化和中国人民之良知。特别是这个政府为了把持政权,不惜使国家成为共产主义的牺牲品或堕入次殖民地的困境,不能不令人认为,此乃对不惜牺牲生命以求建立新中国之爱国志士的背叛。在这种情况下的日本,尽管不愿卷入两个伟大同种国家互相厮杀的悲剧,也被迫拿起武器反对蒋介石政权。

日本热切期待中国觉悟。希望明智而有远见之中国人,将迅速出任领袖,引导其国家恢复正轨,完成吾人在东亚之共同使命。现在北京和南京已经出现新生的征象,西北广大平原上一个新的蒙古正在诞生。杰出的中国人民在其过去五千年历史中曾一再创造灿烂的文明,期望他们在建立新亚洲的宏伟任务中再次证明其伟大。至于国民政府,只要它恢复真正的中国精神,放弃其以往的政策,改造它的组成人员,作为一个彻底新生的政权愿意参加这项工作,吾人亦将不予拒绝。

世界各国必须对东亚的新形势具有清醒的认识。过去中国曾经是各国争逐的受害者,那些国家的帝国主义野心不断损害着中国的安定和独立,这是不容置疑的历史事实。日本深知必须纠正这种状况,而且渴望看到在东亚建立新秩序——一种以真正正义为基础的新的和平结构。

日本既不反对与外国合作,也不想损害他们的合法权益。各国了解日本的意图后,如果能制定适合于这种新情况的政策,日本将乐于与之合作。日本的反共热忱已为世周知。共产国际的目标在于把东方苏维埃化,并颠覆整个世界。日本决心根除隐藏在蒋政权"长期抗战"后面之共产主义影响。我们的反共盟邦德国和意大利已经声明他们同情日本在东亚的事业,我们对德意盟邦值此危机之际给予我国道义支持这一巨大鼓励深为感激。在当前非常时期,日本不仅将进一步增强与盟邦的联系,而且需要从相同之观点出发与之合作,重建国际秩序。

今天,世界需要建立在正义、公平基础上的持久和平。但毋庸讳言,直到最近主宰国际关系的准则,实际上仍在僵硬顽固地维护不公正的现存事物。在这种不合理的安排之中,孕育着国联盟约以及许多其他条约、协定必将崩溃解体的基本原因。吾人不能容忍国际主义仅仅存在于漂亮的词句之中,而力求按照符合一切人类活动(商业、移民、资源、文化等)的综合观点,建立一个新的和平体制,并使其适应实际情况和事物的发展。我坚信这是战胜吾人今日面临普遍危机之唯一途径。

对前线将士寄予绝对信任的日本国内人民,正在坚定沉着地加速着战时生产,为进行持久战争做好准备。在现代条件下重新反映了古老的日本精神。历史表明,吾国国运之盛衰与全体国民对国事的自觉认识程度密切相关。既知东方持久和平一直是天皇奋力追求的目标,吾等必须深刻意识到作为天皇臣民所负之道义责任。现在正是我们应该严正面对这种责任——在道义基础上建设新秩序的使命——倡导东亚各国在互利互助、完全自决原则下成立自由联盟的大好时机。此项使命的意义何在,需要做出何种牺牲和准备,是乃吾人所必须明确理解者,绝不容出现任何差池。任何人如果相信广州、汉口的陷落标志着战局转折,并认为很快就能恢复到正常状态,他就是根本未理解目前形势的意义,危害之大莫过于此。日本承担起建设新东亚事业之使命,意味着我国一切国家活动已进入创造性的漫长时期,就此而论,真正的战争才刚刚开始。如果吾人要将自己造就成真正伟大之民族,就必须团结一致,满怀信心,坚定不移地在国外和国内完成巩固和建设的任务。

(近卫声明之英文译文系作者引自英文杂志《当代日本》。——译者)

附录三　法国向中国提供货币
稳定贷款问题

甲、1939 年 4 月 24 日顾维钧在大使馆和李石曾及德尼的谈话记录的后记：

根据本日所得的情报，最初是由罗杰士代表中国财政部和英国财政部与法国政府非正式联系的。在 2 月底的某日，罗杰士会见了法国财政部长，表示希望法国参加中国货币稳定基金，但又表示不愿法国参与基金的管理。雷诺对此事表示同情并乐于参加，但是对于把法国排除在管理之外的意见感到不满。无论如何，这次谈话是在英国政府决定向英国各银行提供担保之前，因此进一步的考虑要推迟到英国政府做出决定之后。在英国下议院宣布这一决定后，伦敦指示英国驻巴黎大使馆的经济参赞把英国政府担保对华贷款的决定通知法国政府，并询问法国政府是否愿意作出同样的贡献。法国作出了肯定的答复。

与此同时，罗杰士还要求德尼与法国财政部联系，以进一步推动此事。德尼认为必须使法国原则上同意提供贷款，而把经营管理问题留待法国银行和中国银行之间去协商解决。

李石曾和德尼还一道会见了雷诺及法国外交部亚洲司的肖维尔。他们发现这两处也都有同样的意向。肖维尔建议，当这件事更为成熟时，最好由中国大使馆采取步骤正式提出。

在此期间，郭泰祺曾写信要求顾维钧向法国政府提出这件事，随后又来信要求他在英法两国私下讨论为这件事铺平道路之前，不要和法国政府联系。就中国驻巴黎大使馆而言，这件事就搁置起来了，尽管外交部和孔祥熙都电嘱顾维钧将这个问题向法国政府提出。

顾维钧在复活节前得知这件事与法国财政部和外交部在巴黎进行联系的进展情况后,就写信把情况通知郭泰祺,并询问中国驻巴黎大使馆当时是否适于和法国外交部正式进行联系。

孔祥熙曾向法国驻重庆大使高思默谈到中国的要求,而且已由高思默报告法国外交部。法国外交部立即召集"银行团"的代表开会讨论。法国各银行也向中国大使馆了解情况并抱怨没有和他们直接联系,因为最终被要求提供必要资金的还是他们。

一星期后,收到郭泰祺回信说,没有必要再推迟这件事,现在应该向法国外交部正式提出。这一答复使顾维钧能放手正式办理这件事。因而他和莱热谈了这件事,并于 4 月 13 日交给莱热一份有关法国政府向中国提供财政援助问题的备忘录,其中包括向中国提供货币稳定基金贷款问题。顾维钧还于 4 月 20 日会见了法国财政部长。4 月 21 日下午,财政部长把顾维钧的访问用电话通知法国外交部并征询外交部的意见,显然法国外交部尽管已将顾维钧的正式要求转告财政部,转告时并未加任何评论。

乙、1939 年 5 月 2 日顾维钧和莱热谈话记录的后记:

顾维钧和会谈时协助莱热的肖维尔一起走出来,并就法国向中国提供货币稳定基金贷款的问题进行了简短的谈话。

肖维尔说,法国外交部已向财政部作了肯定的答复:如果财政部能同意中国的要求,外交部看不出有什么不便,而且事实上是乐于看到财政部予以同意的。这个口头答复已由法国外交部致财政部的公函予以证实。他知道财政部长办公室主任帕留斯基也同意中国提出的要求。

顾维钧把他所知道的确切情况告诉了肖维尔,并说,他仍在等待法国外交部的答复。

肖维尔说,他正在等待财政部的答复,然后转告大使馆。他本人一直渴望得到答复,因为没有答复,他就不能正式讲话。一俟得到答复,他将立即召集各银行开会,并制定法中两国银行之间的协议。为了实现此事,必须由两国的有关银行达成一项切实可行的协议,正如在伦敦所做的那样。他将进一步设法在今后数日内会见财政部长,并将带领法国银行团的代表一同去会见,以便加速财政部的行动。他知道财政部想更具体地了解使用基金的方法。由于日本最近企图在华发行新货币,财政部愿意了解英国的资金是否已经使用和如何使用,以及日本的新阴谋可能对中国货币和基金本身产生什么影响。财政部想了解这些问题,因为万一由于日本的新阴谋而把中国货币稳定基金全部耗尽,财政部是要负责的。